汽车行业质量管理实用指南系列

测量系统分析（MSA）实用指南

杨朝盛　编著

机械工业出版社

本书的内容分为上、中、下三篇。上篇为入门与管理，中篇为理论与提高，下篇为应用与实战。"入门与管理"包括两部分的内容，其一在于纠正对 MSA 的错误认知，明确 MSA 的实际价值和意义，其二在于提出 MSA 所需要的管理资源配置以及具体的管理思路。"理论与提高"是对 MSA 理论体系的归纳、总结和升华，着重剖析 MSA 理论背后的原理，以便使读者不仅知其然，更能知其所以然，为活学活用 MSA 奠定扎实的理论基础。"应用与实战"结合作者多年推行 MSA 的经验，将理论与实践有机结合；通过本篇的学习，读者可以应对更加复杂的测量系统分析工作。

本书不仅适用于初学测量系统分析（MSA）的人员循序渐进地学习，还适合有一定理论和实践基础的从业人员直接选择所需要的内容进行参考，同时还适合其他从事测量工程相关工作的人员有针对性地学习。

图书在版编目（CIP）数据

测量系统分析（MSA）实用指南/杨朝盛编著. —北京：机械工业出版社，2020.4（2025.3 重印）

（汽车行业质量管理实用指南系列）

ISBN 978-7-111-65008-9

Ⅰ.①测⋯　Ⅱ.①杨⋯　Ⅲ.①汽车-产品质量-质量管理-中国-指南　Ⅳ.①F426.471-62

中国版本图书馆 CIP 数据核字（2020）第 039875 号

机械工业出版社（北京市百万庄大街22号　邮政编码100037）
策划编辑：赵海青　责任编辑：赵海青　徐　霆
责任校对：张　征　封面设计：马精明
责任印制：邓　博
北京盛通数码印刷有限公司印刷
2025年3月第1版第9次印刷
184mm×260mm・25.5 印张・626 千字
标准书号：ISBN 978-7-111-65008-9
定价：99.00元

电话服务　　　　　　　　网络服务
客服电话：010-88361066　机　工　官　网：www.cmpbook.com
　　　　　010-88379833　机　工　官　博：weibo.com/cmp1952
　　　　　010-68326294　金　书　网：www.golden-book.com
封底无防伪标均为盗版　　机工教育服务网：www.cmpedu.com

前　言
Preface

测量系统分析（MSA）作为IATF16949五大质量工具之一，已得到广泛关注和应用。MSA工具问世已有30年，在我国，MSA这个质量工具实际上是在2000年后才逐步得以推广的。在MSA的应用与实践中，各制造企业对MSA的理解和应用水平表现得参差不齐，大体上包含五个层次的水平：

第一个层次：根本没有听说过MSA，或者有所耳闻但从来没有接触过MSA。如果为非汽车制造业尚可理解，毕竟MSA主要是应用于汽车制造业及其供应链。

第二个层次：虽然接触过MSA并尝试过应用它，但缺乏对MSA最基本的理解和掌握，甚至把MSA与计量搞混淆。这种情况常见于创业初期的制造公司，无论是从人才的培养还是MSA的应用环境而言均很不成熟。

第三个层次：正在应用MSA但不得要领。对MSA的理解过于肤浅和片面，没有深入、系统地对它进行过研究和掌握。

第四个层次：非常熟练地应用MSA工具，但管理上却不予以重视，导致出现MSA团队单打独斗的局面，最终的结果是MSA工具仅表现出了它技术的一面，而难以发挥其管理的效能。最典型的就是容易出现测量系统开发阶段与MSA的管理脱节、测量系统的改善工作难以开展和推行等情况，例如其他部门因为不理解MSA工作而导致的不配合，或者因为管理层不理解MSA工作而导致各相关部门难以配合、无从配合的境地。

第五个层次：不仅从技术层面熟练应用和掌握MSA这个质量工具，在管理上也有一套成熟的制度和流程，并且管理层对MSA也有足够的认知和重视。这是MSA有效发挥其功能的最佳状态，也是我们期待的一种应用水平。

在管理学上有一个概念，那就是无论在制造过程中出现了什么问题，究其最终的根本原因还是要归结于体系和流程的缺陷。本书的编写立足于技术和管理的结合，不仅有对技术的深入剖析和探讨，也包含了对管理上的建议，旨在站在系统的高度来处理测量系统的根本问题。由于国内外在MSA的研究方面资料非常匮乏，本书在编写过程中，也是非常不容易地搜集了一些关于MSA的专业资料和文献，以AIAG MSA手册为核心参考资料，以盛骤、谢式千等编写的《概率论与数理统计》（第4版）为主要的统计学参考资料，结合马林、何桢教授编著的《六西格玛管理》以及马逢时、周暐、刘传冰编著的《六西格玛管理统计指南——MINITAB使用指导》，计量学方面则以中国计量测试学会组织编写的《一级注册计量师基础知识及专业实务》（第3版）、叶德培编著的《测量不确定度理解评定与应用》为主要参考资料，同时还参阅了大量的关于MSA方面的论文和文献资料，历时半年的准备与编写工作，终于完稿。

在完稿的激动之余，期待本书能得到很好的推广，一来为本人这十来年测量工作所学习到的理论知识和所获得的测量工作经验进行总结和升华；再者希望为在国内推广MSA工具起到一个助推作用；而且也是向MSA领域的各个专家和学者致敬，感谢你们的研究成果，这些研究成果是支撑本人能够编写好本书的强力支柱，没有你们的研究成果，本书的内容将会缺乏充分的理论支撑和实践论证；最后则是感谢本人奋斗过的公司为我提供了积累测量实践经验的机会。

本书的内容分为上、中、下三篇。上篇为入门与管理，中篇为理论与提高，下篇为应用与实战。这样编排不仅适用于初学者循序渐进地学习，也适用于有一定理论和实践基础的从业人员直接选择自己所需要的内容进行参考，同时还适用于其他从事测量工程相关工作的人员有针对性地对全书内容进行快速定位和检索。

"入门与管理"包括两部分内容：其一在于纠正对 MSA 的错误认知，明确 MSA 的实际价值和意义；其二在于提出 MSA 所需要的管理资源配置以及具体的管理思路，这也是 MSA 在实际应用中必然要面对且要想办法解决的现实问题。

"理论与提高"是对 MSA 理论体系的归纳、总结和升华，着重剖析理论背后的原理和意图，使读者不仅知其然，更能知其所以然，为今后活学活用 MSA 奠定扎实的理论基础。本书致力于完善 MSA 理论框架，尤其是在本篇中，针对破坏性测量系统的分析方面着重进行了叙述与铺陈，通过这一部分的学习，读者可以使自己的 MSA 理论体系更加完备，在应用时更能得心应手。

"应用与实战"是本书的又一特色。结合本人多年的一线 MSA 推行经验，发现实际状况远比想象的复杂而多变，如果认为 MSA 是一项可以"公式化"的、"简单"的工作，那可就大错特错了。因此，本人将理论与实践进行有机结合，在本篇内容的编写时尤为慎重，描述时做到尽量缜密周到，避免误导读者。通过本篇的学习，读者可以应对更加复杂的测量系统分析工作，而不会陷入迷茫或毫无对策的境地。

本书在编写过程中，虽立足于 AIAG MSA 参考手册，但又没有拘泥于手册的内容。本书扎根于统计学的理论知识，结合计量学的原理，站在质量体系的高度，对平时人们习以为常的一些理解误区进行了充分的剖析和纠正，同时还引入一些新的理论与概念，以对 MSA 的理论框架进行补充，比如数据采集后要进行粗大误差的判别和剔除，对于破坏性测量系统引入"假设检验""相关性分析"和"熵增原理"，对于样本分布过于集中的问题引入了"数据平移"的概念，等等。当然，每一种新的理论和概念的引入皆有其合理与不合理的一面，这些都只是对 MSA 理论的一种探索。无论如何，MSA 理论势必要不断地发展和完善，不能原地踏步，更不能固步自封，只有不断地发展和完善，才能满足现今人们对于工业产品日益增长的质量控制的测量要求。

由于本人水平有限，在编写过程中难免会存在疏漏和错误，在初版发行之后，恳请广大的学者、专家和朋友给予批评与指正。这不仅有利于我个人能力的提高，更有利于此书日臻完善，使之更好地服务于社会，本人将不胜感激！

杨朝盛

目 录
Contents

前　言

上篇 · 入门与管理

第1章　测量系统分析概论
1.1　可靠性研究的发展历史 // 002
1.2　测量系统分析的起源与发展 // 005

第2章　测量系统分析的价值与意义
2.1　IATF16949 对测量系统分析的要求 // 008
2.2　测量系统分析的应用范畴 // 011
  2.2.1　测量系统分析在质量管控中的应用 // 011
  2.2.2　测量系统分析在过程能力研究中的应用 // 013
  2.2.3　测量系统分析在研发领域的重要作用 // 018
  2.2.4　测量系统分析在六西格玛管理中的地位 // 019
2.3　测量系统分析与组织的实际收益 // 021

第3章　测量系统分析对组织管理的要求
3.1　组织的决策层对测量系统分析工作的影响 // 025
3.2　测量系统分析管理工作的认知误区 // 026
3.3　测量系统分析管理工作模式 // 028
3.4　管理工作的标准化 // 031

中篇 · 理论与提高

第4章　测量数据
4.1　对测量数据质量的期望 // 036
4.2　测量数据的分类 // 037

第 5 章 重要的概念

5.1 与 MSA 有关的重要概念 // 039
5.2 与计量学有关的重要概念 // 046

第 6 章 测量系统的分类及其分析方法

6.1 测量系统的分类 // 054
6.2 各类测量系统的分析方法 // 057

第 7 章 测量系统分析的时机

7.1 MSA 在 APQP 中出现的时机 // 059
7.2 MSA 分析时机评估原则 // 062
7.3 MSA 分析周期定义原则 // 063

第 8 章 可重复的测量系统的分析方法

8.1 测量系统的特性 // 068
8.2 测量系统的重复性与再现性 // 070
8.3 测量系统的有效解析度（NDC）// 084
8.4 测量系统的偏倚和线性 // 091
    8.4.1 测量系统偏倚分析 // 094
    8.4.2 测量系统线性分析 // 101
8.5 属性测量系统的一致性 // 107
    8.5.1 名义属性测量系统 // 109
    8.5.2 有序属性测量系统 // 111
    8.5.3 二进制属性测量系统 // 115
8.6 测量系统的稳定性 // 125
    8.6.1 计量型测量系统的稳定性分析 // 127
    8.6.2 计数型测量系统的稳定性分析 // 132

第 9 章 粗大误差的剔除

9.1 粗大误差的定义 // 140
9.2 粗大误差的剔除方法 // 143
    9.2.1 拉依达准则 // 143
    9.2.2 格拉布斯准则 // 146
    9.2.3 狄克逊准则 // 151

第 10 章
不可重复的测量系统的分析方法

10.1 嵌套型测量系统的分析 // 156
10.2 破坏性测量系统的分析 // 160
10.3 假设检验 // 161
    10.3.1 假设检验的概念 // 162
    10.3.2 双样本 t 检验（2-sample t-test）// 165
    10.3.3 配对 t 检验（paired t-test）// 170
    10.3.4 单因素方差分析（1-way ANOVA）// 173
    10.3.5 F 检验（F-test）// 179
    10.3.6 Bartlett 检验（Bartlett test）// 180
    10.3.7 Mann-Whitney 检验（Mann-Whitney test）// 181
    10.3.8 Kruskal-Wallis 检验（Kruskal-Wallis test）// 184
    10.3.9 Mood's 中位值检验（Mood's median test）// 187
    10.3.10 Levene's 检验（Levene's test）// 191
    10.3.11 等比率检验 P（2-proportion test）// 191
10.4 相关性分析 // 195
10.5 熵增原理 // 199

第 11 章
参考手册导读

11.1 参考手册的基本框架 // 205
11.2 参考手册的重要指导精神 // 211

下篇·应用与实战

第 12 章
抽样原则

12.1 GRR 分析抽样原则 // 218
12.2 偏倚与线性分析的抽样原则 // 221
12.3 属性的一致性分析抽样原则 // 224
12.4 稳定性抽样原则 // 226
12.5 数据平移 // 227

第 13 章
盲测试验的安排

13.1 手动测量系统的盲测 // 235
13.2 自动化测量系统的盲测 // 237

第 14 章 Minitab 软件介绍

- 14.1 Minitab 的界面和功能 // 241
- 14.2 Minitab 在 MSA 中的应用指南 // 257
  - 14.2.1 GRR 分析 // 257
  - 14.2.2 偏倚/线性分析 // 263
  - 14.2.3 属性的一致性分析 // 265
  - 14.2.4 统计稳定性分析 // 271

第 15 章 测量系统分析策划与实操案例

- 15.1 测量系统分析策划 // 274
- 15.2 常规 MSA 方法应用案例 // 276
- 15.3 替代 MSA 方法应用案例 // 289
- 15.4 MSA 的输出及报告模板范例 // 304

第 16 章 测量系统分析结果解读

- 16.1 GRR 分析结果解读 // 309
- 16.2 偏倚和线性分析的结果解读 // 315
- 16.3 属性的一致性分析结果解读 // 320

第 17 章 与测量结果相关的处理与表达

- 17.1 数值修约 // 329
- 17.2 单位制 // 330
- 17.3 测量不确定度 // 335

第 18 章 测量系统变异研究

- 18.1 理想的测量系统 // 344
- 18.2 过程变异 // 346
- 18.3 变异源分析 // 347
- 18.4 测量系统的改进 // 350
- 18.5 项目管理在测量系统改进中的应用 // 352
- 18.6 测量误差的减小 // 354
- 18.7 测量系统改进案例 // 363

附录

- 附录 A 测量系统分析作业流程图 // 383
- 附录 B 与均值极差分布相关的数值表（d_2^* 值表）// 384
- 附录 C $\bar{X}$-R 图控制限系数表 // 386
- 附录 D F 检验临界值表（显著性水平 α = 0.05）// 387

附录 E　t 分布 α 分位数表 // 388
附录 F　格拉布斯准则临界值 $T(r, \alpha)$ 表 // 390
附录 G　狄克逊准则临界值 $D(r, \alpha)$ 表 // 391
附录 H　相关系数临界值表 // 392
附录 I　MSA 计划表（模板）// 393

参考文献 // 394

上篇·入门与管理

第 1 章
测量系统分析概论

1.1 可靠性研究的发展历史

随着人们对产品质量重要性的认知水平逐步提高，人们对产品的可靠性就提出了相应的要求，无论是基于产品的外观、性能还是安全等方面，这种要求都会以不同的层次和水平出现。然而，这种要求如果仅仅停留在定性方面，那就会造成见仁见智、主观臆断的局面，组织内部无法达成统一的意见，也没有统一的判定标准，这就无法实现客观、高效、精准的产品质量控制，于是也就难以满足保证产品可靠性的要求。

事实上，从前人们对产品可靠性的判断就是从定性的层面进行的，直到1939年美国航空委员会在其出版的《适航性统计学注释》一书中，提出飞机由于各种失效造成的事故率不应超过0.00001/h，相当于飞机在每小时的飞行中可靠度为0.99999，人类才开始有了真正意义上量化的可靠性这个概念。

（1）第一阶段：可靠性工程的准备和萌芽阶段（20 世纪30—50 年代）

早期的系统可靠性理论见于德国对 V1 导弹的研制中。德国人罗伯特·卢瑟首先提出用概率乘积法则，即由 n 个部件组成的系统，其可靠度等于 n 个部件可靠度的乘积。在第二次世界大战后期，用概率乘积法则算得 V2 导弹诱导装置的可靠度为 75%，首次从统计学上理解并定量地表达了产品的可靠性概念。

到了 1943 年，美国成立了"电子管技术委员会"，并成立"电子管研究小组"，开始了电子管的可靠性研究。1949 年，美国无线电工程学会成立了可靠性技术组，这是第一个可靠性专业学术组织。

上述这个阶段，是可靠性发展的初期阶段，战后，随着冷战的爆发，直至冷战结束近 40 年的时间里，可靠性研究依次经历了另外五个阶段。

（2）第二阶段：可靠性工程的兴起和独立阶段（20 世纪50—60 年代）

这一阶段主要以美国在军用电子设备失效的研究和苏联在人造地球卫星的可靠性方面的研究为主导内容。

1950 年起，苏联开始研究机器可靠性问题。

1952 年 8 月 21 日，美国国防部下令成立由军方、工业办及学术界组成的"电子设备可靠性顾问组"，即 AGREE（Advisory Group on Reliability of Electronic Equipment）。AGREE 于 1957 年 6 月 14 日提出了著名的"AGREE 报告"——《军用电子设备的可靠性》。该报告广泛、系统、深入地提出了如何解决产品问题的一系列办法，成为以后美国此类技术文件的依据。一些学者认为，AGREE 报告的发表是可靠性工程成为一门独立学科的里程碑。

同时，为了解决作战对导弹的可靠性要求，一些国家也先后开展了对可靠性的研究与应用。

1956 年，日本从美国引进了可靠性技术和经济管理技术后成立了质量管理委员会，并由科技联合会召开了第一次全国可靠性讨论会。1958 年日本还成立了可靠性研究委员会，自 1971 年起每年召开一次可靠性与维修性学术会议。

这一阶段大体上确立了可靠性研究的地位、理论基础和研究方向，同时将可靠性研究从电子产品扩展到机械产品。

(3) 第三阶段：可靠性工程的全面发展阶段（20 世纪 60—70 年代）

这一阶段也是世界经济飞速发展、工业迅速兴起的时期。

1961 年，苏联发射第一艘有人驾驶的宇宙飞船时，宇航员对宇宙飞船安全飞行和安全返回地面的可靠性提出了 0.999 的概率要求，可靠性研究人员把宇宙飞船系统的可靠性转化为各元器件的可靠性进行研究，取得了成功。

20 世纪 60 年代初，广州设立了可靠性环境试验研究所，主要针对的是电子元器件的可靠性研究。

20 世纪 60 年代中期，日本成立了电子元器件可靠性中心。日本将美国在航空、航天及军事工业中的可靠性研究成果应用到民用工业。

1965 年，国际电工委员会（IEC）设立了可靠性技术委员会 TC-56（1977 年改名为可靠性与维修性技术委员会）。

20 世纪 60 年代后期，美国大约有 40% 的大学设置了可靠性工程课程。

这一阶段可靠性研究得到大范围的应用，初步确定了一些标准，并从军用产品扩展到民用产品。

(4) 第四阶段：可靠性工程的深入发展阶段（20 世纪 70—80 年代）

这一阶段以美国、英国、法国、日本、中国等为代表的国家对可靠性进行了更为系统、专业和深入的研究，具体表现在以下方面：

1）建立统一的可靠性管理机构，各行业相继成立可靠性学术组织。
2）重视机械可靠性研究。
3）成立全国统一的可靠性数据交换网。
4）改善可靠性设计与试验方法。
5）在设备维修方面应用可靠性研究。
6）开始了软件的可靠性研究。
7）颁布了一系列可靠性标准。
8）大力开展可靠性方面的人才培训。
9）对产品的可靠性进行考核。

在该阶段，可靠性研究从数理基础发展到失效机理的研究，形成了可靠性试验方法及数据处理方法，这一阶段还是可靠性研究标准化逐渐成熟并趋国际化阶段。

(5) 第五阶段：可靠性工程的全新发展阶段（20 世纪 80—90 年代）

20 世纪 80 年代以来，可靠性工程呈现出了全新发展趋势，具体表现在以下方面：

1）从电子产品可靠性发展到机械和非电子产品的可靠性。

2）从硬件可靠性发展到软件可靠性。

3）从重视可靠性统计试验发展到强调可靠性工程试验，以通过环境应力筛选及可靠性强化试验来暴露产品故障，仅为提高产品可靠性。

4）从可靠性工程技术发展为包括维修工程、测试性工程、综合保障工程技术在内的可信性工程。

5）从军用装备的可信性工程技术到民用产品的可信性工程技术，这种拓展是全面的。

这一阶段最引人注目的表现就是软件的可靠性从研究阶段逐渐迈向工程化阶段。

（6）第六阶段：可靠性工程的现代化进展（20世纪90年代至今）

随着各种质量管理思想和工具的发展，可靠性的研究工作达到了前所未有的高潮。随着全面质量管理、精益生产、ISO/TS质量管理体系的不断应用和成熟，产品可靠性研究水平在也得到了空前的发展。

这一阶段是可靠性研究的全面应用和不断提高的时期。

随着对可靠性的深入研究，人们对数据的质量要求也越来越高。基于数理统计的可靠性研究，永远也离不开高质量的数据作为先导，可以说，能获得第一手高质量的测量数据，是可靠性研究成败的关键。

在ISO9001：2000的基础上，国际标准化组织（ISO）于2002年3月颁布了一项行业性的质量体系要求ISO/TS16949：2002[⊖]，它的全名是"质量管理体系—汽车行业生产件与相关服务件的组织实施ISO9001的特殊要求"。IATF（国际汽车工作组）为了推动TS16949的理解和应用，在2002年同步引出了一些质量工具，其中就有对测量数据质量进行专业研究的工具——测量系统分析，英文全称为 Measurement Systems Analysis（MSA）。MSA被IATF 16949引用，这对于保证测量数据质量来说是一个里程碑式的衍变，而高质量的测量数据就是可靠性研究的先决条件，这一点不容忽视。测量系统分析在可靠性研究中的作用如图1.1.1所示。

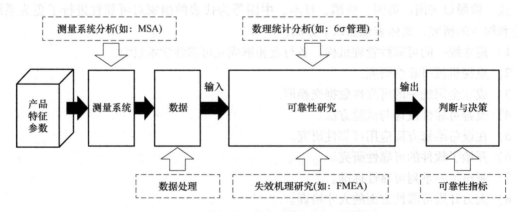

图1.1.1 测量系统分析在可靠性研究中的作用

在现代制造业中，因测量数据不可靠而导致的各种品质事故层出不穷，有些能找到根本

⊖ 本书编写过程中，ISO/TS16949最新版本为2016年10月改版的IATF16949：2016版，因此本书中除了还原历史情况而使用旧名称ISO/TS16949外，其他情况下均使用IATF16949作为该标准的最新名称。

原因，有些却变成了谜案。为了避免此类事故的发生，我们必须在产品制造的前期就要对测量过程进行充分的了解和分析，"预防为主"是测量系统分析的核心思想。

实际上，很多制造企业没有对测量系统做预防性的先期研究和分析工作，待到品质事故产生了，往往已经来不及补救。换句话说，就是做不做测量系统分析，意义并不明显；如果组织内部确实认真地对测量系统做了先期的研究和分析，从而避免了这一类事故的发生，在这种情况下，测量系统分析的作用往往又是隐藏的、不显而易见的。因此，许多管理人员就会认为测量系统分析根本没有实际的作用，从而降低了对测量系统分析工作的支持力度，然而这种认知是片面的。

1.2 测量系统分析的起源与发展

测量系统分析的产生是一个独立的过程，但它是在质量管理体系标准 IATF16949（即旧版 ISO/TS16949：2002）颁布之后才得以广泛应用。测量系统分析基于这种地位的转折性变化极具里程碑式的意义，因此在了解测量系统分析的起源之前，我们不妨先来了解一下 IATF16949 的起源。

从图 1.2.1 可以清晰地看出，作为行业性标准，IATF16949 是在 1999 年被颁布的一项汽车工业相关的质量体系管理标准。IATF16949 标准的全称为（以旧版 ISO/TS16949：2009 版为例）："质量管理体系—汽车行业产品和相关服务产品的组织实施 ISO9001：2008 的特殊要求"。

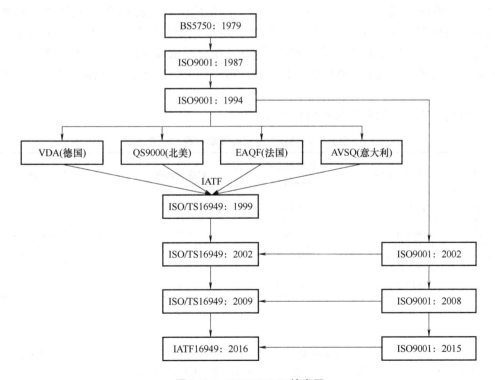

图 1.2.1　IATF16949 的发展

IATF16949 的诞生与一个国际知名组织有关，那就是 IATF（International Automotive Task Force，国际汽车工作组）。该组织成立于 1996 年，最初是由世界知名汽车制造厂[①]组成的一个工作小组，其最初目的是协调三个欧洲规范 VDA6.1（德国）、AVSQ（意大利）、EAQF（法国）和一个美洲规范 QS9000（北美），以达到国际合作的商业目的。2002 年 3 月 1 日，IATF 和 JAMA（日本汽车制造协会）在 ISO9001：2000 的基础上，在得到 ISO/TC176（国际标准化组织质量管理与质量保证技术委员会）的认可下，制定出 ISO/TS16949：2002 标准。

就在 2002 年颁布了 ISO/TS16949：2002 之后不久，IATF 还制定和发布了《TS16949：2002 指南》《TS16949：2002 的检查表》和《TS16949：2002 认可规则》。其中《TS16949：2002 指南》指出，对于未规定顾客特殊要求的组织，应该应用该指南在参考书目中列出的参考手册（APQP、PPAP、FMEA、MSA、SPC 等）。这就表明自 2002 年之后，测量系统分析（MSA）在制造业尤其是汽配供应制造中起着举足轻重的作用。

MSA 的推广应用得益于 IATF16949 的颁布实施，但 MSA 的起源与 IATF16949 的起源是相互独立的，而且前者比后者要早将近 10 年。

MSA 参考手册是在 1990 年由 ASQC（美国质量协会）汽车部和 AIAG（美国汽车工业行动集团）主持，由美国三大汽车公司克莱斯勒（Chrysler）、福特（Ford）和通用（General Motors）质量要求特别工作组认可的测量系统分析工作组编写的。而先前由于各汽车公司各有其用于保证产品一致性的指南和格式，这些指南间的差异导致了对供方资源的额外要求，换句话说，就是增加了供方的成本继而增加了汽车厂的成本。MSA 手册的编写目的就是消除这种差异，使所有的指南、程序、格式及术语都有一个统一的标准，进而大大降低执行的成本。

在 IATF16949 引用 MSA 之前，美国汽车公司的供应商是根据 QS9000 的要求进行测量系统分析的，直到 2002 年，MSA 才被《TS16949：2002 指南》引用。MSA 的应用从美国直接推向了国际，规范了国际上绝大多数国家对测量系统分析的要求，大大降低了国与国之间关于测量系统分析研究的成本。遵循统一的标准，可以高效、精确地完成测量技术和管理上的沟通。

截至目前，MSA 手册的各版本信息见表 1.2.1。

表 1.2.1　MSA 手册各版本对照一览表

版　本	发布日期	研究的变异分布宽度	对应 σ 水平	备　注
第 1 版	1990 年 2 月	99%	5.15	
第 2 版	1995 年 2 月	99%	5.15	1998 年 6 月第二次印刷
第 3 版	2002 年 3 月	99.73%	6	2003 年 5 月第二次印刷
第 4 版	2010 年 6 月	99.73%	6	

[①] IATF 的成员包括宝马、克莱斯勒、戴姆勒、菲亚特、福特、通用、标致、雪铁龙、雷诺和大众等汽车制造商，以及 5 个国家的监督机构——美国国际汽车监督局（IAOB）、意大利汽车制造商协会（ANFIA）、法国车辆设备工业联盟（FIEV）、英国汽车制造与贸易商协会（SMMT）和德国汽车工业协会-质量管理中心（VDA-QMC）。

2002年3月1日是ISO/TS16949：2002颁布并生效的日期，而MSA手册第3版也正是在这种大环境下更新并于2002年3月发布的，这样也就同步了体系的引用要求。从变异研究的分布宽度也可以看出，这是一种进步。

我国汽车工业的发展大致经历了以下四个阶段：创建阶段（1953—1965年）、成长阶段（1966—1980年）、全面发展阶段（1981—2003年）以及高速增长阶段（1999年至今）。

IATF组织自1999年颁布ISO/TS16949：1999以来，我国汽车行业逐步引入IATF16949认证，这也是汽车工业高速增长阶段的一种核心竞争力。截至2008年底，全球有超过35000家企业通过了IATF16949认证，我国就有10144家，占比约47%。由此可见，在汽车工业高速发展的现代，IATF16949质量管理体系的重要性和普及度都是非常高的。而IATF16949引用的MSA同样广受关注，也有很多专家学者、工程技术人员参与到MSA的理论和实践研究中来。

实际上，MSA的全套系统性理论和实践是基于以下三个基本点来展开的：

1）计量学。主要包括误差理论、测量结果的不确定度、测量数据的处理、量值溯源、量具特性等方面的研究。其中涵盖了测量学的基本理论。

2）统计学。主要应用的是统计学的随机变量的数字特征（包括期望、方差、协方差等）、样本及抽样分布、参数估计、假设检验、回归分析等方面的研究。

3）AIAG MSA参考手册。其中包含实际应用的标准指南，这些源于计量学、统计学，同时又是编写组根据多年的经验进行整合的指导思想，因此我们可以把AIAG MSA参考手册视为理论在实际中的应用指南，即偏重于实践性的知识。

本书的编写将主要围绕上述三个基本点进行展开，从管理的高度来阐述测量系统分析在管理上的应用要求，从技术的深度剖析MSA分析的内在逻辑。为了方便叙述和阅读，后文凡涉及"测量系统分析"均尽量用"MSA"来进行描述上的简化。

第 2 章　测量系统分析的价值与意义

2.1　IATF16949 对测量系统分析的要求

第 1 章已经提到，IATF16949 在 2002 年开始引用到了五大工具（APQP、PPAP、FMEA、MSA、SPC），那么 IATF16949 对 MSA 是否有具体的要求呢？答案可以从 IATF16949 的要求中找到。

IATF16949：2016 的相关要求如下：

7.1.5　监视和测量资源（ISO 9001：2015）

7.1.5.1　总则（ISO 9001：2015）

当利用监视或测量来验证产品和服务符合要求时，组织应确定并提供确保结果有效和可靠所需的资源。

……

7.1.5.1.1　测量系统分析

应进行统计研究来分析在控制计划所识别的每种检验、测量和试验设备系统的结果中呈现的变异。所采用的分析方法和接收准则，应与测量系统分析的参考手册相一致。如果得到顾客的批准，其他分析方法和接收准则也可以应用。

替代方法的顾客接受记录应与替代测量系统分析的结果一起保留（见第 9.1.1.1 条）。

注：测量系统分析研究的优先级应当着重于关键或特殊产品或过程特性。

其中提到第 9.9.1 条相关内容如下：

9.1.1.1　制造过程的监视和测量

组织应对所有新的制造过程（包括装配和排序）进行过程研究，以验证过程能力，并为过程控制提供附加的输入，包括有特殊特性的过程。

注：在一些制造过程中，可能无法通过过程能力证实产品的符合性，对于这些过程，可采用替代方法，如：批次对规范的符合性。

组织应保持由顾客零件批准过程要求所规定的制造过程能力或绩效。组织应验证已实施了过程流程图、PFMEA 和控制计划，包括遵守规定的：

a）测量技术；

b）抽样计划；

c）接收准则；

d）计量数据实绩测量值和/或试验结果的记录。

应记录重要的过程活动，如更换工具或修理机器等，并将其当作形成文件的信息予以保留。

组织应对统计能力不足或不稳定的特性启动已在控制计划中标识，并且经过规范符合性影响评价的反应计划。这些反应计划应包括适当的产品遏制和100%检验。为确保过程变得稳定且有统计能力，组织应制定并实施一份显示明确进度、时程安排和指派责任的纠正措施计划。当被要求时，此计划应由顾客评审和审批。

组织应保持过程变更生效日期的记录。

对条款"7.1.5.1 总则"的要求我们应该不难理解，我们应有足够的手段和资源确保所有的测量结果有效和可靠，而这个资源在"7.1.5.1~7.1.5.3"分别是"MSA""计量""实验室能力"三个方面，其中对 MSA 的具体要求见"7.1.5.1.1 测量系统分析"，从条款中，我们可以捕获以下非常有价值的信息：

1) 控制计划中的每种检验、测量和试验设备系统均应该进行 MSA。
2) 分析方法和接收准则应参照 MSA 手册。
3) 如果得到顾客的批准，我们也可以采用其他分析方法和接收准则，但要把分析结果和客户接受记录一起存档。
4) MSA 应优先关键、特殊和过程特性。

在这里，我们要特别关注一下什么是控制计划。在 APQP（产品质量先期策划）手册中对控制计划的定义是控制零件和过程的系统的书面描述。控制计划包括三个不同的阶段：

1) 样件。在样件制造过程中，对尺寸测量和材料与性能试验的描述。
2) 试生产。在样件试制之后，全面生产前所进行的尺寸测量和材料与性能试验的描述。
3) 生产。批量生产中，必须提供产品/过程特性、过程控制、试验和测量系统的综合文件。

结合 IATF16949 对 MSA 的要求与 APQP 对控制计划的定义，我们应该清楚，MSA 工作应该在产品设计和过程设计的时候就出现 MSA 计划，在样件的制造前期，应对测量系统进行研究，只有测量数据可靠了，我们才能确保制出的样件相关参数具有很好的参考价值。

试生产阶段实际上就是小批量生产，这个阶段的 MSA 通常是调整式的，即根据过程设计与产品设计进行调整。

后期的生产阶段更应该有周期性的 MSA 计划，保证产品生命周期内测量系统是稳健的。

具体什么时候做 MSA，以上只是大致的定位，具体的操作还请参考本书第 7 章。

IATF16949 对 MSA 的要求已经非常明确了，而 ISO9001 一直到 2015 版也没有对 MSA 有过明确的要求，因此 MSA 的应用大部分集中在汽车行业、航天科技、船舶工程、军事设备、科研、医疗等领域，对于其他的制造业（如纺织、食品加工、家具、家电、印刷等）并没有这方面的明确要求。但企业为了确保产品的性能和安全得到保障，建议部分零配件的制造过程也需要做 MSA 研究，比如微波炉中发生电磁波的高压磁控管、手机电池内部起绝缘作用的隔离膜、液晶显示器（LCD）的极化材料、锂离子电池正极材料的比表面积的研究等，这些零配件关系到产品整体的质量和安全，所以其测量过程也应进行相应的 MSA 研究以确保测量数据的可靠，而这些测量数据恰恰是质量控制和研发工程成功的先决条件。

以上就是 IATF16949 对 MSA 的要求，下面，我们来谈谈另外两个工具对 MSA 的要求。

（1）APQP 对 MSA 的要求

APQP 对 MSA 有如下要求：

第 3 章——过程设计和开发

3.9 测量系统分析计划

组织的产品质量策划小组应该保证依据要求制定一个测量系统分析的计划，包括核对帮助。这个计划至少应该包括保证量具线性、准确度、重复性、再现性和与备用量具的相关性的职责（参见克莱斯勒、福特和通用汽车公司测量系统分析参考手册）。

第 4 章——产品和过程确认

4.2 测量系统分析

在一定量的生产运行当中或之前，应该使用规定的监控和测量装置和方法按工程规范，检查控制计划标识的特性，并进行测量系统的评价（参见克莱斯勒、福特和通用汽车公司测量系统分析（MSA）参考手册）。

从 APQP 对 MSA 的要求我们应该能捕获以下重要的信息：

1）在过程设计和开发阶段，我们如果做不了 MSA，起码应该有一个 MSA 计划，计划中包含了线性、准确度（偏倚）、重复性、再现性和备用量具的相关性（测量系统之间的相关性分析请参考本书的第 10 章 10.4 节内容）。

2）在试生产（即小批量生产）阶段就应完成所有控制计划中的测量系统 MSA。

3）在 MSA 手册的参考上，APQP 比 IATF16949 更明确，APQP 直接指出要参考"克莱斯勒、福特和通用汽车公司测量系统分析（MSA）参考手册"。

（2）PPAP 对 MSA 的要求

PPAP 对 MSA 有如下要求：

第 2 部分——PPAP 的过程要求

2.2.8 测量系统分析研究

组织必须对所有新的或改进后的量具、测量和试验设备进行测量系统分析研究，如：量具的重复性与再现性、偏移、线性和稳定性研究（见《测量系统分析》参考手册）。

注 1：《测量系统分析》参考手册中定义了量具重复性与再现性的接收准则。

注 2：对于散装材料⊖，测量系统分析可以不适用，但要获得顾客同意。

PPAP 对 MSA 的要求很有意思，它特别提到两种情况下的测量系统：⊖

1）新进的测量系统。

2）改进后的测量系统。

PPAP 提出对这两类测量系统也应进行 MSA 研究，实际上，这部分要求也涉及 MSA 研究

⊖ 散装材料（Bulk Material）包括但不局限于以下内容：黏合剂和密封剂（焊料、橡胶类）；化学品（漂洗、软化、磨光、添加剂、处理剂、颜色/颜料、溶剂）；涂料（表面涂层、内涂层、底漆、磷化剂、表面处理剂）；发动机冷却液（防冻剂）；纺织品；薄膜和薄膜片；含铁和非铁金属（钢材原料、铝、钢卷、铸锭）；铸造材料（砂/硅土、合金材料、其他矿物/矿石）；燃料和燃料制品；玻璃和玻璃制品；润滑油（机油、油脂等）；单分子物体；前聚合体和聚合体（橡胶、塑胶、树脂及其原料）；功能性液体（变速器油、动力转向液、制动液、制冷剂）。

⊖ 注意：凡 PPAP、APQP 中提到的量具需要区分，有的是指测量仪器，有的却是指测量系统，读者需要根据上下文仔细区分。

时机的问题，请读者参考本书第 7 章的内容。

另外，散装材料可以不用作 MSA，但必须与自己客户达成一致才行，建议达成一致意见的记录应予以保留。

因为 MSA 的分析记录属于 PPAP 提交给客户的资料之一，所以我们必须清楚 MSA 提交的分析记录应做到什么程度。表 2.1.1、表 2.1.2 是 PPAP 要求向客户提交的资料的等级分类表。

表 2.1.1 PPAP 资料提交等级

等级 1	仅向客户提交保证书（对指定的外观项目，提供一份外观批准报告）
等级 2	向客户提交保证书和产品样品及有限的相关支持资料
等级 3	向客户提交保证书和产品样品及完整的相关支持资料
等级 4	提交保证书和客户规定的其他要求
等级 5	保证书、产品样品以及全部的支持数据都保留在组织制造现场，供审查时使用

表 2.1.2 PPAP 资料保存和提交要求（部分）

要 求	提 交 等 级				
	等级 1	等级 2	等级 3	等级 4	等级 5
…	…	…	…	…	…
9. 初始过程研究	R	R	S	*	R
10. 测量系统分析研究	R	R	S	*	R
11. 具有资格的实验室文件	R	S	S	*	R
…	…	…	…	…	…

S = 供方必须向指定的顾客产品批准部门提交，并在适当的场所，包括制造场所，保留一份记录或文件项目的复印件
R = 供方必须在适当的场所，包括制造场所保存，顾客代表有要求时应易于得到
* = 供方必须在适当的场所保存，并在有要求时向顾客提交

PPAP 规定，我们应该用默认等级 3 进行提交，根据表 2.1.1 和表 2.1.2，我们知道 MSA 的资料提交要求为：

① 向客户提交保证书和产品样品及完整的相关支持资料。这一条要求我们起码要有 MSA 分析计划、工艺文件（如控制计划）、分析流程、技术指导、空白表单格式、纠错方案等。

② 供方必须向指定的顾客产品批准部门提交，并在适当的场所（包括制造场所），保留一份记录或文件项目的复印件。这一条要求我们的 MSA 分析资料必须提交给客户或者客户的窗口部门，而且还要有资料备份。

2.2 测量系统分析的应用范畴

2.2.1 测量系统分析在质量管控中的应用

质量管理经过一百多年的发展已臻高峰，在现代工业产品制造的质量管控模式里，我们通常会看到如图 2.2.1 所示的模式。

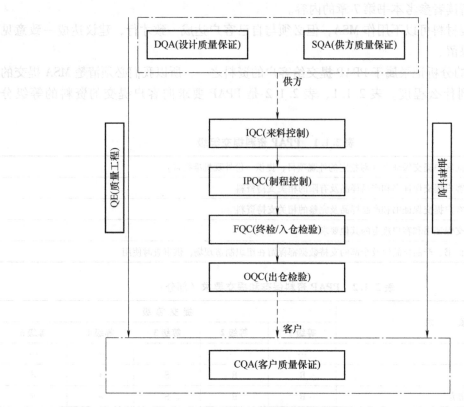

图 2.2.1　质量管控模式范例

当然，不同的企业会有不同的调整，有些企业对设计端是没有进行质量管控的，有些企业会在 FQC 与 OQC 之间增加一个 OOBA（开箱检验），但无论何种组合形式，现代企业的质量管理已经迈入了全面质量管理（TQM）阶段。全面质量管理不仅对全面性、全员性参与进行了要求。还对管理的科学性提出了明确的要求。全面质量管理常用的七种管理工具包括：统计分析表和措施计划表、排列图、因果分析图、分层法或分类法、直方图、控制图和散布图。

我们都清楚，上述七种管理工具都是基于对数据的分析而建立起来的管理工具和分析方法，而绝大多数的数据均来源于测量，没有可靠的数据来源，全面质量管理就无从谈起。

两种典型的管理过程如图 2.2.2 所示。

如果是一般的管理过程，并不产生可见的测量数据。比如你的主管让你打印一份设计图纸。输入的是你主管对图纸的需求，输出的是这份指定的图纸，操作过程就是你打印图纸。

那如果我们要管理的是测量过程呢？毫无疑问，过程中一定是要产生显而易见的数据，这些数据无论是离散的还是连续的，我们均应将此过程看作测量管理过程。而测量管理过程就应该对过程产生的数据进行可靠性、有效性的分析和保证。这种分析和保证的手段通常有两种：数据处理、测量系统分析（MSA）。

数据处理是对数据本身的质量进行分析，比如离群值的判别和处理、正态性检验等；而 MSA 则是专注于测量系统本身，在未产生数据前，先对测量系统进行分析，保证测量系统的可靠和稳健，使得产生的数据具有很高的可信度。

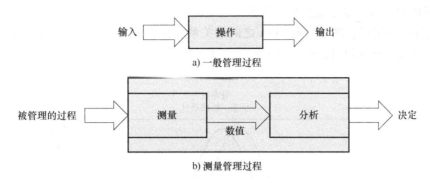

图 2.2.2　一般管理过程和测量管理过程

实际上在质量管理的过程中,测量的含义更宽泛,它不仅仅是局限于用测量系统进行的测量,它还包括对组织管理的效能和业绩进行测量,因此我们在理解质量管理的要求时,要区分这种概念上的差异。图 2.2.3 所示为 IATF16949 中以过程为基础的质量管理体系模式。

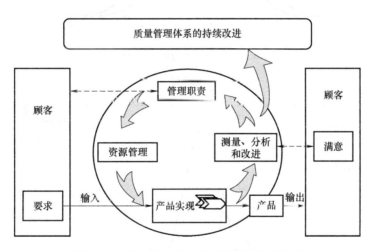

图 2.2.3　以过程为基础的质量管理体系模式

图 2.2.3 中的"测量"就是一个非常宽泛的过程,它不仅包括我们狭义上的测量,也包括对管理效能和业绩的监测过程,因此在理解质量管理对测量的要求时,需要很好地理解这种概念上的延伸。

要特别提出的是,MSA 在质量管控中不仅仅是在质量管控的过程中起到作用,实际上 MSA 贯穿于 TQM 的所有测量管理过程。例如产品设计阶段样件的测量、过程设计的测量系统的引进和建立、工艺变更的确认、质量改进的测量和分析、客户投诉的确认过程等。产品制造过程仅仅是 MSA 最常见的一种应用,千万不能误以为 MSA 仅仅出现在产品的制造过程中,这样理解容易让 MSA 的应用陷入困境,这种困境在管理上往往是很被动的。

2.2.2　测量系统分析在过程能力研究中的应用

质量管理中非常重要的一个方向是保证产品制造过程的能力,质量检验关注的是零件或成品是否合格,而过程能力的研究关注的是零件或成品的一致性。2.2.1 节提到了 MSA 在质量管控中的重要作用,本节将阐述 MSA 在过程能力研究中的重要作用。

1. 过程的能力与测量系统分析的关系

为了更好地理解过程的能力与 MSA 之间的关系，我们先来理解一下统计学中位置变差和宽度变差，以正态分布为例，两种变差如图 2.2.4 所示。

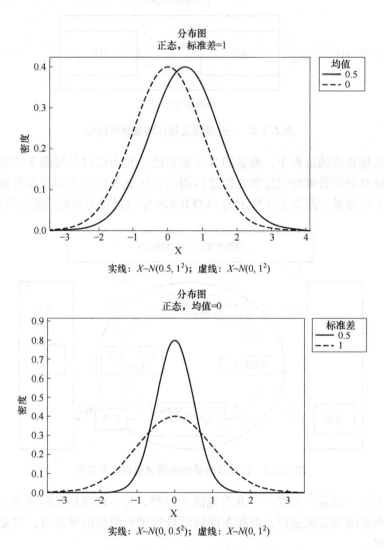

图 2.2.4　正态分布位置变差与宽度变差

从图 2.2.4 中我们可以看出，位置的变差是由均值发生变化而引起的一种偏离，而宽度变差是由于标准差发生变化而引起的一种集散程度。前者更多地应用于产品的合格性判别，例如质量检验，后者更多地应用于工艺过程能力的研究。两者均可以应用于对过程的监控，IATF16949 引用的五大工具中的 SPC（统计过程控制）就是基于这两种基本的统计原理而进行展开的。相应地，SPC 的控制图中就分别包含有均值（$\bar{X}$）图、标准差（S）图，或替代的极差（R）图，而它们的功能就是监控位置变差和宽度变差。换句话说，均值图监控的是产品是否合格，标准差图（或极差图）监控的就是产品的一致性是否满足要求[⊖]。

理解了位置变差与宽度变差的概念之后，我们再来考察两个工艺过程 A 和 B，假定标准差 σ 是相同的，考察均值 μ，如图 2.2.5 所示。

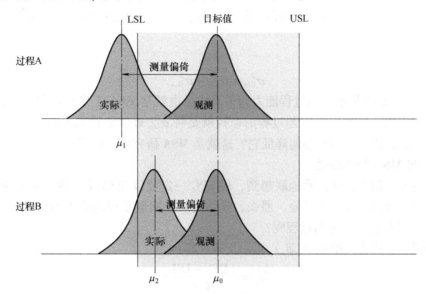

图 2.2.5　比较两个过程对产品的合格性判别

通过对比图 2.2.5 中两个制造过程可以发现，过程 A 的实际测量值的分布大部分落在规格下限（LSL）的外部，因此其测量的均值 μ_1 与目标均值 μ_0 之间有很大的测量偏倚；而过程 B 却相反，过程 B 的实际测量均值 μ_2 与目标均值 μ_0 之间的测量偏倚就相对较小。我们当然有理由相信过程 B 在产品的合格性判别上优于过程 A，从概率上说，过程 B 判错的概率要比过程 A 低。

下面再假定均值 μ 相同来考察标准差 σ，如图 2.2.6 所示，同样比较两个工艺过程 A 和 B。

从图 2.2.6 我们可以很清楚地知道三个事实：

① 过程 A 制造出的零件一致性较过程 B 制造出的零件一致性要差。

② 过程 A 的测量系统波动较过程 B 的测量系统波动要小。

③ 过程 A 与过程 B 在最终的测量结果上并没有明显的差异。

通过三个事实的比较，我们能够很容易获知，过程 A 的零件波动与最终观测到的结果更接近一点；换句话

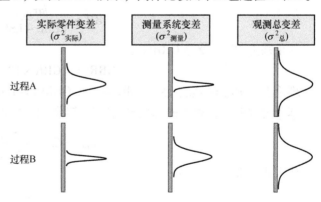

图 2.2.6　比较两个过程得到的测量值

⊖　具体参见由中国汽车公司技术研究中心翻译的克莱斯勒、福特和通用汽车公司的 Statistical Process Control（SPC）．AIAG USA（1995 版）。

说，在测量值是否更接近实际值的程度上来看，过程 A 优于过程 B。

而图 2.2.6 也正是考查一个制造工艺过程的能力的基础。我们用方差来表达这种波动，无论是零件的波动（实际零件变差）、测量系统的波动（测量系统变差），还是最终我们看到的结果的波动（观测总变差），令实际零件变差为：σ_{Act}^2；测量系统变差为：σ_{Meas}^2；观测总变差为：σ_{Obs}^2。

则有关系式：

$$\sigma_{Obs}^2 = \sigma_{Act}^2 + \sigma_{Meas}^2 \tag{2.2.1}$$

式（2.2.1）是测量系统与过程能力的关系式，也就是 MSA 工作在过程能力的研究中起到至关重要的作用。而 SPC 对工艺过程的监控就是将 σ_{Obs}^2 近似地看成是 σ_{Act}^2，其前提条件是 σ_{Meas}^2 要足够小，具体是多少？如何降低它？这就是 MSA 研究的范畴了。

2. SPC 与 MSA 的关联性

从前文内容我们会自然而然地联想到，做 SPC 一定要以 MSA 为前提，不能忽略 MSA 而独立开展 SPC，否则会有极大风险。那么，具体地讲，测量系统的能力到底要达到多少才能使得 SPC 实现有效监控工艺的过程呢？

我们知道，过程能力指数（Cp_x）可用下式计算：

$$Cp_x = \frac{|USL - LSL|}{6\sigma_x} \tag{2.2.2}$$

式中，USL、LSL 分别为规格上限和下限；x = Obs 或 Act，参见式（2.2.1）。

关于测量系统的变差，我们通常研究重复和再现能力，用 GRR 表示。GRR 的计算有两种方式，一种是基于过程变差，另一种是基于规格公差，基于过程变差如下式：

$$GRR = \frac{k\sigma_{Meas}}{6\sigma_{Obs}} \tag{2.2.3}$$

式中，k 一般取 6。

基于规格公差如下式：

$$GRR = \frac{k\sigma_{Meas}}{|USL - LSL|} \tag{2.2.4}$$

如果乘上 100% 就是 GRR% 了：

$$GRR\% = GRR \times 100\% \tag{2.2.5}$$

理论上，$\sigma_{Meas}^2 \leq \sigma_{Obs}^2$，因此 GRR≤1 或 GRR%≤100%。

基于过程变差，观测的总变异与零件实际变异之间的关系由下式确定：

$$Cp_{Obs} = Cp_{Act} \times \frac{\sigma_{Act}}{\sigma_{Obs}} \tag{2.2.6}$$

代入式（2.2.1）得：

$$Cp_{Obs} = Cp_{Act} \times \frac{\sqrt{\sigma_{Obs}^2 - \sigma_{Meas}^2}}{\sigma_{Obs}}$$

令式（2.2.4）中 $k=6$，将式（2.2.4）代入上式可得：

$$Cp_{Obs} = Cp_{Act} \times \frac{\sigma_{Obs}\sqrt{1 - GRR^2}}{\sigma_{Obs}}$$

$$= Cp_{Act} \times \sqrt{1 - GRR^2}$$

得：

$$Cp_{\text{Act}} = \frac{Cp_{\text{Obs}}}{\sqrt{1-\text{GRR}^2}} \quad (2.2.7)$$

基于规格公差，根据式（2.2.2）和式（2.2.4）可得：

$$\text{GRR} = \frac{1}{Cp_{\text{Obs}}} \times \frac{\sigma_{\text{Meas}}}{\sigma_{\text{Obs}}}$$

通过变换上式并联合式（2.2.6）可得：

$$Cp_{\text{Act}} = \frac{Cp_{\text{Obs}}}{\sqrt{1-(Cp_{\text{Obs}} \times \text{GRR})^2}} \quad (2.2.8)$$

至此，我们分别获得基于过程变差和规格公差的关系式（2.2.7）和式（2.2.8）。根据式（2.2.7）和式（2.2.8），我们考虑实际应用，令：短期的过程能力 $Cp_{\text{Obs}短期} = 1.67$（近似于 5σ 水平）；长期的过程能力 $Cp_{\text{Obs}长期} = 1.33$（近似于 4σ 水平）。

我们对测量系统 GRR 的要求通常有两个节点，一个是 10%，一个 30%（参见本书第 8 章）。超过 30% 的测量系统变异太大，不适用于过程能力的研究，我们就不考虑 GRR% > 30% 的情况，为了方便对比，我们就考察 0%、10% 和 30% 这三个点。

1）令：GRR = 0 或 GRR% = 0%，代入式（2.2.7）和式（2.2.8）可得出工艺过程的实际能力 $Cp_{\text{Act}} = Cp_{\text{Obs}}$，见表 2.2.1。

表 2.2.1　GRR = 0 的情况

	基于过程变差 Cp_{Act}	基于规格公差 Cp_{Act}	Cp_{Obs}
短期	1.67	1.67	1.67
长期	1.33	1.33	1.33

2）令：GRR = 0.1 或 GRR% = 10%，代入式（2.2.7）和式（2.2.8）可得出工艺过程的实际能力 Cp_{Act}，见表 2.2.2。

表 2.2.2　GRR = 0.1 的情况

	基于过程变差 Cp_{Act}	基于规格公差 Cp_{Act}	Cp_{Obs}
短期	1.69	1.69	1.67
长期	1.34	1.34	1.33

3）令：GRR = 0.3 或 GRR% = 30%，代入式（2.2.7）和式（2.2.8）可得工艺过程的实际能力 Cp_{Act}，见表 2.2.3。

表 2.2.3　GRR = 0.3 的情况

	基于过程变差 Cp_{Act}	基于规格公差 Cp_{Act}	Cp_{Obs}
短期	1.75	1.93	1.67
长期	1.39	1.45	1.33

从上述结果来看，在 GRR% = 30% 的情况下，观测的过程能力 Cp_{Obs} 与实际过程能力 Cp_{Act} 有一定差异，且 $Cp_{\text{Obs}} < Cp_{\text{Act}}$，这意味着我们低估了工艺的过程能力；当 GRR% = 10% 的情况下，观测的过程能力 Cp_{Obs} 与实际过程能力 Cp_{Act} 差异非常小，即 $Cp_{\text{Obs}} \approx Cp_{\text{Act}}$，这就意味着我

们可以很准确地评估工艺的过程能力；当 GRR% = 0% 时，$Cp_{Obs} = Cp_{Act}$。

因此，通过对比 GRR% 分别等于 0%、10% 和 30% 这三个点的情况，我们就会发现，测量系统的变异越小越好，当然实际情况是 GRR% 不可能为零；而当 GRR% ≤ 10% 时，测量系统的变异对过程能力的研究影响非常小。

我们可以尝试计算一下当 GRR% > 30%，比如 50% 或 80% 的时候是什么情况，GRR = 0.5 或 GRR% = 50% 时的情况和 GRR = 0.8 或 GRR% = 80% 的情况分别见表 2.2.4 和表 2.2.5。

表 2.2.4 　 GRR = 0.5 的情况

	基于过程变差 Cp_{Act}	基于规格公差 Cp_{Act}	Cp_{Obs}
短期	1.92	3.03	1.67
长期	1.54	1.78	1.33

表 2.2.5 　 GRR = 0.8 的情况

	基于过程变差 Cp_{Act}	Cp_{Obs}
短期	2.78	1.67
长期	2.22	1.33

显而易见，GRR = 0.5 时的测量系统已经非常不适合做过程能力的研究了；当 GRR% = 80% 时，基于规格公差我们无法用式（2.2.8）算得，但从基于过程变差的研究我们更加有理由确定，这种测量系统的变异太大，完全无法适用于过程能力的研究了。

当我们要用 SPC 对过程进行监控时，我们应保证测量系统的变异 GRR% ≤ 10%，当然考虑到投入产出比，并非所有的测量系统都能达到这种要求。因此，有些企业干脆就根据不同的工艺要求对工序进行分类，例如将工序分类为关键特性、安全特性、非关键特性工序等，然后根据不同的工序要求对 GRR% 指标定义也不一样。比如，有些企业就把非关键特性的 GRR% 范围定义为 GRR% ∈ (10%，30%]，这种分类法实际上是可取的，这也正是 MSA 手册的指导精神。

2.2.3　测量系统分析在研发领域的重要作用

我们知道，制造业尤其是现代制造业通常是批量性制造产品，由于要满足产能和交期的要求，通常情况下，会对工序或生产线进行复制，换句话说就是在同一道工序中，会有多套一样的测量系统，这样的情况便于做 MSA 的研究。

而研发领域则不同于制造业，研发领域的测量系统很多时候是一个孤立的样本，要比较的话，只能是研发实验室与其他研发实验室之间进行比对，或者客户与供方之间进行比较。研发领域尤其是涉及材料研发、破坏性和可靠性研究等方面，通常试验过程是不可重复的，这就无法用 MSA 常规的分析手段对测量系统进行分析，必须用到 MSA 手册提到的"复杂测量系统"的评估和分析方法或"其他替代的方法"。

当然，无论是哪一种情况，我们对研发过程用到的测量系统进行评估可以采用很多种手段，诸如实验室间的计量比对、测量结果的不确定度的评定、MSA、失效模式的分析、因果分析等。其中，MSA 更注重于系统思维，对测量系统本身的特性（如重复的能力、再现的能力、准确的程度、稳定的能力等）更加关注，且有一套与管理相结合的改进指导策略。这种策略往往是具有工程思维的，这就非常便于组织内部的交流和沟通，更能调动组织内部的资源而用于测量系统的改进目的。

调查发现，研发领域的测量过程有如下方面的典型特点：

1）样品数量少。例如轨道高速撞击试验用的汽车样品。
2）样品单价成本高。例如金属材料 Pt、Au、Ag 以及汽车样品。
3）取样频次低。例如每三个月来一次样或半年来一次样。
4）样品的均匀性不好。例如粉末材料比表面积的测定。
5）样品的性能会随时间的推移而发生变化。例如悬浮溶液的旋转黏度的测定。
6）不能重复测量。例如材料的热稳定性分析。
7）部分样品有复杂的前处理。例如 ICP 重金属含量检测。
8）操作人员是唯一的。大部分专业性测量仪器的操作都是指定单一的技术人员。
9）测量仪器是唯一的。这是研发实验室常见的情况。
10）测量仪器的准确度是行业最高的。例如 SEM 扫描电镜、特种等级电子天平等。
11）测量仪器的稳定性较高。例如激光粒度分析仪。
12）测量过程耗时长。例如 K-F 微量水分测定仪。
13）实验室环境控制比较稳定。包括实验室环境的温、湿度控制。

上述的特点代表了研发实验室测量系统的大部分情况。其中大部分看似不适用 MSA，实际不然，AIAG（美国汽车工业行动集团）在 2002 年发布的第三版就已经有了大篇幅的改进和更新，其中就包括对复杂测量系统的分析方法的指导建议。另外，在手册中也提到对复杂测量系统应尽可能应用专业知识、统计手段等对其进行变差研究。

本书在第 10 章会专门针对不可重复的测量系统分析如何应对进行论述，其他章节也会针对上述状况进行探讨。当然，借用 MSA 手册的话说，我们编写本指南的目的并不意味着能够涵盖所有类型的测量系统，指南的最终目的还是提供一种 MSA 的应用性思维去解决实际测量工作中遇到的问题。

而在研发领域，如果用不确定度评定、实验室比对、失效模式分析、因果分析、根本原因分析等手段无法达到探讨测量系统变异的目的，那么不妨从系统性的思维，应用 MSA 的思想去做测量系统的变异研究。

2.2.4　测量系统分析在六西格玛管理中的地位

在质量管理中，我们会用到大大小小的质量工具，小而单一的工具如 7M1E、5W3H、8D 报告、QC 七大手法、PDCA 循环⊖等；大而系统的工具如六西格玛管理、IATF16949 五大工

⊖ 7M1E：Man（人员）、Machine（机器）、Material（物料）、Method（方法）、Management（管理）、Measure（测量）、Market（市场）、Environment（环境）；
5W3H：Why（为什么）、What（什么事）、Where（在哪里）、When（什么时候）、Who（谁）、How（怎样做）、How much（成本多少）、How do you feel（结果如何）；
8D：D0 为征召紧急反应措施、D1 为小组成立、D2 为问题说明、D3 为实施并验证临时措施、D4 为确定并验证根本原因、D5 为选择和验证永久纠正措施、D6 为实施永久纠正措施、D7 为预防再发生、D8 为结案并祝贺；
QC 七大手法（旧）：因果图、层拉法、柏拉图、查检表、散布图、直方图和控制图；QC 七大手法（新）：关联图、亲和图、系统图、矩阵图、矩阵数据分析、PDPC 法和网络图；
PDCA 循环：Plan（计划）、Do（执行）、Check（检查）、Action（行动）。

具[一]、精益生产等。而其中六西格玛管理已得到广泛的推广与好评，六西格玛的方法论中无论是质量改进模式的 DMAIC，还是设计流程的 DMADV[二]，其中的"M"就是指测量阶段。六西格玛作为一套科学的、严谨的质量管理工具，其方法论中均给"测量"留了一席之地。质量管理大师戴明（W. Edwards Deming）说过："如果我们不进行测量，我们将不能知道更多。"不得不说，我们在对待"测量"的问题上，已不再是讨论测量重不重要了，而是应该讨论如何做好测量。

我们以 DMAIC 为例来探讨 MSA 如何扮演着它的角色。

表 2.2.6 是 DMAIC 五个阶段的主要工作内容。

表 2.2.6 DMAIC 五个阶段的主要工作内容

DMAIC	主要工作内容
Define（界定）	项目章程 客户声音（VOC） 关键质量特性（CTQ） 宏观流程图
Measure（测量）	MSA 测量 Y 数据采集计划 计算基线西格玛水平 确定可能的影响因子（X）
Analyze（分析）	筛选少数关键 X 假设检验
Improve（改进）	提出可能的解决方案 选择解决方案并设计方案 验证方案的有效性
Control（控制）	过程控制计划 标准化流程 推广

从表 2.2.6 中不难发现，当六西格玛项目的范围和收益被界定清楚后，后期所有的改进工作都绕不开"Measure（测量）"。可以说，在测量阶段获得的 Y 和 X 是决定整个六西格玛项目改进成败的关键所在，因此在做 Y 与 X 的测量之前，我们首先需要对测量系统的可靠性进行检验，所用的手段就是 MSA 了。

现实状况是很多六西格玛工程人员总会忽略 MSA 而直接开展 Y 和 X 的测量，这样一来，我们测量出的 Y 和 X 有出现偏差的风险，即我们的改进方向可能会发生偏离，后期的控制阶段再投入多少资源可能都达不到预期的项目收益。

[一] IATF16949 五大工具：APQP、PPAP、MSA、SPC、FMEA。

[二] DMAIC：Define（界定）、Measure（测量）、Analyze（分析）、Improve（改进）、Control（控制）；
DMADV：Define（界定）、Measure（测量）、Analyze（分析）、Design（设计）、Verify（验证）。

正确的做法是，在进行任何测量之前，先问一个问题：测量系统可靠吗？在核实测量系统的可靠性之前，请不要进行任何的测量工作，这是非常值得强调的一件事情。包括后期的过程控制对 SPC 的应用，我们也要先问一下：测量系统可靠吗？关于 SPC 与 MSA 之间的关联性，本书在第 2.2.2 小节中已有详细的说明，这里就不赘述了。

2.3　测量系统分析与组织的实际收益

任何一项工具的引入，我们都会迫切关心它到底能给组织带来怎样的收益。MSA 作为对测量系统变差研究的一项强大的工具，我们也不禁要问同样的问题——MSA 可以给企业带来哪些收益呢？

首先，我们来看一个现象，那就是测量设备的引入。

很多企业在测量设备引入之后才发现量具的性能不能满足测量的要求，比如某内阻测试仪的分辨力为 $0.001\text{m}\Omega$，即 $1\mu\Omega$，而零件的内阻规格是 $R_{\text{in}} < 15\mu\Omega$，最终的后果是，$14.5\mu\Omega$ 的零件 A 和 $15.4\mu\Omega$ 的零件 B 在该内阻测试仪上均显示为 $15\mu\Omega$，而实际上零件 A 是合格的，零件 B 却不合格，但测量员误判为 A 和 B 均不合格。

这能怪测量员吗？我们只能说不能，测量员的操作一点问题都没有，他/她是严格按照零件的规格和量具的操作程序进行的。

那么问题出现在哪里呢？很显然，问题出现在量具的分辨力无法满足使用要求上。粗略判断，该内阻测试仪的分辨力最好是在 $0.1\mu\Omega$——不过 MSA 手册要求是过程变差或公差范围的 1/10（参见 8.2 节），因此，具体是多少，我们还需要结合其他信息才能作出判断。但可以肯定的是，$1\mu\Omega$ 是无法满足使用要求的。

现在，我们来看一下这台内阻测试仪的价格，经过查询采购价格，这台内阻测试仪的价格为 3.5 万元，一共有 18 条同样的生产线，总计采购金额为 63 万元。可以预见，如果此问题没有被及时发现和得到及时纠正的话，无论是后续的产能扩大新添置内阻测试仪还是以旧换新，都将给企业带来无穷无尽的成本损失和品质隐患。而这种损失和隐患是隐藏起来不容易发现的，需要对 MSA 有足够的认识才能规避此类损失和隐患。

还有一个问题也不能忽略，那就是客户对我们的信任可能也会因此有所降低。如果该零件的内阻特性是产品的关键特性甚至是安全影响特性，未来可能会在市场上发生品质事故或安全事故，进而企业的品牌形象也会遭受到影响甚至破坏。

我们再来看一组统计数据：据统计，2018 年截至 3 月 21 日，全国共召回汽车 37 次，共涉及乘用车 314.6 万辆，远远高于去年同期的 196.5 万辆，同比增长 60%[⊖]。

召回汽车涉及的问题包括安全气囊、"机油门""进水门"等，其产生的根源我们无从知晓。但问题的产生无非是管理缺陷、设计缺陷、质量缺陷等，有多少问题是可以从 MSA 的角度去避免的呢？尤其是设计缺陷、质量缺陷等问题，管理者在分析问题时，是否考虑过某些问题是因为测量系统的能力不足导致的决策错误呢？

这个例子让我们知道一个事实，就是产品一旦流入市场，市场会用一把公正的量尺去衡量它。在品质的管理过程中，我们不能抱有侥幸的心理。在前文内容中，我们从体系、过程

⊖ 数据来源于福建省质量管理协会财经期刊《福建质量管理》2018 年 3 月 26 日发布的信息。

监控、研发以及六西格玛品质改进的角度分别阐述了 MSA 的重要性，从这些重要性当中，我们完全有理由相信，如果 MSA 工作做不好，会引起很多连锁的不良反应。这些不良反应大体上表现在以下五个方面：成本浪费、品质风险、顾客信任、品牌效应、行业牵连。

MSA 本身的核心指导思想是"预防为主"，后期对测量系统的改进是被动的。因此，我们必须要做到的一点是，组织内部所有要用到的测量数据务必是准确可靠的，这是一种预防性的、基础性的保证，不能被忽略，也不能放松对它的要求。

相应地，如果 MSA 工作做到位了，可以给组织带来的收益也表现在五个方面：避免成本的浪费；降低因测量不可靠导致的品质风险；提高顾客对组织的信任；提高品牌的影响力；增强用户对品牌的信心；对整个行业信任度的建立也有一定的帮助。

当然，我们绝对不能对此有所误解，认为但凡做了 MSA，组织就一定收益。要知道，任何 MSA 工作的开展都是一种成本的投入，我们在策划 MSA 时就需要权衡利弊。接下来，我们来探讨一下如何权衡 MSA 工作与组织利益之间的关系。

测量系统分析的目的就是确保测量系统是可靠的。需要特别注意的是，这里用"确保"而不是"确认"，原因是"确保"包含了"确认"和"保证"两个方面的意思，简而言之就是先"确认"测量系统是否可靠，如果不可靠的话就需要改善，进而达到"保证"测量系统可靠的目的。

有些人会说："我们的测量系统是目前世界上最先进的，绝对可靠，根本不用做 MSA。"实际上这句话本身的出发点是好的，其潜台词就是——我们花了这么大价钱投入到这套测量系统中去，如果它不可靠了，就再也找不到更好的替代设备了，那么你也不用做 MSA 了，因为你做不做 MSA，我们都只能用它。

然而，正确的逻辑是：最先进≠最适合。

1. 是否要做 MSA

是否需要做 MSA，我们要从哪几个方面去考量呢？作为制造业，我们首先要考量的因素是"客户要求"，其次是"体系要求"，再者就是"品质要求"。

（1）客户要求

如果业务能在与客户谈判桌面上争取更多可能的话，MSA 工作会更加顺畅，很多阻碍实际上是来自于客户的一些不合理的要求，然而又解释不清楚。因为有时候要让客户懂一个道理，得先让他明白一套逻辑，所以只能接受。有些人甚至会开始做假数据去欺骗客户，其实这是完全没有必要的。

我们建议，企业的业务人员可以在与客户的谈判时带上 MSA 工程师的意见，也可以直接让双方的 MSA 的工程师对接，在前期的技术沟通上把工作做足，除去不必要的羁绊，为 MSA 更科学、更合理、成本更低地开展提供空间。因此，"客户要求"是可以进行谈判的，只要合理，只要客户是真心想合作，相信客户就会理性地看待问题，从而理解我们的意见。

（2）体系要求

好的质量体系就是公司的灵魂，体系中的绝大部分条款都是经过千锤百炼的精华，每一条的要求都是有其自身的逻辑和价值的，因此，体系的要求也具有了合理性。然而，值得一提的是，体系的要求通常都是比较笼统的，体系不会细到指导你具体怎么去开展 MSA。因此，我们只谈必要性，不谈如何操作，仅需要认真执行体系的要求即可。

（3）品质要求

如果说"客户要求""体系要求"是表，那么"品质要求"就是里。表里如一固然是最理想的状态，然而问题就在于实际状况中，MSA 工作不是独立的，是嵌入到各个环节中和各个管理模块中去的。常识告诉我们，短期内，品质与利润是矛盾的；而实际上从长远来看，品质与利润却又是统一的，品质可以打造品牌，品牌可以创造利润，因此真正高瞻远瞩的企业视品质为企业的生命。从这一点来看，MSA 工作就需要大团队的理解和支持，否则，单独地去满足"品质要求"会非常困难，处处受阻，举步维艰。

以上三点说明了 MSA 工作的必要性。

但是，实际状况和理论有出入，MSA 工作并非是简单地满足这几个要求，如果机械地进行的话，MSA 这个强大的工具就失去了生命力，甚至会变助力为阻力，影响公司业务的整体收益。很多公司，尤其是国内的一些中小型企业，对 MSA 的理解还不到位，运用起来也有偏差，不但在技术上理解不到位，而且在管理上也机械僵化，甚至很多人一提到 MSA 就想到 GRR，把 MSA 等同于 GRR 其实是极其片面的理解。

2. 对 MSA 进行必要性权衡

我们对 MSA 工作还需要进行"必要性权衡"，即找平衡点。这个平衡点就是在品质有保障的前提下，使公司的利润最大化。必要性权衡基于四个方面进行：成本控制、风险规避、效率和可操作性。这四个方面相辅相成，不是简单的独立关系。

必要性权衡是在认同了 MSA 一定要做的前提下进行的进一步考量。

（1）第一点权衡：成本控制

商业化的企业一定要盈利，这个大家都非常清楚。然而，潜在的成本风险就像幽灵一样，无处不在，一不小心，就会给公司带来经济上的损失，而且很多时候人们还意识不到到底是哪个环节出了问题。在固有的盈利模式下，通常觉察不到利润还有再提升的空间。

本节前文中的例子就是说明了因对分辨力认识不足，导致选择量具不当，从而造成的成本损失的问题。再举一个例子可以说明这一点。

对于某零件 A，当初客户坚持要做拉力测试。根据调查发现，A 的成本约为 120 元，作为破坏性测试，由于对 GRR 理解不到位，我们机械地采用嵌套 GRR 分析法。根据嵌套 GRR 的取样数量，需要 90 个 A，即零件成本约 10800 元。然而，GRR 抽样不一定是 10 个（或组），考虑功效⊖的问题：10 个样品（90 个 A）的功效为 90%，5 个样品（45 个 A）的功效为 80%，综合其他因素考量（设备参数设置、仪器本身计量性能、操作员的熟练性、夹具的合理性等），认为可以承受得起这 10% 的置信度削减，却可以节省 5400 元。因此，我们用了 45 个 A 进行了嵌套 GRR 分析。

基于样品的焊接拉力极度不一致的特点，上述 5400 元其实也是白白浪费掉的，同时我们发现嵌套 GRR 的结果非常差（GRR% = 93%，NDC - 1），问题到底出在哪里？后来经过不断调查研究发现，夹具的上下部分不同轴，导致部件不是直向被拉脱的，而是斜向被撕裂的。经过设备工程师调整后，嵌套 GRR 结果仍旧很差。再次多方面排查原因，初步估计测量系统出现问题的可能性已经不大（最有可能的问题点是夹具，已经改善好了），最后考虑到是样

⊖ 功效：在假设检验中，原假设不成立而接受原假设的概率。

品不一致程度太大的缘故。经过人为调试不同设备关键参数的生产条件下制造出的零件 A 进行拉力实验发现，拉脱力依旧没有规律可言，和设备关键参数并不成正比。最后迫不得已，选择了假设检验的<u>单因子方差分析</u>的办法（参见第 10.3 节），我们把单因子定在了不同时间段上面。因此，这种方法甚至可以不用专门去取样，可以直接获取首件检查的数据进行分析，而此时的分析样品成本降至零，其结果也有一定的参考价值。这就是成本考量的另一个典型案例。

（2）第二点权衡：风险规避

正常做好 MSA 工作的前提下，风险规避通常会发生在测量系统分析不可靠时改善决策阶段。例如，有些量具本身的分辨力（Discrimination）不够，导致测量系统的有效解析度（Number of Distinct Categories，NDC）不足，即测量系统没有足够的能力去分辨出实际过程的变异，那么理论上，这个时候是需要改善的。然而改善成本高得出人意料，比如 1 万倍的成本（原量具是 10 元的软尺，更换后量具是 10 万元的自动影像测量系统），而且需要替换 1000 套，总成本是 1 亿元。这种情况下，就要考虑风险到底能否接受了。如果能接受，那么就不会去替换量具；如果接受不了，且不想替换量具，就要考虑一旦发生品质事故后品牌形象是否会受损、退货赔款会花多少钱、是否会失去客户和市场、不良产品是否会给社会带来危害等问题。

当然，这些问题在设计之初是做过失效模式分析（FMEA）的，而现在我们依旧可以用 FMEA 工具对其风险重新进行合理的评估。如果评估之后，这个风险我们可以承受，那就保持量具不变。但请注意，这不是真正意义上的让步接受，我们需要在后工段利用其他手段进行监控产品的特性，从侧面控制该特性的关联参数，尽可能地降低品质风险。

（3）第三点权衡：效率

当 MSA 工作严重影响到生产效率时，就要重新思考 MSA 工作的安排是否合理、流程是否具有可操作性。单纯的 MSA 分析工作是可以畅通无阻的，但要综合考虑生产效率时，就需要有很好的统筹管理（包括获取计划部门给出的生产计划，获取设备部门的设备安装、调试、保养计划，获取生产部的 5S 安排节点等，都是 MSA 统筹工作很好的切入点）。总之，影响到了效率，MSA 管理工作毫无疑问是不到位的，只有优化资源配置，合理安排时间节点，获取必要的组织资源，才能呈现最佳的协作状态。

（4）第四点权衡：可操作性

选择 MSA 分析方法时，可操作性往往左右着我们的选择。就拿破坏性的测量系统来说，如果样品之间的一致性太差，则会严重影响我们对测量系统可靠性的判断，因此，通常会选择破坏性的测量系统分析方法。但破坏性的测量系统分析方法往往又比不上方差分析法（ANOVA），选择正确的替代方法，也是有一定的参考价值的。

从方法的有效性来看，通常我们选择 MSA 方法的优先级是：交叉方差分析（across ANOVA）＞嵌套方差分析（nest ANOVA）＞均值极差法（X-bar R）、风险探测法、信号探测法＞极差法（Range）、假设检验（Hypothesis test）、相关性分析、其他替代的方法。

知道优先级之后，还要考虑可操作性，如果无法进行，只能降级选择，千万不能机械地套用条条框框。这样的 MSA 还不如没有，只是在浪费时间，起不到实际的作用。

第 3 章
测量系统分析对组织管理的要求

3.1 组织的决策层对测量系统分析工作的影响

作为组织的决策层,也就是我们常说的"领导层"或"管理层",对 MSA 工作有着什么样的影响呢?

目前,很多管理人员对 MSA 工作的态度是不闻不问,只要能看到 MSA 报告就行,只要能应付客户或体系审核就可以,至于 MSA 工作的开展以及资源的配给都毫不关心,认为只要安排一个技术人员专门去做 MSA 就可以了。事实上,这样的认知对 MSA 工作是毫无帮助的,甚至会产生畸形的工作结果,如编造数据、修改报告结果等。这样的 MSA 是有害的,会产生错误的决策,如好的产品过杀、坏的产品流出、工艺改善的方向错误等。

那么,要想了解组织的决策层在 MSA 工作中需要做些什么,我们就必须先了解 MSA 工作到底需要什么,图 3.1.1 所示为 MSA 工作过程的输入和输出。

MSA 工作过程包含了三个重要部分:常规的 MSA 分析工作、替代的方法的引入、测量系统异常后的改进。这三个部分的工作内容分别对组织配给的资源需求有所侧重。

常规的 MSA 分析工作主要来自于样品(包括样品的专门制备)准备、操作员的安排、占用的工时、对 MSA 工程技术人员的培训等主要方面。其中样品的准备需要物料控制部门和设备部门、生产部门提供支持;操作员的安排需要生产部门提供支持;工时的占用需要生产计划相关部门(PM)提供支持;对 MSA 工程技术人员的培训需要得到人事部门(HR)的支持。另外补充一点容易被忽略的内容,那就是 MSA 工作组通常情况下一个人是不够的,由于要取样、沟通协调、分析,还要组织项目的改进等。有些企业刚起步,设置一个人当然不可厚非,但最好专人负责,不建议兼职做,后期企业发展壮大,需要成立 MSA 工作组。

根据手册和 IATF16949 的要求,替代方法的引入需要得到客户的批准,因此这需要质量体系单位和业务部门的支持,前者是流程文件的变更和发行,后者是客户沟通的桥梁。

测量系统异常后的改进工作包括以下内容:
1) 对测量操作人员的培训,这需要人事部门(HR)和生产部门的支持。
2) 对设备进行调试,这需要设备部门的支持甚至采购部门的支持(设备供应商的调动)。
3) 工程变更主要体现在测量方法(SOP)的改进上,这需要工艺部门的参与和支持。
4) 设计变更主要体现在产品规格的明显不合理(如过严、过宽或单边公差的定义),这需要产品部门的支持。

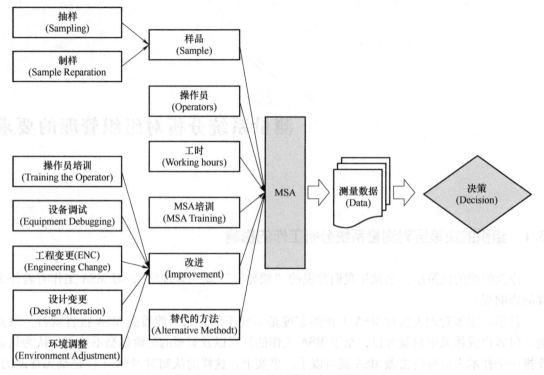

图 3.1.1　MSA 工作过程的输入和输出

5）测量环境的调整往往容易被忽略，很多精密的测量系统对于周边环境的要求还是很严苛的，如对空气流通的速率、空气温度的均匀性、环境的干燥程度、照明（例如操作人员的肉眼在 D60 光源下操作最佳）的要求等，这就需要厂房工程部门提供支持。

通过对 MSA 工作的全面认知，我们作为企业内部的管理人员，应该对 MSA 工作提供上述但不限于上述的建议资源，以充分发挥 MSA 工作的效用。

因此，对 MSA 工作的正确认知包含两个方面：第一就是管理层面的支持；第二就是技术层面的理解。管理层面的支持就是需要协调各个部门的资源，技术层面的理解就需要企业对 MSA 工程师进行系统性的培训，以使其达到真正具备工程思维的水平。这两者归根结底又都是管理上的支持，因此作为组织内部的决策者，我们应该知道自己在 MSA 的实际工作中应如何扮演好自己的角色。

3.2　测量系统分析管理工作的认知误区

本节要讨论的管理与上一节的管理是不同的概念，这里的管理是特指 MSA 的工作管理。

在进行 MSA 研究和分析工作时，由于理解和认知上的偏差，我们都会在不同程度上陷入认知误区，具体表现在如下方面：

1）做 MSA 其实就是为了应付审核和满足体系及客户的要求，并没有什么实际的意义和作用。这一点本书在第 2 章的"测量系统分析的必要性与利弊权衡"中有详细阐述，在这里就不赘述了。在此，只需要强调一下，做 MSA 满足的是三个方面的要求：客户要求 > 体系要求 > 质量要求，前两者是表，后者是里。

2）做 MSA 其实只做 GRR 就够了。关于这一点，我们只需要理解图 3.2.1 所示内容就可以明白 MSA 工作涵盖的项目。

测量系统的特性主要涵盖上述六大特性（重复性、再现性、偏倚、线性、属性的一致性和稳定性），在没有特殊要求的情况下，我们主要分析这六大常规的特性就可以了，而不仅仅是做一个 GRR。GRR 是测量系统的宽度变异，它和位置变异、稳定能力是完全不同的概念，是不可替代的。

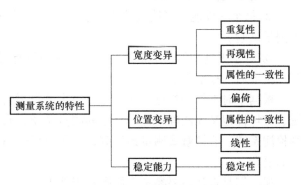

图 3.2.1　测量系统的特性

3）MSA 是纯技术性工作，完全可以安排一两个技术人员单独做 MSA 就可以了。这一点在第 3.1 节内容中特别提到 MSA 工作组成立的建议，在此强调三点：

① 对 MSA 工程技术人员要有系统性的培训。

② 建议安排专职人员做 MSA。

③ 建议成立 MSA 工作组。

4）MSA 和校准/检定是一回事，因此做了校准/检定就不用做 MSA。经常会听到有人说："我的量具都校准过了，都是准确的，为什么还要做 MSA 分析？"。我们知道，校准和检定属于计量管理范畴，而计量管理的主要对象就是测量仪器（我们习惯称之为量具）。MSA 的管理范畴是整个测量系统，测量系统包括测量仪器（量具）、标准件、操作的过程、测量方法、工夹具/辅具、系统软件、操作人员、测量环境和一些假设等，两者概念范畴是不同的。计量研究的则是测量系统中的测量仪器（量具），如果说量具校准过，系统就准确可靠，这样的认知就过于片面了。

5）工作中的 MSA 分析方法均应完全采用手册提供的参考方法。很多人在做 MSA 分析时通常第一反应是"公式化"，那么什么叫"公式化"呢？

简单地说，就是将测量系统简单地分为几类，最常见的分类是计量型和计数型测量系统，然后根据计量型和计数型去套用 MSA 手册提供的参考方法。套用完这些参考方法之后，就认为很保险了，不会有什么差错。

诚然，如果我们的测量系统的特点与 MSA 手册所举的例子中的测量系统类似，套用手册给出的参考方法当然没有问题。而且手册也对测量系统进行了分类，并根据不同类别给出了参考分析方法。但是，我们接触到的测量系统形形色色，MSA 手册提供的有限的参考方法真的可以像一把"万能钥匙"一样吗？细心思考一下就会明白，这是很难做到的。

我们可以看一下 MSA 手册第四版第 3 页有这样一段话：

本手册的目的是为评定测量系统的质量提供指南。尽管这些指南足以用于任何测量系统，但主要用于工业界的测量系统。本手册不打算作为所有测量系统的一种分析总览，而是主要用于那些每个零件能重复读数的测量系统。许多分析对于其他形式的测量系统也是很有用的，并且该手册的确包含了参考意见和建议，但对更复杂的或不常用的方法在此没有讨论，建议使用者参考适宜的统计资源。本手册也不涵盖顾客对测量系统分析方法所要求的批准。

仔细阅读这段话，我们可以挖出以下重要信息：

① MSA 手册主要用于工业界的测量系统（根据手册产生的背景我们推断，编写组指的工业界主要是机械加工方面的测量系统）。

② 每个零件能重复读数的测量系统意味着手册提供的参考方法和建议更适合于非破坏性的测量试验。

③ 对于更复杂的或不常用的方法，手册没有讨论，需要使用者自己找资源和标准，包括客户批准后的标准方法。

根据平时工作的特点，我们知道很多测量系统，如标准物质类测量系统、自动化测量系统、破坏性但又无法确定样品分布的测量系统、自动化且破坏性的复杂测量系统、自动化外观检测系统、非接触式测量系统等，手册里面也举了一些例子，但大部分都没有我们实际碰到的复杂。

那我们是否就不要参考手册呢？当然不是，手册能帮我们解决大部分测量系统的分析工作，它是一种基础性、通用性的参考手册，也是一种国际上公认的 MSA 标准，这种先决条件肯定代表了一种价值，我们当然不能离开手册的要求和指导。

然而，我在这里要提的概念不是方法方面的指导，而是 MSA 分析思路的指导，即一种指导精神。虽然手册无法涵盖所有的测量系统，但手册的思路能为我们起到很好的启发作用。我们可以根据自己学到的知识，尤其是统计学知识，根据自己企业的实际情况，来丰富和完善企业自身的 MSA 分析工作，形成一套具备企业自身特色的 MSA 管理模式。这种模式几乎是不可复制的，因为 MSA 不仅是技术上的规范，还有管理上的规范，这些都需要在企业内部进行沉淀，形成一种 MSA 工作模式。

6）MSA 做完后不合格（FAIL）一定要改善直到合格（PASS）为止。这一点，我们会在本书的第 18 章 18.4 节中专门讨论针对异常的测量系统条件可接受的几个基本原则，我们把它称为"五不改原则"。

还有其他认知上的误区，我们就不一一列举了，希望大家在平时的 MSA 工作中，端正态度，不做无用功，尽最大可能发挥 MSA 工具的效用。其最终的目标是形成一套符合企业各自特色的管理模式，高效地为质量管理服务。

3.3 测量系统分析管理工作模式

随着 MSA 工具的逐步推广，MSA 工作的管理模式也形形色色，有的企业是安排计量或其他工程人员兼职管理，有的企业是安排专人进行管理，有的企业则成立了 MSA 工作组。事实上，这些管理模式在 MSA 工具的引入初期很适用，一旦规模化之后，这些管理模式就显得捉襟见肘，资源不够用，尤其是人力资源这一块更加显得吃力。

表 3.3.1 列出了各类典型的 MSA 管理模式优劣势对照情况。

基于此，我们就需要对各种管理模式的优劣势进行比较，从而获得更优的解决方案。比较 MSA 工作的管理模式应从以下五个方面进行：

1）效率。这里指工作效率。

2）有效性。在进行 MSA 研究和分析工作时，由于缺乏技术上的指导和管理上的监督机制而导致的 MSA 浮于表面工作，其实质是无效的。影响有效性的有取样不合理、选择的分析方法不当、判定标准的确定、对变异源的认识不足、人为主观因素等。

表 3.3.1 MSA 管理模式优劣势对照情况

模式类别	序号	管理模式	举例/说明	效率 (E)	有效性 (A)	成本 (C)	影响度 (I)	持续改进 (P)	综合评分 (M)	优级
单方参与	1	兼职管理	计量人员兼职、其他工程人员兼职、体系人员兼职、客户质量保证（CQA）兼职、品质经理兼职等	4	1	10	1	1	0.004	C
单方参与	2	专职管理	一名 MSA 技术员专职、一名 MSA 工程师专职	5	4	8	3	6	0.288	C
单方参与	3	MSA 工作小组	多名 MSA 技术员从属于非技术类主管、多名 MSA 技术员从属于 MSA 工程师、若干名 MSA 技术员与工程师从属于非技术类主管等	7	9	7	7	8	2.470	B
单方参与	4	第三方参与	外包给第三方咨询公司、子公司由总公司统一管理、供方由客户统一管理	2	7	6	2	4	0.067	C
全员参与	5	并行管理	涉及测量的单位或部门各自进行管理	9	3	9	8	7	1.361	C
全员参与	6	中心发散管理	建立一个 MSA 职能小组，对并行管理模式进行技术指导和管理协助，如利用管理软件提供报告的上传和查询、进度的追踪、历史数据的溯源等	10	8	8	10	10	6.400	A
全员参与	7	督导模式	由某职能部门（如项目部）根据需要（如有项目时）对各涉及测量的单位或部门进行督导以完成确定的目的	8	7	7	9	8	2.822	B

注：1. 评价指标分值为 1~10 分取整，分值高表示趋于优势，分值低表示趋于劣势。

2. 综合评分 $M = (E \times A \times C \times I \times P)/10000$，且 $0.0001 \leq M \leq 10$。

3. 优级分三个水平，A 级表示优秀，B 级表示不足，C 级表示不接受：A 级为 $6 < M \leq 10$；B 级为 $2 < M \leq 6$；C 级为 $M \leq 2$。

3）成本。这里特指为 MSA 工作所投入的资源。

4）影响度。这里是指 MSA 工作形成的一种特有的"测量文化"对组织内部成员的影响程度，这种影响是正面的、积极的。

5）持续改进。这里指一种工作模式是否具备持续改进的能力，而这种持续改进往往依赖的是组织各方面的资源和支持。

请注意，表 3.3.1 中的评分是一种建议和参考，因为它并不能描述所有企业的管理状况。

实际上，需要根据企业自身的管理状况，成立评估小组专门对 MSA 工作的管理模式进行评估，得出符合企业自身特有的评估结果，然后根据评估结果作出正确的决策。

下面，基于上述建议和参考的评估结果，我们来对 MSA 工作的管理模式进行一些对比。

优级为 A 的管理模式从某种程度上类似于全面质量管理（TQM），它注重全员参与，但又不脱离中心的技术指导和管理上的协助、协调和统筹。MSA 本身也是一种质量工具，且测量过程的涉及面也是很广的，无论是 IQC、IPQC、FQC、OQC、SQE、CQE、DQE、设计、研发、工艺、设备、质量改进等，都无一例外地需要和测量打交道，而 MSA 是一套工具，具体的应用需要我们对测量过程进行理解，而这种理解恰恰需要专业的知识才能做到。例如研发部门有一套 XRD（X 射线粉末衍射仪），它主要用于无机物、部分有机物、高分子、药物、矿物等多晶样品的分析，可进行物相定性、晶粒度测定、结晶度测定、晶型鉴别及其他参数测定。在企业内部，这些专业的知识都掌握在研发人员那里，结合专业的知识和 MSA 科学的方法论，这将是 MSA 工作的最佳模式。当然，强调一下，这只是一种建议和参考。

作为优级为 B 的管理模式有两类，一类是成立 MSA 工作小组，一类是全员参与、项目督导的模式。因为涉及部门之间的沟通和合作，这两种模式中前者更容易被人们接受，后者就显得有些障碍。实际上这是一种传统的思维，在现代企业管理中，很多管理大师提出需要打破部门之间的"墙"，像近几年热度非常高的 IPD（Integrated Product Development，集成产品开发）管理模式。这个模式是 1992 年由美国 IBM 公司提出来的，IPD 模式倡导跨部门、跨系统之间进行合作，打破部门"墙"，完成资源的最优化整合，在这种管理模式下就能孕育出 MSA 工作模式中的"督导模式"。中心督导模式是在传统的金字塔式的组织架构中，贯穿一条协调线，打通上下级、部门间的沟通桥梁，这也是做项目的人员最期盼的一种合作模式之一。

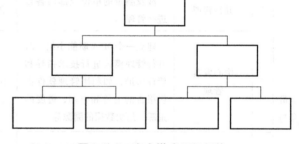

图 3.3.1　金字塔式组织架构

三种较优的管理模式通常出现在三种不同的组织架构中：

① 成立 MSA 工作小组——通常容易出现在传统的金字塔式组织架构中（图 3.3.1）。

② 中心发散管理模式——通常容易出现在纵横协调式的组织架构中（图 3.3.2）。

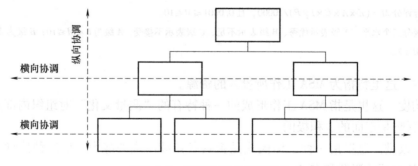

图 3.3.2　纵横协调式组织架构

③ 督导模式——通常出现在项目管理团队中，这种团队是临时的，但受制于业绩考核。

而处于 C 级的 MSA 工作管理模式都有其致命的缺陷。比如兼职管理的有效性非常差，因为是兼职工作而且管理层不重视，所以很多兼职人员就随便编一些数据、做一些假报告应付交差了，做得好与不好，对其自身实际没有什么影响。其他 C 级的模式请读者结合自己企业的状况进行解读，这里就不一一展开来详述了。

值得一提的是，有些企业由于自身资源的限制，不得不选择某一种优级较低的 MSA 管理模式，这种情况下是不是就没什么意义呢？

现实中，这种情况还很多，那么企业应该认识到自身的不足在哪些方面，以及能否通过专项改进活动对这些方面进行优化和调整。这不仅对 MSA 管理水平的提高有帮助，对企业的整体管理水平提升亦有裨益。比如参考"中心发散管理"模式中软件的引入，利用先进的管理软件对 MSA 的计划、分析报告、分析进度、项目分类、改善状态等进行统一管理，这无形中也会提高 MSA 管理的效率、降低其管理的成本。

3.4 管理工作的标准化

前一节我们探讨了 MSA 工作的管理模式，本节内容将探讨 MSA 管理工作的标准化。根据 IATF16949 的要求，我们把工作标准化直接以文件的形式进行体现。如图 3.4.1 所示，IATF16949 将文件进行分阶管理，分别包含：

① 一阶：质量手册。
② 二阶：程序文件。
③ 三阶：作业指导书。
④ 四阶：输出记录（如表单）。

MSA 的工作标准化应从第二阶开始就要有明确的程序文件、作业指导书和输出记录。

接下来，根据 IATF16949 的要求，我们将列出三类文件应涵盖的基本内容。

（1）程序文件（二阶）

这一阶层的文件主要是约定企业内部的合作边界，即对职能小组的职责和任务进行明确，另外还包括 MSA 的时机、测量系统的改进等要求。

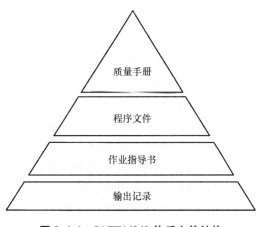

图 3.4.1　IATF16949 体系文件结构

MSA 程序文件具体应包含下列内容：
1）文件的目的。
2）文件适用的范围。
3）参考的文件。
4）职责的定义。
5）术语的定义。
6）管理程序。具体包括：
① 管理流程图。

② 分析计划的制定。
③ 分析周期的确定原则。
④ 对改善原则的规定。
⑤ 测量系统失效后的处理办法。
⑥ 测量系统失效后处理流程图。
⑦ 标识的要求（可选）。
⑧ 工时消耗的规定（可选）。
⑨ 管理软件的使用规定（可选）。
⑩ 报告存档的管理要求。

(2) 作业指导书（三阶）

这一阶层为具体如何去操作提供一个标准的作业指导书。MSA 作业指导书的具体内容应包含以下内容：

1) 文件的目的。
2) 文件适用的范围。
3) 参考的文件（建议将 MSA 参考手册纳入并对 MSA 参考手册进行外来文件的受控）。
4) 职责的定义。
5) 术语的定义。
6) 管理程序。具体包括：

① MSA 分析流程图（参考附录 1：测量系统分析作业流程图）。
② 分析项目的界定（六大特性——列出）。
③ 取样要求。
④ 对操作员的要求。
⑤ 量具选择原则。
⑥ 盲测的原则。
⑦ 分析方法（六大特性）及分析软件的使用。具体包括：
a. GRR 的分析方法和步骤。
b. 偏倚和线性的分析方法和步骤。
c. 稳定性的分析方法和步骤。
d. 属性的一致性分析方法和步骤。
e. 替代的方法。
⑧ 离群值的剔除办法。
⑨ 报告的格式。

7) 附件（可选）。具体包括：
① 测量工艺清单及代码表。
② 量具清单及代码表。
③ 管理软件的操作指南。

(3) 输出记录（四阶）

这一阶层主要是输出记录，包括 MSA 分析计划表、MSA 分析表单、不合格追溯单、MSA 改善报告等。MSA 具体的输出记录应包含以下内容：

1）MSA 分析计划表。
2）MSA 分析报告。具体包括：
① GRR 分析报告。
② 偏倚和线性分析报告。
③ 稳定性分析报告。
④ 属性的一致性分析报告。
⑤ 替代的方法分析报告。
3）测量系统异常产品追溯单。
4）测量系统改善报告。
5）测量系统改善后再分析报告（同样包含六大特性）。
6）MSA 结果清单（可选）。典型的要求：按项目提交给客户。
7）MSA 分析原始数据采集记录。

以上分析方法的阐述和分析报告的格式将会在本书后面的章节陆续推出，此处不展开讨论。

中篇·理论与提高

第 4 章
测量数据

4.1 对测量数据质量的期望

测量数据的作用表现在三个方面[①]：用于判断和决策、确定变量间的关系、见证作用。

对于测量数据的质量总体期望包括：测量数据是有效的、可靠的，它会告诉我们真相。这是对测量数据质量定性的要求，这种定性要求直接衍变成对测量系统的要求，测量系统具备多种可靠性特性，因此，对测量系统的定性要求就可以解构成以下几个问题：

- 测量系统有足够的能力将产品之间的差异识别出来吗？
- 测量数据离真实值有多大的差距呢？
- 这种差距有规律可言吗？能修正吗？
- 多次重复测量的数据能一致吗？
- 不同人员、量具、测量方法、时间点、物料、环境下，测量的数据之间差异大吗？
- 随着时间的推移，测量系统还能提供可靠的数据吗？
- 属性类测量（如产品的外观检查等）到底判断得对不对呢？多少漏判？多少过杀？

以上是对测量系统定性的要求，但实际工作中这些定性的要求还远远不够，还要对测量系统进行定量的评定，这就是测量系统分析（MSA）了，常见的定量指标如下：

1）有效解析度（Number of Distinct Categories，NDC）：测量系统是否有足够的能力将产品之间的差异识别出来。

2）偏倚（Bias）：测量数据与真实值的差距。

3）线性（Linearity）：这种差距是否有规律并且能否修正。

4）重复性（Repeatability）：多次重复测量的数据能否一致。

5）再现性（Reproducibility）：不同人员、量具、测量方法、时间点、物料、环境下，测量数据之间的差异。

6）稳定性（Stability）：随着时间的推移，测量系统能否提供可靠的数据。

7）一致性（Agreement）：属性类测量（如产品的外观检查等）到底判断得对否且有多少漏判和过杀。

然而，实际测量工作中，要获得完全没有误差的数据是不可能的。因此，需要有一个可

---

① 参考陈晋美所著《国内外企业常用抽样检验与测量技术》一书，由中国计量出版社出版。

接受的范围，这种可接受范围的判定就来自于给上述定量指标设立统一的接受标准。

在本书的第8章，将详细地介绍上述定量指标的定义以及接受的标准，习惯上，统称上述定量指标为MSA的六大特性（NDC含在重复性和再现性中，不另外提及）。这六大特性是一般企业常用的评定指标，而MSA参考手册中还提及到其他的一些特性，包括敏感度（Sensitivity）、（重复性前后的）一致性（Consistency）、均一性（Uniformity）、能力（Capability）、性能（Performance）等，但很多时候，我们没有必要面面俱到，只要能保证上述六大特性符合使用要求，那么，在绝大多数的情况下，都能够获得有效的、可靠的测量数据。

4.2 测量数据的分类

我们知道，一批零件的某个特性（如零件的重量）是随机变量，对零件特性所测得的量值（零件的重量值）也是随机变量。

随机变量在统计上通常分为离散型和非离散型两大类，其中非离散型又分为连续型和其他类型两类。

离散型随机变量可能的取值是有限个或可列无限多个。如通止规的测量只取1（通）和0（止）两个数值，这就是有限个取值，这一类数据的分布服从的是（0，1）分布（或称二项分布）；又如客服热线24小时内收到的电话次数就是可列无限多个取值，这一类数据的分布服从的是泊松分布。实际生产中，我们更常遇到的是（0，1）分布的测量数据。

连续型随机变量的取值则是连续变化且无限多个的。如某批次溶液的pH值、某批次零件的厚度等，这些数据的分布通常按正态分布处理。当然连续型随机变量的数值也有其他的分布类型，如均匀分布、指数分布、三角分布、梯形分布、反正弦分布等。通常在实际生产中，我们碰到的都是正态分布或近似正态分布。

因此，在MSA的实际研究和分析工作中，一般只研究两种类型的随机变量：

离散型中的有限个取值的离散型、非离散型中的连续型。

我们把第一种随机变量的数据类型称为"计数型"数据；把第二种随机变量的数据类型称为"计量型"数据。这两类数据是我们在MSA中要重点关注的。

在实际工作中可能会对计数型数据有一定的争议，比如对手机外壳的外观检查的结果"合格"和"不合格"是否可被看作是计数型的测量数据？再比如自动化颜色识别影像系统对"红""黄""蓝""黑"这四种电缆线的颜色的识别结果是否也能被看作是计数型的测量数据？

"测量数据"只是一种通俗的叫法，实际上，无论是什么类型的测量数据，其专业的术语叫"量值"。我们需要引用"量值"的计量学定义来作说明。

量值，是用数和参照对象一起表示的量的大小。[⊖]

根据参照对象的类型，量值可表示为以下几种形式：

1）一个数和一个测量单位的乘积，例如，某人的体重为65kg。

2）量纲为一，测量单位1，通常不表示，例如，第一批玻璃样品的平均折射率为1.67。

3）一个数和一个作为参照对象的测量程序，例如，204X型软包装电芯在700g的压力下保持5s时间所得的电芯厚度值为3.77mm。

⊖ 参考VIM1.19或JJF1001-2011 3.20。

4) 一个数和一个标准物质，例如，今天的大气压强为 1.25 个标准大气压强。

通常情况下，"手机外壳的外观"和"四种电缆线的颜色"都有标准参照，包括它们的确认方法都有一定的测量程序。那么，量值表达的第三种方式——"一个数和一个作为参照对象的测量程序"，其中这个数的表达逻辑有以下几种形式。

（1）手机外壳外观的检查

1) 外观符合参照标准 = 合格 = OK = 1。
2) 外观不符合参照标准 = 不合格 = NG = 0。

（2）四种电缆线的颜色确认

1) 红色 = Red = 1。
2) 黄色 = Yellow = 2。
3) 蓝色 = Blue = 3。
4) 黑色 = Black = 4。

而测量结果在文字的表达上，无论是用中文、英文，还是用阿拉伯数字，只要这些符号具备可识别性和可区分性，就测量系统本身而言并没有本质的区别。而且这种表达在现代计算机软件的逻辑判断中更加常见，如 1 和 0 的表达，就算得到的结果为"合格"或"不合格"，软件也会把这种表达转换成计算机语言 1 和 0。对于多种分类"红""黄""蓝""黑"也是一个道理，完全有理由转成 1、2、3、4。

因此，"外观的判断"和"颜色的确认"本身产生的有限个取值就属于计数型的研究范畴，这在 MSA 参考手册中对计数型测量系统的数据就是进行这样的转换处理的。

针对连续型数据的分布问题，我们可能也会有疑问，这种疑问来自于用样本的参数去估计总体的参数是否需要考虑总体的数据分布类型。

设总体 X（无论服从什么分布，只要均值和方差都存在）的均值为 μ，方差为 σ^2，X_1，X_2，$\cdots$，X_n 是来自 X 的一个样本，$\bar{X}$，S^2 分别是样本均值和样本方差，则有：

样本均值的期望： $E(\bar{X}) = \mu$ (4.2.1)

样本均值的方差： $D(\bar{X}) = \sigma^2/n$

由于：

$$E(S^2) = E\left[\frac{1}{n-1}\left(\sum_{i=1}^{n} X_i^2 - n\bar{X}^2\right)\right]$$

$$= \frac{1}{n-1}\left[\sum_{i=1}^{n} E(X_i^2) - nE(\bar{X}^2)\right]$$

$$= \frac{1}{n-1}\left[\sum_{i=1}^{n}(\sigma^2 + \mu^2) - n\left(\frac{\sigma^2}{n} + \mu^2\right)\right]$$

$$= \sigma^2$$

即：

样本方差的期望： $E(S^2) = \sigma^2$ (4.2.2)

由式（4.2.1）和式（4.2.2）可知，无论总体服从什么样的分布，样本均值 $\bar{X}$ 都是总体均值 μ 的无偏估计；样本方差 $S^2 = \frac{1}{n-1}\sum_{i=1}^{n}(X_i - \bar{X})^2$ 都是总体方差 σ^2 的无偏估计。

这也从统计学上说明，在进行 MSA 研究时，通常主要是针对样本的均值和方差（或标准差或替代的极差）进行的，纵观 MSA 六大特性的分析，都是建立在这个理论基础上的。

第 5 章 重要的概念

5.1 与 MSA 有关的重要概念

本节只针对 MSA 专业术语的定义进行基本的解释,具体的分析方法在第 8 章进行专门介绍。

MSA 基础专业术语中最重要的一个术语就是测量系统本身。

(1) 测量系统 (Measurement System)

测量系统是用来对被测特性定量测量或定性评价的仪器或量具、标准、操作、方法、夹具、软件、人员、环境和假设的集合;它是用来获得测量结果的整个过程。

如图 5.1.1 所示为某材料研发实验室用 ICP(电感耦合等离子体光谱仪)对材料的重金属进行测量的现场。

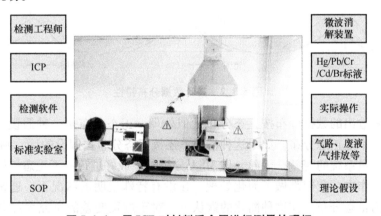

图 5.1.1 用 ICP 对材料重金属进行测量的现场

测量的整个过程包含了测量系统定义的各个要素:
1) 仪器或量具——ICP(电感耦合等离子体光谱仪)。
2) 标准——Hg/Pb/Cr/Cd/Br 标液。
3) 操作——实际操作(检测工程师的整套操作过程)。
4) 方法——SOP(如 ICP 操作标准文件)。
5) 夹具——微波消解装置。
6) 软件——检测软件。

7) 人员——画面中的检测工程师。
8) 环境——标准实验室。
9) 假设的集合——理论假设。
10) 其他——气路、废液/气排放。

特别强调：测量系统与测量设备是两个不同的概念。

(2) 测量设备（Measuring Equipment）

测量设备是为实现测量过程所必需的测量仪器、软件、测量标准、标准物质、辅助设备或其他组合。

测量设备的定义来源于计量学[⊖]（在下一节就不再重复涉及这个概念了），它更注重于硬件，而测量系统不仅有硬件，还有软件（如软件、人员、方法等），因此，对于理解实际的测量过程来说，我们更倾向于使用"测量系统"这个概念。而测量设备的定义对于测量系统的前期开发和引进来说具有一定的参考意义。

(3) 过程变差（Process Variance）

过程变差的定义是过程的单个输出之间不可避免的差别。

虽然单个的测量值可能全都不同，但形成一组后它们趋于形成一个可以描述成一个分布的图形（图5.1.2）。[⊖]这个分布按下列特性区别：

1) 位置（典型值如均值、中位值）。
2) 宽度（最小值到最大值之间的距离，即数据的离散程度，如用标准差 σ 表达这种离散的程度）。
3) 形状（变差的模式——对称、偏斜等）。

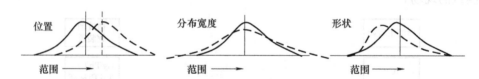

图5.1.2 统计数据分布特性

通常把过程输出的数据分布按正态分布近似处理，正态分布是一种假设，事实上，有些测量数据的分布不是正态分布，如果这种情况下还按正态分布去假设的话，则MSA方法可能会过大地估计测量系统的变差。因此，做MSA分析时，最好进行一下正态性检验。

而在实际工作中，我们都做了简化处理。在没有特殊说明的状况下，通常认为上述特性的第三条默认为正态分布。在这种简化的默认下，对于过程变差的研究大部分是针对于"位置变差"和"宽度变差"；对于"位置变差"和"宽度变差"的可预测性，则有过程"稳定

⊖ 特别需要注意的是，计量学中的测量系统（Measuring system）与MSA中的测量系统（Measurement system）是两个不同的概念，前者定义来源于VIM3.2，它专注于硬件，而且范围比测量设备更小；后者定义来源于MSA参考手册Chapter I - Section A，它专注于整个测量过程，此过程不仅包含硬件，还包含软件、人员和方法，因此，后者的范围比测量设备更加宽泛。Measuring system 与 Measurement system 是两个完全不同的术语，使用时要注意区分。

⊖ 参考 Chrysler Group LLC, Ford Motor Company, and General Motors Corporation. Statistical Process Control（SPC）. AIAG USA., 1995. 第1章第2节。

性"的研究。

对于测量系统的变差来说,它是属于总观测变差的一部分,因此,测量系统的变差也是围绕下面三个方面进行的:

① 位置变差——偏倚、线性;属性量具的一致性。
② 宽度变差——重复性、再现性;属性量具的一致性。
③ 稳定性——测量稳定性、统计稳定性。

引起过程变差的原因可分成两类:特殊原因和普通原因。如果过程存在变差的特殊原因,则随着时间的推移,过程的输出不稳定(图5.1.3);如果过程存在变差的普通原因,则随着时间的推移,过程的输出形成一个稳定的分布并可预测(图5.1.4)。

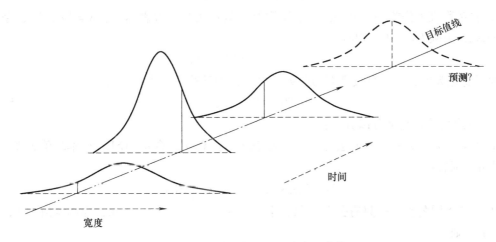

图5.1.3　过程变差由特殊原因造成

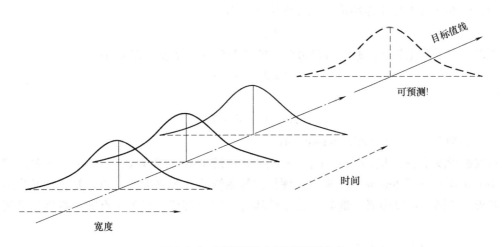

图5.1.4　过程变差由普通原因造成

无论是普通原因还是特殊原因,在测量系统的研究中都经常会遇到。普通原因的典型例子是由量具自身的固有误差引起的测量系统变差,这种原因是不可避免而且客观存在的。特殊原因的典型例子是由于某测量员的身体状况的原因而造成其测量结果和其他测量员的测量结果之间存在很大的差异,而且这种差异不具备规律性,无法预测。

我们做 MSA 的研究就是要理解整个测量过程，识别出普通原因和特殊原因，进而制定相应的改善策略。

(4) 公差范围（Tolerance Range）

公差范围的定义是实际参数值的允许变动量。

产品公差的表达通常有以下两种方式：

1）双边公差。它又可以分为：

① 对称双边公差——公差的上、下限绝对值相等，常表达为：$X \pm m$ 或 $X \in [-m, m]$，m 为正数，令：下限 $-m =$ LSL，上限 $m =$ USL，则有：

$$TR = 2m = USL - LSL$$

② 非对称双边公差——公差的上、下限绝对值不相等，常表达为：$X \in [a, b]$，令：下限 $a =$ LSL，上限 $b =$ USL，则有：

$$TR = b - a = USL - LSL$$

为了简化起见，通常直接把双边公差的公差范围计算公式直接写成：

$$TR = USL - LSL \tag{5.1.1}$$

2）单边公差。它又可以分为：

① 单侧下限公差——只有公差下限，常表达为：$X \geq a$，令 $a =$ LSL，样本均值为 $\bar{X}$，总体均值为 μ，则有：

$$TR = 2(\mu - LSL) \approx 2(\bar{X} - LSL)$$

② 单侧上限公差——只有公差上限，常表达为：$X \leq b$，令 $b =$ USL，样本均值为 $\bar{X}$，总体均值为 μ，则有：

$$TR = 2(USL - \mu) \approx 2(USL - \bar{X})$$

因为样本均值 $\bar{X}$ 是总体均值 μ 的无偏估计，即：

$$E(\bar{X}) = \mu$$

所以，为了简化起见，通常将单边公差的公差范围计算公式直接写成：

$$TR = 2(\bar{X} - LSL) \tag{5.1.2}$$

和

$$TR = 2(USL - \bar{X}) \tag{5.1.3}$$

(5) 有效解析度（Effective resolution）

有效解析度是特定应用条件下，一个测量系统对过程变差的灵敏度。通常用"NDC（Number of Distinct Categories）"来定量评估测量系统的有效解析度。如果要非常通俗地理解有效解析度的话，可以参照计量学术语（量具的）"分辨力"，只不过有效解析度是系统层面的"分辨力"。

(6) 重复性（Repeatability）

重复性是在相同测量程序、相同操作者、相同测量设备、相同操作条件和相同地点，并在短时间内对同一或相类似被测对象重复测量的一组测量条件下，对同一或类似被测对象重复测量所得示值或测得值间的一致程度。

AIAG MSA 手册强调：重复性是指从指定测量条件下进行连续测量所产生普遍原因变差、随机变差的测量。

(7) 再现性 (Reproducibility)

再现性是在不同地点、不同操作者、不同测量设备，对同一或相类似被测对象重复测量的一组测量条件下，在规定条件下，对同一或类似被测对象重复测量所得示值或测得值间的一致程度。其中不同的测量系统可以采用不同的测量程序。

AIAG MSA 手册强调：再现性是指在测量过程中由正常的条件变化所造成的测量平均值的变差。

(8) 一致性 (Consistency)

一致性是测量系统的重复性随时间变化的程度。一致性的测量过程是在宽度变差方面处于统计上受控状态。

(9) 稳定性 (Stability)

关于稳定性的定义，在业界颇受争议。AIAG 手册对稳定性的定义为：偏倚随时间变化的程度。这个定义意在说明稳定性的测量过程是指在位置变差方面处于统计上受控状态。详细的概念解析请参考第 8 章内容，此处列出稳定性概念的目的是与一致性 (Consistency) 进行对比。

请注意，在实际做稳定性的考量时，通常会用到控制图法，控制图不仅有对偏倚的变化情况进行考量，也有对重复性和再现性的变化情况进行简单快速的考量，这种简单快速的方法通常是用极差法来实现。而这种稳定性不单单考察的是测量系统的位置变差（偏倚）的变化情况，还考察了宽度变差（GRR）的变化情况，因此，可以参考计量学中关于量具稳定性的定义来重新定义测量系统的稳定性。

稳定性的新定义是测量系统保持其位置变差和宽度变差随时间恒定的能力。

(10) 量具性能曲线 (Gage Performance Curve, GPC)

量具性能曲线是指接受某一零件真值的概率。

上述的一致性 (Consistency) 和稳定性 (Stability) 都是适用于计量型测量系统过程的稳定能力的研究，如果需要研究计数型测量系统过程的稳定能力的话，则需要用到量具性能曲线 (GPC) 来描述。

(11) 均一性 (Uniformity)

均一性的定义是在量具正常的工作范围内重复性的变化程度。

均一性表征的是重复性在实际工作范围的波动情况。工作范围是计量学概念，它一般比标称范围要小，具体概念的解析请参考本章的 5.2 节内容。

(12) 线性 (Linearity)

线性的定义是在量具正常的工作范围内偏倚的变化程度。

线性表征的是偏倚在实际工作范围内的分布情况。详细的概念解析请参考第 8 章内容，此外列出线性概念的目的是与均一性 (Uniformity) 进行对比。

(13) 偏倚 (Bias)

偏倚的定义是观测平均值（在重复条件下的测量）与一参考值之间的差值。它与测量仪器的"正确度 (Trueness)"很相似。

(14) 属性的一致性 (Agreement)

属性的一致性是指计数型（属性）测量系统中系统内、系统间及系统与标准之间判定结果的一致程度。绝大多数情况下默认为一致性是对操作员的评价。

(15) 测量系统变差（Measurement System Variance）

测量系统变差的定义是量具的偏倚、线性、重复性、再现性和稳定性的综合变差。

(16) 测量系统的能力（Capability）

测量系统的能力是基于在短期评估中测量系统误差（随机的和系统的）的组合变差的估计值。[一] 简单的能力包括下列组成要素：

① 不准确的偏倚或线性。

② 重复性或再现性（GRR），包括短期的一致性。

当测量误差互不相关且随机时，则有：

$$\sigma^2_{能力} = \sigma^2_{偏倚(线性)} + \sigma^2_{GRR}$$

(17) 测量系统的性能（Performance）

像过程性能一样，测量系统性能是所有重大的决定性的变差来源的长期总影响。性能是组合了测量误差（随机的和系统的）的长期评估计算，而我们更加关心测量系统的性能。因此，性能包含了以下长期误差为要素：

① 能力（短期误差）。

② 稳定性和一致性。

当测量误差互不相关且随机时，则有：

$$\sigma^2_{性能} = \sigma^2_{能力} + \sigma^2_{稳定性} + \sigma^2_{一致性} = \sigma^2_{偏倚(线性)} + \sigma^2_{GRR} + \sigma^2_{稳定性} + \sigma^2_{一致性}$$

注意：这里的一致性（Consistency）是短时间内重复性保持稳定的能力，和前文提到的"属性量具的一致性（Agreement）"是两个不同的概念。

实际工作中，对短时间内重复性的变化情况一般都不做考量，因为一套科学的管理体系，必须有能力保证测量系统在短期内其变差的幅度很小，即认为一致性（Consistency）可忽略不计，否则就认为这是管理上的重大缺陷。这些缺陷往往是不正常的原因造成的，如设备的评估与采购流程、人员的上岗操作培训、测量方法的合理性、测量环境的影响等，因此，对测量系统的稳定能力通常考察的是较长时间段内，而这个较长时间段也被认为是 MSA 评估的一个周期，这个周期与一致性（Consistency）的评估周期进行了合并。换句话说，实际 MSA 稳定性的分析中，只需要按定义的周期做测量系统的长期稳定性即可。

(18) 盲测（Blind Measurement）

MSA 的分析工作也是基于所安排的测量试验所得数据进行的，因此，这些数据就无形中对客观性、随机性有着很高的要求。只有真正客观、随机的分析数据才能使对测量系统的性能评估得出正确的结论。那么，我们常用的一个试验模型就是"盲测"。

其定义为在实际测量环境下，由一事先不知正在对该测量系统进行评估的操作者所获得的测量结果；通过适当的管理，根据得到的试验结果通常不受众所周知的霍桑效应所干扰。

先解释一下什么是"霍桑效应"。根据 MSA 手册第 26 条备注内容，霍桑效应是指：

1924 年 11 月到 1932 年 8 月间，在西部电气公司的霍桑工厂（the Hawthone Works of Western Electric）完成了一系列工业试验的结果。在试验中，研究人员系统地变更了五个装配工的工作条件，并监视结果。由于条件的改善，产量上升；然而，当工作条件下降时，产

㊀ 参考 Chrysler Group LLC, Ford Motor Company, and General Motors Corporation. Measurement Systems Analysis (MSA). AIAG USA., 2010. Chapter I-Section E.

量继续增长，这仅仅是因为这些工人是这项研究工作的一部分，由此而使他们产生了更积极的工作态度的结果，而不是改变了工作条件的结果。更详细的信息，参见由 Richard Gillespie 编写的《霍桑实验史》（剑桥大学出版社，1991）。

从以下内容描述中，可以看出，在这次历史事件中，霍桑工厂的工人因为知道自己的工作是一项研究的一个部分，所以他们产生了积极的工作态度，最终得到了更好的工作结果，而不是因为改变了工作条件。

当我们的 MSA 工程师进行 MSA 分析工作的时候，如果参与的测量员知道这是一次评估工作，那么，他们中的一部分或者全部的人会以一种更认真、更积极的态度参与评估，因为他们也许会认为此次评估结果的好与坏会影响到他们主管对他们的印象甚至工作业绩。

那么，是不是就不能告诉测量员我们在进行 MSA 评估呢？

如果有条件能让测量员不知情那再好不过了。但实际工作中，这样做是很难开展 MSA 的，因为不告诉测量员目的，也许他们就不会配合（甚至配合程度很差）。请注意，这一点很重要，因为这也会影响我们获取客观的数据。或者他们的主管人员不会配合。

因此，应该这样去理解和安排盲测试验：首先，从管理上，我们的制度和主管人员不能根据 MSA 的结果去批评和责备自己的测量员，而更应该在制度上禁止这种行为，让测量员更轻松、更自然地参与到 MSA 的分析工作中来。其次，从技术上，应遵循以下两个基本原则：

1）测量员不知道自己重复的测量结果的差异。

2）测量员不知道别人和自己的测量结果的差异。

以上两条原则可通过隐藏零件编号、打乱测量顺序的手段实现。

(19) 测量生命周期（Measurement Life Cycle）

测量生命周期的定义是随着对过程的了解以及对过程的改进，测量方法可能会发生改变。这是什么意思呢？就是说，当初为了建立有能力和稳定的过程，可能最初对零件的特性进行多方面测量，直到通过这些特性的测量了解到直接影响零件的关键特性，于是，对零件特性的信息依赖就减少了，只需要对这一或少数关键特性进行过程控制，就能保证过程的能力和稳定性。这种结果可能会减少抽样计划，如之前从每小时抽 5 个样件，减少到每班只需要抽取一个样件，同时，测量的方法也可能从之前的用三坐标测量仪进行测量简化为用某种 GONOGO 的属性量具进行测量，测量过程的稳定性只需要对管理过程和工装进行维护就可以了，由此带来的测量成本也相应地降低了很多。

这一概念类似于质量管理中的"免检计划"。而且这种"计划"对于供方进料检验（IQC）而言，可能最终会取消大部分的测量和监控。

相反，如果在经过相当长的时间之后，在过程的同一区域针对相同的特性还在执行最初的测量和监控计划的话，那么就可以说，这是对测量过程缺乏足够的理解和研究。

(20) 不可重复的测量系统（Non-Replicable Measurement Systems）

不可重复的测量系统是指每个零件的读值不能被重复测量的测量系统。我们很容易把不可重复的测量系统误解为就是破坏性测量系统，而实际上，不可重复的测量系统包括以下两种类型：

1）破坏性测量系统。例如，PCBA 电路板上导线与焊锡的焊接拉力测试，这种测试会破坏掉焊点，属于一种破坏性的测量系统。

2）零件随使用或测试后会变更的测量系统。例如，锂离子电池的电解液注入量的测量，只能在未注液时测一次电池总重 M_1，注液后测一次电池总重 M_2，通过系统软件计算得出注入的电解液重量：$M = M_2 - M_1$，这种测量是不可逆的。因为不可能把电解液从电池中抽出来，再重复测量几次电解液的重量，而这种测量又没有对电解液的重量特性造成破坏，所以它就是非破坏性但不可重复的测量系统。

本节内容主要讨论的是与 MSA 相关的、重要的一些基本概念。然而，做 MSA 时最离不开的一个核心元素就是"测量仪器"，俗称为量具。针对测量仪器的特性研究是计量学的研究范畴，下一节，将对计量学上常用的专业术语，尤其是与测量仪器有关的重要概念进行阐述，为了更好地理解测量过程和 MSA，这种阐述是非常有必要的。

5.2　与计量学有关的重要概念

AIAG 在 MSA 参考手册中提到很多与计量学有关的概念，为了区分清楚，本书在上一节主要阐述的是与 MSA 有关的概念，本节将会针对计量学常用的重要概念进行说明。

计量学是测量的科学，在产品制造业中"计量"通常被俗称为"测量的测量"。前一个"测量"是指对产品的测量；后一个"测量"是指对量具的测量，也就是量值溯源。

（1）测量（Measurement）

测量的定义是通过试验获得并可合理赋予某量一个或多个量值的过程[⊖]。"量值"的定义在第 4.2 节已经有说明。

测量的定义是由美国标准局（NBS）于 1963 年首次提出，最初的定义为：赋值（或数）给具体事物以表示它们之间关于特定性的关系。其中赋值的过程定义为测量过程，而赋予的值定义为测量值。

对于测量定义中"一个或多个量值"的理解可举例说明。例如，用温度计监控生产车间的温度，当需要具体的某个时间点的温度值时，就只能获得一个温度值的记录；当需要具体的某个时间段的温度值时，获得的就是一连串温度值的记录。前者就是测量定义中的"一个量值"，后者则是"多个量值"。

需要特别说明的是，测量的定义并未提到一定要有可见的量具。结合本书第 4.2 节对量值定义的说明可知，测量的定义涵盖非常广，包括用量具进行测量、凭经验判断、参照作业标准进行外观检查等，只要这个过程产生了量值，而且这个量值是用来表征某个具体的量的特性的话，我们就认为这是一个完整的测量过程。

例如，某工程师目测估计大河两岸的距离为 500m，质检员对零件表面的划痕进行检查结果为 NG（不良品），这两种情况也都属于测量过程。

（2）测量仪器（Measuring instrument）

测量仪器的定义是单独或与一个或多个辅助设备的组合，用于进行测量的装置，也叫计量器具，简称为量具（Gage 或 Gauge）。

值得一提的是，很多时候，我们会误把"量具"理解为"测量系统"，如"Gage R&R"直译过来就是"量具的重复性与再现性"。而其真正的含义是"测量系统的重复性与再现性"。在计量学中，也有专门针对测量仪器的"重复性"和"再现性"，再加上一个"期间精

⊖　本节概念定义如无特殊注明均参考 VIM_JCGM200：2012。

密度",就构成了计量学中"精密度"这个概念。

(3) 示值误差(Error of indication)

示值误差的定义是测量仪器示值与对应输入量的参考值之差[⊖]。

(4) 测量误差(Measurement error,error of measurement)

测量误差的定义是测得的量值减去参考量值,简称误差(Error)。

从示值误差和测量误差定义的对比可以看出,在 MSA 的研究中,最常用的概念是测量误差。而只有当我们要对测量误差的变异源进行分析的时候,才有可能会用到专门针对量具示值误差的这个概念。

测量误差可以分为以下两大类:

1) 随机误差——随机变化或由不可预知的综合因素引起的误差。

2) 系统误差——保持不变或以可预知方式变化的误差分量。

有的地方把"粗大误差"也划入误差的分类,实际上这是不合理的,因为粗大误差是由于某种误操作或某种超出正常预期的意外事件引起的,如某操作员把测量值的小数点写错位置了,这种测量值就属于离群值,是不正常的,需要剔除。具体的剔除方法在本书的第 9 章有详细介绍。

(5) 分辨力(Resolution)

分辨力的定义是引起相应示值产生可察觉变化的被测量的最小变化。通俗地理解就是,显示装置能有效辨别的最小的示值差。

实际应用时,显示装置主要有两种,一种是数字式,另一种是标尺式,这两种装置的分辨力是不一样的。其中数字式显示装置的分辨力是最后一位有效位跳动数字的示值的变化量;而带有标尺的装置的分辨力是标尺分度值的一半。

图 5.2.1 是这两种显示装置分辨力的实物图。

图 5.2.1 数字式与标尺式显示装置的分辨力

其中这台电子秤的最后一位跳动的最小变量为 0.001g,则它的分辨力为 0.001g;这把直尺的分度值为 1mm,则它分辨力为 0.5mm。

还是以图 5.2.1 所示两个实物为例,有两点需要注意:

1) 这台电子秤如果最后一位的跳动情况是:0.005、0.000、0.005、0.000……那么,这台电子秤的分辨力就是 0.005g。

2) 涉及实际应用问题,这把直尺的分辨力与估读值是两码事,正常的估读值可以到

⊖ 参考 JJF—1001—2011《通用计量术语及定义》标准 7.3.2。

0.1mm，但分辨力却是 0.5mm，请注意区分这两者的不同。

另外，在实际使用分辨力的概念时，我们可能会把它和分辨率混淆。分辨力和分辨率是两个完全不同的概念。

分辨力是用来表征测量仪器的分辨能力的；而分辨率在计量学中根本就不用，这个概念是色彩行业常用的术语，通俗地理解指的就是单位面积（通常用 in^2）内像素的个数，如液晶显示屏幕、彩色印刷海报、测量显微镜的屏幕（注意：这里是指它的屏幕而不是显微镜的物镜和目镜）等。在文献的翻译上，应尽量避免用"分辨率"这个词，虽然其表达的真实含义是"分辨力"，但这容易引起误解。

在 AIAG 的 MSA 手册中有对量具的分辨力应满足过程变差或公差范围的 1/10 的要求，表达式为 $6\sigma_{Obs}/10$ 或 TR/10。其中，σ_{Obs} 为过程观测总变差，TR 为公差范围。

（6）准确度（Accuracy）

准确度的定义是被测量的测得值与其真值间的一致程度。

（7）正确度（Trueness）

正确度的定义是无穷多次重复测量所得量值的平均值与一个参考量值间的一致程度。

对比准确度与正确度这两个概念，我们很容易知道，在 MSA 的偏倚研究中，单次测量偏倚则近似于准确度的概念，只要把"真值"换成"参考值"即可；单点平均偏倚与系统平均偏倚则更接近于正确度的概念，只要把无穷多次换成有限次即可。

（8）精密度（Precision）

精密度的定义是在规定条件下，对同一或类似被测对象重复测量所得示值或测得值间的一致程度。

根据规定条件的不同，精密度包括三种类型：

1）重复性。

2）再现性。

3）期间精密度。

请注意，在相关国家标准的改版方面，已经对以下三个容易产生误解的概念进行了淘汰：精度、精确度和精准度。

在平时的技术交流中，尽量避免使用上述被淘汰的概念。如说量具的精度，到底是指量具的分辨力还是指它的重复性能力？抑或是再现性能力、期间精密度甚至是准确度？还是指正确度？因此，这一类概念的定义模糊不清，实际工作中应避免使用。

为了更好地理解准确度与精密度，我们采用图 5.2.2 进行说明。

图 5.2.2 中，Ⅰ号靶：准确度很差，精密度很好；Ⅱ号靶：准确度很差，精密度很差；Ⅲ号靶：准确度较差，精密度较差；Ⅳ号靶：准确度很好，精密度很好。

实际对量具的准确度与精密度的能力考核中，我们会用到上述射箭原理进行理解。如果要将四个箭靶的成绩进行优劣排序的话，那么：Ⅳ号靶最优；Ⅲ号靶有改进的空间，视情况是否接受；Ⅱ号靶最差；Ⅰ号靶也很差，但可修正使用。

关于修正使用，在此简要说明一下。修正是对估计的系统误差进行的一种补偿。修正包括物理修正与软件修正，物理修正即对量具进行维修及维修后校准；软件修正则是在物理修正无法生效的情况下采用的补救措施，常用的方法包括修正值法、修正因子法、制作修正表、绘制修正曲线等。

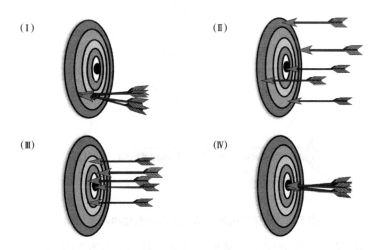

图 5.2.2　准确度与精密度示例

（9）标称区间（Nominal interval）

标称区间的定义是当测量仪器或测量系统调节到特定位置时获得并用于指明该位置的、化整或近似的极限示值所界定的一组量值。

（10）标称区间的量程（Range of a nominal interval）

标称区间的量程是指标称区间的两极限量值之差的绝对值旧称量程（Range）。可以表示为如下等式：

$$标称区间的量程 = |标称上限 - 标称下限|$$

（11）测量区间（Measuring interval）

测量区间的定义是在规定条件下，由具有一定的仪器不确定度的测量仪器或测量系统能够测量出的一组同类量的量值。它又称工作区间（Working range）或测量范围（Measuring range）。

概念上，测量区间≤标称区间。

而实际上，我们选择量具的时候绝对不能把测量区间选到刚好等于标称区间，因为很多量具在设计的时候有一个准确度保证范围，有的量具是 5%~85% 的标称区间范围，有的量具是 20%~80% 的标称区间范围，具体需要参考各量具的规格参数说明。因此，实际的情况是这样的：测量区间 < 标称区间。

为了更好地理解标称区间、标称区间的量程和测量区间，我们拿一个温度计举例说明，如图 5.2.3 所示。先假定这个温度计是测量某浆料罐出料口的浆料温度的，历史数据表明，出料口的温度最小值为 13.5℃，最大值为 27.8℃，温度的规格限为 [15℃, 25℃]，因此，实际需要用到的测量范围大约可定为 [10℃, 30℃]，校准该温度计的时候也只需要对该范围进行校准即可。

那么，图 5.2.3 中温度计的标称区间、标称区间的量程和测量区间分别为：

1）标称区间：-30~50℃。如果标称下限不是 -30℃ 而是 0℃ 的话，也可以直接把标称区间说成 50℃。

2）标称区间的量程：80℃。

3）测量区间：10~30℃。

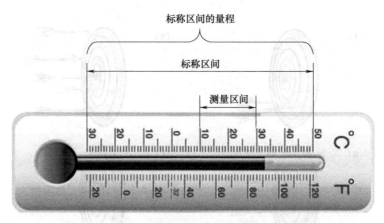

图 5.2.3　标称区间、标称区间的量程和测量区间

特别值得一提的是，实际应用中，对量具而言，只需要校准测量区间即可；对 MSA 的线性研究而言，也只需要对测量区间的线性进行研究即可。换句话说，就是做测量系统线性研究的范围能覆盖测量值绝大部分的分布范围即可，考虑异常值的出现，可适当将范围放大一些，具体放大多少需要根据工艺的过程能力进行判断，原则是要覆盖分布宽度的 99.73%（即 6σ），这也是 AIAG 在 MSA 手册要求的分布宽度。

（12）测量不确定度（Measurement uncertainty，Uncertainty of measurement）

测量不确定度的定义是根据所用到的信息，表征赋予被测量量值分散性的非负参数，简称不确定度（Uncertainty）。

不确定度的概念主要是用来描述测量结果的，举个例子说明：如某溶液的 pH 测得值为 7.3，而实际上，这个值是一次性测到的，如果反复测量呢？可能会出现 6.8、7.0、7.2 等可能的结果，那么，是不是 pH = 7.3 这个结果就没法使用呢？

实际测量过程中，为了合理地考虑各种影响因素对测量结果的影响，我们会把 pH 的值做一个范围的预期，这种预期是基于对各种影响因素的综合评估得到的（这种评估叫"测量不确定度的评定"）。当然，评估过程也是有风险的，因此，我们会赋予一个置信水平到这种评估中，如此例，测量结果最常见的表达方式为：

$$pH = 7.3 \pm U \ (k = 2)$$

式中，U 表示扩展不确定；k 为包含因子（即 $k = 2$ 时的置信概率 $p \approx 95\%$）。

这个表达方式比 pH = 7.3 包含更多的信息，它表示 pH 的测得值有约 95% 的概率落在 $[7.3 - U, 7.3 + U]$ 区间内。假设 $U = 0.1$，则 pH 测得值有约 95% 的概率落在 [7.2, 7.4] 之间。如果偶然发现有测量值 pH = 6.8、pH = 7.0 这样的情况，我们即认为这种发生概率比较小，很可能是异常的状况。这种异常状况通常要从两个方面去找原因：系统误差——如 pH 试纸的老化；粗大误差——测量过程中是否有不正常的影响因素，如测量员将 pH 试纸浸入溶液的时间和深度均未按规定进行操作。

国际标准化组织（ISO）对测量不确定度的评估专门发布了标准——测量不确定度表达指南（Guide to Expression of Uncertainty of Measurement，GUM）。GUM 包含对测量不确定的评定和表达，GUM 指出测量不确定度的评定通常有两种方法：

1) 测量不确定度的 A 类评定方法——统计的方法。
2) 测量不确定度的 B 类评定方法——非统计的方法。

本书在第 17 章的第 17.3 节中会对此部分内容进行专门的介绍。

我们要知道不确定度和 MSA 之间的区别：MSA 更专注于理解整个测量过程，确定该过程中误差的大小，并评估该测量系统是否适用于产品和过程的控制，MSA 不断提升对测量过程的理解，并对过程进行改进以减小这种误差，是一个系统性的工程；不确定度更专注于理解每一个具体对测量结果造成影响的因素，并通过对这些因素的综合评估，对测量结果做出一个合理的区间预测。简单地说，MSA 更关注系统的性能及改进，不确定度更关注具体的细节并对测量结果做出预测。

（13）测量标准（Measurement standard）

测量标准的定义是具有确定的量值和相关联的测量不确定度，实现给定量定义的参照对象。

测量标准是做 MSA 偏倚分析时获取参考值的一种必要条件。

1）按照计量溯源的传递需要，可以把测量标准分为以下三大类：

① 计量基准。又可分为：

a. 基准（国家标准）——最高计量特性，不必参考其他标准。

b. 副基准（国家标准）——与基准比对而定值的一种工作基准。为了防止基准频繁地被使用而影响基准的稳定性，所以才引入副基准。

② 计量标准。又可分为：

a. 最高计量标准（参考标准）——在给定地区或给定组织内，通常具有最高计量学特性的测量标准，在该处所做的测量均从它导出。

b. 次级计量标准（工作标准）——校准或核查测量仪器的标准。

③ 标准物质。又可分为：

a. 一级标准物质。

b. 二级标准物质。

图 5.2.4 以长度测量为例，举了两个长度测量的溯源链条，用意在于说明测量标准之间的关系。在 MSA 的偏倚研究中，通常要用到更高阶的量具进行参考值的确定，那么，这种更高阶的量具通常就是"工作标准"。而我们做 MSA 研究的对象则是"生产量具"，在确认工

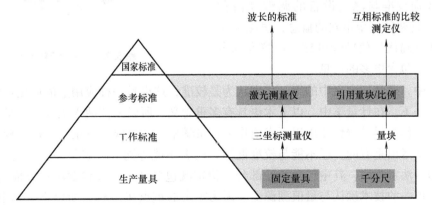

图 5.2.4　长度测量溯源链的示例

注：图例来源于 AIAG MSA 参考手册 FigureⅠ-A 1。

作标准可靠之前,需要做一些确认工作,如确认工作标准的校准状态,甚至还可以进一步确认其示值误差,进而结合修正手段可以获得更加可信的参考值。

2)企业生产中,为了提高效率,通常会提供或制定一些公认的标准(Master),参考测量标准之间的关系,这些 Master 之间也可以进行分级参照,业界通常把 Master 分为三大类:

① 金标(Golden Master)。包括:

a. 最高计量标准(参考标准)。

b. 客户提供的唯一参考标准。

② 银标(Silver Master)。包括:

a. 次级计量标准(工作标准)。

b. 产线最高测量标准——虽然属于生产量具,但这种量具不是企业内部可以校准的,它的准确度等级比其他同类型(如长度类)生产量具高出一个数量级。

③ 工标(Working Master)。包括:

a. 产线通用外购标准——如标准电阻、Hg 标液等,这些标准均能溯源到国家或国际标准。

b. 产线自制样件标准——这些标准是拿产品制作的,其计量特性在指定的时间范围内是稳定的,有专门的维护和核查确认,同样可以溯源到国家或国际标准。

在做 MSA 的偏倚研究中,这些 Master 同样是可以进行参照和比较的,在等级的差别上,金标(Golden Master)高于银标(Silver Master),银标(Silver Master)高于工标(Working Master),如图 5.2.5 所示。

(14)校准(Calibration)

校准的定义是在规定条件下的一组操作,其第一步是确定由测量标准提供的量值与相应的示值之间的关系,第二步则是用此信息确定由示值获得测量结果的关系,这里测量标准提供的量值与相应示值都具有测量不确定度。

注意区别校准与测量设备的调整(俗称"自校准")是两种完全不同的概念,虽然在某种形式上都是确认量值准确可靠,但校准的定义范围更广,包含更多的信息。

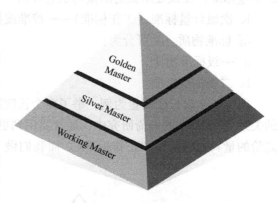

图 5.2.5 三级 Master

在应用中,通常把定义中的第一步即认为是校准,这也是一种应用上的简化理解。

顺便提一下,在计量学中,以下术语具有多重含义,所以未被纳入正式的计量学术语中,建议在实际工作中尽量避免使用以下术语作为计量学术语:校验、校正、调校、校对、标定。

检定这个术语是有的,但不能与校准混淆,两者不能等同。检定是一套评定测量仪器是否符合规程的法定程序,其中包含校准部分。检定既包含技术,又包含法规方面的内容;校准则偏重于单一的技术确认与量值溯源上。因为本书的重点在 MSA,所以不打算把所有与计量学相关的术语和概念——介绍,只介绍与之有关联的部分,如果对计量学其他术语和概念需要了解,请参考 VIM 手册。

量具是测量系统最核心的一个要素,为了更好地理解测量过程,做好 MSA 的研究和分析工作，我们对量具的研究是必不可少的。本节所有提到的与计量学有关的重要概念均与 MSA 工作有着密切的联系，在实际 MSA 的工作中，要很好地理解并应用这些概念。为了不让读者混淆 MSA 的术语与计量学的术语，我们整理出一些两者之间可以互相参照的、近似的概念和术语进行映射，如图 5.2.6 所示。

图 5.2.6 计量学与 MSA 概念映射

第 6 章
测量系统的分类及其分析方法

6.1 测量系统的分类

在实际 MSA 研究工作中，我们主要对连续型测量数据的测量系统和离散型测量数据的测量系统进行研究，其中离散型测量数据研究范围主要针对的是有限个取值的离散型数据。我们可以根据测量数据的类型而对相应的测量系统进行分类，最常见的两个基本类型是：

① 计量型测量系统——以定量的方式对被测对象的计量特性产生连续型的测量数据，如长度为 5.3mm、频率为 50.5Hz、时间为 100s 等。

② 计数型测量系统（也叫属性测量系统）——以定性的方式对被测对象的属性特征进行区分，如好、中、差的有序属性值，红色、黄色、蓝色、黑色的名义属性值，以及合格与不合格的二进制属性值等。[⊖]

AIAG MSA 手册第 3 章 C 节对计量型和计数型测量系统有如下明确的定义：

计数型测量系统是一种测量数值为一有限的分类数量的测量系统。它与能获得一连串数值结果的计量型测量系统截然不同。通/止规是最常用的量具，它只有两种可能的结果；其他的计数型测量系统，例如目视标准，可能产生 5~7 个分类，如非常好、好、一般、差、非常差。

当然，这个定义对于计量型和计数型的界限有了基本的划定，这也是我们对计量型与计数型测量系统比较易于理解的定义。

现实工作中，我们有时候不可避免地需要面对被测对象无法被重复测量的状况，这一类测量系统主要出现在计量型测量系统之中，实际选择测量系统时，一般不考虑计数型测量系统也会出现这种情况。

例如一些具体的测量，如拉力、材料的热稳定性、抗压强度等，由于被测对象在测量的试验过程中被破坏掉了，因此，这些力值、温度值及压强值是无法被重复测量的，这一类属于破坏性测量系统。

另外还有一类如在前文提到过的电池电解液注入的例子，注液前的电池总重量由电子秤 A 进行称量，注液后的电池总重量由电子秤 B 进行称量，而整个注液过程是不可逆的。因此，每一次的测量值只来源于一套测量系统，它们之间是一一对应、相互嵌套的，这一类测量系

⊖ 参考自赵燕于天津大学 2010 年发表的学位论文《属性值测量系统分析的方法研究与应用》。

统属于嵌套型测量系统。

总的来讲，如果根据被测对象的特性是否可被重复测量这一考察角度来区分测量系统的话，可以把测量系统分为两种类型：可重复的测量系统和不可重复的测量系统。

计数型测量系统（属性测量系统）的开发主要是为了提高测量效率、满足全检的要求、降低成本（测量系统、零件的完好性、工时）等，因此，开发者应尽量避免开发不具备重复测量甚至破坏性测量的系统，以保证对测量过程能力有途径去确认。基于这种实际应用的思维，就可以把对测量系统的分类进行整合，以便更好地理解和面对形形色色的测量系统。测量系统的分类整合如图 6.1.1 所示。

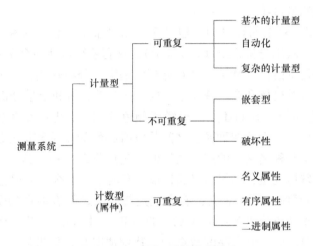

图 6.1.1　测量系统的分类整合

针对上述的分类，可能会有一个疑问，那就是为什么要把计量型和计数型放在第一分类梯队，而不是把测量的可重复性放在第一分类梯队呢？

关于这个疑问，我们必须回到测量系统的本质上来，测量系统的本质不是为了完成某种破坏或者非破坏的测量目的，其本质是保证测量数据的准确可靠，测量数据才是测量系统的唯一输出，也是测量系统的终极关注，因此，根据测量数据的分类来对测量系统进行分类就变得非常基本了。我们把计量型和计数型叫作测量系统的第一属性，也是基本属性；测量的可重复性就是第二属性，也是次要属性；至于自动化、手动测量系统，还有接触式、非接触式测量系统等，这些就是测量系统的第三属性。

(1) 常见的测量系统

实际生产中，以下几种类型的测量系统比较常见：

1) 基本的计量型测量系统。这是最常见的类型，如卡尺测长度、电子秤称重量、万用表测电压、温度计测水温、坐标仪测几何公差等。这一类最典型的特点是测量结果会受到操作员经验、能力、标准作业、情绪等诸多主观因素的影响。

2) 自动化测量系统。它不直接受操作员的影响，如在线 CCD（二维影像仪）测零件宽度、在线 X-ray（X 阴极射线）测产品内部尺寸等。这一类测量系统在现代全自动化工业制造中越来越占据主导地位。

3) 嵌套型测量系统。这一类测量系统主要用在分步工序中，如前文所述电池注入电解液的例子就非常典型。再比如四色（CMYK）印刷中对套印的网点大小进行测量时，每一种颜色（C、M、Y、K）都是由不同的机组进行测量和控制的，它们之间是一一对应的，而且还有顺序（最常见的顺序：进纸→Y→M→C→K→……→出纸），并且过程不可逆。这一类测量系统典型的特点是零件并未遭到破坏，但特性会随着测量的过程而发生变化。

4）破坏性测量系统。这一类比较常见的有极限拉力测试、旋转黏度的测量、粉末震实密度的检测等。

5）二进制属性测量系统。二进制属性其实是名义属性和有序属性的特殊情况，二进制属性可以是名义属性，如红色和黑色；它还可以是有序属性，如好与差、合格与不合格。

（2）不常见的测量系统

那些不太常见的测量系统我们也在此做一下介绍。

1）复杂的计量型。复杂的计量型一般是多套测量系统组合，这种组合具有关联性。如材料研发实验用的气质联用分析系统（GC/MSD），这套系统包括两套子系统，一套是气相色谱仪（GC），另一套是质谱仪（MSD），GC 起到的是定量分析作用，MSD 起到的是定性分析作用，两者结合就可以对气体和有机液体中各成分做定性分析和定量分析。

2）名义属性测量系统。我们还是举电缆线颜色的例子，电缆线颜色被测量系统识别出红色、黄色、蓝色、黑色，而这四种颜色之间是没有必然的联系和优先级的高低之分，电缆线只是被测量系统赋予某种名义上的属性值以便于生产管理之用，这一类的测量系统就是名义属性测量系统。特殊情况是，如果名义属性值只有两个，那么，可把它看作二进制属性值。

3）有序属性测量系统。顾名思义，有序就是属性值之间有内在的逻辑关系和优先级的高低之分，如零件外观品质分级为：优（A）、良（B）、中（C）、差（D），其外观品质的优先级就有 A＞B＞C＞D，是一个有序的数据列；特别情况是，如果只有两种有序属性值，如好与不好、合格与不合格、NG 和 OK、0 和 1 等，那么，又可以将这些属性值看作二进制属性值。

（3）其他分类

当然，测量系统还可以从其他的角度进行分类，比如可以把测量系统分为以下几类：

1）手动测量系统。

2）自动测量系统。

3）接触式测量系统。

4）非接触式测量系统。

这些分类方法虽然在涵盖面上有很多不足，但也不失为对测量系统过程理解的一种具有特殊意义的观察角度，这些角度对于我们做 MSA 研究和分析工作有很好的辅助作用。

有一个观点需要引起注意，就是在测量系统分类的时候，有时需要根据测量的目的进行相应的转换，而不可一成不变。下面举两个例子来说明这一观点的重要性。

例 1 某工序有一种专门监测电子元件绝缘性能的测量系统，测量仪器为绝缘电阻表，实际操作中，工人只需要关注绝缘电阻表有没有异常报警声就可以了：电子元件的绝缘阻值 $R \geqslant 100\mathrm{M}\Omega$ 时，绝缘电阻表就不报警；$R < 100\mathrm{M}\Omega$ 时，它就报警。

这种测量系统要做 MSA 的话，是把它看作计量型呢还是计数型？

在这种情况下，就需要特别关注我们做 MSA 的目的了。通常从技术上讲，MSA 主要有两大目的：第一，确认并保证产品的判定是可靠的，换句话说就是合格的产品判定为合格，不合格的产品判定为不合格，而判错的几率应是可接受的；第二，确认并保证测量系统的变异分量在总的过程变异中占比很小，其比率应是可接受的。

对于上述绝缘电阻测量系统来说，如果需要满足目的一，实际上就可以把这套测量系统看成一套"通/止规"（GNG），对其进行计数型 MSA 即可；如果需要满足目的二，那就要取后台数据进行计量型 MSA 了。

例 2 图 6.1.2 所示极限千分尺应该属于哪一种测量系统呢？

如果把它绝对地看成是计数型测量系统或计量型测量系统都过于片面，应该根据使用目的进行区分：当把这把极限千分尺调整成"通/止规"的时候，就得到了一套计数型测量系统；同理，当把它当作一把普通的千分尺使用的时候，就得到了一套计量型的测量系统。

当然了，如果做 MSA 研究和分析时，能采集到连续型的数据就尽量不要用系统转化来的离散型数据，因为计量型测量系统研究方法在可信度上要更优于计数型测量系统研究方法。

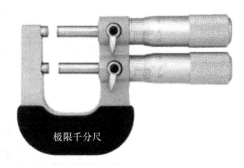

图 6.1.2　极限千分尺

这个问题还是拿上面两个例子来说，对比一下上面两个例子，我们会发现，其本质上是有区别的。绝缘测量系统在被当作"通/止规"时，后台是有连续性量值作为支持和转化的；极限千分尺在被当作"通/止规"时，它只有"通"和"止"两个属性值，即便有千分尺的具体量值作为支持，但这种量值是固定不变的，是非连续的，是有序的属性值。

由于这个本质的区别导致了我们根本就不需要把绝缘测量系统当作计数型测量系统，直接获取后台数据，按计量型测量系统分析就完全可以满足"目的一"，同时还能兼顾"目的二"。而且计量型分析数据对变差的分析更加精细。在能选择计量型分析方法的时候，尽量不要采用计数型分析方法，因为计量型的分析结果能给予我们更多的信心来相信我们的分析结果是更加精确的。

6.2　各类测量系统的分析方法

针对不同的测量系统，需要选择相应的、合适的分析方法。从前一节内容中，我们知道了如何去对测量系统进行分类，接下来，针对不同类型的测量系统，结合 AIAG MSA 手册提供的方法指南，还有业内其他的专家学者的研究成果，以及笔者多年在一线对 MSA 的实际推行经验，给出一些建议性和参考性的分析方法，见表 6.2.1。

AIAG MSA 手册中有以下描述：

本手册的目的是为评定测量系统的质量提供指南。尽管这些指南足以用于任何测量系统，但主要用于工业界的测量系统。本手册不打算作为所有测量系统的一种分析总览，而是主要用于那些对于每个零件能重复读数的测量系统。许多分析对于其他形式的测量系统也是很有用的，并且本手册的确包含了参考意见和建议，但对更复杂的或不常用的方法在此没有讨论，建议使用者参考适宜的统计资源。本手册也不涵盖顾客对测量系统分析方法所要求的批准。

在表 6.2.1 中所列分析方法只是一种建议和参考，如果读者能通过专业的途径引进新的分析方法，只要方法的内在逻辑是可以被证明的，就可以对其进行采用。

表 6.2.1 测量系统分析方法

测量系统基本类型	测量的可重复性	测量系统的类型	测量系统的特性	分析方法
计量型	可重复	基本的计量型	交叉（across）GRR	极差法、均值极差法、ANOVA 法
			偏倚/线性	独立样件法、控制图
			稳定性	均值极差控制图、查检表
		自动化测量系统	重复性（across）	极差法、均值极差法、ANOVA 法
			偏倚/线性	独立样件法、控制图
			稳定性	均值极差控制图、查检表
		复杂的计量型	交叉（across）GRR	极差法、均值极差法、ANOVA 法
			偏倚/线性	独立样件法、控制图
			稳定性	均值极差控制图、查检表
			相关性	回归分析
	不可重复	嵌套型测量系统	嵌套（nest）GRR	齐性样本 ANOVA 法[①]
		破坏性测量系统	系统间差异（均值、中位值或方差）	双样本 t 检验、配对 t 检验、Mann-Whitney 检验、Kruskal-Wallis 检验、Mood's 中位值检验、Levene's 检验、单因素方差分析、F 检验、Bartlett 检验、熵增原理
			相关性	回归分析
计数型（属性）	可重复[②]	名义属性测量系统	一致性比率 P_A、Cohen Kappa、Fleiss Kappa	假设试验分析法（二维频数表）
		有序属性测量系统	加权 Kappa	平均权重、线性权重
			分类有效性 Eff	田口损失函数
			组内相关系数 ICC、Kendall 系数	方差分析 Z 检验、χ^2 检验
		二进制属性测量系统	有效性比率 Eff%、Cohen Kappa、Fleiss Kappa	假设试验分析法（交叉表）
			GRR	信号探测法
			重复性、偏倚	解析法（GPC，Gage Performance Curve，量具性能曲线）
		可重复的计数型	稳定性	不合格品率 P 控制图、不合格品数 np 控制图
	不可重复	二进制属性测量系统	系统间的差异（整体的有效性）	等比率检验 P

① 参考施亮星于天津大学 2008 年发表的论文《计量型测量系统能力及其评价方法研究》。
② 参考赵燕于天津大学 2010 年发表的论文《属性值测量系统分析的方法研究与应用》。

本书将在后续的内容中对表 6.2.1 所列出的分析方法逐步地进行说明，具体章节为第 8 章、第 10 章和第 14 章。

第 7 章 测量系统分析的时机

7.1 MSA 在 APQP 中出现的时机

做 MSA 的时机问题是我们必须要面对的一个很重要的问题。时机把握不对，不但会给组织内部带来额外的成本消耗，还会出现 MSA 的分析频率不足，从而导致测量数据质量得不到及时的确认。

那么，如何界定做 MSA 的时机，应该从宏观和微观两方面来看待这个问题。宏观是指从质量体系的高度考察 MSA 介入的时机；微观则是从 MSA 工作本身去衡量恰当的分析时机。

本节内容先从 APQP 的宏观角度来加以说明，下一节内容将从 MSA 工作本身的微观角度对其加以说明。

首先，我们来对 APQP 做一个简要的了解。APQP 的英文全称为 Advanced Product Quality Planning，翻译成中文就是"产品质量先期策划"。APQP（产品质量先期策划）是在新产品投入以前进行的，其内容希望覆盖发生在早期策划/计划阶段和过程分析中的所有情况，其目的是借助产品质量策划小组制定具体的要求和掌握合适的信息以满足客户的要求。

APQP 是一种结构化的方法，用来确定和制定确保某产品使客户满意所需的步骤。产品质量策划的目标是促进与所涉及每一个人的联系，以确保所要求的步骤按时完成。这种"先期策划"工作一共包含五个阶段：第一阶段是计划和项目的确定；第二阶段是产品设计和开发；第三阶段是过程设计和开发；第四阶段是产品和过程确认；第五阶段是反馈、评估和改善。

图 7.1.1 直观地说明了这五个阶段的先后次序和主要工作内容。[⊖]

在 AIAG APQP 参考手册中"产品质量策划进度图表"的基础上，图 7.1.1 中增加 IATF 16949 五大工具的另外四大工具（PPAP、FMEA、SPC、MSA）的介入点，下面对这些介入点进行必要的说明：

1）第一阶段：计划和项目的确定。此阶段 DFMEA 介入。

2）第二阶段：产品设计和开发。此阶段：DFMEA 持续；PFMEA 介入；MSA 介入测量系统/测量设备的开发（MSA_0）；SPC 介入过程能力的研究（这个和 MSA 有很大关系，参考

⊖ 参考自 AIAG APQP 手册。

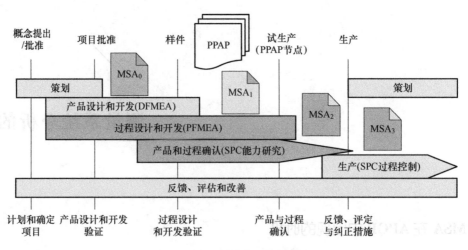

图 7.1.1　产品质量先期策划进度图

第 2.3 节内容）。

3）第三阶段：过程设计和开发（原则上设计冻结）。此阶段：DFMEA 尾声；PFMEA 持续；SPC 持续过程能力研究；MSA 介入到样件生产中（MSA_1）；PPAP 资料和清单提交阶段（MSA 为默认提交等级，参考第 2.1 节内容）。

4）第四阶段：产品和过程确认（原则上工艺冻结）。此阶段：PFMEA 尾声；SPC 过程能力研究尾声；SPC 过程控制介入；MSA 介入到试生产（小批量生产）（MSA_2）。

5）第五阶段：反馈、评估和改善。此阶段：SPC 持续过程控制；MSA 生产阶段（量产）持续分析（即周期性）（MSA_3）。

其中，控制计划要包含的阶段为（参考第 2.1 节内容）：样件、试生产、生产。

从对 APQP 以上五个阶段进行进度分解可以详细了解到，MSA 的工作几乎贯穿整个产品生命周期，各阶段 MSA 的工作内容不尽相同。

（1）MSA_0

在产品设计和开发阶段就要开始介入测量系统/测量设备的开发。实际工作中，通常是结合产品的规格要求与设备开发部门一起对测量系统/测量设备进行早期的策划和准备工作。这一阶段非常重要，也是最容易被忽视的阶段。

很多不良的测量系统在试生产、生产阶段被发现就已经来不及了，这其中涉及设备供方的资源调配、企业内部流程的限制、改善工作对产能与交期的影响、改善的直接投入成本等，均会变成测量系统改进的强大阻力。很多企业甚至到了量产阶段才开始着手 MSA 工作，这无疑已经失去了 MSA 研究工作的核心意义（预防为主）了。

另外，还有一个理念值得一提，那就是此阶段的 MSA 工作不仅是对测量系统/测量设备的开发进行介入，而且可以协助产品设计部门进行以下信息的确认：

1）规格的制定是随意的还是做了 DOE。

2）DOE 本身的数据是否可靠。

3）该规格的参数是否可探测（即能否被测量）。

4）该规格的参数是否合理；是否能起到监控的作用。

5）行业内，能否找到量具是否满足该参数的测量。
6）找到的量具能力是否足够，数据能否证明。
7）找到的量具成本能否接受。
8）客户要求的规格的原始依据；是否有必要这么严格；是否可以谈判。
9）该产品的规格在行业内的情况是怎样的？经过调查吗？

上海大学李明教授[○]曾指出："70%的测量问题源自于设计！"

测量系统能力不足的原因主要有三点：第一，测量系统本身的能力不足；第二，产品的规格限太严；第三，工艺过程能力要求太高。

如果是第一种原因，我们责无旁贷地要对测量系统进行改进；第二种、第三种情况产生的根本原因是多方面的，产品的设计者和工艺的设计者可参考上面列出的一些问题进行确认，最大限度地确保不要因为设计的问题而造成测量系统能力的不足。

（2）MSA_1

实际上在样件生产阶段由于样品数量的不足、操作员尚未固定下来等导致了 MSA 的分析不够充分，这就需要负责 MSA 的工程技术人员对分析方法进行合理的选择。

有些企业因特殊的一些原因导致在样件阶段根本开展不了 MSA，那么，这一阶段最起码要能提供 "MSA 的分析计划" 和 "产品关键特性的简要分析结果"。而 MSA 的分析计划必须在试生产阶段全部完成，PPAP 资料的提交中应补齐试生产阶段的 MSA 资料，这种情况的前提是得到顾客的批准。

（3）MSA_2

试生产阶段是 MSA 工作极为关键的一个阶段。因为这一阶段是 PPAP 提交的节点，在原则上，工艺的设计是被冻结的，所以，测量系统的改进工作就变得尤为重要。过程的波动除了由实际的过程能力不足引起之外，就是测量系统了，而产品的规格和过程的能力均已确定下来了，因此，如果 MSA 结果不符合要求，就必须对其进行改进，否则，在量产阶段就会埋下很大的质量隐患，到时候想对测量系统进行改进就会变得非常困难。

（4）MSA_3

随着使用时间的推移，测量系统也有其不稳定的一面，因此，要对测量系统进行周期性的分析工作。这些分析结果必须存档，以备后期对历史情况进行溯源，其目的是对测量系统的波动规律进行更全面的掌握，为持续改进工作提供数据基础。

MSA 分析的周期可根据工艺参数的特性、测量系统的稳定性等因素进行确定，这一部分内容请参考第 7.3 节内容。

综上所述，作为 MSA 的工程技术人员或管理人员，必须要清楚地定义相关的职责和工作流程，务必把 MSA 的准备工作做足。这不仅为后期的质量管控提供了必要的基础，也能节省后期的改善成本，这个改善成本不仅包含测量系统本身的改善成本，也包含了产品误判后的返工、索赔、报废、召回等成本。

[○] 李明教授，1963 年生，硕士，上海大学机电工程与自动化学院研究员、博士生导师。现任全国产品几何技术规范标准化技术委员会委员、上海市模具行业协会特种加工委员会副主任、上海市机械工程学会先进制造技术专业委员会理事、上海高校互换性与技术测量基础研究会副理事长，是国内坐标测量技术领域的知名专家。

7.2　MSA 分析时机评估原则

前一节内容，我们站在质量体系宏观的角度从 APQP 的五个阶段分析出发，引出 MSA 介入的时机点，这些是质量管理流程中必要的环节。除此之外，如果测量系统的各个因素有变化了，是不是也要对测量系统重新进行评价呢？本节内容就围绕这个问题，站在微观的角度，从测量系统各变量本身的变化来衡量再次做 MSA 评估的时机。

正式谈这个问题之前，还必须明白一个概念，那就是 MSA 的分析工作是时时刻刻都有可能要进行的，绝不是一劳永逸的。并不是在样件生产阶段完成了 MSA，后续就再也不用对测量系统进行评价了。这种想法实际上是没有考虑到影响测量系统因素的变化情况，由于客观上那些影响测量系统的各种因素是有可能会发生变化的，这种变化有利于测量系统能力的一面，也有对测量系统能力提出更高要求的一面。

以下列举的就是对测量系统产生影响的一些主要因素。

(1) 新产品

新产品特指不同的产品，这种不同通常会按项目、型号来区分。而不同的客户，当项目相同，工艺相同，甚至生产线和产品型号也相同时，可以参照之前分析过的 MSA 结果。

(2) 新量具或量具的特性能力不同时

1) 新进的量具的特性能力相同，甚至型号都相同时，只做量具的校准即可。

2) 新进的量具特性能力较之前的更差时，如电子秤分辨力由之前 0.001kg 变更为 0.01kg，拉力计的 MPEV（量具最大允许误差）由原来 ±1N 变更为 ±5N，需要重新分析。

3) 新进的量具特性能力较之前的更佳时，不需要重新分析。

4) 量具具有相同的特性能力甚至型号都相同，测量特性、环境、规格、方法均相同，且有很多这种量具时，可抽取一部分具有代表性的量具进行分析。例如，10 条工艺相同的生产线各有 10 台相同的电子秤，一般抽 2~3 台进行 MSA 评价即可。

(3) 新操作员或操作员岗位变更

1) 新操作员未经过培训上岗的，须经过培训上岗后对该工位重新进行 MSA 评价。与上述量具同理，如果是多名操作员，也可以采用抽样的方法进行，抽样尽量具有代表性，如有量具操作经验的抽一人，从未接触过量具的抽一人，从未进过工厂的抽一人。应从培训的管理与制度上保证操作员能受到良好的岗前培训并考核合格。

2) 原操作员的岗位变更，从事不同工种，即参与了新的测量特性时，需要重新分析。

(4) 设计变更

1) 产品的规格加严，如之前的 ±2mm 变更为 ±1mm，需重新分析。

2) 产品的特性发生了变化，如之前的厚度测量变更为上下表面平面度和平行度的测量，需重新分析。

3) 同一特性不同规格取更严的。例如，用卡尺测量某零件的长度为 (30±0.5) mm，宽度为 (25±0.3) mm，而卡尺测量在 30mm 与 25mm 上并无明显的差别，因此，取 (25±0.3) mm 这个宽度特性进行 MSA 的评价就可以了，长度的 MSA 评价则可省略。

(5) 工程变更

1) 不同的操作方法均应做 MSA 的评价，以便进行对比。

2）测量方法发生了变更（通常表现在 SOP 的变更上）也应重新做 MSA 的评价。

3）其他非测量工位但可能会影响测量结果的工艺变更也应适当考虑进行 MSA 重新评价。

（6）易损耗仪器必须注意其分析频率

仪器损耗的容易程度是确认 MSA 分析周期很重要的原则之一，详细内容参考第 7.3 节。

（7）客户要求的频次

1）当客户需要对某测量系统进行 MSA 评价时，应满足客户的需求。如果这种需求仅仅是出于一种担心，也应该对该测量系统进行充分的分析后，用数据说话，然后通过沟通渠道与客户达成一致的意见。

2）这种频次一般是临时增加的，不纳入 MSA 分析计划中，但应做好专门的档案管理，以便后期与客户产生更好的沟通结果。

（8）环境变更

超出已有的测量环境范围（温度、湿度、照明等），这种变更会对测量产生显著的影响时，需要重新分析。

以上列出了需要考虑重新进行 MSA 评价的时机，这些要求应结合组织自身的管理流程。例如，有些企业的岗前培训机制非常完善，这样就降低了不同操作员之间的差异性风险，通过操作员变更的 MSA 重新评价的历史结果分析，应能做到最终对这种变更不再需要重新做 MSA 的评价了。这种思维就是"免检计划"思维，也是第 5.2 节内容中特别提到的一个重点。

特别需要注意的是，在制定 MSA 工作流程时，应以变化的眼光看待 MSA，更应以一种持续改进的思维去管理 MSA 工作，最终如能实现"免检"，这对企业的资源节约和对质量的保证均有积极的意义。

7.3 MSA 分析周期定义原则

根据实际应用的需要，需要对 MSA 的分析周期进行明确的定义，只有明确 MSA 的分析周期，MSA 的管理工作才具备可操作性。

根据实际情况，我们把影响测量系统有效性的常规性因素归为十个类别，根据每一类别因素的特点，赋予加权系数 1、2、3，并且每一种因素细分为 A、B、C 三个影响等级，然后根据下式计算影响程度因子（E）：

$$E = \sum_{i=1}^{n} T_i P_i$$

式中，E 为评价影响程度的定量指标，分值越大，影响程度越高；T_i 为第 i 项因素影响等级（A/B/C）；P_i 为第 i 项因素的加权系数。

我们分别对十个影响因素赋予加权系数（P_i），然后再对每个影响因素的影响等级（A/B/C）进行赋值，于是就得到了 MSA 分析周期评定表，见表 7.3.1。

1. 对各影响因素的说明

在此有必要对表 7.3.1 中所述的十个影响因素做一个简单的说明，以便读者能更好地理解和应用。

表 7.3.1　MSA 分析周期评定表

影响因素	影响等级（T_i）			加权系数（P_i）
	A （4~5分）	B （2~3分）	C （0~1分）	
1. 测量系统对产品质量、安全、环保的关系	攸关	密切	一般	3
2. 测量设备产生故障的难易程度	每年 2 次	每年 1~2 次	每年 0 次	2
3. 量具失准的程度	每年 2 分度值	每年 1 分度值	每年 0 分度值	2
4. 量具准确度与公差范围之比	>3/10	1/10~3/10	≤1/10	2
5. 测量人员的专业程度	在岗小于 3 个月	在岗 3~12 个月	在岗 12 个月以上	2
6. 测量程序及方法的缺陷	有影响的	可接受的	可忽略的	2
7. 使用频度	连续	间歇	偶尔	1
8. 维护保养情况	差	一般	好	1
9. 关键部件松动易耗的程度	大	一般	小	1
10. 环境对测量系统的影响程度	大	一般	小	1

（1）测量系统对产品质量、安全、环保的关系

它特指该测量系统所测的零件特性对于产品的质量、产品的安全及产品对环保的影响。通常我们把这种特性称为关键质量特性（CTQ）、关键安全特性（CTS）。而环保其实也归类为 CTS，原因是环保的本质其实就是环境安全保护，因此，环保也是一种"安全"特性。

1）攸关：一旦出现问题，将造成无法挽回的重大损失和影响。

2）密切：一旦出现问题，造成的影响很大，但可以进行挑选（Sorting）、返工、商业赔付等补救措施，以降低损失和影响度。

3）一般：即便出现问题，对产品核心的性能、安全性和环保均不会造成显著的影响。

（2）测量设备产生故障的难易程度

这一点可以查询"设备故障履历表"进行定量评估即可。

（3）量具失准的程度

量具失准的技术依据主要是来自于量具的校准报告。例如，电压表的准确度会随时间发生漂移，某电压表准确度漂移的规律（设该电压表的最小分度值为 0.1V）见表 7.3.2。

表 7.3.2　某电压表准确度漂移的规律

时　间　段	示值误差
第一年	$A_1 = 0.5\text{V}$
第二年	$A_2 = 0.6\text{V}$
第三年	$A_3 = 0.7\text{V}$
第四年	$A_4 = 0.8\text{V}$

准确度漂移可表达为：

$$d = A_{i+1} - A_i (i = 1, 2, 3, \cdots)$$

该电压表第二年准确度漂移值为：$0.6\text{V} - 0.5\text{V} = 0.1\text{V} = 1 \times 0.1\text{V}$，即漂移 1 个分度值；

该电压表第三年准确度漂移值为：0.7V – 0.6V = 0.1V = 1×0.1V，即又漂移了1个分度值；

该电压表第四年准确度漂移值为：0.8V – 0.7V = 0.1V = 1×0.1V，即再一次漂移了1个分度值。像这种情况就是量具有每年1个分度值的失准。

当然，这种等差数列的失准情况比较少见，因此，可以用平均值的计算方法计算出年平均漂移值：

$$\bar{d} = \frac{A_{i_{\max}} - A_1}{i_{\max} - 1} \ (i = 1,2,3,\cdots)$$

上面例子中的电压表准确度的年平均漂移值则可以计算为：

$$\bar{d} = \frac{0.8V - 0.5V}{4-1} = 0.1V$$

那么，这个结果也可反映出电压表有每年1个分度值的失准。

（4）量具准确度与公差范围之比

量具的准确度用量具的最大允许误差（MPE）来衡量。还是举上面电压表的例子，假设该电压表的 MPE = ±1.5V，用它测量的电压值规格为 150V±5V，那么，量具准确度与公差范围之比按下式计算得到：

$$[1.5V – (–1.5V)]/[5V – (–5V)] = 3/10$$

影响等级为 B，且在 B 的上限 3/10 处，因此分值应为 3 分。

单边公差的计算请参考第 5.1 节内容中关于"公差范围"的概念说明。

（5）测量人员的专业程度

这一点通过查询人事档案即可确认。

（6）测量程序及方法的缺陷

所有的测量工艺都不可能是十全十美的，在管理程序或测量方法上都或多或少有些缺陷，这种缺陷对测量结果会造成不同程度的影响。这种影响分以下三个等级：

1）有影响的。这种情况一定会对测量结果造成显著性的影响，如可能会把好的零件判为坏品，把坏的零件判为良品。

2）可接受的。虽然有影响，但对零件判错的概率很小。有可能的话，建议查询品质改善记录对这种犯错的概率进行佐证。

3）可忽略的。这属于几乎没有显著的影响，是可忽略不计的影响。

（7）使用频度

这一点需要查询生产计划（PM），以确定测量系统是连续被使用、间歇性地被使用，还是偶尔被使用。

（8）维护保养情况

这一点需要查询设备部门对测量设备的维护和保养情况。维护和保养包括修理、调整、自校、点检、加油、清洁、清理、防锈、防尘、防水、保养记录等。

评价维护和保养得好、一般还是差，应参照设备部门内部的管理规范进行考量。请注意不要将这种考量误解为对设备部门在设备的维护和保养方面的绩效指标进行评价，这种考量是设备部门针对不同的测量设备投入的资源配比情况。例如，明明知道三坐标测量仪应做好防尘工作，但由于某种客观的因素，设备部门获取不到无尘的空间资源，那么，这种考量就变得很有意义了。

(9) 关键部件松动易耗的程度

设备部门应全面掌握测量设备关键部门的特性，这些信息可以作为对测量系统的稳定能力的一项很重要的评价指标。

(10) 环境对测量系统的影响程度

环境对测量系统的影响主要来源于气压、温度、湿度、风速、振动、电场、磁场、声音、光照、人体工程学、辐射等。

2. 各影响因素的关联部门

组织内部应进行正式的 MSA 周期评定会议，MSA 工程或管理人员应把相关联部门的负责人组织起来，分发会议要求，让各部门负责人做好资料查询和数据整理的充分准备工作。以下所列是各影响因素建议的关联部门（不同组织对部门职责的定义有不同，请根据实际情况进行界定）。

(1) 测量系统对产品质量、安全、环保的关系

1) 产品质量：品质部门。

2) 产品安全：产品部门。

3) 环保：环境或社会责任部门。

(2) 测量设备产生故障的难易程度

与之相关的是设备部门。

(3) 量具失准的程度

与之相关的是计量部门。

(4) 量具准确度与测量过程公差之比

与之相关的是计量部门。

(5) 测量人员的专业程度

与之相关的是人事部门。

(6) 测量程序及方法的缺陷

与之相关的是工艺部门。

(7) 使用频度

与之相关的是生产计划部门。

(8) 维护保养情况

与之相关的是设备部门。

(9) 关键部件松动易耗的程度

与之相关的是设备部门。

(10) 环境对测量系统的影响程度

与之相关的是工艺部门、设备部门。

MSA 工程或管理人员应把这些评估的打分结果记录下来，并让各个负责人在记录的后面署名或以会议纪要的形式分发给各个部门的负责人，这些记录应进行完好的存档。

有了评估的分值结果，就可以计算影响程度因子（E）了。根据 E 值的计算结果，按照表 7.3.3 所列标准来确定 MSA 的分析周期，并将这些周期写入 MSA 分析计划表中。

上述 MSA 分析周期不能笼统地涵盖 MSA 分析的各项指标，我们应在 MSA 计划表中进行区分，比如 GRR 的分析周期是 6 个月，偏倚/线性的分析周期是 12 个月，稳定性的分析周期

是 3 个月，属性的一致性分析周期是 6 个月。

表 7.3.3　影响程度因子与 MSA 分析周期的标准

E	MSA 分析周期 C/月	提前准备分析的时间 t/周
$E > 72$	1~2	1
$59 < E \leqslant 72$	3	1
$46 < E \leqslant 59$	6	2
$33 < E \leqslant 46$	12	3
$E \leqslant 33$	24（或日常局部检查）	4

另外，MSA 的分析周期确定下来之后，是不是就一成不变了呢？其实我们应该根据每次 MSA 分析的结果对其进行调整，这种调整分为以下三种情况：

① 不调整——连续 3 次（含首次）分析结果符合则可保持不变。

② 周期延长——连续超过 3 次分析结果符合可延长分析周期，也可保持不变。

③ 周期缩短——有最少一次分析结果不符合，则应考虑缩短分析周期，缩短幅度为初始周期的 1/2。

MSA 分析周期的调整原则也应纳入组织内部的管理程序中，调整的记录应体现在 MSA 分析计划表中。

第 8 章
可重复的测量系统的分析方法

8.1 测量系统的特性

任何对事物的认知过程都是侧面角度的。比如说什么是水？直接去描述什么是水是一件非常困难甚至几乎不可能完成的事情，于是，我们就只能从侧面去了解。这种侧面的了解通常可以把它说成是水的特性，包括颜色、密度、分子结构、冰点、相（固/液/气）、流体力等，通过这些有限的、主要的特性去了解什么是水，这就是我们目前主流的认知模式。

同样的道理，若想清楚地了解什么是测量系统，同样需要对测量系统建立一些描述特性。AIAG 在 MSA 手册中给出了很多用来描述测量系统的特性，主要有位置变差、宽度变差，细化的还有偏倚（Bias）、线性（Linearity）、重复性（Repeatability）、再现性（Reproducibility）、有效解析度（Effective resolution）、稳定性（Stability）、属性的一致性（Agreement）等。通过这些特性，就能从侧面对测量系统进行定性的认知了，再给这些特性赋予统计学上的指标，于是，我们又能够根据这些指标进一步对测量系统的能力进行定量的判断。

在第 3.2 节的图 3.2.1 中，我们已经把测量系统的六大特性进行了展示，它对测量系统六大特性的陈列相对比较概括。在实际应用中，我们对这些特性有更细致的认识，如图 8.1.1 所示。

我们对测量系统特性相应地赋予了评价指标（图 8.1.1 中 "NDC" 一列），这些评价指标就能帮我们对测量系统的能力进行定量的评价。事实上，AIAG 在 MSA 参考手册中提倡用户可以根据对测量过程的理解，利用专业的知识和统计学知识来引入其他的评估标准，只要这些评估标准在理论逻辑和可操作性上均能成立，并与客户达成技术和管理上的共识，就可以使用这些"新的"指标。因此，本书的编写虽然注重实践应用，但也不会意图去限定读者的方法选择，读者也可以根据自身对测量过程的理解，应用专业的知识和统计学知识引入"新的"评估方法和评价指标。

针对这些特性的分析顺序，学界有很多不同的观点，有的指出要先保证测量系统的稳定性，有的指出要先做 R&R 分析，有的则指出要先做偏倚和线性分析。

实际上，我们可以从这些特性之间的相互关系来进行判断。

首先，最好理解的是稳定性，稳定性考察的本质就是测量系统的重复性、再现性、偏倚随着时间的推移发生变化的规律。只有当 GRR 评估、偏倚/线性的评估甚至属性的一致性评估结束后并且结果符合要求了，才会对这些符合要求的特性进行稳定性分析和长期的监控，因此，稳定性分析应放在最后来分析。

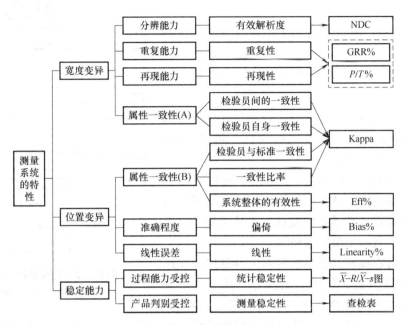

图 8.1.1　细化的测量系统特性

然而，稳定性分为统计稳定性和测量稳定性，它们二者的关系是先要确保测量系统的过程能力受控，然后才能简化为测量稳定性。测量稳定性关注的不是测量系统的过程能力受控，它关注的是测量系统对产品的判别能力是否受控，对过程的识别比统计稳定性显得粗糙了很多。因此，应先对测量系统做统计稳定性，只有当测量系统处于统计上的受控状态，才能做测量稳定性。

再说 GRR 和偏倚/线性的评估，GRR 评估用的是三个指标：NDC、GRR% 和 P/T%。NDC 是用实际过程变差与测量系统变差的关系计算出来的；GRR% 的过程总变差也是用样本的方差对总体的方差进行点估计得到的（当然，总体的方差本来就很难获得，尤其是新的测量系统）；P/T% 的公差范围只需要知道产品的工艺参数就可以了。因此，取得一定数量的样本之后，完全可以独立地进行 GRR 分析，用不上其他特性的参考指标。

偏倚/线性的评估中偏倚的百分率（Bias%）是需要参考过程总变差或公差范围的，同理，公差范围来源于产品的工艺参数（此处不讨论公差范围）。至于过程总变差就需要好好地理解它的来源了，怎么理解呢？还是从参数估计的角度来看问题。偏倚/线性的取样和 GRR 是不同的，GRR 的取样是代表产品的整个变异过程，而偏倚/线性的取样却是覆盖测量范围，因此，只有 GRR 取的样本可以用参数估计的方法用样本方差对总体方差进行点估计。最好在做完 GRR 的情况下再做偏倚/线性分析，这样能更好地获得过程总变差，而不需要总拿公差范围来替代。事实上，AIAG 在 MSA 手册中也不建议用公差范围替代过程总变差来做 Bias% 的计算。

至于计数型（属性）测量系统的一致性分析，本身属于两种不同类型的测量系统，之间的特性也没有上述所说的关联性。

那么，结论就非常明显了，测量系统六大特性分析的先后次序如图 8.1.2 所示。

在 AIAG MSA 手册第 4 版第 2 章 A 节中，将这个顺序分为以下两个阶段：

1）第一阶段：测量系统的变差是否满足设计规范的要求。

2）第二阶段：随着时间的推移，测量系统是否能持续满足要求。

从这样的描述我们不难理解，首先是保证测量系统的变差满足要求（重复性、再现性、偏倚/线性等），然后才是考量稳定性。

图 8.1.2 只是一个先后次序图，不能把它当作 MSA 管理工作流程图。MSA 管理工作的流程需要包含所有的管理节点，如量具的确认、人员的安排、取样、不合格的改进、结果的存档等。

本节内容旨在梳理测量系统的六大特性以及实际工作中六大特性分析之间的先后次序，从下一节开始，我们将用五节的内容（含 NDC 的一节内容）分

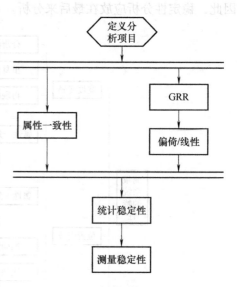

图 8.1.2　测量系统六大特性分析的先后次序

别对六大特性的概念及分析方法进行详细的说明，这也是本书最重要的技术内容之一，读者需要做好理解它们的准备，这些准备工作包括对常用的 MSA、计量学概念的理解和掌握，对 AIAG MSA 手册的理解，以及掌握一些统计学上的概念等。

8.2　测量系统的重复性与再现性

在本书的 5.1 节和 5.2 节内容中已经说明了"测量系统"与"测量仪器（量具）"是两个完全不同的概念，为了明确这种概念上的区别，尽量避免使用"量具的重复性与再现性"或"量具 GRR"之类的描述——即便很多资料在翻译上没有做特别的区分，但我们仍旧要明白这种概念上的区别。

假定所有研究的过程产生的数据呈正态分布，因此，在绝大多数情况下，对测量系统做变差研究主要是从宽度变差和位置变差两个方面去研究，至于形状变差，如无特例，我们则不做考虑。

1. 关于测量系统的重复性与再现性

测量系统的重复性与再现性属于测量系统的宽度变差，我们来回顾一下这两个概念的定义。

1）重复性（Repeatability）定义：在相同测量程序、相同操作者、相同测量设备、相同操作条件和相同地点，并在短时间内对同一或相类似被测对象重复测量的一组测量条件下，对同一或类似被测对象重复测量所得示值或测得值间的一致程度（图 8.2.1）。

2）再现性（Reproducibility）定义：在不同地点、不同操作者、不同测量设备，对同一或相类似被测对象重复测量的一组测量条件下，在规定条件下，对同一或类似被测对象重复测量所得示值或测得值间的一致程度（不同的测量系统可以采用不同的测量程序）。再现性的含义如图 8.2.2 所示。

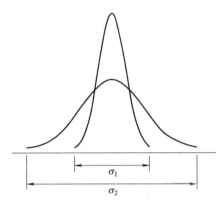

图 8.2.1 重复性

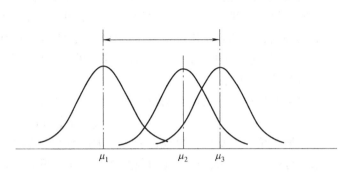

图 8.2.2 再现性

有一点需要注意，重复性的"相同"条件是同时要满足，即逻辑"且"；而再现性的"不同"条件是逻辑"或"，只要有一个"不同"的测量条件触发了，我们都称之为不同的测量系统，再现性本质上也就是不同的测量系统之间的均值差异（前提条件：被测对象是相同的或类似的）。

3）AIAG 在 MSA 手册中还强调了重复性与再现性的差异：

① 重复性是指从指定测量条件下进行连续测量所产生普遍原因变差、随机变差的测量。

a. 由于构成测量系统的所有因素条件（测量程序、操作者、测量设备等）都不变，由重复测量带来的变差当然就是由普遍的原因造成的，也是随机性的。

b. 很多地方把这种变差叫作设备变差（EV），从重复性的定义可以看出，实际上这是一种误解，除了设备的变差，当然还包括定义中指出的操作者、测量程序等因素。

c. 统计上，对这种变差可以用标准差来表示，记为 $\sigma_{重复性}$ 或 $\sigma_{Repeatability}$。

② 再现性是指在测量过程中由正常的条件变化所造成的测量平均值的变差。

a. 因为构成测量系统的因素条件（测量程序、操作者、测量设备等）中的一个或多个可能发生变化，这种变化属于特殊的变化，所以，由再现性测量带来的变差就是由特殊的原因造成的变差。AIAG MSA 手册中指出的"正常的条件"指的就是这些特殊的原因。

b. 很多地方把这种变差叫作评价人（操作者）的变差（AV），同样，我们可以从定义上认为这是一种误解。实际上，再现性是指测量系统之间或测量条件之间的平均值变差，而不仅仅是由不同的操作者这一个测量条件或者说仅仅是由不同的操作员构成的测量系统之间的差异而引起的测量变差。

c. 统计上，对这种变差可以用标准差来表示，记为 $\sigma_{再现性}$ 或 $\sigma_{Reproducibility}$。

我们把测量系统的重复性与再现性综合起来称之为测量系统的变差（σ_{Meas}），统计上，可以用方差表示，记为 $\sigma_{GRR}^2 = \sigma_{Meas}^2$。

由于重复性变差与再现性变差是两个相互独立的随机变量，有：

$$\sigma_{Meas}^2 = \sigma_{GRR}^2 = \sigma_{重复性}^2 + \sigma_{再现性}^2 \tag{8.2.1}$$

式（8.2.1）是没有考虑高阶交互作用（σ_{IV}）（如操作员与零件的交互作用）的关系式，如果考虑高阶交互作用，那么，测量系统变差的完整表达式应为：

$$\sigma_{Meas}^2 = \sigma_{GRR}^2 = \sigma_{重复性}^2 + \sigma_{再现性}^2 + \sigma_{IV}^2 \tag{8.2.1a}$$

AIAG 给出了三种评价 GRR 的方法：极差法、均值-极差法和方差分析法（ANOVA）。其中，均值-极差法就是根据式（8.2.1）展开的评价，而 ANOVA 法则是根据式（8.2.1a）而展开的评价，从两个关系式的对比就不难发现，测量系统的整体变差（σ^2_{GRR}）是一定的，用均值-极差法评估的 GRR 结果会比 ANOVA 法评估的 GRR 结果稍微有点差异。这种差异在高阶交互作用很明显的情况下也是不容忽视的，因此，很多时候我们一般都建议采用 ANOVA 法对 GRR 进行评价。

而总的过程变差则包含测量系统的变差与实际零件的变差两个方面：

$$\sigma^2_{Obs} = \sigma^2_{Act} + \sigma^2_{Meas} \tag{8.2.2}$$

测量系统的重复性与再现性变差的大小程度当然不应该只考虑绝对大小，而应该根据比值来进行衡量，那么，这个比值就是测量系统的变差（σ_{GRR}）在总变差（σ_{Obs}）中的比重：

$$GRR\% = \frac{6\sigma_{GRR}}{6\sigma_{Obs}} \times 100\% \tag{8.2.3}$$

式中乘以 6 是考虑 6σ 的分布宽度。

式（8.2.3）适合在过程能力的研究中评估 GRR% 的大小，如果仅仅是针对测量系统对产品的合格性判断能力的评估的话，则 GRR% 的大小程度应按下式计算得到：

$$GRR\% = \frac{6\sigma_{GRR}}{TR} \times 100\% \tag{8.2.4}$$

式中，TR 是公差范围。

为了区别式（8.2.3）和式（8.2.4）的含义，很多时候，我们把式（8.2.4）的 GRR% 换成 P/T%，即测量系统的过程变差占公差范围的百分率，于是则有：

$$P/T\% = \frac{6\sigma_{GRR}}{TR} \times 100\% \tag{8.2.5}$$

MSA 的研究在实际生产中是为产品质量服务的，因此，在对过程能力进行研究的同时，我们也需要关注产品判定的有效性。在应用中，GRR% 和 P/T% 两个指标都需要考量，加上一个基本条件即测量系统的"分辨力"（有效解析度：NDC），就构成实际应用中测量系统的重复性与再现性（GRR）评估的三大指标。NDC 的详细理论我们会在 8.3 节内容中进行阐述和论证。

本节，最重要的是要了解 σ_{GRR} 如何获得，再具体一点就是它的分量 $\sigma_{重复性}$ 与 $\sigma_{再现性}$ 是如何获得的，把这些原理弄清楚，一切对 GRR 的评估问题就迎刃而解了。

2. AIAG 给出的三种 GRR 评价方法

围绕 AIAG 给出的三种对 GRR 的评价方法，我们来一一进行了解。这三种方法分别是：极差法（$\bar{R}$）、均值-极差法（$\bar{X}$-R）和方差分析法（ANOVA），它们的优劣势对比见表 8.2.1。

表 8.2.1 极差法、均值-极差法和方差分析法优劣势对比

方法	优势	劣势
$\bar{R}$	高效的评估： • 可以快速地对 GRR 评估出一个近似值 • 也可以对改善后的测量系统的 GRR 是否发生变化进行快速确认	• 只能提供测量系统整体的变差情况，无法将变差分解为重复性与再现性

（续）

方　法	优　势	劣　势
$\bar{X} - R$	• 极差法的一种进步，它能将变差分解为重复性与再现性	• 不能评价高阶交互作用的影响
ANOVA	• 有能力解决任何实验的作业准备 • 能更准确地估计变差 • 可以从实验数据中得到更多的信息（如零件与评价者之间相互作用的影响）	• 数值计算更加复杂（如果有计算软件的辅助则可以忽略） • 要求评估者具备一定程度的统计学知识以解释它的结果

随着计算机技术的发展，质量软件也层出不穷，有了软件的辅助，评估工作的效率已不成问题，因此，我们更倾向于使用 ANOVA 法对 GRR 进行研究。尽管如此，在样品准备的效率方面，极差法仍旧具有不可替代的优势，尤其是在测量系统反复改进的工作中，用极差法进行改善效果的确认能大大提高改进工作的效率。另外，在测量系统初期的能力验证，也会经常用到极差法进行初步的确认。因此，在选择 GRR 评估方法上，极差法和 ANOVA 法被引用的频率比较高，而介于两者中间的均值-极差法则在实际应用中逐渐被淘汰。

接下来，分别对这三种 GRR 评估方法进行说明。

（1）极差法（$\bar{R}$）

极差法的核心思想是用极差去估计标准差，极差是不能直接等于标准差的，需要用到一个系数（d_2^*）。用极差法做 GRR 评估的具体步骤如下：

1）取样：通常取 $g = 5 \sim 10$ 个样品（5 个样品的功效⊖为 80%；10 个样品的功效为 90%），如 $g = 5$。

评价者选取：通常选两名操作员（也可以是不同测量设备之间或不同测量方法之间等），$m = 2$。

2）测量：每个人对 5 个样品各测一次，求出两人对每个样品的差值，即极差（R），见表 8.2.2；如果是三名操作员（$m = 3$），极差则为最大值减去最小值。

表 8.2.2　两名操作员极差

零　件	操作员 A	操作员 B	极差（A，B）
1	0.85	0.80	0.05
2	0.75	0.70	0.05
3	1.00	0.95	0.05
4	0.45	0.55	0.10
5	0.50	0.60	0.10

建议：测量的过程也采用盲测的方法。

⊖ 功效（power）表示：对本来是可接受的测量系统做出正确判断的概率，即接受原假设为真的概率。

3) 分析：
① 求出极差的平均值（$\bar{R}$）：

$$\bar{R} = \frac{\sum_{i=1}^{g} R_i}{g} = \frac{\sum_{i=1}^{5} R_i}{5} = \frac{0.35}{5} = 0.07$$

② 计算测量系统的变差（σ_{GRR}）：

$$\sigma_{GRR} = \frac{\bar{R}}{d_2^*} = \frac{0.07}{1.19105} = 0.0588$$

其中，d_2^* 的取值需要查找《与均值极差分布相关的数值表（d_2^* 值表）》(附录 B)

③ 从之前的研究数据中获取历史的过程标准差（例如：$\sigma_{Obs} = 0.0777$），然后用式（8.2.3）计算 GRR%：

$$GRR\% = \frac{6\sigma_{GRR}}{6\sigma_{Obs}} \times 100\% = \frac{6 \times 0.0588}{6 \times 0.0777} \times 100\% = 75.7\%$$

④ 如果知道产品的公差范围（例如：TR = 0.4）还可以根据式（8.2.5）计算 P/T%：

$$P/T\% = \frac{6\sigma_{GRR}}{TR} \times 100\% = \frac{6 \times 0.0588}{0.4} \times 100\% = 88.2\%$$

⑤ 当然，结合式（8.2.2），我们也可以计算测量系统的有效解析度（NDC）：

$$NDC = 1.41 \frac{\sqrt{\sigma_{Obs}^2 - \sigma_{GRR}^2}}{\sigma_{GRR}} = 1.41 \times \frac{\sqrt{0.0777^2 - 0.0588^2}}{0.0588} = 1.22$$

下取整：NDC = 1

4) 结论：
① GRR% = 75.7% > 30%，不符合。
② P/T% = 88.2% > 30%，不符合。
③ NDC = 1 < 5，不符合。

(2) 均值-极差法（$\bar{X} - R$）

均值-极差法的应用存在于过去很长一段时间内，直到人们逐渐对过程变差中的交互作用有了更深的认识，均值-极差法才慢慢变成了一种备用的分析方法。

在极差法的基础上，均值-极差法多出了一个"均值"，从再现性的概念出发，这无疑就是专门给再现性提供的一种分析方法。

均值-极差法的评估步骤如下：
1) 取样：取不少于10个样品（通常取10个），如条件许可，最好取15个以上。对于任何统计技术来说，样本量越大越好，这将会降低抽样的风险，提高评估的置信度水准。
2) 评价者选取：通常选三名操作员（同理，人员可以替换成其他再现性条件因子）。
3) 测量：进行盲测（关于盲测的概念，请参考5.1节内容），并将数据填入表8.2.3。
4) 分析：
① 数值计算。分别计算重复性变差（$\sigma_{重复性}$）、再现性变差（$\sigma_{再现性}$）、测量系统的变差（σ_{GRR}）、零件实际变差（σ_{Act}）以及过程总变差（σ_{Obs}），就能求得 GRR%、P/T% 和 NDC。具体计算过程见表8.2.4。

表 8.2.3 测量系统重复性和再现性数据收集表

测量系统重复性和再现性数据收集表（样板）

评价者/测量次数		零件									平均值
	1	2	3	4	5	6	7	8	9	10	
A 1	0.29	-0.56	1.34	0.47	-0.8	0.02	0.59	-0.31	2.26	-1.36	0.194
2	0.41	-0.68	1.17	0.5	-0.92	-0.11	0.75	-0.2	1.99	-1.25	0.166
3	0.64	-0.58	1.27	0.64	-0.84	-0.21	0.66	-0.17	2.01	-1.31	0.211
平均值	0.447	-0.607	1.2607	0.537	-0.8537	-0.1007	0.667	-0.227	2.087	-1.307	$\overline{X}_A = 0.1903$
极差	0.35	0.12	0.17	0.17	0.12	0.23	0.16	0.14	0.27	0.11	$\overline{R}_A = 0.184$
B 1	0.08	-0.47	1.19	0.01	-0.56	-0.20	0.47	-0.63	1.8	-1.68	0.001
2	0.25	-1.22	0.94	1.03	-1.20	0.22	0.55	0.08	2.12	-1.62	0.115
3	0.07	-0.68	1.34	0.20	-1.28	0.06	0.83	-0.34	2.19	-1.50	0.089
平均值	0.133	-0.790	1.157	0.413	-1.013	0.027	0.617	-0.297	2.037	-1.600	$\overline{X}_B = 0.0683$
极差	0.18	0.75	0.40	1.02	0.72	0.42	0.36	0.71	0.39	0.18	$\overline{R}_B = 0.513$
C 1	0.04	-1.38	0.88	0.14	-1.46	-0.29	0.02	-0.46	1.77	-1.49	-0.223
2	-0.11	-1.13	1.09	0.20	-1.07	-0.67	0.01	-0.56	1.45	-1.77	-0.256
3	-0.15	-0.96	0.67	0.11	-1.45	-0.49	0.21	-0.49	1.87	-2.16	-0.284
平均值	-0.073	-1.157	0.880	0.150	-1.327	-0.483	0.080	-0.503	1.697	-1.807	$\overline{X}_C = -0.2543$
极差	0.19	0.42	0.42	0.09	0.39	0.38	0.20	0.10	0.42	0.67	$\overline{R}_C = 0.328$
零件平均值 ($\overline{X}_P$)	0.169	-0.851	1.099	0.367	-1.064	-0.186	0.454	-0.342	1.940	-1.571	$\overline{\overline{X}} = 0.0014$ $R_P = 3.511$
$([\overline{R}_A = 0.184] + [\overline{R}_B = 0.513] + [\overline{R}_C = 0.328]) / [$评价者人数$=3] = 0.3417$											$\overline{\overline{R}} = 0.3417$
$[\text{Max } \overline{X} = 0.1903] - [\text{Min } \overline{X} = -0.2543] = \overline{X}_{\text{DIFF}} = 0.4446$									重复测量次数		D_4
$[\overline{\overline{R}} = 0.3417] \times [D_4 = 2.58] = \text{UCL}_R = 0.8816$ ①									2		3.27
$[\text{Max } \overline{X}_P = 1.940] - [\text{Min } \overline{X}_P = -1.571] = R_P = 3.511$									3		2.58

① 2 次测量时 $D_4 = 3.27$，3 次测量时 $D_4 = 2.58$。UCL_R 代表 R 值的控制上限（下限为 0）。圈出那些超出控制限的点，查明原因并采取纠正措施，然后重复以相同的评价者使用相同的量具读取这些值；或剔除这些值，并从其余的测量值中重新计算平均值和 $\overline{\overline{R}}$。

备注：

表 8.2.4 测量系统的重复性与再现性分析报告

测量系统的重复性与再现性分析报告（样板）			
零件号和名称：	量具名称：		评估日期：
被测特性：	量具编号：		评估者：
规格公差（TR）：6.5	量具型号：		
数据表中：$\bar{\bar{R}} = 0.3417$	$\bar{X}_{\text{DIFF}} = 0.4446$		$R_P = 3.511$

测量单元分析			占总变差（σ_{Obs}）的百分比
系统内变差 – 重复性（$\sigma_{\text{重复性}}$） $\sigma_{\text{重复性}} = \bar{\bar{R}} \times K_1$ 　　　$= 0.3417 \times 0.5908$ 　　　$= 0.20188$	重复测量次数	K_1	重复性 = 100% （$\sigma_{\text{重复性}}/\sigma_{\text{Obs}}$） 　　　$= 100\%$ （0.20188/1.14610） 　　　$= 17.62\%$
	2	0.8862	
	3	0.5908	
系统间变差 – 再现性（$\sigma_{\text{再现性}}$） $\sigma_{\text{再现性}} = \sqrt{(\bar{X}_{\text{DIFF}} \times K_2)^2 - (\sigma^2_{\text{重复性}}/(nr))}$ 　　　$= \sqrt{(0.4446 \times 0.5231)^2 - (0.20188^2/(10 \times 3))}$ 　　　$= 0.22963$ $n =$ 零件数　$r =$ 重复测量次数	评价者人数	K_2	再现性 = 100% （$\sigma_{\text{再现性}}/\sigma_{\text{Obs}}$） 　　　$= 100\%$ （0.22963/1.14610） 　　　$= 20.04\%$
	2	0.7071	
	3	0.5231	
重复性 & 再现性（σ_{GRR}） $\sigma_{\text{GRR}} = \sqrt{\sigma^2_{\text{重复性}} + \sigma^2_{\text{再现性}}}$ 　　　$= \sqrt{0.20188^2 + 0.22963^2}$ 　　　$= 0.30575$	零件数	K_3	GRR = 100% （$\sigma_{\text{GRR}}/\sigma_{\text{Obs}}$） 　　　$= 100\%$ （0.30575/1.14610） 　　　$= 26.68\%$
	2	0.7071	
零件实际变差（σ_{Act}） $\sigma_{\text{Act}} = R_P \times K_3$ 　　　$= 3.511 \times 0.3146$ 　　　$= 1.10456$	3	0.5231	
	4	0.4467	零件变差 = 100% （$\sigma_{\text{Act}}/\sigma_{\text{Obs}}$） 　　　$= 100\%$ （1.10456/1.14610） 　　　$= 96.38\%$
	5	0.4030	
	6	0.3742	
总变差（σ_{Obs}） $\sigma_{\text{Obs}} = \sqrt{\sigma^2_{\text{GRR}} + \sigma^2_{\text{Act}}}$ 　　　$= \sqrt{0.30575^2 + 1.10456^2}$ 　　　$= 1.14610$	7	0.3534	NDC = 1.41 （$\sigma_{\text{Act}}/\sigma_{\text{GRR}}$） 　　　$= 1.41$ （1.10456/0.30575） 　　　$= 5.094$ 下取整：NDC = 5
	8	0.3375	
	9	0.3249	
	10	0.3146	

请注意，这份报告样板是没有包含测量系统占公差范围的比率计算（P/T%）的，原报告样板中的"PV%"不是 P/T%，AIAG MSA 手册的"PV%"指的是零件实际变差占总变差的比率，要计算 P/T% 需要再单独计算。

$$P/T\% = 100\% [6\sigma_{\text{GRR}}/\text{TR}]$$
$$= 100\% [6 \times 0.30575/6.5]$$
$$= 28.22\%$$

由于实际应用中，样本量、评价者数、重复测量次数均可能会发生变化，为了方便读者能够很好地使用上述手册给出的样表，我们把涉及计算的三个系数 K_1、K_2 和 K_3 的计算方法给出如下：

$$K_1 = 1/d_2^*$$

其中，在 d_2^* 值表（附录 B）中，m 为重复次数；g 为零件数×评价人数；请注意这里用的是 d_2 而不是 d_2^*，使用时请不要引用错了。

$$K_2 = 1/d_2^*$$

其中，在 d_2^* 值表（附录 B）中，m 为评价人数；$g=1$（因为只有单极差计算）。

$$K_3 = 1/d_2^*$$

其中，在 d_2^* 值表（附录 B）中，m 为零件数；$g=1$（因为只有单极差计算）。

通过上述三个公式的计算，我们已将 AIAG MSA 手册中的报告样板进行更正，请读者认真辨别使用。

② 图示分析。除了评估数据结果，我们还可以绘制均值-极差图（$\bar{X}-R$），通过 $\bar{X}-R$ 图我们可以很直观地考察重复性和再现性的结果，下面，我们来绘制 $\bar{X}-R$ 图。首先分别计算：

a. 均值图的控制上限：$UCL_{\bar{X}} = \bar{\bar{X}} + A_2\bar{R}$
b. 均值图的控制下限：$LCL_{\bar{X}} = \bar{\bar{X}} - A_2\bar{R}$
c. 极差图的控制上限：$UCL_R = D_4\bar{R}$
d. 极差图的控制下限：$LCL_R = D_3\bar{R}$

其中，系统 A_2、D_4 和 D_3 可查《$\bar{X}-R$ 图控制限系数表》（附录 C）获得。可手工也可通过计算机软件（如 Excel、Minitab、JMP 等）绘制 $\bar{X}-R$ 图，如图 8.2.3 所示。

通过均值图和极差图可以直观地看出一些结论，包括：再现性误差大小；NDC 是否足够（50%的点超出控制限即认为 NDC 足够）；重复性误差大小；操作员对零件测量的一致性；NDC 是否足够（参考 8.3 节关于 NDC 的相关内容）。

5）结论：

① $10\% < GRR\% = 26.68\% < 30\%$，条件接受，视具体情况做改善。
② $10\% < P/T\% = 28.22\% < 30\%$，条件接受，视具体情况做改善。
③ $NDC = 5$，符合。

（3）方差分析法（ANOVA）

方差分析法（ANOVA）是一种标准的统计分析技术，在对过程变差（σ_{Obs}^2）进行分析时，ANOVA 法可将变差分解为四类：零件的实际变差（σ_{Act}^2）；评价者的变差——再现性误差（$\sigma_{再现性}^2$）；零件与评价者之间的交互作用（σ_{IV}^2）；重复性误差（$\sigma_{重复性}^2$）。

它们之间的关系可表达为：

$$\sigma_{Obs}^2 = \sigma_{Act}^2 + \sigma_{重复性}^2 + \sigma_{再现性}^2 + \sigma_{IV}^2 \tag{8.2.6}$$

在测量过程中，我们把影响测量的条件称为因素（或因子），在用方差分析法做 GRR 评估时，比较常见的为双因素试验（典型的如手动的测量设备和操作员），也有单因素试验（典型的如自动化测量设备）。我们通常把测量系统的方差分析分成两大类，如图 8.2.4 所示。

用 ANOVA 法对 GRR 进行评估的步骤如下：

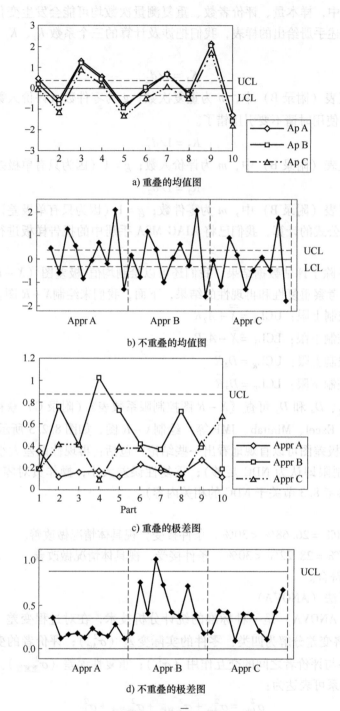

图 8.2.3 $\bar{X}\text{-}R$ 图

1) 取样：取不少于 10 个样品，通常取 10 个，如条件许可，最好取 15 个以上。
2) 评价者选取：通常选三名操作员（同理，人员可以替换成其他再现性条件因子）。
3) 测量：进行盲测，仍以表 8.2.3 中数据为例进行说明。
4) 分析：

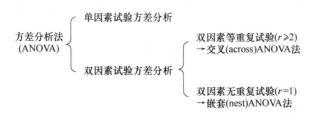

图 8.2.4 方差分析的试验类别

① 数值计算。很显然，以表 8.2.3 中数据为例的试验为双因素等重复试验，我们用交叉（across）ANOVA 法进行 GRR 的评估，表 8.2.5 是双因素试验方差分析表。

表 8.2.5 方差分析表

变差来源	自由度（DF）	平方和（SS）	均方（MS）	F 比
评价者（A）	2	3.1673	1.58363	34.44①
零件（P）	9	88.3619	9.81799	213.52①
评价者和零件（$A \times P$）	18	0.3590	0.01994	0.434
测量设备（E）	60	2.7589	0.04598	
总计（T）	89	94.6471		

① F 检验的置信水平 $\alpha = 0.05$。

为了能更清楚地了解上表中数值的计算过程，令：

评价者人数：$k = 3$

零件数：$n = 10$

重复测量次数：$r = 3$

a. 自由度（DF）的计算：

$DF_A = k - 1 = 2$

$DF_P = n - 1 = 9$

$DF_{A \times P} = (k-1)(n-1) = 18$

$DF_E = nk(r-1) = 60$

$DF_T = nkr - 1 = 89$

b. 平方和（SS）的计算：

$$SS_A = \sum_{j=1}^{k} \left(\frac{\overline{X}_j^2}{nr} \right) - \frac{\overline{X}^2}{nkr} = 3.1673$$

$$SS_P = \sum_{i=1}^{n} \left(\frac{\overline{X}_i^2}{kr} \right) - \frac{\overline{X}^2}{nkr} = 88.3619$$

$$SS_{A \times P} = \sum_{i=1}^{n} \sum_{j=1}^{k} \left(\frac{\overline{X}_{ij}^2}{r} \right) - \sum_{i=1}^{n} \left(\frac{\overline{X}_i^2}{kr} \right) - \sum_{j=1}^{k} \left(\frac{\overline{X}_j^2}{nr} \right) + \frac{\overline{X}^2}{nkr} = 0.3590$$

$$SS_E = SS_T - [SS_A + SS_P + SS_{A \times P}] = 2.7589$$

$$SS_T = \sum_{i=1}^{n} \sum_{j=1}^{k} \sum_{m=1}^{r} (X_{ijm}^2) - \frac{\overline{X}^2}{nkr} = 94.6471$$

式中，i 表示第 i 个零件；j 表示第 j 名评价者；m 表示第 m 次重复测量。

c. 均方（MS）的计算：

$$MS = \frac{SS}{DF}$$

$MS_A = 3.1673/2 = 1.58363$
$MS_P = 88.3619/9 = 9.81799$
$MS_{A \times P} = 0.3590/18 = 0.01994$
$MS_E = 2.7589/60 = 0.04598$

d. F 比的计算：

$$F = \frac{SS(Factor)/DF(Factor)}{SS(Error)/DF(Error)} = \frac{MS(Factor)}{MS(Error)}$$

式中，Factor 是指系统效应（特殊影响因素），此处指评价者、零件和两者的交互影响；Error 是指随机效应（普遍影响因素），此处指测量设备。

则有：

$F_A = 1.58363/0.04598 = 34.44$
$F_P = 9.81799/0.04598 = 213.52$
$F_{A \times P} = 0.01994/0.04598 = 0.434$

F 比代表着 F 检验的检验统计量，表 8.2.5 中的 F 检验是针对影响测量系统变差的特殊因素的影响程度进行的显著性检验，其中包括由特殊影响因素组成的二阶交互影响因素的检验。

F 检验需要检验的问题是：原假设 H_0-Factor 对测量系统变差无显著影响；备择项 H_1-Factor 对测量系统变差有显著影响。

F 检验的拒绝域为：

$$F(Factor) \geq F_\alpha [DF(Factor), DF(Error)]$$

由前文描述可知：DF（Factor）为 $DF_A = 2$、$DF_P = 9$、$DF_{A \times P} = 18$；DF（Error）为 $DF_E = 60$；α 为置信水平，$\alpha = 0.05$。

于是，可对"评价者""零件"及"评价者×零件"的影响进行显著性检验判别：

$$F_A \geq F_{0.05}(2, 60)$$
$$F_P \geq F_{0.05}(9, 60)$$
$$F_{A \times P} \geq F_{0.05}(18, 60)$$

查 F 分布表（附录4）可得：

$$F_A = 34.44 > F_{0.05}(2, 60) = 3.15$$

此结论为：拒绝原假设，操作员对测量系统的变差有显著的影响。

$$F_P = 213.52 > F_{0.05}(9, 60) = 2.04$$

此结论为：拒绝原假设，零件对测量系统的变差有显著的影响。

$$F_{A \times P} = 0.434 < F_{0.05}(18, 60) = 1.78$$

此结论为：接受原假设，操作员与零件的交互作用（二阶交互作用）对测量系统的变差无显著的影响。

这个例子告诉我们，进行交互作用的 F 检验，可以知道交互作用的影响是否显著。

当然了，上述只是分析的过程，最终我们要得出 GRR 的评估结果，因此，我们需要往下继续分析。因为 F 检验结果显示，操作员与零件的交互作用（二阶交互作用）对测量系统的变差无显著的影响，所以，我们把此例中的二阶交互作用忽略不计，利用下面的公式对评价者的方差（ω^2）、零件的方差（σ^2_{Act}）、评价者与零件的交互作用方差（γ^2）、测量设备的方差（τ^2）、测量系统的方差（σ^2_{GRR}）、过程总变异的方差（σ^2_{Obs}）进行估计：

$$\omega^2 = \frac{MS_A - MS_{A \times P}}{nr} = 0.051455$$

$$\sigma^2_{Act} = \frac{MS_P - MS_{A \times P}}{kr} = 1.086446$$

$$\gamma^2 = \frac{MS_{A \times P} - MS_E}{r} = 0$$

$$\tau^2 = MS_E = 0.039973$$

$$\sigma^2_{GRR} = \tau^2 + \gamma^2 + \omega^2 = 0.09143$$

$$\sigma^2_{Obs} = \sigma^2_{GRR} + \sigma^2_{Act} = 1.177225$$

于是，我们可以根据上面计算的方差进行标准差（σ）的计算，然后得到表 8.2.6 就是方差分析法的 GRR 结果。

表 8.2.6 方差分析法 GRR 结果数值表

方差的估计值	标准差（σ）	占总宽差（%）	方差贡献率（%）
$\tau^2 = 0.039973$ （重复性）	$\sigma_{重复性} = 0.199933$	18.4	3.4
$\omega^2 = 0.051455$ （再现性）	$\sigma_{再现性} = 0.226838$	20.9	4.4
$\gamma^2 = 0$ （交互作用）	$\sigma_{IV} = 0$	0	0
$\sigma^2_{GRR} = 0.09143$ （测量系统变差）	$\sigma_{GRR} = 0.302373$	27.9	7.8
$\sigma^2_{Act} = 1.086446$ （实际零件变差）	$\sigma_{Act} = 1.042373$	96.0	92.2
$\sigma^2_{Obs} = 1.177225$ （过程总变差）	$\sigma_{Obs} = 1.085$	100.0	

通过计算可以得出测量系统的重复性误差、再现性误差及二阶交互作用影响，这就是方差分析法的优势之处。

进一步，我们可以根据公式计算出 P/T% 与 NDC 两项指标：

$$P/T\% = 100\% (6\sigma_{GRR}/TR)$$
$$= 100\% (6 \times 0.302373/6.5)$$
$$= 27.91\%$$

$$NDC = 1.41(\sigma_{Act}/\sigma_{GRR})$$
$$= 1.41(1.042373/0.302373)$$
$$= 4.86$$

下取整：NDC = 4

请注意，均值-极差法（表8.2.4）计算出的 NDC = 5.094 虽然和方差分析法得出的 4.86 很接近，但都是下取整数，因此，前者 NDC = 5，后者 NDC = 4，这就是关于均值-极差法和方差分析法的一处非常典型的区别。下面，我们就把均值-极差法和方差分析法得出的 GRR 评估结果进行对比，见表 8.2.7。

表 8.2.7　均值-极差法和方差分析法对比

评估方法	90%置信区间（CL）下限	标准差	90%置信区间（CL）上限	占总变差（%）
$\bar{X}-R$				
重复性	0.175	0.202	0.240	17.6
再现性	0.133	0.230	1.016	20.1
交互作用	—	N/A	—	N/A
测量系统变差	0.266	0.306	0.363	26.7
零件实际变差		1.104		96.4
NDC		5		
P/T%		28.22%		
ANOVA				
重复性	0.177	0.200	0.231	18.4
再现性	0.129	0.227	1.001	20.9
交互作用	—	0	—	0
测量系统变差	0.237	0.302	1.033	27.9
零件实际变差		1.042		96.0
NDC		4		
P/T%		27.91%		

表 8.2.7 中 ANOVA 法中交互作用虽然为零，但那是统计意义上的零，$\bar{X}-R$ 法的交互作用是缺省的，这是本质的区别。

最后，ANOVA 法的 GRR 评估报告可按表 8.2.8 的方式进行填写。

② 图示分析。同理，ANOVA 分析法也可以用图形来直观地进行分析变差，在这里我们来介绍 AIAG MSA 手册中给出的两种很有价值的分析图。

a. 交互作用图如图 8.2.5 所示。

交互作用图（Interaction plot）可以较直观地确认交互作用显著性影响的 F 检验结果。X 轴为零件序号，Y 轴为每位评价者对每个零件的测量平均值，然后按评价者分类将这些平均值依次进行连线，就得到了交互作用图。在图中我们一共获得了 3 条线，对此的直观解释是：这 3 条线如果是相互平行的，则说明没有显著的交互作用；如果它们之间不平行，则说明具有显著的交互作用；线与线之间的交叉夹角越大，就表明交互作用也越大。

表 8.2.8 ANOVA 法的 GRR 评估报告

零件号和名称：	量具名称：	评估日期：	
被测特性：	量具编号：	评估者：	
规格公差（TR）：6.5	量具型号：		
	标准差（σ）	占总变差（%）	方差贡献率（%）
重复性	$\sigma_{重复性} = 0.200$	18.4	3.4
再现性	$\sigma_{再现性} = 0.227$	20.9	4.4
评价者与零件的交互作用	$\sigma_{IV} = 0$	0	0
测量系统变差	$\sigma_{GRR} = 0.302$	27.9	7.8
实际零件变差	$\sigma_{Act} = 1.042$	96.0	92.2
公差范围（TR）= 6.5		$P/T\% = 27.91\%$	
过程总变差	$\sigma_{Obs} = 1.085$	100.0	
结论：		NDC 不足，需要制定测量系统的改进计划	

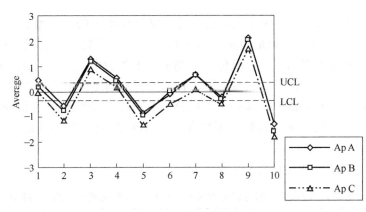

图 8.2.5 交互作用图

在实际做 GRR 分析的过程中，造成交互作用的影响原因大致可以分为两大类：实际存在交互作用、未严格按盲测进行。

b. 余数图（或残差图）如图 8.2.6 所示。

余数图（Residuals plot）实际就是残差图，余数 = 测量值 − 参考值，参考值一般是每位评价者对每个零件测量的平均值。由于我们对测量系统变差是假定服从正态分布的随机变量，测量值的残差应该是随机地散布在参考水平线为零的上下两侧；假如情况不是这样的。说明原假设是错误的。于是，我们就应该去找是否有特殊的原因造成了这种变差，

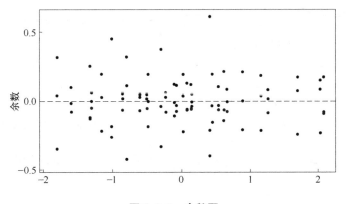

图 8.2.6 余数图

然后对此进行改进。

5）结论：

① 10% < GRR% = 27.90% < 30%，条件接受，视具体情况做改善。
② 10% < P/T% = 27.91% < 30%，条件接受，视具体情况做改善。
③ NDC = 4 < 5，不符合，需要改进。

以上，我们对双因素等重复试验利用方差分析法对 GRR 进行评估，这种方差分析法为交叉的方差分析法（across ANOVA）。关于双因素无重复试验（属于不可重复测量过程）的 GRR 评估，我们可以采用嵌套的方差分析法（nest ANOVA）。但请注意，嵌套方差分析法的使用前提是分组样本之间的一致性要非常好，如果达不到这个前提条件，就不能采用嵌套方差分析的方法，我们就需要引入其他的替代分析方法对此进行分析。针对不可重复的测量过程做 MSA 分析。本书有专门的章节进行介绍，详细内容请读者参阅第 10 章。

8.3 测量系统的有效解析度（NDC）

本书在 5.1 和 5.2 节的内容中分别对有效解析度与分辨力的概念做了相应的说明，前者是指测量系统的分辨能力，后者是测量仪器（量具）的分辨能力，这两个概念并不是孤立的，它们之间是有递进的逻辑关系，具体为：测量仪器的分辨力（d）要能够分辨出过程变差的至少十分之一，才有可能保证测量系统的有效解析度满足要求。这种要求我们用量化的指标 NDC（Number of Distinct Categories，可区分的类别数）来衡量。另外，d 与 NDC 之间没有必然的逻辑关系，在选择 d 的时候，须综合考虑 NDC 的要求和测量系统自身的变差影响（σ_{Meas}）。

NDC 在测量系统中的意义见表 8.3.1。

表 8.3.1 过程分布的可区分类别数（NDC）对控制与分析活动的影响

NDC	控 制	分 析
1 组数据分类	只有在下列条件下才可以用于控制： • 与规格相比，过程变差较小 • 在预期的过程变差上，损失函数很平缓 • 过程变差的主要来源导致了平均值偏倚	• 用于过程参数及指数的估计是不可接受的 • 只能指出过程是否正在产生合格或不合格的零件
2~4 组数据分类	• 依据过程分布，可被用为准计量型控制技术 • 可产生不敏感的计量型控制图	• 用于过程参数及指数的估计一般是不可接受的，因为它仅提供粗劣的估计

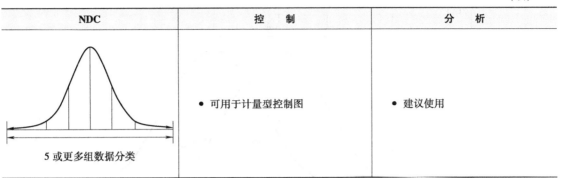

NDC	控 制	分 析
5 或更多组数据分类	• 可用于计量型控制图	• 建议使用

因此,在没有特殊说明的情况下,我们对测量系统有效解析度的量化指标 NDC 的要求为:NDC≥5,且 NDC 为正整数。

在实际评估 NDC 时,应下取整,如通过计算和评估得出 NDC = 6.8,那么 NDC 应取 6 而不是 7,即 NDC = $\lfloor 6.8 \rfloor$ = 6,这一点需要特别引起注意。

下面,我们来从统计学上理解一下什么是测量系统的有效解析度以及 NDC 是如何计算的。

设某测量系统的偏倚为 B,测量系统的变差为 σ_{Meas},使用该测量系统对一个零件的特性进行多次测量,其测量值 X 服从均值为 $(X_T + B)$、方差为 σ_{Meas}^2 的正态分布,即 $X \sim N(X_T + B, \sigma_{Meas}^2)$,其中 X_T 是该零件特性的基准值,如图 8.3.1 所示。

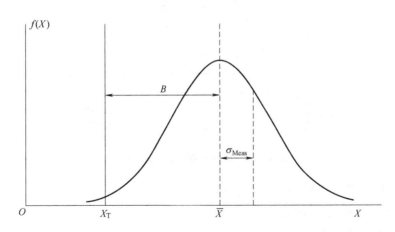

图 8.3.1 $X \sim N(X_T + B, \sigma_{Meas}^2)$

如果我们用该测量系统对两个零件的同一特性进行测量的话,其中一个零件的基准值为 X_{T1},另一个为 X_{T2},假定 $X_{T1} > X_{T2}$,那么,测量值 $X_1 \sim N(X_{T1} + B, \sigma_{Meas}^2)$ 以及测量值 $X_2 \sim N(X_{T2} + B, \sigma_{Meas}^2)$ 的分布如图 8.3.2 所示。

可以看出,测量系统本身存在变差(σ_{Meas}),在变差分布宽度的 $6\sigma_{Meas}$ 范围内,由于 X_1 与 X_2 值的分布可能有部分区域是重叠的,测量值 X_2 就有可能会大于测量值 X_1,这样就发生了错误分类,即基准值小的测量值反而比基准值大的测量值要大。

为分析发生这种错误分类的概率,现在构建一个新的随机变量 $X_N = X_1 - X_2$,统计上,两

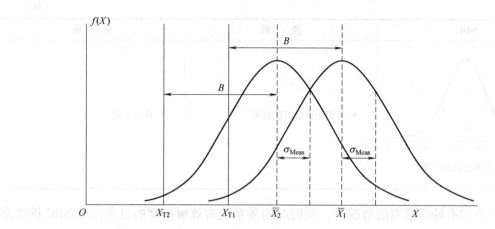

图 8.3.2 $X_1 \sim N(X_{T1}+B, \sigma_{Meas}^2)$ 和 $X_2 \sim N(X_{T2}+B, \sigma_{Meas}^2)$

个正态分布的线性组合其联合分布仍然服从正态分布，因此 X_N 也服从正态分布，即 $X_N \sim (\mu_N, \sigma_N^2)$，如图 8.3.3 所示。

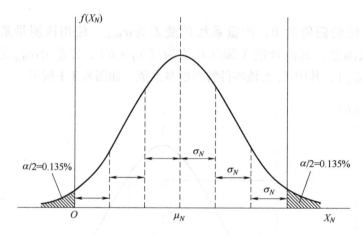

图 8.3.3 联合分布 $X_N \sim (\mu_N, \sigma_N^2)$

其中 $\mu_N = (X_{T1}+B) - (X_{T2}+B) = X_{T1} - X_{T2}$。

方差 $\sigma_N^2 = \sigma_{Meas}^2 + \sigma_{Meas}^2 = 2\sigma_{Meas}^2$

故：$X_N \sim (X_{T1} - X_{T2}, 2\sigma_{Meas}^2)$

当 $X_N < 0$ 时，即当 $X_1 < X_2$ 时，就发生错误分类，因此在 $X_N < 0$ 时的概率 P 就是错误分类的概率。可以看出，μ_N 越大，错误分类概率 P 就越小，根据正态分布 $6\sigma = \pm 3\sigma$ 的分布概率密度为 99.73%，可以得出 6σ 水平下小概率事件发生的概率为 $\alpha = 0.27\%$。由于正态分布的对称性，正确分类的拒绝域即错误分类的概率 $P = \alpha/2 = 0.135\%$。

因此，在 6σ 的分布宽度下，当 $\mu_N = 3\sigma_N$ 时，$P = 0.135\%$，错误分类概率很小。

即当 $\mu_N = X_{T1} - X_{T2} = 3\sigma_N = 3\sqrt{2}\sigma_{Meas}$ 时，把 X_{T1} 和 X_{T2} 进行错误分类的概率为 $P = 0.135\%$。

而 $|X_{T1} - X_{T2}| = 3\sqrt{2}\sigma_{Meas}$ 则可定义为测量系统的"分辨力"，我们暂时用大写的 D 表示以示区别量具的分辨力 d。则有：$D = 3\sqrt{2}\sigma_{Meas}$。

D 的意义就是：当不同零件的同一特性之间的差别 $\geqslant D = 3\sqrt{2}\sigma_{\text{Meas}}$ 时，测量系统对这种差别错误分类的概率 $P \leqslant 0.135\%$，则就认为 D 是足够的。

现在我们来测一个零件，假设该被测零件特性的基准值服从正态分布，方差为 σ_{Act}^2，用某测量系统对这个特性进行测量，根据表 8.3.1，只有当这个测量系统能够把零件的变差宽度（$6\sigma_{\text{Act}}$）进行 5 类或更多的分类时，才能说该测量系统的 D 是足够的。这种分类就是 AIAG 在 MSA 参考手册中给出的一个概念叫 NDC，按上述推理，NDC 的关系是：

$$\text{NDC} = \frac{6\sigma_{\text{Act}}}{D} = \frac{6\sigma_{\text{Act}}}{3\sqrt{2}\sigma_{\text{Meas}}} = \sqrt{2}\frac{\sigma_{\text{Act}}}{\sigma_{\text{Meas}}} \tag{8.3.1}$$

实际上，上式 NDC 公式的含义就是一个信噪比（Signal-to-Noise Ratio，SNR），即真实的信号（σ_{Act}）与干扰信号（σ_{Meas}）的比值。这也从侧面说明一个道理，测量系统的变差其实是测量过程的一个干扰信号，这种干扰信号当然是越小越好。如何评估这种程度呢？最佳的方式当然是相对程度，相对于真实信号的程度，即用比值计算，这就是为什么是 σ_{Act} 出现在被除项，而 σ_{Meas} 出现在除项中的原因。系数的出现当然是因为要考虑分类错误的概率而对这种比值进行的修正。

当然了，AIAG 在 MSA 参考手册中直接给出了 NDC 的计算式：

$$\text{NDC} = 1.41\frac{\sigma_{\text{Act}}}{\sigma_{\text{Meas}}} \tag{8.3.2}$$

式中，σ_{Act} 为过程实际变差（即零件的变差，有的地方写成 σ_{PV} 或 σ_{P}）；σ_{Meas} 为测量系统的重复性与再现性变差（有的地方写成 σ_{GRR} 或直接写成 GRR）。

当然，要满足 NDC $\geqslant 5$，其前提是量具的分辨力（d）要满足条件：

$$d \leqslant \frac{6\sigma_{\text{Obs}}}{10} \tag{8.3.3}$$

式中，σ_{Obs} 为过程变差（即总观测变差，有的地方写成 σ_{Total}）。

在无法获得过程变差 σ_{Obs} 的情况下，也可以用公差范围（TR）代替：

$$d \leqslant \frac{\text{TR}}{10} \tag{8.3.4}$$

但是，我们尽量避免用公差范围（TR）代替过程变差的分布宽度（$6\sigma_{\text{Obs}}$），因为我们在使用 TR 来评估量具的分辨力 d 时，这是一种不会发生变化的评估；而用 $6\sigma_{\text{Obs}}$ 来评估分辨力 d 时，随着过程变差的不断减小，d 也相应地需要减小，这就符合了持续改进的精神。

实际应用中，分辨力是否足够，其实可以从过程变差的 SPC 控制图看出来，尤其是当极差（R）图的控制限（LCL～UCL）内只有一、二或三种可能的极差值，这是由于测量是在量具的分辨力不足的情况下进行的；另外，如果极差（R）图的控制限（LCL～UCL）内有四种可能的极差值但却有超过四分之一的极差值为零，这种情况也认为是由量具的分辨力不足造成的结果。为了方便说明，我们引用 AIAG MSA 手册中的一个例子，如图 8.3.4 和图 8.3.5 所示。

从图 8.3.4 与图 8.3.5 的对比中可以看出，后者的极差图在其控制限（0～0.01438）内只有两种可能的极差值（0.00、0.01），因此，量具的分辨力（$d = 0.01$）是不足的。进一步地说，测量系统的 NDC 也是不足的。

图 8.3.4 中的极差图在其控制限（0～0.01717）内却有 25 种（子组 =25）≫4 种，而且

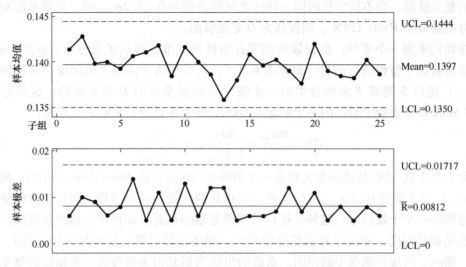

图 8.3.4　量具分辨力为 0.001 的 SPC 过程控制图

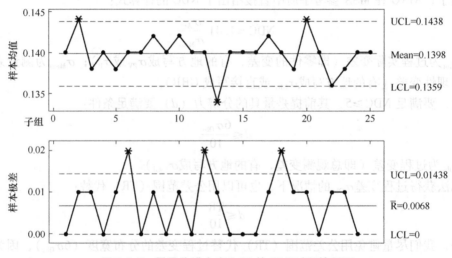

图 8.3.5　量具分辨力为 0.01 的 SPC 过程控制图

没有出现为零的极差值，这就说明量具具有足够的分辨力。进一步也可以说，测量系统的 NDC 也是足够的。

NDC≥5 是验证测量系统能力的基本条件，如果测量系统无法对过程变差进行有效的分类的话，那它的重复性、再现性、偏倚、线性、稳定性等都无从谈起。

当然，我们可能还会有一个疑问，那就是 NDC 是不是只要满足不小于 5 就可以了？上限有要求吗？

实际上这个问题需要从两个方面去考量：第一，NDC 与 GRR 之间的关系是怎样的；第二，NDC 与经济成本之间的关系是怎样的。

我们先来考虑 NDC 与 GRR 之间的关系。由于：

$$\sigma_{Act}^2 + \sigma_{Meas}^2 = \sigma_{Obs}^2 \tag{8.3.5}$$

$$\text{GRR\%} = \frac{\sigma_{\text{Meas}}}{\sigma_{\text{Obs}}} \times 100\% \tag{8.3.6}$$

联立式（8.3.2）、式（8.3.5）和式（8.3.6）可推导出 NDC 与 GRR% 的关系为：

$$\text{NDC} = \sqrt{2} \times \sqrt{\frac{1}{\text{GRR}^2} - 1} \tag{8.3.7}$$

当然，NDC 与 GRR 的这种关系是有一个很重要的假设前提的，那就是 NDC 与 GRR 两者之间相互独立，不需要考虑高阶影响因子，而实际上的情况却要复杂得多。因此，式（8.3.7）是 NDC 与 GRR 的一种理论假设关系式，且这种假设更接近于理想状态，这一点在实际做 GRR 分析的时候需要特别注意，NDC 与 GRR 之间不会是单纯的这种关系。为了理论上讨论方便，我们才对复杂的情况进行了简化处理。

式（8.3.7）是一个指数函数，我们按 0.01 的等差数列给 GRR 赋值（0.01、0.02…0.11、0.12…0.21、0.22…0.29、0.30），于是，我们可以得到 NDC 与 GRR% 的函数值映射表，见表 8.3.2。

表 8.3.2 NDC 与 GRR% 的函数值映射表

GRR%	NDC	GRR%	NDC
1%	141.4143	16%	8.72496
2%	70.69653	17%	8.19781
3%	47.11923	18%	7.72841
4%	35.32704	19%	7.30764
5%	28.24889	20%	6.9282
6%	23.52776	21%	6.58418
7%	20.15349	22%	6.27075
8%	17.62101	23%	5.98391
9%	15.64972	24%	5.72033
10%	14.07125	25%	5.47723
11%	12.77847	26%	5.25222
12%	11.69995	27%	5.0433
13%	10.78625	28%	4.84873
14%	10.00204	29%	4.66703
15%	9.32142	30%	4.49691

我们用图形将上述 NDC 值与 GRR% 值的映射关系直观地表现出来，如图 8.3.6 所示。

1）从函数值映射表可以看出：

① 当 NDC→5 的时候，GRR% = 27%。

② 当 NDC<5 尤其是 NDC=4 的时候，GRR% >30%（不符合）。

③ 当 NDC→14 的时候，GRR% = 10%。

④ 而要使得 GRR% = 1%，NDC→141，增加至 GRR% =10% 时的 10 倍。

上述这些关系告诉我们，NDC≥5 是一个基本条件，只有满足了这个基本条件，我们才有可能保证 GRR% <30%。

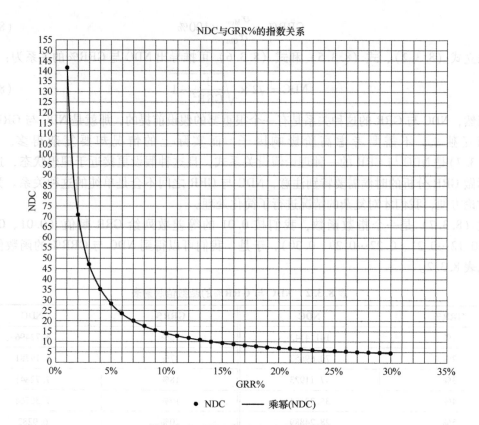

图 8.3.6　NDC 与 GRR% 的关系图

2）而 GRR% 的判定规则是分段的，这个在前一节内容已经有说明，即：

① GRR% ≤10% 是优秀的。

② 10% < GRR% ≤30% 是条件接受区。

③ GRR% >30% 是不符的。

3）那么，如果仅仅限定 NDC≥5 这个基本条件显然是不够的，因为这个条件没有分段与 GRR% 结合进行综合判定，所以，我们也需要限定 NDC 的分段判定规则：

① NDC≥14 是优秀的。

② 14 > NDC≥5 是条件接受区。

③ NDC <5 是不符的。

因为需要考虑实际经济成本，所以，我们暂且搁下上述的结论不提，等我们结合了实际经济成本之后，再对上面的判定规则进行修正，从而得到最终符合实际经济效益的判定规则。

实际的采购成本告诉我们，量具的分辨力越高（即 d 值越小），量具的价格成本就越高，而且是呈几乎指数级的正比关系。例如 0.001mm 的普通数显千分尺的价格成本大约在 200 ~ 700 元不等（不同品牌、不同销售区域、不同时间价格都会有差异），而 0.0001mm 的普通数显万分尺的价格成本大约在 7000 ~ 20000 元不等（同理，价格有差异），即差了一个数量级的分辨力 d，其成本就相差 10 ~ 100 倍不等。而如果需求数量很多呢？比如 100 把，这对于企业的制造成本预算来说，是一件非常需要慎重考虑的事情。

根据式（8.3.3）我们不难理解，d 的选择应该满足最基本的过程变差的 1/10 就可以了，因此：

$$d = \frac{6\sigma_{\text{Obs}}}{10} \quad (8.3.8)$$

可见式（8.3.8）才是最经济的选择。

联立式（8.3.6）、式（8.3.7）和式（8.3.8），我们可以得到下面这个关系式：

$$\text{NDC} = \frac{5\sqrt{2}}{3}\sqrt{\frac{d^2}{\sigma_{\text{Meas}}^2} - \frac{9}{25}} \quad (8.3.9)$$

我们在本节开篇已说过，分辨力 d 与 NDC 之间没有必然的逻辑关系，必须综合考量测量系统自身的变差影响（σ_{Meas}）。

实际制造过程中，过程能力是已经被确认过的，即过程变差的标准偏差 σ 是已知的，那么，量具的分辨力 d 的最经济的临界值就能确定；另外，对于 GRR% 的要求也是在 MSA 的计划中就已明确（如关键工序 10% 以内），所以测量系统的变差 σ_{Meas} 也可以通过做 GRR 分析得到确定。最终，综合考量最经济的 d 和测量系统的变差影响 σ_{Meas}，我们就能得到最佳的 NDC 判定准则。

4）由于每种实际过程都不尽相同，根据汽车供方制造业的经验数据得出 NDC 的判定可按下面的规则进行（NDC 的上限 14 下调到 10）：

① NDC≥10 是优秀的。
② 10 > NDC≥5 是条件接受区。
③ NDC <5 是不符的。

配合 GRR% 的 10%、30% 判则，就能获得比较实用的判定规则了。

上述 NDC 的 5、10 判定规则是一种经验上的实用建议，如果读者坚持采用 5、14 判定规则当然更好，但成本上会有一定的提高。因为测量对象和测量系统千变万化，这种成本的提高很难定量去估算，所以，如果条件允许的话，当然是可以采用 5、14 的判定规则了。

8.4 测量系统的偏倚和线性

在前两节内容所阐述的测量系统的重复性和再现性属于测量系统的宽度变差，本节内容则对测量系统的位置变差展开详细的说明，测量系统的位置变差通常是指测量系统的偏倚和线性。

为了更好地理解偏倚和线性，我们再来回顾一下这两个概念的定义。

偏倚（Bias）是指观测平均值（在重复条件下的测量）与一参考值之间的差值（图8.4.1）。

特别需要注意的是，偏倚分析一定要在重复条件下进行，只有在重复条件下进行的偏倚分析，才是针对位置变差的分析结果，换句话说，才是纯粹的偏倚分析。

线性（Linearity）是指在量具正常的工作范围内偏倚的变化程度（图8.4.2）。

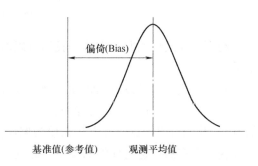

图 8.4.1　偏倚

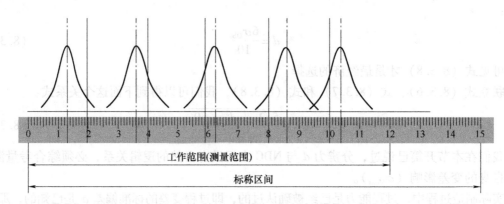

图 8.4.2 线性

特别需要注意的是,线性分析只要分析工作范围(即测量范围)就可以了,不需要把量具整个标称区间都进行线性分析,实际工作中,这是完全没有必要的。

为了更好地说明线性的概念,我们在图8.4.2中赋予具体的数值,见表8.4.1。

表 8.4.1 基准值、平均值和偏倚

基准值	1.99	4.01	5.93	8.02	10.00
平均值	1.29	3.62	6.27	8.59	10.40
偏倚	-0.70	-0.39	0.34	0.57	0.40

于是,图8.4.2就可以重新进行描述,如图8.4.3所示。

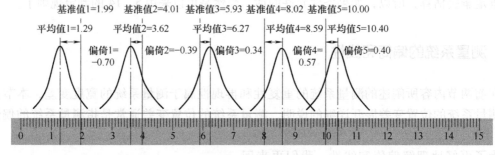

图 8.4.3 线性例子

利用一元线性回归的方法,我们可以对8.4.3的线性例子进行线性图的绘制,如图8.4.4所示。

同时,我们也可以得到线性拟合方程($y = 0.1573x - 0.8984$),从线性方程中,我们就可以看出偏倚的平均值(y)与参考值(x)之间的关系。其含义就是针对不同的测量点(参考值点),我们可以根据线性方程来预测偏倚值的大小,其预测的可靠性由 R^2 决定。由于这些内容我们会在后面进行详细的说明,此处就不展开了。

根据偏倚的变化情况,线性可分为以下两大类:

(1)具有常量偏倚的线性

偏倚的平均值(y)是不会随着测量点(参考值x)的不同而不同,即测量值(观测值

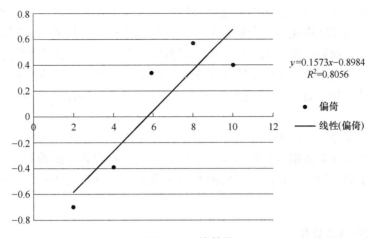

图 8.4.4　线性图

的平均值）与基准值之间的差距在统计上是一个固定值（b），用线性方程表示就是：$y = b$。具有常量偏倚的线性如图 8.4.5 所示。

图 8.4.5　具有常量偏倚的线性

（2）具有非常量偏倚的线性

偏倚的平均值（y）会随着测量点（参考值 x）的不同而不同，即测量值（观测值的平均值）与基准值之间的差距不是一个固定值，用线性方程表示就是：$y = ax + b$，其中 a 为斜率，b 为截距。线性非常量偏倚如图 8.4.6 所示。

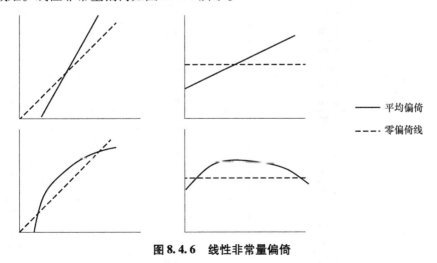

图 8.4.6　线性非常量偏倚

AIAG 给出了两种评价偏倚和线性的方法：独立样件法和控制图法。

然而，手册中关于这两种方法的陈述仅仅停留在"是否存在显著的偏倚和线性误差"这个问题的研究上，而实际应用中，我们依旧关心这种偏倚和线性误差对过程能力的控制到底有多大影响。因此，我们需要引入一种占比，即偏倚和线性误差占过程变差的百分比为多少，基于这样的逻辑，我们需要在 AIAG MSA 手册提供的偏倚和线性的研究方法基础上增补一项偏倚和线性的评估指标，这个指标我们称之为"偏倚占比"（bias%）和"线性误差占比"（linearity%）。

接下来本节将参考 AIAG MSA 手册，围绕这两种评估方法进行一一的说明。

由于线性分析是建立在偏倚分析的基础上的，因此，我们先介绍偏倚分析，后介绍线性分析。其中，对于偏倚分析，运用上述的两种方法我们会分开来说明；线性分析则会综合起来进行说明。

8.4.1 测量系统偏倚分析

（1）独立样件法

独立样件法顾名思义就是利用一个样件来建立偏倚分析的模型，这种模型实际上是一种对偏倚为零的假设检验：原假设 H_0，偏倚为零（Bias = 0），即不存在显著的偏倚；备择项 H_1，偏倚不为零（Bias ≠ 0），即存在显著的偏倚。

用独立样件法对偏倚进行评估其具体步骤如下：

1）取样：$n = 1$ 个样件。根据偏倚的定义，我们需要获得该样件的参考值作为基准。

2）评价者选取：选 $k = 1$ 名操作员。不同的操作者需要重复一遍偏倚分析过程。

3）测量：操作员对样件进行 $r \geqslant 10$ 次重复测量（单独做偏倚分析建议 15~20 次重复测量；如果要做线性分析，考虑分析工作效率，建议 5~10 次重复测量），得到一组测量数据，见表 8.4.2。

表 8.4.2 偏倚分析数据表

测量次数 (r)	参考值 (reference)	测量值 (x_i)	偏倚 ($bias_i$)
1	6.00	5.8	-0.2
2	6.00	5.7	-0.3
3	6.00	5.9	-0.1
4	6.00	5.9	-0.1
5	6.00	6.0	0.0
6	6.00	6.1	0.1
7	6.00	6.0	0.0
8	6.00	6.1	0.1
9	6.00	6.4	0.4
10	6.00	6.3	0.3
11	6.00	6.0	0.0
12	6.00	6.1	0.1
13	6.00	6.2	0.2
14	6.00	5.6	-0.4
15	6.00	6.0	0.0

将测量数据绘成直方图,从直方图可以看出数据大体的分布与异常值,如图 8.4.7 所示。

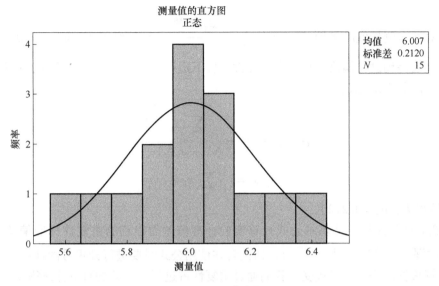

图 8.4.7　直方图

从直方图可以看出测量数据无明显异常值,而且数据的分布很有可能是服从正态分布的,当然,我们可以对测量数据的分布进行正态性检验,以进一步确认这种直观的假设,如图 8.4.8 所示。

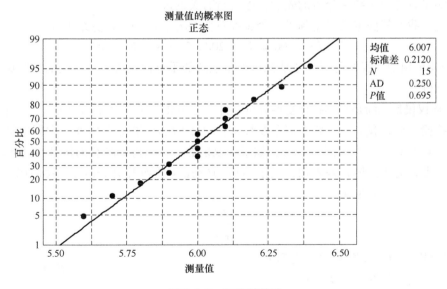

图 8.4.8　正态性检验

从正态性检验可以看出 $P = 0.695 > 0.05$,表明数据分布为正态的原假设无法被拒绝,故,测量数据是正态的。

以上确认过程在重复测量次数 $r < 30$ 时,均应谨慎地进行分析和确认。

4)分析:

① 计算每个测量值的偏倚:$bias_i = x_i - reference$;计算结果为:

−0.2、−0.3、−0.1、−0.1、0、0.1、0、0.1、0.4、0.3、0、0.1、0.2、−0.4、0。

② 计算所有测量值的平均偏倚：$\text{bias}_{\text{avg}} = \dfrac{\sum_{i=1}^{r} \text{bias}_i}{r}$；计算结果为：$\text{bias}_{\text{avg}} = 0.0067$。

③ 前文已提到过，偏倚分析应在重复性条件下进行，因此，我们需要计算重复性标准偏差，通过以下贝塞尔公式：

$$\sigma_{\text{重复性}} = \sigma_r = \sqrt{\dfrac{\sum_{i=1}^{r}(x_i - \bar{x})^2}{r-1}}$$

$$\bar{x} = \dfrac{1}{r}\sum_{i=1}^{r} x_i$$

计算结果为：$\sigma_r = 0.2120$。

请注意此处公式是用贝塞尔公式计算实验标准偏差而得到的重复性标准偏差，在 AIAG MSA 手册中漏写了算符根号（$\sqrt{\ }$），请读者在使用公式时要进行开根号的计算。

④ 计算重复性是否可以接受，我们通过重复性占过程总变差的百分比来得到：

$$\%\text{重复性} = 100\%(\sigma_r/\sigma_{\text{Obs}})$$

那么，过程总变差从哪里获取呢？

我们可以直接从历史的过程能力研究中获取（即 APQP 中的 SPC 过程能力研究阶段），也可以从 GRR 评估的结果中获取，当然，前提是要先做 GRR 评估（这一点，我们在 8.1 节中已经对测量系统六大特性分析的先后次序进行有关说明）。

在这里，我们就假定已经得到了一个过程总变差 $\sigma_{\text{Obs}} = 2.5$，计算结果为：

$$\%\text{重复性} = 100\%(0.2120/2.5) = 8.5\% < 10\%$$

根据 GRR 判则，我们可以清楚地知道测量系统的重复性是可以被接受的，即偏倚分析满足重复性条件。

⑤ 上述仅仅是判断是否具备重复性分析条件，如果要对偏倚为零的原假设（H_0：bias = 0）进行假设检验的话，我们就需要根据重复性来估计偏倚的可能分布区间，即置信区间，置信水平 α 默认取 0.05（置信概率 95%），如果要取别的值，应得到顾客的认可和批准。

统计学上，对于总体方差未知，关于均值的检验（平均偏倚 bias_{avg}）我们用 t 检验，现在来计算检验统计量 t 的值：

$$t = \dfrac{\text{bias}_{\text{avg}}}{\sigma_r/\sqrt{r}}$$

⑥ 假设检验中，我们通常会用到 P 值法和临界值法，如图 8.4.9 所示。

由于要检验的问题是偏倚是否为零的问题（H_0：bias = 0），有以下两种办法可以进行判断：

a. P 值法。检验概率 P 是否大于 α，如果是，则接受 H_0：bias = 0，即：

$$P\{H_0 \text{为真时接受} H_0\} > \alpha$$

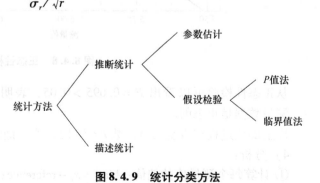

图 8.4.9　统计分类方法

根据图 8.4.8 正态性检验结果可知,表 8.4.2 例子中数据呈正态分布,本应采用 Z 统计量,但总体的标准偏差(σ_{Obs})是用样本的重复性标准偏差(σ_r)估计的,因此,样本的分布为 t 分布,我们要采用 t 统计量:

$$t = \frac{\text{bias}_{avg} - \mu_0}{\sigma_r / \sqrt{r}}$$

式中,μ_0 为总体偏倚的均值。我们在偏倚分析中,总体偏倚的均值期望为 0,故,令:$\mu_0 = 0$。

因此,t 统计量为:

$$t_0 = \frac{0.0067 - 0}{0.2120 / \sqrt{15}} = 0.1224$$

因此,P 值的计算式就可写成:

$$P \text{ 值} = 2 P_0 \{|t| \geq t_0\} = P_0 \{|t| \geq 0.1224\} \tag{8.4.1}$$

注意,前面的系数 2 是代表双边假设检验的概率 P。

通过计算机软件可以算出:P 值 $= 0.905 > 0.05$,见表 8.4.3。

表 8.4.3 计算机软件计算出的 t 检验逆累积概率(P)数据表

变量(bias_i)	$N=r$	平均值(bias_{avg})	标准差(σ_r)	平均标准误差($\sigma_r/\sqrt{r}$)	95%置信区间	$T=t_0$	P
偏倚	15	0.0067	0.2120	0.0547	(-0.1107, 0.1241)	0.1224	0.905

$P > 0.05$ 表示无法拒绝原假设 H_0:bias $= 0$,即不存在显著的偏倚。

b. 临界值法。我们检验一下 0 值是否落在置信水平为 $1-\alpha$(左右各为 $1-\alpha/2$)的置信区间内;如果落在该置信区间内,同样无法拒绝 H_0:bias $= 0$,也就可以判断偏倚是否在统计上为零,如图 8.4.10 所示。该临界值的双边假设检验的拒绝域为:

$$\text{bias}_{avg} - \left[\frac{\sigma_r}{\sqrt{r}}(t_{\nu, 1-\alpha/2})\right] \leq 0 \leq \text{bias}_{avg} + \left[\frac{\sigma_r}{\sqrt{r}}(t_{\nu, 1-\alpha/2})\right] \tag{8.4.2}$$

式中,ν 为自由度(DF),$\nu = r - 1 = 15 - 1 = 14$;$t_{\nu, 1-\alpha/2}$ 可查 t 的 α 分位数表(附录 E),即 $t_{14, 0.9725} = 2.145$。

代入前面例子的数据,计算得到偏倚的 95% 置信区间($\alpha = 0.05$)左右拒绝域的临界值:

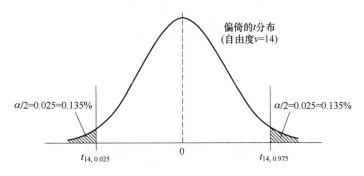

图 8.4.10 双边假设 t 检验

上限为 $\text{bias}_{\text{avg}} + \left[\dfrac{\sigma_r}{\sqrt{r}}(t_{\nu,1-\alpha/2})\right] = 0.0067 + \left[\dfrac{0.2120}{\sqrt{15}} \times 2.145\right] = 0.1241$；下限为 $\text{bias}_{\text{avg}} - \left[\dfrac{\sigma_r}{\sqrt{r}}(t_{\nu,1-\alpha/2})\right] = 0.0067 - \left[\dfrac{0.2120}{\sqrt{15}} \times 2.145\right] = -0.1107$。

显然，bias = 0 落在 [−0.1107, 0.1241] 区间内，故无法拒绝 H_0：bias = 0。如图 8.4.11、图 8.4.12 所示，均能看出 bias = 0 落在 95% 的偏倚置信区间内。

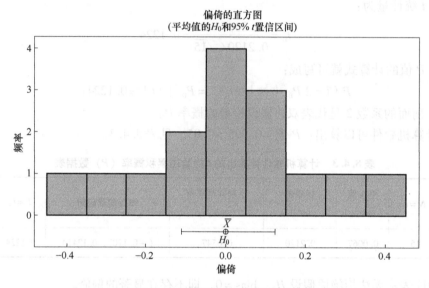

图 8.4.11 含原假设 H_0 的偏倚直方图

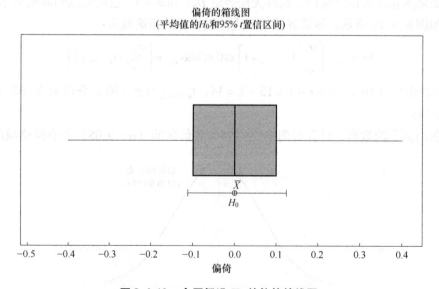

图 8.4.12 含原假设 H_0 的偏倚箱线图

无论是 P 值法还是临界值法，我们得出的结论是不存在显著的偏倚。那问题来了，如果存在呢？我们立即开始对测量系统进行改善吗？本节的前文说过，我们可用"偏倚占比"

(bias%) 这个指标来衡量存在的偏倚到底有多大的影响程度,按下式计算偏倚占比:

$$\text{bias}\% = 100\% \frac{\text{bias}_{\text{avg}}}{6\sigma_{\text{obs}}} \qquad (8.4.3)$$

本例中,我们将平均偏倚值假设得大一点,如 $\text{bias}_{\text{avg}} = 0.2$,结合过程总变差 $\sigma_{\text{obs}} = 2.5$,则有:

$$\text{bias}\% = 100\% \times \frac{0.2}{6 \times 2.5} = 1.3\%$$

偏倚的占比判定原则可参照如下规则进行:$\text{bias}\% \leqslant 10\%$,符合;$10\% < \text{bias}\% \leqslant 30\%$,条件接受,视实际情况进行决定是否改善;$\text{bias}\% > 30\%$,不符合,需要对测量系统进行改进。

有一个问题需要提一下,就是在评估"偏倚占比"(bias%)的时候,是否可以用公差范围(TR)代替过程变差的分布宽度($6\sigma_{\text{obs}}$)?这个问题的答案还要回到过程能力(C_p)上来:

$$C_p = \frac{\text{USL} - \text{LSL}}{6\sigma_{\text{obs}}} = \frac{\text{TR}}{6\sigma_{\text{obs}}}$$

因此,只有当过程能力 $C_p = 1$ 时,$\text{TR} = 6\sigma_{\text{obs}}$,否则就不能相互替代。而实际问题是,我们一般要求过程的长期能力都要 $C_p \geqslant 1.33$,即 $\text{TR} > 6\sigma_{\text{obs}}$,如果用 TR 替代 $6\sigma_{\text{obs}}$ 进行 bias% 的计算的话,bias% 会偏小,也就是评估的风险增加了,这是我们不希望看到的。因此,一般情况下,应尽量避免用公差范围替代过程变差。

5)结论:偏倚在显著性水平 α 下,如果满足以下两条中的一条就认为偏倚在统计上为零:

① P 值法:按式(8.4.1),检验统计量 t 检验的 P 值 $>\alpha$。

此处要特别注意,AIAG MSA 手册中描述的是 $P < \alpha$,按假设检验 P 值法的定义,如果 $P < \alpha$,则拒绝原假设,而原假设是 H_0: bias = 0,两者是矛盾的,因此,此处应为 $P > \alpha$ 才是接受原假设,才能认为偏倚在统计上为零。

例子中,$P = 0.905 > \alpha = 0.05$,无法拒绝原假设 H_0: bias = 0,即不存在显著的偏倚。

② 临界值法:按式(8.4.2),零值落在 $1 - \alpha$ 的置信区间内。

例子中,bias = 0 落在 [-0.1107, 0.1241] 区间内,故无法拒绝 H_0: bias = 0,即不存在显著的偏倚。

按式(8.4.3),偏倚占过程变差的比率应小于 10%。

例子中(该例子是另外假设的平均偏倚值),bias% = 1.3% < 10%,即虽然存在偏倚,但它的影响程度较小。

(2)控制图法

控制图法其实指的是我们可以将稳定性的分析的数据用于对偏倚的分析,这个方法和独立样件法的区别在于:独立样件法的子组容量为 $g = 1$,子组大小 $m = r \geqslant 10$ 次重复测量;控制图法的子组容量为 $g \geqslant 15$,子组大小 $m \geqslant r = 2$ 次重复测量。

下面来举例说明这两者的区别。图 8.4.13 是过程小组做的稳定性 $\overline{X} - R$ 控制图。

图 8.4.13 的例子是过程小组每班测量一固定的零件 $r = 5$ 次,共测了 20 个班次,与前文独立样件法中表 8.4.2 的例子进行对比,两种方法的区别在于:独立样件法中,子组大小

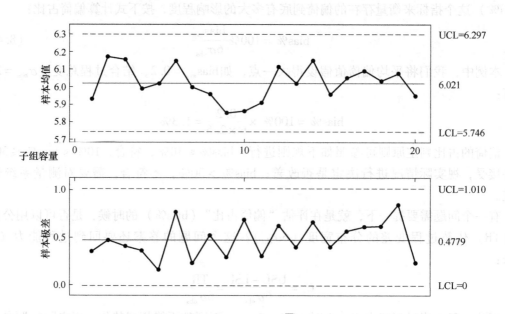

图 8.4.13 稳定性分析的 $\overline{X} - R$ 控制图

$m = 15$，子组容量 $g = 1$；控制图法中，子组大小 $m = 5$，子组容量 $g = 20$。

由于上述的区别，我们在做偏倚分析时，所采用的计算方法也不尽相同。控制图法的具体分析步骤如下：

1) 从 $\overline{X} - R$ 控制图中获取总平均值：$\overline{\overline{X}} = 6.021$

$$\overline{\overline{X}} = \frac{\overline{X}_1 + \overline{X}_2 + \cdots + \overline{X}_3}{20}$$

2) 计算平均偏倚（已知样件的参考值 reference = 6.01）：$\text{bias}_{\text{avg}} = 0.011$

$$\text{bias}_{\text{avg}} = \overline{\overline{X}} - \text{reference}$$

3) 用极差的平均值计算重复性标准偏差：$\sigma_r = 0.2048$

$$\sigma_r = \frac{\overline{R}}{d_2^*}$$

$$\overline{R} = \frac{R_1 + R_2 + \cdots + R_{20}}{20}$$

其中，d_2^* 需要查询 d_2^* 值表（附录2），$m = 5$，$g = 20$。

4) 确定重复性是否可被接受（已经过程总变差 $\sigma_{\text{Obs}} = 2.5$）：%重复性 = 8.2% < 10%，可接受。

$$\%\text{重复性} = 100\% \cdot (\sigma_r / \sigma_{\text{Obs}})$$

5) 计算检验统计量：$t = 0.5371$

$$t = \frac{\text{bias}_{\text{avg}}}{\sigma_r / \sqrt{gm}}$$

6) 同理，可以用 P 值法或临界值法对偏倚存在的显著性进行判断（表 8.4.4），具体参考独立样件法，此处省略说明步骤。

表 8.4.4　计算机软件计算出的 t 检验逆累积概率（P）数据表

变量（$bias_i$）	$N=gm$	平均值（$bias_{avg}$）	标准差（σ_r）	平均标准误差（$\sigma_r/\sqrt{gm}$）	95%置信区间	$T=t_0$	P
偏倚	100	0.011	0.2048	0.02048	(−0.0296, 0.0516)	0.5371	0.592

① P 值法：

$$P\text{值}=2P_0\{|t|\geq t_0\}=P_0\{|t|\geq 0.5371\}=0.592>0.05$$

$P>0.05$ 表示无法拒绝原假设，即不存在显著的偏倚。

② 临界值法：

$$bias_{avg}-\left[\frac{\sigma_r}{\sqrt{gm}}(t_{\nu,1-\alpha/2})\right]\leq 0\leq bias_{avg}+\left[\frac{\sigma_r}{\sqrt{gm}}(t_{\nu,1-\alpha/2})\right]$$

式中，ν 为自由度，查 d_2^* 值表可得 $\nu=72.7$；$t_{\nu,1-\alpha/2}$ 可查 t 的 α 分位数表（附录 E），即 $t_{72.7,0.9725}=1.993$。

则：95%置信区间（$\alpha=0.05$）为 [−0.0298, 0.0518]，$bias=0$ 值明显落在此区间内，故不存在显著的偏倚。

7）计算偏倚占过程总变差的百分率：$bias\%=7.33\%<10\%$，符合要求。

$$bias\%=100\%\frac{bias_{avg}}{6\sigma_{obs}}$$

8）结论：此处略。

8.4.2　测量系统线性分析

偏倚的分析主要是针对单个测量点进行的，而实际生产中，虽然有只关注单个测量点准确性的测量系统，但大多数情况下，我们都需要用到量具的一个测量范围（工作范围），一旦涉及测量范围的准确性情况，我们就不可能一个点一个点地进行偏倚分析。通常的做法是，在测量范围内，选择少数的几个代表性的点进行偏倚分析，然后用回归分析对这几个点的偏倚进行拟合。为了简化分析过程，我们一般都是做线性的拟合，通过线性来估计其他测量点的偏倚大小，就能知道测量系统整个测量范围的准确能力了。

如果线性拟合度很差的话，我们就认为无法用已知的偏倚，通过线性来准确地估计其他测量点的偏倚，此时，我们就说线性误差太大。

线性的分析其实分三大步骤：第一步，确认是否存在线性误差（t 检验或 $bias=0$ 的线是否落在 95%的置信区间）；第二步，如果线性误差存在，线性误差对我们的影响程度是否可被接受（linearity%）；第三步，如果线性误差存在且影响程度可被接受，是否可以对测量系统进行线性修正，以使测量系统的准确能力得到提高（拟合优度 R^2）。

以上逻辑是递进的关系，AIAG MSA 参考手册中线性分析方法其实仅止于第一步，即确认线性误差是否存在。而在实际 MSA 工作中，绝大部分测量系统是存在线性误差的，实际上这个比例还不小，并且在短时间内无法用较低的成本对其进行改进到不存在线性误差。面对这样的实际问题，我们就需要考虑用本节前文所述的"线性误差占比"（linearity%）来评估线性误差对我们的过程控制的影响程度。

如果这种影响程度虽然在可接受的范围内，但接近于接受范围的上限了，那么，是否可以通过对测量系统做线性修正而达到提高测量系统准确能力的目的呢？这时候，我们就需要考察线性拟合优度（R^2）了，通俗地说，只有在线性的拟合状况很好的情况下，我们才能使用线性关系对测量系统进行修正使用了（关于修正方面的内容，请参考本书第18.6节的内容）。

接下来，还是围绕AIAG给出的线性分析方法进行说明，紧接着AIAG的方法，我们会把上述第二步和第三步的工作延续，使之形成一套完整的线性分析过程。

线性分析步骤如下：

1）取样：测量范围（工作范围）内选$g \geq 5$个零件，为了举例说明的方便，假定量具的测量范围为（0～10.0），我们在0～10.0这个测量范围内均匀地取5个零件，即$g = 5$。

确定这5个零件的参考值（reference = 2.0, 4.0, 6.0, 8.0, 10.0）。

2）评价者选取：选$k = 1$名操作员。

不同的操作者需要重复一遍线性分析过程。

3）测量：盲测。评价者对每个零件重复测量$m \geq 10$次，为了举例说明的方便，我们取12次重复测量，即$m = 12$。将测量的数据记录到表8.4.5中：

表8.4.5 线性分析测量数据表

		零件数（子组容量$g = 5$）				
	零件	1	2	3	4	5
	参考值	2.0	4.0	6.0	8.0	10.0
测量次数（子组大小$m = 12$）	1	2.7	5.1	5.8	7.6	9.1
	2	2.5	3.9	5.7	7.7	9.3
	3	2.4	4.2	5.9	7.8	9.5
	4	2.5	5.0	5.9	7.7	9.3
	5	2.7	3.8	6.0	7.8	9.4
	6	2.3	3.9	6.1	7.8	9.5
	7	2.5	3.9	6.0	7.8	9.5
	8	2.5	3.9	6.1	7.7	9.5
	9	2.4	3.9	6.4	7.8	9.6
	10	2.4	4.0	6.3	7.5	9.2
	11	2.6	4.1	6.0	7.6	9.3
	12	2.4	3.8	6.1	7.7	9.4

4）分析：

① 计算零件每次测量值（$x_{i,j}$）的偏倚（$y_{i,j}$）和每个零件的偏倚平均值（$\bar{y}_i$）：

$$y_{i,j} = x_{i,j} - x_i$$

$$\bar{y}_i = \frac{\sum_{j=1}^{m} y_{i,j}}{m}$$

式中，i表示第i个零件；j表示第j次重复测量；x_i表示第i个零件的参考值。

计算结果见表8.4.6。

表8.4.6 线性分析偏倚数据表

	零件	零件数（子组容量 $g=5$）				
		1	2	3	4	5
	参考值	2.0	4.0	6.0	8.0	10.0
测量次数（子组大小 $m=12$）	1	0.7	1.1	-0.2	-0.4	-0.9
	2	0.5	-0.1	-0.3	-0.3	-0.7
	3	0.4	0.2	-0.1	-0.2	-0.5
	4	0.5	1.0	-0.1	-0.3	-0.7
	5	0.7	-0.2	0.0	-0.2	-0.6
	6	0.3	-0.1	0.1	-0.2	-0.5
	7	0.5	-0.1	0.0	-0.2	-0.5
	8	0.5	-0.1	0.1	-0.3	-0.5
	9	0.4	-0.1	0.4	-0.3	-0.4
	10	0.4	0.0	0.3	-0.5	-0.8
	11	0.6	0.1	0.0	-0.4	-0.7
	12	0.4	-0.2	0.1	-0.3	-0.6
偏倚平均值（$\bar{y}_i$）		0.492	0.125	0.025	-0.292	-0.617

② 线性拟合的最佳模型为：
$$\bar{y}_i = a x_i + b$$
式中，a 为斜率（slope）；b 为截距（intercept）。

根据一元线性回归模型中 a、b 的最大似然估计法，我们可得到斜率 a 和截距 b 的最佳估计值：

$$\hat{a} = \frac{\sum_{i=1}^{g}\sum_{j=1}^{m}(x_i y_{i,j}) - \frac{1}{gm}\sum_{i=1}^{g}\sum_{j=1}^{m} x_i \sum_{i=1}^{g}\sum_{j=1}^{m} y_{i,j}}{\sum_{i=1}^{g}\sum_{j=1}^{m} x_i^2 - \frac{1}{gm}(\sum_{i=1}^{g}\sum_{j=1}^{m} x_i)^2}$$

$$\hat{b} = \frac{1}{gm}\sum_{i=1}^{g}\sum_{j=1}^{m} y_{i,j} - \frac{1}{g}\sum_{i=1}^{g} x_i = \bar{\bar{y}}_{i,j} - \hat{a}\bar{x}_i$$

式中，$\bar{\bar{y}}_{i,j}$ 为所有偏倚平均值的平均值；$\bar{x}_i$ 为所有基准值的平均值。

对于任意给定的一个测量点，设其参考值为 $x_0 \in (0, 10)$，以置信水平为 α（默认值 0.05）的置信区间为：

下限：$b + a x_0 - \left[t_{\nu, 1-\alpha/2} \sqrt{\frac{1}{gm} + \frac{(x_0 - \bar{x}_i)^2}{\sum_{i=1}^{g}\sum_{j=1}^{m}(x_i - \bar{x}_i)^2}} s \right.$

上限：$b + a x_0 + \left[t_{\nu,1-\alpha/2} \sqrt{\dfrac{1}{gm} + \dfrac{(x_0 - \bar{x}_i)^2}{\sum_{i=1}^{g}\sum_{j=1}^{m}(x_i - \bar{x}_i)^2}} s \right]$

式中，s 为线性回归的标准偏差，$s = \sqrt{\dfrac{\sum_{i=1}^{g}\sum_{j=1}^{m} y_{i,j}^2 - b\sum_{i=1}^{g}\sum_{j=1}^{m} y_{i,j} - a\sum_{i=1}^{g}\sum_{j=1}^{m} x_i y_{i,j}}{\nu}}$；$\nu$ 为自由度 (DF)，$\nu = gm - 2$。

代入本例中的数据得：$a = -0.13167$；$b = 0.73667$；$\nu = 5 \times 12 - 2 = 58$；$t_{\nu,1-\alpha/2} = t_{58,0.975} = 2.00172$；$s = 0.23954$。

③ 接下来，同样需要计算重复性标准偏差（σ_r），以确保线性分析是在重复性条件下进行的。由于前面已经计算出了线性回归的标准偏差 s，则有：

$$\sigma_r = s = 0.23954$$

假定已经获取了历史的过程总变差（$\sigma_{Obs} = 2.5$），则可计算重复性标准偏差是否可被接受：

%重复性 $= 100\% (\sigma_r / \sigma_{Obs}) = 100\% \times (0.23954/2.5) = 9.6\% < 10\%$

说明重复性条件满足线性分析。

④ 到这一步，我们就可以绘制线性拟合图以及偏倚为零（bias = 0）的参考线，然后可根据图 8.4.14 对线性结果进行分析。

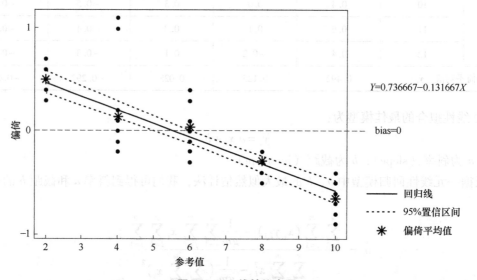

图 8.4.14　线性拟合图

线性拟合图直观地告诉我们，bias = 0 未落在 95% 的置信区间内，存在显著的线性误差。当然，我们还可以从数值计算来确认这一点，这就需要进行假设 t 检验。我们要检验的问题是：原假设 H_0，$a = 0$ 且 $b = 0$；备择项 H_1，$a \neq 0$ 或 $b \neq 0$。

即同时要满足以下关系：

$$|t_a| = \dfrac{|a|}{\left[\dfrac{s}{\sqrt{\sum_{i=1}^{g}\sum_{j=1}^{m}(x_i - \bar{x}_i)^2}}\right]} \leqslant t_{\nu,1-\alpha/2} = 2.00172$$

$$|t_b| = \frac{|b|}{\left[\sqrt{\frac{1}{gm} + \frac{\bar{x}_i^2}{\sum_{i=1}^{g}\sum_{j=1}^{m}(x_i - \bar{x}_i)^2}}\right]s} \leq t_{\nu, 1-\alpha/2} = 2.00172$$

带入数据计算得出：

$$|t_a| = 12.043 > 2.00172$$
$$|t_b| = 10.158 > 2.00172$$

拒绝原假设，即偏倚为零（bias = 0）的线未被95%的置信上下限所包含。

⑤ 计算拟合优度（R^2）：

$$R^2 = \frac{m\sum_{i=1}^{g}(\bar{y}_i - \bar{\bar{y}}_{i,j})^2}{\sum_{i=1}^{g}\sum_{j=1}^{m}(y_{i,j} - \bar{\bar{y}}_{i,j})^2}$$

带入数据计算得：$R^2 = 71.4\%$。

关于对拟合优度（或称判决系数）R^2 的判断，我们应根据子组容量 g（样本容量）来决定，见表8.4.7。

表8.4.7 R^2 决策表

g	决 策 点	g	决 策 点
5	0.771	18	0.219
6	0.658	19	0.208
7	0.569	20	0.197
8	0.500	22	0.179
9	0.444	24	0.163
10	0.399	26	0.151
11	0.362	28	0.140
12	0.332	30	0.130
13	0.306	40	0.097
14	0.283	50	0.078
15	0.264	60	0.065
16	0.247	80	0.048
17	0.232	100	0.038

通常情况下，我们做线性分析的样本子组大小 $g = 5$，因此，R^2 的决策点为0.771。本例中，$R^2 = 71.4\% < 0.771$，那么，结论就是线性拟合优度不够好，也就是说，当存在线性误差时，我们不能对该测量系统使用线性修正的办法来降低由线性误差带来的测量风险，我们应通过物理修正（如维修、调整、更换关键损耗件等）对其进行彻底的修正。

从图8.4.15中可以看出，当样本数量为10的时候，决策系数约为0.4，非常有利于线性回归模型，而这对于实际应用来说并不会造成很大的困难；当样本数量到达30的时候，决策系数为 0.13，而 0.13 这个决策系数非常小，非常有利于线性回归的模型；再往上取样本数量就不是很明显了，比如 40 的时候 0.097。因此，当线性分析陷入僵局的时候，我们通常可以增大样本容量来实现更好的线性回归运算，综合实际的可操作性，样本容量为 10～30 的时候，对我们的线性分析非常有利。样本容量再大就没有太大的实际意义了，因为样本容量大的同时会给我们带来很多实际操作上的不便。

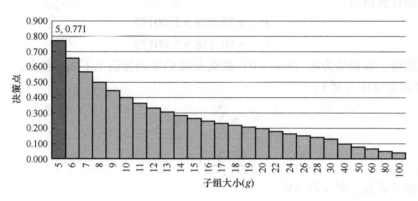

图 8.4.15　R^2 决策柱状图

⑥ 计算线性误差占比（linearity%）：

$$\text{linearity\%} = 100\% \frac{\text{linearity}}{6\sigma_{\text{obs}}}$$

$$\text{linearity} = |a| \cdot 6\sigma_{\text{obs}}$$

故：

$$\text{linearity\%} = 100\% |a|$$

根据前面计算的斜率（a）结果可知：

$$\text{linearity\%} = 13.2\% > 10\%$$

5）结论：

① 线性拟合度（R^2）不够好，线性模型 $\overline{y}_i = ax_i + b$ 可能不是这些数据的最佳匹配模型。

② 我们再从图 8.4.14 看 bias =0 的参考线，该参考线并不是被 95% 的置信区间所包含，而是相交，因此，测量系统存在线性误差，需要根据线性模型的拟合优度（R^2）决定是否使用修正的方法。因为 R^2 不够好，所以我们决定先改进测量系统而不是做修正。

③ 线性误差占比也很大，不满足使用要求。

实际上，上述所有过程只是为了说明清楚偏倚和线性分析的理论逻辑，在计算机软件发达的今天，上述所有过程均可通过计算机软件实现。图 8.4.16 所示为计算机软件的运算结果。

这方面内容属于应用范畴，我们在本书的"应用篇"中有大量的篇幅进行这方面的叙述和说明，接下来的 8.5 节和 8.6 节关于属性的一致性分析和稳定性分析都是这个道理。在理论篇中主要是说明分析的理论和逻辑思路，在应用篇中则会围绕以高效的应用为目的而展开的 MSA 分析技术的应用指导，为了不让读者误以为后续所有的 MSA 分析过程都这么繁琐和复杂，特地在此进行相应的说明。

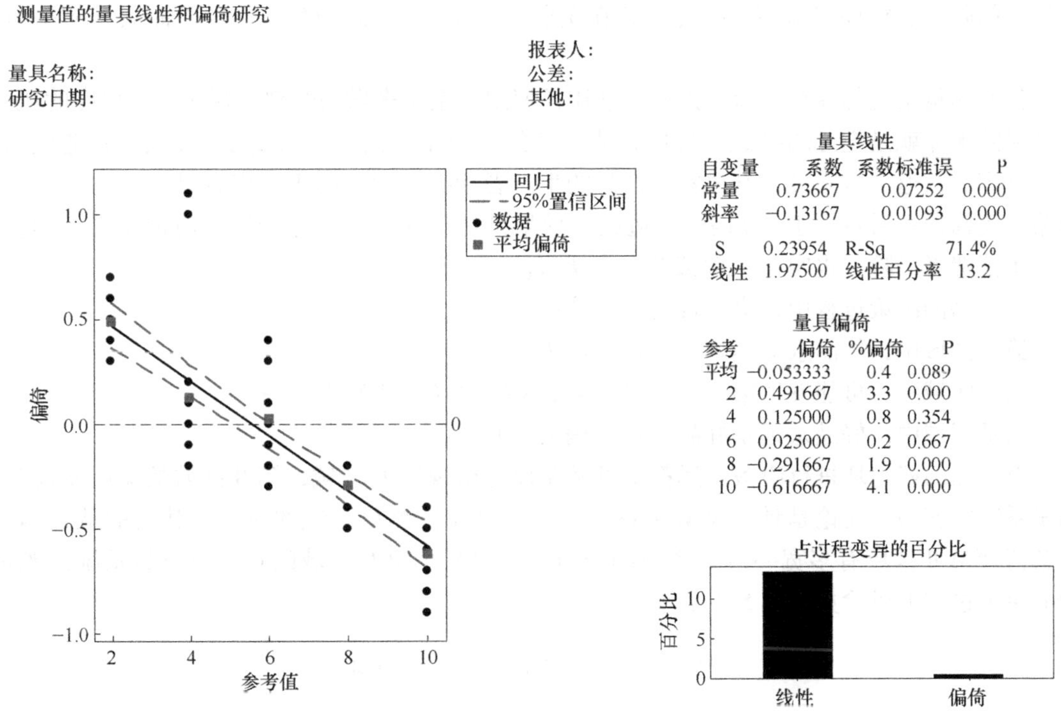
测量值的量具线性和偏倚研究
报表人：
量具名称：
公差：
研究日期：
其他：
回归
95%置信区间
数据
平均偏倚
偏倚
参考值
0
量具线性
自变量　系数　系数标准误　P
常量　0.73667　0.07252　0.000
斜率　−0.13167　0.01093　0.000
S　0.23954　R-Sq　71.4%
线性　1.97500　线性百分率　13.2
量具偏倚
参考　偏倚　%偏倚　P
平均　−0.053333　0.4　0.089
2　0.491667　3.3　0.000
4　0.125000　0.8　0.354
6　0.025000　0.2　0.667
8　−0.291667　1.9　0.000
10　−0.616667　4.1　0.000
占过程变异的百分比
百分比
线性
偏倚

图 8.4.16　计算机软件对偏倚和线性计算的结果图

8.5　属性测量系统的一致性

属性测量系统和计量型测量系统不同，它获取不到连续的测量数据，因此不能用计量型的测量系统分析方法进行变差分析。

在本书的 6.1 节内容中对属性测量系统进行了如下分类：

1）名义属性测量系统：如红色、黄色、蓝色和黑色的外观测量系统。

2）有序属性测量系统：如优、良、中、差的零件优劣等级判别系统。在测量尺度上，有序属性值比名义属性值更高一级，需要考虑数据之间的排序问题，因此，有序属性测量系统在分析方法上要比名义属性测量系统的分析方法更复杂一些。

3）二进制属性测量系统：如用螺纹通/止规对零件尺寸的合格性判断系统。因为二进制属性测量系统只有“合格”与“不合格”两种测量结果，需要大量的结果计数才能更准确地计算接受的概率，所以，传统上所谓的“计数型测量系统”通常特指二进制属性的测量系统。在企业生产中最常用的也就是二进制属性测量系统，AIAG MSA 手册给的属性测量系统一致性的分析方法主要是针对该类测量系统而展开的。

关系到实际应用问题，二进制属性测量系统仍然是我们本节内容的重中之重。针对前两类属性测量系统，我们将会简明扼要地介绍一下，以便读者能以更开阔的视野看待属性测量系统的分析，更好地理解属性测量系统的分析过程。

在国内外针对属性测量系统的研究相比于计量型测量系统的研究就显得比较少。本节内容是建立在 AIAG MSA 参考手册和天津大学赵燕博士对属性测量系统分析的研究成果的基础上进行的归纳、整理和总结，结合编者在企业生产中的实际 MSA 工作经验而展开的探讨性介绍。

任何测量系统都存在变差，因此，使用任何测量系统来做判断都会存在一定程度的风险，这种风险无非就是把好的判成了坏的，或把坏的判成了好的。前者属于"过杀"，造成的后果是好产品被返工或报废，其成本由产品的生产者承担，因此属于生产者风险，也叫 α 风险或第一类错误；后者属于"漏杀"，造成的后果是坏产品流出，这个后果由消费者承担，因此属于消费者风险，也叫 β 风险或第二类错误。

在产品的决策过程中，会出现三个区域：

第Ⅰ区域中，坏品永远是坏品（记代码为 -）；

第Ⅱ区域中，可能发生第一类错误或第二类错误（记代码为 ×）；

第Ⅲ区域中，好品永远是好品（记代码为 +）。

对产品的好与坏进行决策永远都不可避免地会出现第Ⅱ区域，第Ⅱ区域的宽度就代表着测量系统的变差，无论是计量型测量系统研究还是属性测量系统的研究，其目的就是两个：了解清楚第Ⅱ区域有多宽→测量系统的分析；如何减小第Ⅱ区域的宽度→测量系统的改进。产品决策过程的风险如图 8.5.1 所示。

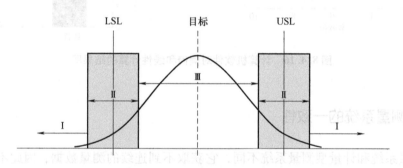

图 8.5.1　产品决策过程的风险

前几节内容介绍了计量型测量系统的分析，本节则要介绍计数型测量系统的分析，包括本书后面绝大部分的内容都是围绕测量系统的分析而进行的——无论是理论的说明还是应用的指导。在本书最后的第 18 章探讨的就是测量系统的改进。

为了更好地理解属性测量系统的一致性，我们再来回顾一下属性的一致性（Agreement）概念的定义：计数型（属性）测量系统中系统内、系统间及系统与标准之间判定结果的一致程度。绝大多数情况下我们默认为一致性是对操作员的评价。

从定义中我们可以读出三层含义：第一，测量系统内变差——类似于计量型测量系统的重复性；第二，测量系统间变差——类似于计量型测量系统的再现性；第三，测量系统与标准的差距——类似于计量型测量系统的偏倚（属性值是非连续的数值，因此不能对其做线性的分析，故没有线性方面的类比）。

上述"一致性（Agreement）"只是概念上的描述，如果要进行定量的评估，则需要引入相应的评估指标。针对不同的属性测量系统，我们引入的评估指标也不尽相同——属性测量系统的实际使用目的是提高效率、降低成本和实现 100% 全检等，我们所研究的属性测量系统都是可重复的测量系统，非重复性属性测量系统实际情况下是不存在的（理论上可以存在，但于我们的实际应用是毫无意义的），因此，我们所引入的评估指标都是基于可重复测量试验的基础上进行的。以下列举了三类属性测量系统需要引入的评估指标，见表 8.5.1。

表 8.5.1 属性测量系统的一致性评估指标

属性测量系统	评估指标
名义属性测量系统	一致性比率 P_A
	Fleiss Kappa
	Cohen Kappa
有序属性测量系统	加权 Kappa
	分类有效性 Eff
	组内相关系数 ICC
	Kendall 系数
二进制属性测量系统	有效性比率 Eff%
	Fleiss Kappa
	Cohen Kappa

8.5.1 名义属性测量系统

（1）一致性比率 P_A

一致性比率（Assessment agreement）代表着重复测量条件下，测量员自身或测量员之间的一致性程度，用多次测量一致的样本数除以总样本容量来计算一致性比率（P_A）：

$$P_A = \frac{m}{n}$$

式中，m 为多次测量完全一致的样本数；n 为样本容量。

（2）Kappa

Kappa 统计量（K）反映的是剔除纯粹的巧合之后的测量员自身以及测量员之间的一致性总体表现，Kappa 的计算式为：

$$K = \frac{P_0 - P_e}{1 - P_e} \tag{8.5.1}$$

式中，P_0 为测量一致的比率；P_e 为偶然一致的比率。

P_0 和 P_e 的计算式为：

$$P_0 = \frac{1}{nr(r-1)} \left(\sum_{i=1}^{n} \sum_{j=1}^{a} x_{ij}^2 - nr \right)$$

$$P_e = \frac{1}{a}$$

式中，n 为样本容量；r 为每个零件被若干个测量者共进行了 r 次测量；i 为第 i 个零件；j 为单个零件被不同的测量者进行可能的分类数，$j=1, 2, \cdots, a$；a 为 n 个零件的最大可能分类数；x_{ij} 为第 i 个零件的测量结果为第 j 种分类的测量次数。

Kappa 统计量（K）的计算式可变换成：

$$K = \frac{P_0 - 1/a}{1 - 1/a}$$

K 值介于 -1 到 1 之间，当：$K = -1$ 时，意味着完全不一致；$K = 1$ 时，意味着完全一致。

关于 K 值的取值范围与一致性程度的对应关系，不同的统计学家有不同的观点，其中，应用最为广泛也是目前最通行的观点是 J. L. 弗莱斯（J. L. Fleiss）提出的 Kappa 评价准则，见表 8.5.2。

表 8.5.2　Fleiss Kappa 的评价准则表

Kappa 统计量（K）	一致性程度
$K < 0.40$	很差
$0.4 \leq K \leq 0.75$	较好
$K > 0.75$	非常好

表 8.5.2 也是我们做属性测量系统一致性程度评价中关于 Kappa 统计量的通用评价准则。

Fleiss 提出的 Kappa 是假设测量者是从所有的测量者中随机抽取的一个样本，这种情况与企业生产的实际状况不太符合。企业生产的实际状况是一道工序的测量者通常是固定的，且一般为两名测量者（白班和晚班，或测量员与技术组长，或测量员与替补测量员等），因此，我们更需要另外一种 Kappa 来评价一致性程度。J. 柯恩（J. Cohen）提出的 Kappa 统计量则是假定测量员是被特别指定的且为固定的，这就更加符合我们所说的实际状况了。Fleiss 和 Cohen 的 Kappa 统计量数据表分别见表 8.5.3 和表 8.5.4。

表 8.5.3　Fleiss 的 Kappa 统计量数据表

零件	类别			
	1	2	...	a
1	x_{11}	x_{12}	...	x_{1a}
2	x_{21}	x_{22}	...	x_{2a}
...	...	...	...	...
n	x_{n1}	x_{n2}	...	x_{na}
总和	$x_{\cdot 1}$	$x_{\cdot 1}$	...	$x_{\cdot 1}$
$\bar{p}_j$	$\dfrac{x_{\cdot 1}}{nr}$	$\dfrac{x_{\cdot 2}}{nr}$	...	$\dfrac{x_{\cdot a}}{nr}$
$\bar{q}_j$	$1 - \bar{p}_1$	$1 - \bar{p}_2$	...	$1 - \bar{p}_a$

表 8.5.4　Cohen 的 Kappa 统计量数据表（$a \times a$ 的列联表）

测量 A ($i=1, 2, \cdots, a$)	测量 B（$j=1, 2, \cdots, a$）				总　和
	1	**2**	$\cdots$	***a***	
1	p_{11}	p_{12}	$\cdots$	p_{1a}	$p_{1.}$
2	p_{21}	p_{22}	$\cdots$	p_{2a}	$p_{2.}$
$\cdots$	$\cdots$	$\cdots$	$\cdots$	$\cdots$	$\cdots$
a	p_{a1}	p_{a2}	$\cdots$	p_{aa}	$p_{a.}$
总和	$p_{.1}$	$p_{.2}$	$\cdots$	$p_{.a}$	1

Fleiss Kappa 的计算按下式进行：

$$K_F = 1 - \frac{nr^2 - \sum_{i=1}^{n}\sum_{j=1}^{a} x_{ij}^2}{nr(r-1)\sum_{j=1}^{a} \bar{p}_j \bar{q}_j} \tag{8.5.2}$$

其中：

$$\bar{p}_j = \frac{x_{.j}}{nr}$$

$$\bar{q}_j = 1 - \bar{p}_j$$

Cohen Kappa 的计算按下式进行：

$$K_c = \frac{\sum_{i=1}^{a} p_{ii} - \sum_{i=1}^{a} p_{i.} p_{.i}}{1 - \sum_{i=1}^{a} p_{i.} p_{.i}}$$

Cohen 的 Kappa 统计量一般只能在两者之间比较，"两者"是指测量者自身的两轮测量，或者是单轮测量时两名测量者之间的一致性。

表中 p_{ij} 表示 A 判断为第 i 个类别而 B 判断为第 j 个类别的比率。特别是当 A 和 B 判断是一致的时候，p_{ij} 则变成 p_{ii}，所有类别整体测量的一致性即为式（8.5.1）中的 P_0，在用列联表（二维频数交叉表）对 Cohen 的 Kappa 值的计算中，P_0 则可按下式计算：

$$P_0 = \sum_{i=1}^{a} p_{ii}$$

8.5.2　有序属性测量系统

（1）加权 Kappa

有序属性值虽然是按次序排列的，但数值之间的差距并不一定是相等的，那么不同的错误分类所造成的影响也是不尽相同的。因此，我们在计算有序属性的一致性评估指标 Kappa 值时，就需要用到加权的办法进行 Kappa 值的计算，我们把这样的 Kappa 值称为加权 Kappa 统计量，记为 K_w，一致性权重记为 w_{ij}（$i=1, 2, \cdots, a$；$j=1, 2, \cdots, a$），且 $0 \leq w_{ij} \leq 1$。当 $i=j$ 时，$w_{ii}=1$，表示完全一致被赋予最大的权重 1；当 $i \neq j$ 且 $w_{ij}=0$ 时，表示所有的不一致都被同样看待而不分权重的大小，此时就相当于忽略了有序属性数据的有序性而等同于名义属性数据，因此，名义属性的 Kappa 是加权 Kappa 的一种特殊情况。

加权测量一致的比率可表示为：

$$p_{0(w)} = \sum_{i=1}^{a} \sum_{j=1}^{a} w_{ij} p_{ij}$$

加权偶然一致的比率可表示为：

$$p_{e(w)} = \sum_{i=1}^{a} \sum_{j=1}^{a} w_{ij} p_{i.} p_{.j}$$

分别带入式（8.5.1）可得加权 Kappa 统计量 K_w：

$$K_w = \frac{P_{0(W)} - P_{e(w)}}{1 - P_{e(w)}} = \frac{\sum_{i=1}^{a}\sum_{j=1}^{a} w_{ij} p_{ij} - \sum_{i=1}^{a}\sum_{j=1}^{a} w_{ij} p_{i.} p_{.j}}{1 - \sum_{i=1}^{a}\sum_{j=1}^{a} w_{ij} p_{i.} p_{.j}}$$

关于权重的选取，有以下两种方法：
1）平方权重法可表示为：

$$w_{ij} = 1 - \frac{(i-j)^2}{(a-1)^2}$$

2）线性权重法可表示为：

$$w_{ij} = 1 - \frac{|i-j|}{a-1}$$

（2）分类有效性 Eff

分类有效性是基于田口玄一博士的质量损失函数的思想建立起来的一种评价有序属性测量系统对产品特性分类有效性的评价方法。

假设样品的质量等级共有 a 级；L_{ij} 表示错将 i 级分类为 j 级所造成的损失；$L_{ii}=0$ 表示无错误分类，损失为零；p_i 表示一个样品其质量等级真值为 i 的概率；p_{ij} 表示已知一个样品其质量等级为 i 级，却被误分类为 j 级的概率；EL 表示期望损失，即分类有效性的绝对值。则有：

$$EL = \sum_{i=1}^{a} \sum_{j=1}^{a} p_i p_{ij} L_{ij}$$

Eff 表示分类有效性，有以下表达式：

$$Eff = 1 - \frac{EL（实际）}{EL（最混乱的分类，MDS）} = 1 - \frac{EL}{EL_{MDS}}$$

Eff 是有效性的一个绝对值，取值范围为 [0, 1]。

在实际应用中，分类的有效性 Eff 应用很少，但是这种思想可以让我们明白一个很重要的道理，那就是测量系统的任何的变差都会最终计算到实际的质量损失中去。无论这种变差有多大，只要不为零，我们就一定承担这种质量损失的风险，而不是说测量系统的能力很好就认为对质量无任何影响。

（3）组内相关系数 ICC

组内相关系数 ICC 是组间变差与总变差的比值，用来评价两个及两个以上评价者之间的可靠性或者重复评价之间的可靠性。

ICC 同 Kappa 意义是相同的，不过 Shrout P. E. 和 J. L. Fleiss 指出，当属性值为有序的数据时，ICC 要远远优于 Kappa。

同 Fleiss Kappa 与 Cohen Kappa 的区别一样，ICC 也对评价者是代表整个总体还是被抽样具有敏感性，即 ICC 的结果也依赖于评价者的变差影响是固定效应还是随机效应。不过在实际的企业生产中，评价者通常是固定的，且一般为两个的情况比较居多。

针对被评价对象数（n）的不同和评价者数（m）的不同，常见的 ICC（n，m）计算公式有以下六个：

$$ICC(1,1) = \frac{BMS - WMS}{BMS + (m-1)WMS}$$

$$ICC(1,m) = \frac{BMS - WMS}{BMS}$$

$$ICC(2,1) = \frac{BMS - EMS}{BMS + (m-1)EMS + m(JMS - EMS)/n}$$

$$ICC(2,m) = \frac{BMS - EMS}{BMS + (JMS - EMS)/n}$$

$$ICC(3,1) = \frac{BMS - EMS}{BMS + (m-1)EMS}$$

$$ICC(3,m) = \frac{BMS - EMS}{BMS}$$

以上算法是依据方差分析法（ANOVA），上述 BMS、WMS、EMS、JMS 在方差分析表中对应的是均方（MS），具体见表 8.5.5 和表 8.5.6。

表 8.5.5　单因素方差分析表

变差来源	自由度（DF）	平方和（SS）	均方（MS）	F 比
零件	$n-1$		BMS	
分类误差	$n(m-1)$		WMS	
总计	$nm-1$			

表 8.5.6　双因素方差分析表

变差来源	自由度（DF）	平方和（SS）	均方（MS）	F 比
零件	$n-1$		BMS	
评价者	$m-1$		JMS	
分类误差	$(n-1)(m-1)$		EMS	
总计	$nm-1$			

（4）Kendall 系数

Kendall 系数是指 n 个样品按特定的属性（如按苹果的口感）进行排序，其他属性（如苹果的香味）通常是乱序的。同序对数和异序对数之差与总对数 [$n(n-1)/2$] 的比值定义为 Kendall 系数。

Kendall 系数在有序属性测量系统中表示在评估相同样本时多名评价者所做顺序评估的关联程度。例如，将苹果口感等级 0～5 级进行分类，将 4 级口感误分类成 0 级口感要比将 4 级口感误分类成 5 级口感的后果更为严重，Kendall 系数就是评估不同的评价者之间关于这种错误分类严重性的一致性程度，这种程度就是评价者之间是否有关联性，通俗地说，不同的评价者对苹果口感的等级排序是否一致。

1) 如果是两名评价者（$m=2$），则用 Kendall 的相关系数 τ_b，$\tau_b \in [-1, 1]$，其中：
① $\tau_b = 1$，正相关（排序完全一致）。
② $\tau_b = -1$，负相关（排序完全相反）。
③ $\tau_b = 0$，不相关且相互间完全独立（两者间排序没有规律而进行对比）。
2) 如果是多名评价者（$m>2$），则用 Kendall 的协和系数 W^*，$W^* \in [0, 1]$，其中：
① $W^* = 1$，正相关。
② $W^* = 0$，不相关且彼此间完全独立。

一般而言，当 Kendall 系数 ≥ 0.9 时，我们就认为相关程度非常强了，进一步就意味着评价者评估样本时所采用的标准基本是一致的。Kendall 系数应用得比较多的是心理学上的研究。

Kendall 的相关系数 τ_b 按如下公式计算：

$$\tau_b = \frac{2S}{\sqrt{n(n-1)-T_x}\sqrt{n(n-1)-T_y}}$$

其中：

$$S = \sum_{i=1}^{n}\sum_{j=1}^{n} \text{sgn}(X_j - X_i), (i<j)$$
$$T_x = \sum t_x(t_x - 1)$$
$$T_y = \sum t_y(t_y - 1)$$

式中，t_x 为 X 变量的每个结的结长；t_y 为 Y 变量的每个结的结长。

为了说明清楚上式中参数的含义，我们介绍一下"结（tie）"的概念。设有随机变量样本 $X \in (X_1, X_2, \cdots, X_7)$，见表 8.5.7。

表 8.5.7 随机变量样本 X 的值

X_1	X_2	X_3	X_4	X_5	X_6	X_7
4	8	7	8	9	8	7

其中，X_2、X_4 和 X_6 的值都是 8，X_3 和 X_7 的值都为 7，那么，把相同的样本放在一起，成为一个"结（tie）"，结中样本的个数成为结长。例子中样本 X 有两个结，一个结的结长 $t_1 = 3$，另一个结的结长 $t_2 = 2$。

如果有两个随机样本 Y、X，将样本 Y 从小到大排序，X 参照 Y 的规则也进行从小到大排序，对于排序之后的 X，定义符号函数：

$$\varepsilon(X_i, X_j) = \text{sgn}(X_j - X_i), (i<j)$$

关于符号函数：

$$\text{sgn}(X_j - X_i) = \begin{cases} 1, & X_j > X_i \\ 0, & X_j = X_i \\ -1, & X_j < X_i \end{cases}$$

Kendall 的协和系数 W^* 按如下公式计算：

$$W^* = \frac{12\sum_{i=1}^{n} R_{i+}^{*2} - 3m^2 n(n+1)^2}{m^2 n(n^2-1) - m\sum_{j=1}^{m} T_j}$$

其中：
$$R_{i+}^* = \sum_{j=1}^{m} R_{ij}, (i = 1, 2, \cdots, n)$$
$$T_j = \sum_{h=1}^{g_j} (t_h^3 - t_h)$$

R_{ij} 表示 X_{ij}（第 j 个评价者对第 i 个零件的评价值）在（X_{1j}, X_{2j}, $\cdots$, X_{nj}）中的秩，R_{i+}^* 就是秩和。对于秩和的理解，通俗地说就是将 X_{ij} 足标（$1j$, $2j$, $\cdots$, nj）进行求和运算。

t_h 为第 h 个结组（n 个样本按照结分组，$h = 1, 2, \cdots, g_j$）的结长；g_j 是第 j 个评价者的 n 个样本中结组的个数。

8.5.3 二进制属性测量系统

二进制属性测量系统在企业生产中非常常见，也是属性测量系统中应用最为广泛的一种类型，典型的有通/止规（GNG）、产品不合格报警系统等。二进制属性测量系统其实是名义属性测量系统或有序属性测量系统的特例，因此，二进制属性测量系统的评估和分析也和名义和有序属性测量系统的分析类似。基于实际应用的需要，我们把二进制属性测量系统的评估指标归纳为两大指标：一个是系统整体的有效性比率（Eff%）；另一个还是 Kappa 统计量的计算，同样包含了 Fleiss Kappa 和 Cohen Kappa 两种 Kappa 值的计算（AIAG MSA 手册主要是针对 Cohen Kappa 进行评估的）。这两大指标的评估也是基于列联表（二维频数交叉表）而进行的计算结果，这种方法我们称之为假设试验分析的"交叉表法"。

除此之外，我们还有两种更接近于计量型的分析方法：一种为信号探测理论；另一种为解析法。

信号探测理论的基本原理就是确定图 8.5.1 中第 Ⅱ 区域的近似宽度，从而对属性测量系统的 GRR 进行离线评估。当然，这只能对测量系统的整体 GRR 进行初步的评估，要想进一步获得量化偏倚，就需要用到解析法了。

解析法是通过事先确定样本的参考值，然后根据二进制属性测量系统的测量结果从而计算其接受概率，在普通坐标纸或正态概率纸上绘制量具性能曲线（GPC），根据 GPC 可以直观得出测量系统的重复性和偏倚。

（1）假设试验分析——交叉表法

我们先来介绍一下如何用交叉表对有效性比率（Eff%）和 Kappa 进行评估。

1）取样：通常取 50 个零件[⊖]。获取这 50 个零件的参考值作为基准。本例中用的是计量型的测量系统对 50 个零件一一进行测量，得到 50 个连续型的数据作为参考值。

2）评价者选取：通常选 3 名操作员。需要特别说明的是，虽然属性测量系统的评价者大多数是指人，但也不能排除以机器替代人的情况，如零件颜色识别系统（红、黄、蓝、黑）。

3）测量：盲测并将数据填入表 8.5.8。

⊖ 赵燕博士指出，属性测量系统分析所选取的零件数不能低于 20 个，对于一些中等一致的测量系统，零件数至少应该选取 40 个；AIAG MSA 手册以 50 个进行举例说明；马林、何桢教授在六西格玛管理中指出样本的容量也要在 20 个及以上。

表 8.5.8　二进制属性测量系统研究数据表

零件	操作员 A			操员 B			操作员 C			基准	参 考 值	代码
	A-1	A-2	A-3	B-1	B-2	B-3	C-1	C-2	C-3			
1	1	1	1	1	1	1	1	1	1	1	0.476901	+
2	1	1	1	1	1	1	1	1	1	1	0.509015	+
3	0	0	0	0	0	0	0	0	0	0	0.576459	−
4	0	0	0	0	0	0	0	0	0	0	0.566152	−
5	0	0	0	0	0	0	0	0	0	0	0.57036	−
6	1	1	0	1	1	0	1	0	0	1	0.544951	×
7	1	1	1	1	1	1	1	0	1	1	0.465454	×
8	1	1	1	1	1	1	1	1	1	1	0.502295	+
9	0	0	0	0	0	0	0	0	0	0	0.437817	−
10	1	1	1	1	1	1	1	1	1	1	0.515573	+
11	1	1	1	1	1	1	1	1	1	1	0.488905	+
12	0	0	0	0	0	0	0	1	0	0	0.559918	×
13	1	1	1	1	1	1	1	1	1	1	0.542704	+
14	1	1	0	1	1	1	0	0	0	1	0.454518	×
15	1	1	1	1	1	1	1	1	1	1	0.517377	+
16	1	1	1	1	1	1	1	1	1	1	0.531939	+
17	1	1	1	1	1	1	1	1	1	1	0.519694	+
18	1	1	1	1	1	1	1	1	1	1	0.484167	+
19	1	1	1	1	1	1	1	1	1	1	0.520496	+
20	1	1	1	1	1	1	1	1	1	1	0.477236	+
21	1	1	0	1	0	1	0	1	0	1	0.45231	×
22	0	0	1	0	1	0	1	1	0	0	0.545604	×
23	1	1	1	1	1	1	1	1	1	1	0.529065	+
24	1	1	1	1	1	1	1	1	1	1	0.514192	+
25	0	0	0	0	0	0	0	0	0	0	0.599581	−
26	0	1	0	0	0	0	0	1	0	0	0.547204	×
27	1	1	1	1	1	1	1	1	1	1	0.502436	+
28	1	1	1	1	1	1	1	1	1	1	0.521642	+
29	1	1	1	1	1	1	1	1	1	1	0.523754	+
30	0	0	0	0	0	1	0	0	0	0	0.561457	×
31	1	1	1	1	1	1	1	1	1	1	0.503091	+

(续)

零件	操作员 A			操员 B			操作员 C			基准	参 考 值	代码
	A-1	A-2	A-3	B-1	B-2	B-3	C-1	C-2	C-3			
32	1	1	1	1	1	1	1	1	1	1	0.50585	+
33	1	1	1	1	1	1	1	1	1	1	0.487613	+
34	0	0	1	0	0	1	0	1	1	0	0.449696	×
35	1	1	1	1	1	1	1	1	1	1	0.498698	+
36	1	1	0	1	1	1	1	0	1	1	0.543077	×
37	0	0	0	0	0	0	0	0	0	0	0.409238	−
38	1	1	1	1	1	1	1	1	1	1	0.488184	+
39	0	0	0	0	0	0	0	0	0	0	0.427687	−
40	1	1	1	1	1	1	1	1	1	1	0.501132	+
41	1	1	1	1	1	1	1	1	1	1	0.513779	+
42	0	0	0	0	0	0	0	0	0	0	0.566575	−
43	1	0	1	1	1	1	1	1	1	1	0.46241	×
44	1	1	1	1	1	1	1	1	1	1	0.470832	+
45	0	0	0	0	0	0	0	0	0	0	0.412453	−
46	1	1	1	1	1	1	1	1	1	1	0.493441	+
47	1	1	1	1	1	1	1	1	1	1	0.486379	+
48	0	0	0	0	0	0	0	0	0	0	0.587893	−
49	1	1	1	1	1	1	1	1	1	1	0.483803	+
50	0	0	0	0	0	0	0	0	0	0	0.446697	−

4）分析：

① 列出评价者之间以及评价者与基准之间的二维频数交叉表，见表 8.5.9～表 8.5.14。

表 8.5.9 二维频数交叉表（A×B）

			B		总 计
			.00	1.00	
A	.00	计数	44	6	50
		期望的计算	15.7	34.3	50.0
	1.00	计数	3	97	100
		期望的计算	31.3	68.7	100.0
总计		计数	47	103	150
		期望的计算	47.0	103.0	150.0

注：表中 15.7 =（47/150）×（50/150）×150；68.7 =（103/150）×（100/150）×150；34.3 = 103×50/150；31.3 = 47×100/150。

表 8.5.10 二维频数交叉表（B×C）

B			C		总计
			.00	1.00	
B	.00	计数	42	5	47
		期望的计算	16.0	31.0	47.0
	1.00	计数	9	94	103
		期望的计算	35.0	68.0	103.0
总计		计数	51	99	150
		期望的计算	51.0	99.0	150.0

注：表中 $16.0 = (51/150) \times (47/150) \times 150$；$68.0 = (99/150) \times (103/150) \times 150$；$31.0 = 99 \times 47/150$；$35.0 = 51 \times 103/150$。

表 8.5.11 二维频数交叉表（A×C）

A			C		总计
			.00	1.00	
A	.00	计数	43	7	50
		期望的计算	17.0	33.0	50.0
	1.00	计数	8	92	100
		期望的计算	34.0	66.0	100.0
总计		计数	51	99	150
		期望的计算	51.0	99.0	150.0

注：表中 $17.0 = (51/150) \times (50/150) \times 150$；$66.0 = (99/150) \times (100/150) \times 150$；$33.0 = 99 \times 50/150$；$34.0 = 51 \times 100/150$。

表 8.5.12 二维频数交叉表（A×基准）

A			基准		合计
			.00	1.00	
A	.00	计数	45	5	50
		预期	16.0	34.0	50.0
	1.00	计数	3	97	100
		预期	32.0	68.0	100.0
合计		计数	48	102	150
		预期	48.0	102.0	150.0

注：表中 $16.0 = (48/150) \times (50/150) \times 150$；$68.0 = (102/150) \times (100/150) \times 150$；$34.0 = 102 \times 50/150$；$32.0 = 48 \times 100/150$。

第8章 可重复的测量系统的分析方法

表 8.5.13 二维频数交叉表（B×基准）

			基　准		合　计
			.00	1.00	
B	.00	计数	45	2	47
		预期	15.0	32.0	47.0
	1.00	计数	3	100	103
		预期	33.0	70.0	103.0
合计		计数	48	102	150
		预期	48.0	102.0	150.0

注：表中 15.0 = (48/150) × (47/150) × 150；70.0 = (102/150) × (103/150) 150；32.0 = 102 × 47/150；33.0 = 48 × 103/150。

表 8.5.14 二维频数交叉表（C×基准）

			基　准		合　计
			.00	1.00	
C	.00	计数	42	9	51
		预期	16.3	34.7	51.0
	1.00	计数	6	93	99
		预期	31.7	67.3	99.0
合计		计数	48	102	150
		预期	48.0	102.0	150.0

注：表中 16.3 = (48/150) × (51/150) × 150；67.3 = (102/150) × (99/150) × 150；34.7 = 102 × 51/150；31.7 = 48 × 99/150。

② 为了得到测量一致的比率（P_0）和偶然一致的比率（P_e），我们需要对上述二维频数交叉表进行交叉计算，计算方法如下：

a. P_0 = 对角线单元中观测值的总和。

b. P_e = 对角线单元中期望值的总和。

例如：A×B 交叉表中，$P_0 = (44 + 97)/150 = 0.94$，$P_e = (15.7 + 68.7)/150 = 0.563$，带入式（8.5.1）可得结果，见表 8.5.15。

表 8.5.15 计算结果

评价者之间	Kappa
A×B	0.86
A×C	0.78
B×C	0.79
A×基准	0.88
B×基准	0.92
C×基准	0.77

Cohen 的 Kappa 只限于两者之间的一致性评估，而该例子却是两名以上评价者重复三次

测量的试验过程，因此，想要更确切地了解评价者之间的一致性，我们就要计算整个测量系统的 Fleiss Kappa，代入式（8.5.2）可计算出：$K_F = 0.794$。

同理，我们还可以计算出所有评价者与标准之间的一致性 Fleiss Kappa 值：$K'_F = 0.859$。

根据 Kappa 值 0.4，0.75 的判定准则，上述结果显示了评价者之间、评价者与标准之间有着很好的一致性。

③ 计算测量系统整体的有效性比率（Eff%）：

$$\text{Eff\%} = 100\% \left(\frac{\text{系统做出正确决定的次数}}{\text{总决定的次数}} \right)$$

从上述交叉表格中，不难看出，系统作出正确决定的次数一共有 39 次，总决定次数是 50 次，因此有：Eff% = 100% × (39/50) = 78%。

④ 根据 A×基准、B×基准、C×基准三张交叉表，我们还可以计算出把不合格的判为合格的概率（错误率）以及把合格的零件判为不合格的概率（误报警率）。其计算方法如下（以 A×基准为例）：

$$\text{错误率} = 100\% \left(\frac{\text{坏品判为良品的次数}}{\text{坏品判断总次数}} \right) = 100\% \times \left(\frac{3}{48} \right) = 6.25\%$$

$$\text{误报警率} = 100\% \left(\frac{\text{良品判为坏品的次数}}{\text{良品判断总次数}} \right) = 100\% \times \left(\frac{5}{102} \right) = 4.90\%$$

同理可算得 B、C 的误报警率和错误率，见表 8.5.16。

表 8.5.16 计算误报警率和错误率

评 价 者	错 误 率	误 报 警 率
A	6.3%	4.9%
B	6.3%	2.0%
C	12.5%	8.8%

5）结论：

AIAG MSA 手册给出了上述指标的判定规则，见表 8.5.17。

表 8.5.17 判定规则

决定测量系统	Eff%	错 误 率	误 报 警 率	Kappa
评价者可接受条件	≥90%	≤2%	≤5%	>0.75
评价者可接受条件 —可能需要改进	≥80%	≤5%	≤10%	≥0.40
评价者不可接受条件 —需要改进	<80%	>5%	>10%	<0.40

从例子中的结果可以看出，评价者 B 是条件接受，可能需要改进；A 和 C 是不可接受的，需要改进。

实际应用中，基于客户对我们测量系统的实际要求，通常只需要两个指标：一个是测量系统整体的有效性比率（Eff%）；另一个就是测量系统整体的一致性程度（Kappa）。错误率和误报警率通常在测量系统需要改进时会被拿来进行分析和对比，它们能够让工程师了解更详细的信息。

(2) 信号探测理论

信号探测理论是在评估二进制测量系统整体的有效性比率(Eff%)和整体的一致性程度(Kappa)的基础上,进一步获得测量系统的 GRR 估计值的一种方法。

信号探测理论确定 GRR 的步骤如下:

1) 确定公差范围和过程能力。本例中,公差范围:TR = USL − LSL = 0.545 − 0.450 = 0.095;过程性能指数:Ppk = 0.5。

计算 GRR% 是按公差范围还是按 6 倍的过程变差来计算,就需要考察过程的稳定性,即过程能力。如果过程能力不足,那么所选的样本也会有极大的风险。以下是 AIAG MSA 手册提供的原则:

① 如果 Ppk > 1,则用 6 倍的过程变差来计算 GRR%。

② 如果 Ppk < 1,则用公差范围(TR)来计算 GRR%,实际上也就是得到了 P/T%。

很显然,本例中 Ppk = 0.5 < 1,因此,接下来我们要用到公差范围(TR)来计算 GRR%,即 P/T%。

2) 将表 8.5.8 中的参考值从高到低进行排序,见表 8.5.18。

表 8.5.18 参考值排序表

参 考 值	代 码	参 考 值	代 码	参 考 值	代 码
0.599581	−	0.520496	+	0.486379	+
0.587893	−	0.519694	+	0.484167	+
0.576459	−	0.517377	+	0.483803	+
0.57036	−	0.515573	+	0.477236	+
0.566575	−	0.514192	+	0.476901	+
0.566152	−	0.513779	+	0.470832	+
0.561457	×	0.509015	+	0.465454	×
0.559918	×	0.50585	+	0.46241	×
0.547204	×	0.503091	+	0.454518	×
0.545604	×	0.502436	+	0.45231	×
0.544951	×	0.502295	+	0.449696	×
0.543077	×	0.501132	+	0.446697	−
0.542704	+	0.498698	+	0.437817	
0.531939	+	0.493441	+	0.427687	
0.529065	+	0.488905	+	0.412453	
0.523754	+	0.488184	+	0.409238	
0.521642	+	0.487613	+		

3) 确定图 8.5.1 中第Ⅱ区域(灰色区域)的宽度。

表 8.5.18 中,代码为"×"的就是第Ⅱ区域(灰色区域)的宽度,如图 8.5.2 所示。图 8.5.2 中,$d_{LSL} = 0.470832 − 0.446697 = 0.024135$,$d_{USL} = 0.566152 − 0.542704 = 0.023448$。

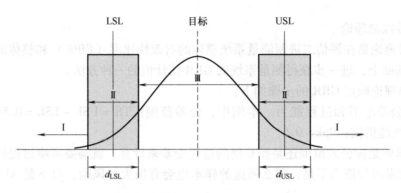

图 8.5.2　第 Ⅱ 区域（灰色区域）宽度

4) 计算第 Ⅱ 区域（灰色区域）的平均宽度 d：

$$d = \frac{d_{LSL} + d_{USL}}{2} = \frac{0.024135 + 0.023448}{2} = 0.0237915$$

5) 计算 GRR：

$$\text{GRR\%}_{TR} = P/T\% = 100\% \left(\frac{d}{\text{TR}}\right) = 100\% \times \left(\frac{0.0237915}{0.095}\right) = 25.04\%$$

6) 结论：GRR 结果为条件接受，需要根据实际情况对测量系统制定改进计划。

(3) 解析法——量具性能曲线（GPC）

计数型测量系统最大的风险来自于极限边界不够精细，不像计量型测量系统那样具有"有效解析度（NDC）"这样的指标作为基本保障条件，可以对极限边界进行精细化的分类处理。那么，在进行计数型测量系统（二进制属性测量系统）分析的时候，前面的风险试验分析法还是存在很大的评估风险，因此，在信号探测理论的基础上，最适当的分析方式就是获得测量系统变差的进一步量化指标——偏倚。

目前应用最广泛的量化工具就是绘制量具性能曲线（GPC），我们可以从 GPC 上直接获得测量系统的重复性和偏倚。

下面，我们来介绍一下用解析法分析二进制属性测量系统的步骤（仍以前文交叉表为例进行说明，数据见表 8.5.1）。

1) 取样：8 个零件。获取这 8 个零件的参考值（X_T）作为基准。解析法对样本的选取非常严格，样本的分布必须达到一定的要求才能用解析法对二进制测量系统进行重复性和偏倚的评估。

令：每个零件被评价的次数为 m；每个零件被接受的总次数为 a；每个零件被接受的概率为 P'_a。

限制条件为：$m = 20$；最小参考值的零件 $a = 0$；最大参考值的零件 $a = 20$；其余 6 个零件 $1 \leq a \leq 19$；8 个零件在量具的测量范围内均匀分布。解析法的零件分布如图 8.5.3 所示。[⊖]

如果不满足上述限制条件，我们应对样件进行如下调整：

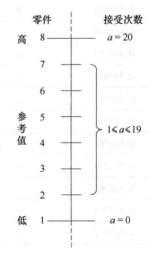

图 8.5.3　解析法的零件分布

⊖ 参考董双才所著《测量系统分析：理论方法和应用》2006 年中国计量出版社出版。

① 如果最小参考值零件 $a \neq 0$，则逐步选取更小的零件直到 $a = 0$ 为止。
② 如果最大参考值零件 $a \neq 20$，则逐步选取更大的零件直到 $a = 20$ 为止。
③ 如果其余 6 个零件不满足 $1 \leq a \leq 19$，则在原零件的基础上，选择相邻的两个零件的中间值，直到满足 $1 \leq a \leq 19$ 为止。

例如，我们对一个零件公差为 ±0.010 的二进制属性测量系统进行取样，见表 8.5.19。

表 8.5.19 测量系统取样

零 件	X_T	a
1	-0.016	0
2	-0.014	3
3	-0.012	8
4	-0.010	20
5	-0.008	20
6	-0.006	20
7	-0.004	20
8	-0.002	20

虽然按 0.002 的间隔均匀取样，但零件 4、5、6、7 不满足 $1 \leq a \leq 19$，因此需要取原零件相邻的中间值，通过评估得到一组数据，见表 8.5.20。

表 8.5.20 调整后的数据

零 件	X_T	a
1	-0.016	0
2	-0.015	1
3	-0.014	3
4	-0.013	5
5	-0.012	8
6	-0.011	16
7	-0.0105	18
8	-0.010	20

经过调整后，这些数据就符合我们的取样限制条件了。

2）按以下公式计算各零件的接受概率（P'_a）：

$$P'_a = \begin{cases} \dfrac{a + 0.5}{m}, & \text{当} \dfrac{a}{m} < 0.5, a \neq 0 \\ \dfrac{a - 0.5}{m}, & \text{当} \dfrac{a}{m} > 0.5, a \neq 20 \\ 0.5, & \text{当} \dfrac{a}{m} = 0.5 \end{cases}$$

上式涵盖的是 $1 \leqslant a \leqslant 19$ 的情况，当 $a=0$ 时，$P'_a=0.025$；$a=20$ 时，$P'_a=0.975$。通过计算，我们就可以得到完整的数据表，见表 8.5.21。

表 8.5.21 完整的数据表

零 件	X_T	a	P'_a
1	-0.016	0	0.025
2	-0.015	1	0.075
3	-0.014	3	0.175
4	-0.013	5	0.275
5	-0.012	8	0.425
6	-0.011	16	0.775
7	-0.0105	18	0.875
8	-0.010	20	0.975
—	-0.008	20	1.000

3) 我们可以在正态概率纸上绘制量具性能曲线 $\text{GPC}(X_T, P'_a)$，如图 8.5.4 所示。

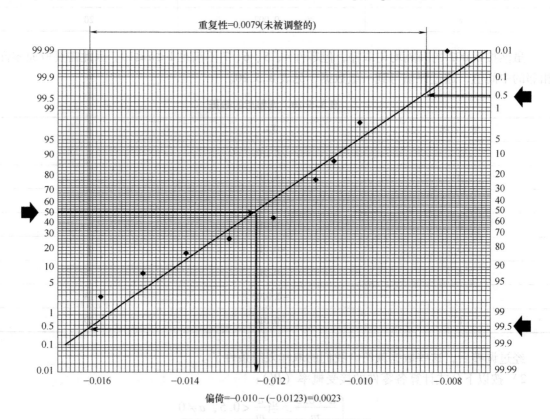

图 8.5.4 在正态概率纸上绘制 GPC

4) 计算测量系统的偏倚值 (bias)：
$$\text{bias} = \text{LSL} - X_T \quad (P'_a = 0.5)$$

因此：
$$\text{bias} = -0.01 - (-0.0123) = 0.0023$$

5）计算测量系统的重复性（σ_r）：
$$\sigma_r = \frac{X_T(P'_a = 0.995) - X_T(P'_u = 0.005)}{1.08}$$

其中 1.08 为 $m = 20$ 时的特定调整系数，分子式是未调整前的重复性。
$$\sigma_r = \frac{0.0079}{1.08} = 0.0073$$

6）在统计上确定命题 H_0：bias = 0 是真还是假，即确定一下偏倚是否显著存在。构造 t 检验统计量：
$$t = \frac{31.3 \times |\text{bias}|}{\sigma_r} = \frac{31.3 \times 0.0023}{0.0073} = 9.86$$

置信水平 $\alpha = 0.05$，自由度 $\nu = m - 1 = 20 - 1 = 19$，则 $t_{\alpha/2,\nu} = t_{0.025,19}$
查表得：$t_{0.025,19} = 2.093 < 9.86$
故原命题 H_0：bias = 0 被拒绝接受，即测量系统存在显著的偏倚。

8.6 测量系统的稳定性

我们在前文已经给出了测量系统稳定性的新定义，新定义把稳定性的研究范围从宽度变差扩展到宽度变差和位置变差两个方面。为了更好地理解稳定性，我们再来回顾一下这一概念的新定义：稳定性（Stability）是指测量系统保持其位置变差和宽度变差随时间恒定的能力（图 8.6.1）。

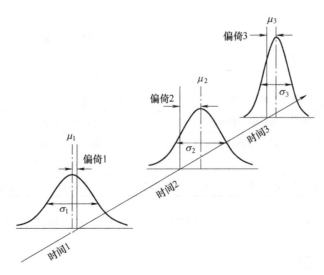

图 8.6.1 稳定性

稳定性包含测量过程的统计稳定性和长期的测量稳定性两种情况：其中统计稳定性具有可预测的，测量过程在只有普通原因变差（受控）的情况下操作；而对于测量稳定性，测量系统在整个操作生命周期内，能够满足测量标准或参考的需要。统计稳定性和测量稳定性如

图 8.6.2 所示。

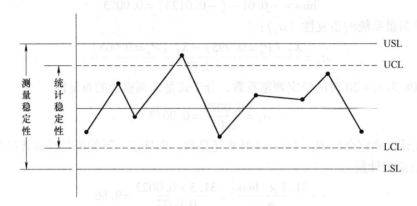

图 8.6.2 统计稳定性和测量稳定性

值得一提的是，统计稳定性和测量稳定性的一个非常明显的区别就在样件的参考值确认上：统计稳定性不需要知道样件的具体参考值是多少，只要样件本身稳定；测量稳定性则必须要清楚样件的参考值是多少，同时也要保证其本身的稳定。

表 8.6.1 所列是关于统计稳定性和测量稳定性的区别[①]。

表 8.6.1 统计稳定性和测量稳定性的区别对照表

区别项目	统计稳定性	测量稳定性
研究对象	偏倚、标准差	量具特性如偏倚
研究目的	识别和把握过程（或系统）的规律，监视变差的特殊原因，以利采取纠正预防措施，予以改进	检查变化总量是否超过规定值
研究工具	控制图	一般方法，数值表示
自变量	子组序号	时间
复杂程度	复杂	简单
重要性	重要！系统失控，评价无意义	一般
普遍性	广泛应用，也适用一般过程	针对测量系统的特性
两个系统比较	如果都"受控"，则同样稳定	稳定性通常不一样
比较前提	无	两个测量系统都受控
示例	常见 X-bar & R 图、X-bar & s 图、IMR 图	二等标准电池电动势变化 1 年内不超过 10μV

按照测量系统的基本分类——计量型和计数型测量系统，我们所采用的分析方法也不相同。

(1) 计量型测量系统

1) 统计稳定性的研究。AIAG 给出了均值极差控制图 ($\bar{X}$-R) 法，用于探测统计稳定性的指标有均值 ($\bar{X}$) 和极差 (R)，其使用的控制限 (LCL～UCL) 作为控制图的报警限对过

---

① 参考自吴遵高所著《测量系统分析》，2003 年由中国标准出版社出版。

程的统计稳定性进行监控（图 8.6.2）。虽然也有均值标准差控制图（$\bar{X}$-s）能更好地考察重复性和再现性的稳定能力，但在实际操作中，$\bar{X}$-s 控制图需要更多的重复测量次数，而 $\bar{X}$-R 控制图的重复次数为 3~5 次甚至 3 次就可以了，因此，$\bar{X}$-R 控制图应用更加广泛，同时也更加有效率。

2）测量稳定性的研究。我们可以使用查检表的方法进行研究。用于探测测量稳定性的指标主要是均值（$\bar{X}$），实际上可以不使用控制图。如果需要直观地查看结果的话，可以在查检表中绘制以规格限（LSL~USL）作为报警限的控制图（图 8.6.2）。

（2）计数型测量系统

计数型测量系统的稳定性通常容易被忽略，但由于其稳定性本身的影响依然存在，也是我们不容忽视的一部分，必要时，我们应对计数型测量系统的稳定性进行适当的研究和分析。

1）统计稳定性的研究。我们可以采用不合格品率的 p 控制图或不合格品数的 np 控制图。

2）测量稳定性的研究。我们同样可以采用查检表的方法进行研究。尤其是针对二进制属性测量系统，我们需要制作通/止标准件（GNG Master），通过定期对 GNG Master 进行测量，把通、止的结果记录在查检表中，以便对过程的测量稳定性进行监控。而 GNG Master 的制作成为关键前提条件，"通"与"止"的参考值应接近于规格限值。

接下来，我们将对这两种稳定性的分析方法进行介绍。

8.6.1 计量型测量系统的稳定性分析

很多人会把测量系统的稳定性分析与测量设备的点检两个概念混淆，两者最主要的区别有三点（以下简称稳定性分析与点检）：第一点是统计稳定性分析的样件可以不清楚参考值，而点检用标准件必须要知道参考值，测量稳定性在这一点上却与点检相同；第二点是稳定性分析的操作员是工段上的实际操作人员，而点检则是指定的、固定的、合格的操作员或者是专业的设备维修与保养工程技术人员；第三点是点检的范围更广，标准件检查量值准确可靠只是其中一项内容，点检的内容包括开机检查、通电检查、功能检查、机构件检查、损耗件的确认等。

（1）统计稳定性——$\bar{X}$-R 控制图

$\bar{X}$-R 控制图的制作步骤如下：

1）取样：取一个稳定性良好的样件。其参考值可以不被我们知晓，但要粗略估计，使其尽量落在测量范围的中间。

2）评价者选取：实际的当前操作者，即 1 人。

3）测量：操作员对样件进行 3~10 次的重复测量。按一定的频率（如每天、每周等）进行测量，获取 $g \geq 15$ 组的测量数据。表 8.6.2 是每 4 天一次、每次重复 5 次测量的稳定性数据表。

表 8.6.2 计量型测量系统统计稳定性分析数据表

序号	时间	评价者	测量值					均值（$\bar{X}$）	极差（R）
			1	2	3	4	5		
1	2018年5月1日	A	19.9999	20.0000	19.9998	19.9999	19.9999	19.99990	0.0002
2	2018年5月5日	A	19.9999	19.9999	20.0000	19.9998	19.9999	19.99990	0.0002
3	2018年5月9日	A	19.9998	19.9999	19.9998	19.9999	20.0000	19.99988	0.0002
4	2018年5月13日	B	19.9999	19.9999	20.0000	19.9999	19.9999	19.99992	0.0001

(续)

序号	时间	评价者	测量值 1	测量值 2	测量值 3	测量值 4	测量值 5	均值（$\bar{X}$）	极差（R）
5	2018年5月17日	B	19.9999	19.9999	19.9998	19.9999	19.9999	19.99988	0.0001
6	2018年5月21日	A	19.9999	19.9998	19.9999	20.0000	19.9999	19.99990	0.0002
7	2018年5月25日	B	19.9999	19.9999	19.9998	19.9999	19.9999	19.99988	0.0001
8	2018年5月29日	A	19.9999	19.9998	19.9999	20.0000	19.9998	19.99988	0.0002
9	2018年6月2日	C	19.9999	20.0000	19.9999	20.0000	19.9999	19.99994	0.0001
10	2018年6月6日	A	19.9999	20.0000	20.0000	19.9999	19.9998	19.99992	0.0002
11	2018年6月10日	C	19.9999	19.9999	19.9999	19.9999	19.9998	19.99988	0.0001
12	2018年6月14日	C	19.9999	19.9998	19.9999	20.0000	19.9998	19.99988	0.0002
13	2018年6月18日	B	19.9999	20.0000	19.9999	19.9999	19.9999	19.99992	0.0001
14	2018年6月22日	B	19.9999	20.0000	20.0000	19.9998	19.9999	19.99992	0.0002
15	2018年6月26日	A	19.9999	20.0000	19.9998	19.9999	20.0000	19.99992	0.0002

4) 分析：

① 计算平均值（$\bar{X}$）的平均值（$\bar{\bar{X}}$）：

$$\bar{\bar{X}} = \frac{\sum_{i=1}^{g} \bar{x}_i}{g} = 19.9998987$$

② 计算极差（R）的平均值（$\bar{R}$）：

$$\bar{R} = \frac{\sum_{i=1}^{g} R_i}{g} = 0.0001596$$

③ 计算均值、极差控制图的控制限：

a. 均值图控制上限：$UCL_{\bar{X}} = \bar{\bar{X}} + A_2 \bar{R} = 19.9999907$。

b. 均值图控制下限：$LCL_{\bar{X}} = \bar{\bar{X}} - A_2 \bar{R} = 19.9998066$。

c. 极差图控制上限：$UCL_R = D_4 \bar{R} = 0.0003374$。

d. 极差图控制下限：$LCL_R = 0$。

其中：A_2、D_4 系数通过查 $\bar{X}$-R 图控制限系数表（附录C）可知，$g = 15$ 时，A_2 为0.223，D_4 为1.653。

④ 根据控制上下限绘制均值-极差图，如图8.6.3所示。

计量型测量系统统计稳定性均值-极差控制图与SPC中的均值-极差控制图有以下不同：

a. SPC的极差控制下限为 $D_3 \bar{R}$，D_3 系数同样查 $\bar{X}$-R 图控制限系数表可得，稳定性均值-极差控制图的极差控制下限为0。

b. SPC的均值-极差图判定规则为"八大判据"法则，而稳定性均值-极差控制图的判定规则为不超出控制限即可。

5) 结论：本例中从均值-极差图8.6.3可得结论为，该测量系统在统计上是稳定受控的。

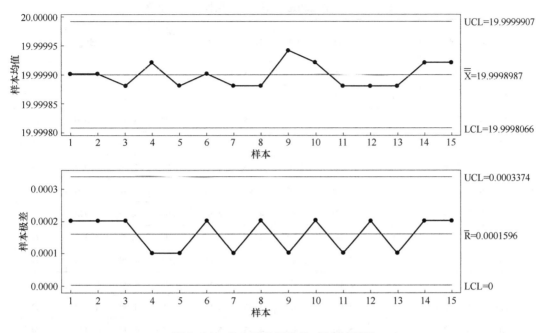

图 8.6.3 稳定性分析均值-极差控制图

(2) 测量稳定性——查检表

测量稳定性是用量具的最大允许误差（±MPEV）来作为其规格限的，虽然和计量学中的期间核查[⊖]非常相似，但前者仍然是由当前实际的操作员作为评价者，后者则是专业的计量技术人员，在人员带来的变差方面，两者有本质的区别。

测量稳定性分析的实施步骤如下：

1) 取样：取一个稳定性良好的样件。确认样件的参考值，参考值可溯源到国家或国际标准，确认方法详见本书 12.2 节内容中关于获取样件参考值的方法。

2) 评价者选取：实际的当前操作者，即 1 人。

3) 测量：操作员对样件进行 3～5 次的重复测量，按一定的频率（如每天、每周等）进行测量，每次测量时将测量值与平均值记录下来。表 8.6.3 是半年度的测量稳定性数据记录表（±MPEV = ±0.05）。

4) 分析。针对表 8.6.3 半年度的测量稳定性数据可以看出，在 2018 年 6 月 26 日出现了均值超规格上限（USL）的情况。作为 MSA 工程师，应对该异常进行调查，找出根本原因，然后进行改进。

测量稳定性的使用目的是保证整个操作生命周期内测量系统的准确可靠，这一点与 AIAG 对稳定性的定义很接近。但它的作用不是用来对测量系统的统计受控状态进行评估，它主要是保证测量工作的可持续。换句话说，就是出了异常要第一时间对测量系统进行调查和改进，在最短的时间内恢复测量工作。

⊖ 期间核查（intermediate check）是指根据规定程序，为了确定计量标准、标准物质或其他测量仪器是否保持其原有状态而进行的操作。

表 8.6.3　计量型测量系统测量稳定性分析数据表

序号	时间	评价者	参考值	USL	LSL	测量值			均值	判断
						1	2	3		
1	2018年5月1日	A	5.00	5.05	4.95	5.03	5.02	5.03	5.027	符合
2	2018年5月15日	A	5.00	5.05	4.95	5.02	5.01	5.01	5.013	符合
3	2018年5月29日	A	5.00	5.05	4.95	5.05	5.04	5.03	5.040	符合
4	2018年6月12日	B	5.00	5.05	4.95	5.01	5.03	5.02	5.020	符合
5	2018年6月26日	D	5.00	5.05	4.95	5.05	5.06	5.06	5.057	不符合
6	2018年7月10日	A	5.00	5.05	4.95	5.00	5.01	5.02	5.010	符合
7	2018年7月24日	B	5.00	5.05	4.95	4.98	5.00	4.99	4.990	符合
8	2018年8月7日	A	5.00	5.05	4.95	4.99	4.99	4.99	4.990	符合
9	2018年8月21日	C	5.00	5.05	4.95	5.00	5.01	4.99	5.000	符合
10	2018年9月4日	A	5.00	5.05	4.95	4.97	4.98	4.96	4.970	符合
11	2018年9月18日	C	5.00	5.05	4.95	4.97	4.99	4.98	4.980	符合
12	2018年10月2日	C	5.00	5.05	4.95	5.00	4.97	4.97	4.980	符合
13	2018年10月16日	A	5.00	5.05	4.95	4.96	4.96	4.96	4.960	符合
14	2018年10月30日	B	5.00	5.05	4.95	4.95	4.95	4.96	4.953	符合
15	2018年11月13日	A	5.00	5.05	4.95	4.94	4.95	4.96	4.950	符合

当然，也不是说测量稳定性只是为了保证日常测量工作的正常运行。当我们拥有了大批的数据之后，我们依然可以对数据进行一定的分析，例如，我们将表 8.6.3 的数据进行折线图的绘制，加上规格限后得到测量稳定性趋势图（图 8.6.4）。

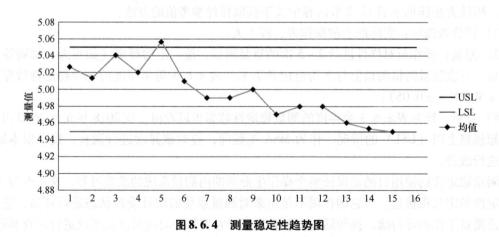

图 8.6.4　测量稳定性趋势图

测量系统的测量稳定性判定是在每次对标准样件的测量之后就完成的，相当于动态的判定，因此，结果往往不是用来对测量系统的稳定性是合格还是不合格，它关注的重点更在于日常的使用过程。

虽然如此，我们还是可以从趋势图中看出一些基本规律，例如图 8.6.4 就足以说明测量值是逐渐偏小的。至于这个偏小的趋势是由于样件本身不稳定造成的，还是由于测量系统的不稳定造成的，就需要对测量过程进行充分的了解和探索。从图中看，这种趋势是一种典型的"损耗"趋势，即可能是由于系统中的某种损耗带来的，如关键部件的磨损、标准样件的磨损等。

另外，我们还可以利用这种趋势对测量系统的稳定性分析（包括统计稳定性和测量稳定性）周期进行调整。

我们可以依照表 8.6.4 的样式对测量系统的测量稳定性进行日常查检。

表 8.6.4　测量稳定性查检表

测量系统的测量稳定性查检表（样板）										

工序段：　　　　　　　量具名称：　　　　　　　分析者：
零件：　　　　　　　　量具型号：
所测参数：　　　　　　量具编号：　　　　　　　分析频率：
量值单位：　　　　　　量具最大允许误差：
标准样件：　　　　　　USL：　　　　　　　　　起始日期：
参考值：　　　　　　　LSL：

序号	时间	评价者	参考值	USL	LSL	测量值			均值	判断
						1	2	3		
1	2018 年 5 月 1 日	A	5.00	5.05	4.95	5.03	5.02	5.03	5.027	符合
2	2018 年 5 月 15 日	A	5.00	5.05	4.95	5.02	5.01	5.01	5.013	符合
3	2018 年 5 月 29 日	A	5.00	5.05	4.95	5.05	5.04	5.03	5.040	符合
4	2018 年 6 月 12 日	D	5.00	5.05	4.95	5.01	5.03	5.02	5.020	符合
5	2018 年 6 月 26 日	B	5.00	5.05	4.95	5.05	5.06	5.06	5.057	不符合
6	2018 年 7 月 10 日	A	5.00	5.05	4.95	5.00	5.01	5.02	5.010	符合
7	2018 年 7 月 24 日	B	5.00	5.05	4.95	4.98	5.00	4.99	4.990	符合
8	2018 年 8 月 7 日	A	5.00	5.05	4.95	4.99	4.99	4.99	4.990	符合
9	2018 年 8 月 21 日	C	5.00	5.05	4.95	5.00	5.01	4.99	5.000	符合
10	2018 年 9 月 4 日	A	5.00	5.05	4.95	4.97	4.98	4.96	4.970	符合
11	2018 年 9 月 18 日	C	5.00	5.05	4.95	4.97	4.99	4.98	4.980	符合
12	2018 年 10 月 2 日	C	5.00	5.05	4.95	5.00	4.97	4.97	4.980	符合
13	2018 年 10 月 16 日	A	5.00	5.05	4.95	4.96	4.96	4.96	4.960	符合
14	2018 年 10 月 30 日	B	5.00	5.05	4.95	4.95	4.95	4.96	4.953	符合
15	2018 年 11 月 13 日	A	5.00	5.05	4.95	4.94	4.95	4.96	4.950	符合

异常履历：
　　2018 年 6 月 26 日出现了均值超规格上限（USL）的情况，经查，这一天的操作员为从别的工段临时调用的人员，由于生产紧急，该员工（D）未经培训就上岗操作，MSA 工程师已反馈该问题到工艺和生产管理部门，在流程上已经进行了新的规定：所有未经相应测量岗位培训的人员不得上岗进行测量操作。

(续)

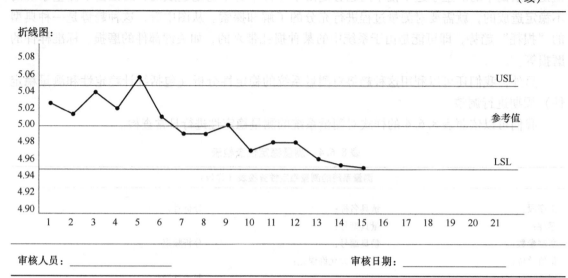

审核人员：_____　　　　　　审核日期：_____

5) 结论：依据本例数据和趋势图可知，该测量系统在 2018 年 6 月 26 日有异常且被修正；另外，该测量系统可能还存在某种原因的损耗，造成测量数据越来越小，应及时展开调查和修正以防止情况恶化。

8.6.2　计数型测量系统的稳定性分析

1. 统计稳定性——p 控制图、np 控制图

计数型测量系统的稳定性分析本身就不太容易实现，但在实际情况中，二进制属性测量系统的应用作为现代工业测量的高效、低成本的一种方式，其应用的广泛性也备受关注。因此，我们接下来介绍的计数型测量系统的稳定性主要是围绕二进制属性测量系统而展开的，如无特殊说明，绝大部分情况下均是指二进制属性测量系统。

（1）p 控制图

下面，我们来介绍一下具体的实施步骤：

1) 取样：在整个生产班次中随机抽取 $n = 50 \sim 200$ 个零件作为一个子组样本，建议大零件取 50 个，小零件取 200（或更多）。后续每次取样应重新在当前生产班次中随机抽取，但是，所有这些子组样本的不合格品数量应大于 5（$np > 5$），而且建议每个子组的容量应尽量相等，如每次都取 200 个零件。

所有这些样本均来自于一个过程稳定的生产过程，如果过程本身不稳定，那么，其样本对于测量系统分析来说也就没有帮助。

2) 评价者选取：实际的当前所有操作者，即所有参与测量的操作员均应参与分析过程。

3) 测量：所有操作员对 n 个零件进行评价。按一定的频率（如每天、每周等）进行评价，将每个子组的不合格品数（np）及不合格品率（p）记录下来，一共进行最少 25 次这样的评价，即子组的数量 $g \geqslant 25$。表 8.6.5 是 $n = 200$，$g = 30$，每隔 1 周评价一次，为期半年左右的数据记录表。

表8.6.5 二进制属性测量系统统计稳定性分析数据表

序号	时间	评价者	样本容量(n)	不合格数(np)	不合格率(p)
1	2018年5月1日	A、B	200	12	0.060
2	2018年5月8日	C、D	200	6	0.030
3	2018年5月15日	A、B	200	14	0.070
4	2018年5月22日	A、B	200	9	0.045
5	2018年5月29日	A、B	200	8	0.040
6	2018年6月5日	A、B、D	200	13	0.065
7	2018年6月12日	A	200	22	0.110
8	2018年6月19日	A、B	200	15	0.075
9	2018年6月26日	A、B	200	26	0.130
10	2018年7月3日	A、B	200	8	0.040
11	2018年7月10日	A、B	200	17	0.085
12	2018年7月17日	A、C	200	6	0.030
13	2018年7月24日	A、B	200	8	0.040
14	2018年7月31日	C、B	200	20	0.100
15	2018年8月7日	A、B	200	11	0.055
16	2018年8月14日	D、E	200	9	0.045
17	2018年8月21日	A、B	200	25	0.125
18	2018年8月28日	A、B	200	17	0.085
19	2018年9月4日	A、B	200	18	0.090
20	2018年9月11日	A、B、C	200	25	0.125
21	2018年9月18日	A、B、C	200	7	0.035
22	2018年9月25日	A、B、C	200	14	0.070
23	2018年10月2日	A、B、C	200	30	0.150
24	2018年10月9日	A、B、C	200	18	0.090
25	2018年10月16日	A、B、C	200	24	0.120
26	2018年10月23日	A、B、C	200	6	0.030
27	2018年10月30日	A、B、C	200	12	0.060
28	2018年11月6日	A、B	200	29	0.145
29	2018年11月13日	B、C、B	200	25	0.125
30	2018年11月20日	B、D	200	15	0.075

平时在做这些数据记录的同时，应尽可能把可能影响测量系统可靠性的情况记录下来，如人员的调岗、设备的保养情况、量具和夹具的校准状态、周围环境的变化等，这些都可能为后期的异常分析提供很大的参考价值。

4）分析：

① 计算平均不合格率（$\bar{P}$）：

$$\overline{P} = \frac{n_1 p_1 + n_2 p + \cdots + n_g p_g}{n_1 + n_2 + \cdots + n_g} \tag{8.6.1}$$

由于 $n_1 = n_2 = \cdots = n_g = n = 200$，$g = 30$

则有：

$$\overline{P} = \frac{n_1 p_1 + n_2 p_2 + \cdots + n_g p_g}{ng} = \frac{n_1 p_1 + n_2 p_2 + \cdots + n_{30} p_{30}}{200 \times 30} = \frac{469}{6000} = 0.078167$$

② 计算上、下控制限（UCL_p、LCL_p）：

$$UCL_p = \overline{P} + \frac{3\sqrt{\overline{P}(1-\overline{P})}}{\sqrt{n}}$$

$$LCL_p = \overline{P} - \frac{3\sqrt{\overline{P}(1-\overline{P})}}{\sqrt{n}}$$

代入本例中数据可得：

$$UCL_p = 0.078167 + \frac{3 \times \sqrt{0.078167 \times (1-0.078167)}}{\sqrt{200}} = 0.1351100$$

$$LCL_p = 0.078167 - \frac{3 \times \sqrt{0.078167 \times (1-0.078167)}}{\sqrt{200}} = 0.0212233$$

运用上式计算控制上、下限需要注意：

a. 如果在实际应用中有特殊情况导致无法使得 $n_1 = n_2 = \cdots = n_g = n$，那么，只要满足每个子组的容量（$n_i$，$i = 1, 2, \cdots, g$）与子组容量的平均值（$\overline{n}$）之差不超过 25%，就可以用子组容量的平均值 $\overline{n}$ 来代替 n 用于计算控制限。如果不满足上述条件，则需要按式（8.6.1）分别带入 n_i 进行 $\overline{P}$ 的计算。

b. 另外，如果 $LCL_p < 0$，则记 LCL_p 为：$LCL_p = 0$。

③ 绘制 p 控制图：包括纵坐标 p、横坐标 g、上控制限 UCL_p、下控制限 LCL_p 和参考线 $\overline{P}$，如图 8.6.5 所示。

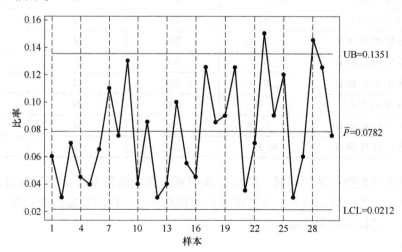

图 8.6.5 人工二进制属性测量系统稳定 p 控制图

从图 8.6.5 中可以看出，第 23、第 28 个点超出了控制上限，我们查看原始数据中的不合格品数得知，这两次的不合格品数分别为 30 和 29，作为 MSA 工程师，我们应该去调查并且确认问题的原因。通常这种不合格品数异常大的原因可能是：

a. 实际过程发生异常——产品的不良率增大。

b. 样本的选择不够具备代表性——应与实际的产品不良率进行对比，确认样本的选择是否具备代表性。

c. 测量系统确实异常——这就需要进一步找到异常因子，然后制定相应的改进计划。

5）结论：p 控制图的判据为满足以下任何一种情况均认为异常：

① 超出控制限——本例为第 23、第 28 个点超出了控制上限。

② 连续 7 点位于均值的一侧——本例无此情况。

③ 连续 7 点上升（后者与前者相等或比前者大）或连续下降（后者与前者相等或比前者小）——本例无此情况。

④ 明显多于三分之二的点位于接近均值的区域，对于 25~30 个子组，90% 以上的点位于控制限中部三分之一的区域内认为是明显多于三分之二——本例无此情况。

⑤ 明显少于三分之二的点位于接近均值的区域，对于 25~30 个子组，40% 以下的点位于控制限中部三分之一的区域内认为是明显少于三分之二——本例无此情况。

(2) np 控制图

不合格品数 np 控制图更适用于子组容量固定的样本，前文 p 控制图例子其实就是这样的一个特殊情况，并且，np 控制图与 p 控制图在判据上也是相同的，因此，仍以表 8.6.5 的数据为例，在 p 控制图的基础上，制作 np 控制图。步骤如下：

1）取样：除样本的子组容量（n）固定外，其他均与 p 控制图相同。

2）评价者选取：与 p 控制图相同。

3）测量：与 p 控制图相同。

4）分析：

① 计算平均不合格数（$n\overline{P}$）：

$$n\overline{P} = \frac{n_1 p_1 + n_2 p + \cdots + n_g p_g}{g}$$

带入数据可得：

$$n\overline{P} = \frac{n_1 p_1 + n_2 p + \cdots + n_{30} p_{30}}{30} = 15.633333$$

② 计算上、下控制限（UCL_{np}、LCL_{np}）：

$$UCL_{np} = n\overline{P} + 3\sqrt{n\overline{P}\left(1 - \frac{n\overline{P}}{n}\right)}$$

$$LCL_{np} = n\overline{P} - 3\sqrt{n\overline{P}\left(1 - \frac{n\overline{P}}{n}\right)}$$

代入本例中数据可得：

$$UCL_p = 15.633333 + 3 \times \sqrt{15.633333 \times (1 - 0.078167)} = 27.02201$$

$$LCL_p = 15.633333 - 3 \times \sqrt{15.633333 \times (1 - 0.078167)} = 4.24466$$

③ 绘制 np 控制图：包括纵坐标 np、横坐标 g、上控制限 UCL_{np}、下控制限 LCL_{np} 和参考线 $n\bar{P}$，如图 8.6.6 所示。

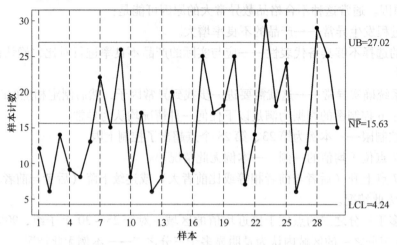

图 8.6.6 人工二进制属性测量系统稳定 np 控制图

图 8.6.6 与图 8.6.5 本质上是没有区别的，只不过 np 控制图的纵坐标、参考线与控制限都从比率换成了数量，一般在以下两种情况下，我们可以选择 np 控制图：

a. 不合格品的实际数量比不合格品率更有意义或更容易报告。

b. 各阶段子组的样本容量相同或期望相同以使得分析工作更加便捷。

5）结论：与 p 控制图相同，此处不再赘述。

2. 测量稳定性——查检表

通/止标准件（GNG Master）通常用于二进制属性测量系统的测量稳定性分析，与计量型测量系统的测量稳定性一样，二进制属性测量系统的测量稳定性主要也是为了保证日常测量工作的稳定，这是与统计稳定性本质上的区别。

在本书 5.2 的内容中，我们对 Master 的三个等级——金标（Golden Master）、银标（Silver Master）、工标（Working Master）进行了相应的说明，通常用于二进制属性测量系统的测量稳定性分析的 GNG Master 属于 Working Master，这种 Master 的来源有两个：通用外购标准件，如标准电阻、Hg 标液等，这些标准均能溯源到国家或国际标准；自制样件标准件是拿产品制作的，其计量特性在指定的时间范围内是稳定的，有专门的维护和核查确认，同样可以溯源到国家或国际标准。

由于要考虑测量对象对测量系统的影响，作为二进制属性测量系统的测量稳定性分析的 GNG Master 主要是第二种——自制样件标准件。第一种主要是计量领域专门针对量具而不是测量系统的，如果 Master 的特性不影响测量系统，如重量特性对于电子秤来说就没有区别了，换句话说，电子秤所称量的对象主要特性是重量，和其材质、外形、颜色、气味等均无明显的关系，因此，可以采用外购标准件替代。

另外一个需要我们考虑的是 GNG Master 的参考值的确定问题。首先，GNG Master 必须由更高阶的计量器具对其进行校准后确定其参考值；其次，用于校准 GNG Master 参考值的高阶量具误差绝对值（E_m）应满足：

$$\frac{1}{10}\text{MPEV} \leq E_m \leq \frac{1}{3}\text{MPEV}$$

式中，MPEV 值为被评价量具的最大允许误差的绝对值。

通常情况下，如无客观上的困难，建议一般取 1/10 的比率为最佳。

最后，GNG Master 的参考值通过高阶计量器具是具有测量不确定度的，通过查询 GNG Master 的校准报告可得到 U_{95}，必须满足以下条件，该 GNG Master 才可用于稳定性分析：

$$U_{95} \leqslant \frac{1}{3} E_m$$

式中，U_{95} 指包含概率为 95% 的扩展不确定度。

因此，在制作或采购 GNG Master 的时候，需要把握的关键点有两个：第一，Master 本身要稳定；第二，Master 的参考值确定的高阶量具一定要具备较小的测量结果的不确定度。

GNG Master 包含的是一对标准件——GO Master 与 NOGO Master，这一对标准件的参考值一定要注意其分布：最好是关于产品公差限的对称分布；参考值 = 公差限值 ± 1/10MPEV。

例如，某产品的公差限为 ≥50，那么，其公差限值则为 50，另外，用于该产品测量的量具最大允许误差为 ±3，那么，MPEV = 3，有如下情况：

GO Master 的值：$GO = 50 + \frac{1}{10} \times 3 = 50.3$

NOGO Master 的值：$NG = 50 - \frac{1}{10} \times 3 = 49.7$

因此，我们应该制作一对参考值为 50.3 和 49.7 的 GO 和 NOGO Master，如图 8.6.7 所示。

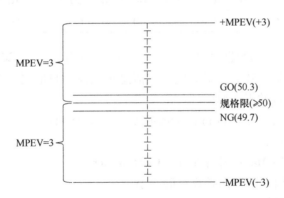

图 8.6.7　GNG Master 参考值的确定

二进制属性测量系统的测量稳定性分析步骤如下：

1）取样：取一对 GNG Master。要确保其为稳定的并确定其参考值。

2）评价者选取：实际的当前操作者，即 1 人。

3）测量：操作员对 GNG Master 进行 3 次的重复测量，按"投票法则"，最终结果以少数服从多数计。如对 GO Master 重复 3 次测量，有 2 次是 GO，1 次是 NOGO，则取 GO 为最终结果。

按一定的频率（如每天、每周等）进行测量，每次测量时将测量值与最终结果值记录下来。表 8.6.6 是一个季度的测量稳定性数据记录表。

表 8.6.6　二进制属性测量系统测量稳定性分析数据表

序号	时间	评价者	规格限	GNG Master GO	GNG Master NOGO	测量值（GO） 1	测量值（GO） 2	测量值（GO） 3	最终结果	测量值（NOGO） 1	测量值（NOGO） 2	测量值（NOGO） 3	最终结果	判断
1	2018年5月1日	A	≥50	50.3	49.7	GO	GO	GO	GO	NG	NG	NG	NG	符合
2	2018年5月7日	B	≥50	50.3	49.7	GO	GO	GO	GO	NG	NG	NG	NG	符合
3	2018年5月13日	C	≥50	50.3	49.7	GO	GO	GO	GO	NG	NG	NG	NG	符合
4	2018年5月19日	A	≥50	50.3	49.7	GO	GO	GO	GO	NG	NG	NG	NG	符合
5	2018年5月25日	A	≥50	50.3	49.7	GO	GO	GO	GO	NG	NG	NG	NG	符合
6	2018年5月31日	B	≥50	50.3	49.7	GO	GO	GO	GO	NG	NG	NG	NG	符合
7	2018年6月6日	C	≥50	50.3	49.7	GO	GO	GO	GO	NG	NG	NG	NG	符合
8	2018年6月12日	A	≥50	50.3	49.7	GO	GO	NG	GO	GO	GO	GO	GO	不符合
9	2018年6月18日	A	≥50	50.3	49.7	GO	GO	GO	GO	NG	NG	NG	NG	符合
10	2018年6月24日	B	≥50	50.3	49.7	GO	GO	GO	GO	NG	NG	NG	NG	符合
11	2018年6月30日	C	≥50	50.3	49.7	GO	GO	GO	GO	NG	NG	NG	NG	符合
12	2018年7月6日	B	≥50	50.3	49.7	GO	GO	GO	GO	NG	NG	NG	NG	符合
13	2018年7月12日	C	≥50	50.3	49.7	GO	GO	GO	GO	NG	NG	NG	NG	符合
14	2018年7月18日	C	≥50	50.3	49.7	NG	NG	NG	NG	NG	NG	NG	NG	不符合
15	2018年7月24日	A	≥50	50.3	49.7	GO	GO	GO	GO	NG	NG	NG	NG	符合
16	2018年7月30日	A	≥50	50.3	49.7	GO	GO	GO	GO	NG	NG	NG	NG	符合

4）分析：从表 8.6.6 的数据可以看出，在 2018 年 6 月 12 日、2018 年 7 月 18 日这两天出现异常，由于二进制属性数据给我们提供的信息更加少，我们更应该对测量过程进行详细的调查和理解，找出异常的根本原因。

有时候也要根据表格的数据进行初步的判断，如 2018 年 7 月 18 日的数据就比较特别，需要对以下原因进行探讨：

① 操作员是否把 GO Master 错拿成了 NOGO Master。
② GO Master 是否出现磨损而导致数值变小。
③ 记录数据是否错误。
④ 测量设备是否异常。

带着疑问，我们去现场调查清楚原因再制定相应的改进计划。与计量型测量系统不同，我们很难用表 8.6.6 的数据绘制趋势图。虽然如此，但我们仍然可以进行目视化管理，比如绘制双色条形图。

先把数据做一个简化的处理，见表 8.6.7、表 8.6.8。

表 8.6.7　GO 与 NOGO 的最终结果

序号	1	2	3	4	5	6	7	8	9	10	11	12	13	14	15	16
GO 最终结果	GO	GO	GO	GO	GO	GO	GO	GO	GO	GO	GO	GO	GO	NG	GO	GO
NG 最终结果	NG	NG	NG	NG	NG	NG	NG	GO	NG	NG	NG	NG	NG	NG	NG	NG

表 8.6.8　给 GO 与 NOGO 赋值，GO =1，NOGO = -1

序号	1	2	3	4	5	6	7	8	9	10	11	12	13	14	15	16
GO	1	1	1	1	1	1	1	1	1	1	1	1	1	-1	1	1
NG	-1	-1	-1	-1	-1	-1	-1	1	-1	-1	-1	-1	-1	-1	-1	-1

根据 ±1 列表绘制红绿双色条形图，如图 8.6.8 所示。

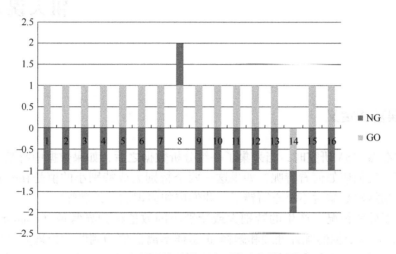

图 8.6.8　二进制属性测量系统测量稳定性双色条形图

图 8.6.8 中，红色代表 NG，绿色代表 GO。正常情况下红绿双色应在 $X=0$ 的参考线上下对称分布，如果出现错位，那表示异常状况。如第 8 次测量值，红色条出现在绿色区域（+），说明参考值 NG 被误判为 GO；第 14 次测量值，绿色条出现在红色区域（-），说明参考值 GO 被误判为 NG。

双色条形图在数据组不多的情况下用途不够明显，当数据组非常多时，双色条形图的直观性则可以为我们的分析工作带来很多的方便。

第 9 章
粗大误差的剔除

9.1 粗大误差的定义

平时我们在做 MSA 研究时，当采集了一组分析数据之后，如果数据中有某一两个特别大或特别小的值，我们应如何看待呢？如果这一两个特别大或特别小的值是在一种意外的情况下产生的，比如抄写数据时不小心写错了，我们应如何识别、处理呢？

我们把在意外的情况下产生的特别大或特别小的数值称为异常值（abnormal value），按 GB/T 4883—2008《数据的统计处理和解释 正态样本离群值的判断和处理》的定义，把这样的异常值定义为正态样本的离群值（outlier）。国家标准对离群值的定义为：样本中的一个或几个观测值，它们离开其他观测值较远，暗示它们可能来自不同的总体。

离群值的出现会给 MSA 的分析工作带来严重的影响，造成结果偏离，从而导致我们对测量系统的变差产生误判。传统上把这一类异常的偏离称为"粗大误差"，这是一种通俗而形象的叫法。从严格意义上讲，离群值并不属于一种误差类型，离群值是由于某种误操作或某种超出正常预期的意外事件引起的异常测量值，是不正常的，也就不能用于测量误差的评估。既然它是不能用于评估的异常值，我们就应该利用科学的方法对其进行识别和剔除。

产生粗大误差的原因有很多，但无一例外均属于意外情况。这些原因包括：

1) 测量台意外的振动。如某三坐标测量仪旁边突然经过一部大型的叉车引起的振动。

2) 量具受到意外的冲击力。如精密电子秤在测量读数时防风玻璃罩未关闭，秤盘受到周围空气流动的冲击。

3) 电源电压、频率不稳。大多数数字仪器、仪表均容易受供电电压和频率变化的影响，如示波器、微欧计等。

4) 电场、磁场的干扰。有些特殊测量设备需要远离一定强度的电场或磁场，如磁力计、电场强度计、微波测试仪等。

5) 量具偶发故障。请注意这种故障是偶发的，出现的概率很低，而且是容易被现场人员识别的一种异常情况，我们才能将其定义为异常状况；相反，如果量具的故障是持续性的或以某种规律变化（如逐渐上升、逐渐下降），这就是系统误差了。

6) 计算机软件读数异常。这种情况主要是实际测量值与软件读数值明显不一致，而且是软件产生了 BUG 而引起的读数错误，例如我们拿一个参考值为 20mm 的标准量块给在线长度测量仪进行测量，测量仪的读数为 36mm，这种读数和正常的误差不一样，超出了正常预期范围，我们就要对这样的情况进行排查和修正，所产生的异常值则需要被剔除掉。

7) 人为读数或记录错误。这种情况和软件类似,也是产生了极为不正常的读数值,比如小数点写错了,或数字 8 看成了 3 等。另外,数据的计算错误也属于人为的粗心大意造成的异常值。

一般针对一组数据,我们可以用快捷的方法先对其进行初步的确认,比如箱线图、余数图(残差图)就是一些很好的工具。

例如,表 9.1.1 是我们用来做线性分析的一组数据。

表 9.1.1　线性分析原始数据记录表

		零件数(子组容量 $g=5$)				
	零件	1	2	3	4	5
	参考值	2.0	4.0	6.0	8.0	10.0
测量次数 (子组大小 $m=12$)	1	2.7	5.1	5.8	7.6	9.1
	2	2.5	3.9	5.7	7.7	9.3
	3	2.4	4.2	5.9	7.8	9.5
	4	2.5	5.0	5.9	7.7	9.3
	5	4.5	1.8	6.0	7.8	9.4
	6	2.3	3.9	6.1	7.8	9.5
	7	2.5	3.9	6.0	7.8	9.5
	8	2.5	3.9	6.1	7.7	9.5
	9	2.4	3.9	6.4	7.8	9.6
	10	2.4	4.0	6.3	7.5	9.2
	11	2.6	4.1	6.0	7.6	9.3
	12	2.4	3.8	6.1	7.7	15.2

这张数据表是在表 8.4.5 的基础上修改了 3 个值:1 号零件第 5 次测量值原 2.7,改为 4.5;2 号零件第 5 次测量值原 3.8,改为 1.8;5 号零件第 12 次测量值原 9.4,改为 15.2。

我们用箱线图(图 9.1.1)来检查表 9.1.1 的数据中是否存在明显的异常值。

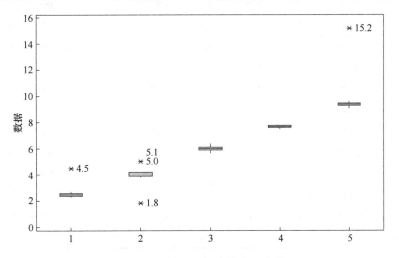

图 9.1.1　箱线图初步检查异常值

本来我们是修改了 3 个值的，但从图 9.1.1 中我们却看到了 5 个异常值，这说明我们未修改前的数据中可能就存在两个异常值。下面，我们再用一次箱线图（图 9.1.2）检查未修改前的数据是否存在异常值。

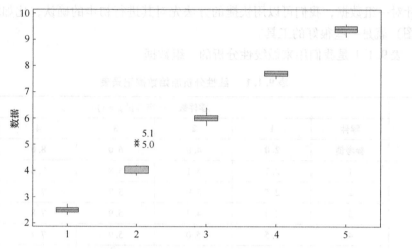

图 9.1.2　数据未修改前的箱线图

从图 9.1.2 中我们确实看到了 2 个异常值。这说明我们之前引用的 AIAG MSA 手册的例子数据中可能存在异常值，而在例子中我们得出的结论是线性误差不满足要求，这一点就值得我们警惕。当分析数据中存在异常值的时候，我们第一步应该先对其进行识别和剔除，然后才能拿来做 MSA 的分析。可能结果往往会截然相反，而这种截然相反是否真正符合正常情况下的 MSA 结论，也需要我们去了解清楚异常值产生的根源在哪里，这样才能使得我们更加相信剔除异常值之后的 MSA 结论。

用余数图（残差图）来看异常值也很方便，我们对表 9.1.1 进行余数计算，见表 9.1.2。

表 9.1.2　线性分析原始数据余数表

零件		1	余数 1	2	余数 2	3	余数 3	4	余数 4	5	余数 5
测量次数	1	2.7	0.058	5.1	1.142	5.8	-0.225	7.6	-0.108	9.1	-0.767
	2	2.5	-0.142	3.9	-0.058	5.7	-0.325	7.7	-0.008	9.3	-0.567
	3	2.4	-0.242	4.2	0.242	5.9	-0.125	7.8	0.092	9.5	-0.367
	4	2.5	-0.142	5	1.042	5.9	-0.125	7.7	-0.008	9.3	-0.567
	5	4.5	1.858	1.8	-2.158	6	-0.025	7.8	0.092	9.4	-0.467
	6	2.3	-0.342	3.9	-0.058	6.1	0.075	7.8	0.092	9.5	-0.367
	7	2.5	-0.142	3.9	-0.058	6	-0.025	7.8	0.092	9.5	-0.367
	8	2.5	-0.142	3.9	-0.058	6.1	0.075	7.7	-0.008	9.5	-0.367
	9	2.4	-0.242	3.9	-0.058	6.4	0.375	7.8	0.092	9.6	-0.267
	10	2.4	-0.242	4	0.042	6.3	0.275	7.5	-0.208	9.2	-0.667
	11	2.6	-0.042	4.1	0.142	6	-0.025	7.6	-0.108	9.3	-0.567
	12	2.4	-0.242	3.8	-0.158	6.1	0.075	7.7	-0.008	15.2	5.333
平均值		2.64		3.96		6.03		7.71		9.87	

绘制余数图，如图 9.1.3 所示。

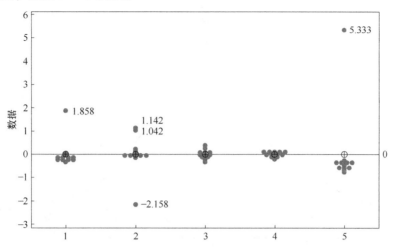

图 9.1.3　余数图初步查看异常值

从图 9.1.3 所示余数图中，我们同样可以看出数据中存在 5 个异常值点。

当然了，利用箱线图和余数图只是帮助我们初步确认异常值，也就是离群值是否存在，有些值就很难确定，比如 3 号零件的第 9 次测量值 6.4 是不是离群值？对于这一类不明显但又值得我们怀疑的测量值，实际上我们应该利用更加严谨、科学的方法来判别它们。

离群值的判别和剔除包含以下两种方法：物理判别法和统计判别法。

对于物理判别法，其含义就是异常状况（振动、冲击、电压/频率不稳、电磁场干扰、量具偶发故障、软件 BUG、人为粗心等）很容易被确认和识别的时候，我们可以对该异常状况下产生的异常值（离群值）进行直接的剔除。

对于统计判别法，我们在下一节内容中将会做详细介绍。

9.2　粗大误差的剔除方法

粗大误差统计判别法中包括了三个最常用的方法：拉依达准则（Pau Ta criterion）、格拉布斯准则（Grubbs criterion）和狄克逊准则（Dixon criterion）。

9.2.1　拉依达准则

拉依达准则又被称为"3σ 准则"，适用于重复测量次数 $r \gg 10$ 的情况。因为其基本原理是建立在标准偏差的基础上，所以测量次数越多越好，最佳重复测量次数 $r > 50$。

使用拉依达准则的前提是假定总体服从正态分布，正态分布的概率密度为 $P = 99.73\%$ 的标准差宽度为 6σ，即 $\pm 3\sigma$，如图 9.2.1 所示。

正态分布概率密度：

$$P = \int_{-3\sigma}^{+3\sigma} f(X) \, dX = 99.73\%$$

当随机变量（任一测量值）落在 $\pm 3\sigma$ 之外时，其概率为 $1 - P = 0.27\%$，我们即认为这是一个小概率事件发生了。也就是说，该随机变量不是正常情况下产生的一个测量值，应该是由某种超出常态的预期而发生的意外测量值，我们则判断它为粗大误差。

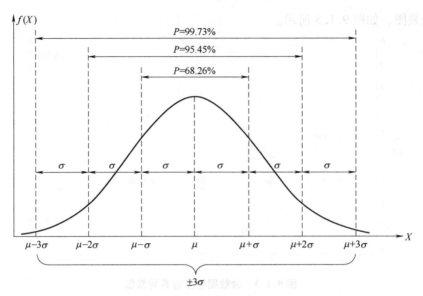

图 9.2.1　正态分布的概率密度 P

根据 $\pm 3\sigma$ 的理论，我们就可以利用 3σ 作为一个边界条件，通过计算任意一组测量数据的实验标准偏差 s 来对 σ 进行无偏估计（前提是样本容量要足够），即可进行粗大误差的判别。具体的操作步骤如下：

1）确认样本容量（即重复测量次数）$r \gg 10$，最佳为 $r > 50$。
2）求出样本均值：$\bar{x}$。
3）计算每个测量值（x_i）的残余误差（残差）：$v_i = x_i - \bar{x}$。
4）求出样本的实验标准偏差：

$$s = \sqrt{\frac{\sum_{i=1}^{r}(x_i - \bar{x})^2}{r-1}}$$

5）将每一个残差的模 $|v_i|$ 与 $3s$ 进行对比，如果 $|v_i| > 3s$，则认为该数据为粗大误差值（异常值），直接将其剔除。
6）将剔除粗大误差值之后的 $(r-1)$ 项测量数据再按上述步骤（2~5）重复进行一遍，直至所有粗大误差值全部被剔除为止。
7）请注意，如果有多个值的 $|v_i| > 3s$，应逐一剔除，先剔除 $|v_i|$ 较大的值。
8）尽可能排除意外影响因素之后，再次用该测量系统采集数据，以填补剔除后的数据空缺。

举例说明：表 9.2.1 是 MSA 工程师对某自动化设备的偏倚进行改善后，对改善效果进行验证而采集的测量数据。

表 9.2.1　单点偏倚改善后效果验证数据

测量值（单个零件 $r = 50$ 次自动测量数据）									
166.327	168.207	164.866	165.158	165.776	165.015	165.195	164.728	164.743	165.022
165.544	165.885	164.949	165.583	165.407	163.627	164.158	164.842	164.559	165.116
166.251	164.397	165.077	164.472	165.160	164.173	165.267	164.983	166.095	164.636
164.013	165.165	164.978	160.325	165.015	164.676	164.703	164.564	165.766	164.711
165.735	163.952	164.341	165.165	165.338	164.412	165.672	166.007	163.937	163.624

我们先用箱线图对数据进行初步的观察,如图 9.2.2 所示。

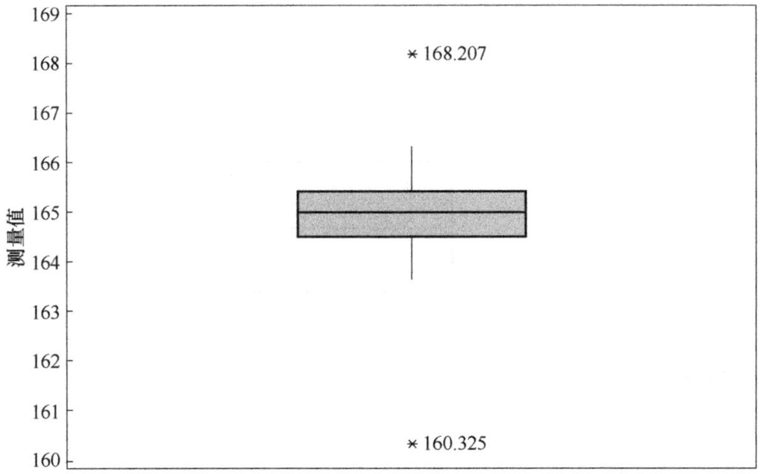

图 9.2.2 箱线图

从箱线图中可以初步判定数据组中有两个异常值,我们在原始数据表 9.2.1 中标记灰色。下面,我们应用拉依达准则对数据组进行统计上异常值的判别。首先计算平均值:$\bar{x} = 164.95$,然后求出 50 个残差值,见表 9.2.2。

表 9.2.2 残差值

$v_i = x_i - \bar{x}$									
1.380	3.261	-0.081	0.211	0.830	0.068	0.249	-0.218	-0.203	0.076
0.597	0.939	0.003	0.636	0.460	-1.320	-0.788	-0.104	-0.387	0.169
1.304	-0.550	0.130	-0.474	0.214	-0.773	0.320	0.036	1.149	0.311
-0.934	0.219	0.031	-4.621	0.069	-0.270	-0.243	-0.383	0.819	-0.235
0.789	-0.994	-0.605	0.219	0.392	-0.534	0.725	1.060	-1.010	-1.323

计算实验标准偏差:

$$s = \sqrt{\frac{\sum_{i=1}^{50}(x_i - \bar{x})^2}{50 - 1}} = \sqrt{\frac{52.42375}{49}} = 1.034346$$

因此,有 $3s = 3 \times 1.034346 = 3.103$。

将 50 个残差的绝对值 $|v_i|$ 与 $3s$ 比较,将 $|v_i| > 3s$ 对应的 x_i 进行剔除,得出结论是:

$|v_i| = 3.261 > 3s = 3.103$,对应测量值为:168.207;

$|v_i| = 4.621 > 3s = 3.103$,对应测量值为:160.325。

由于 160.325 的 $|v_i|$ 要大于 168.207 的 $|v_i|$,故先剔除 160.325 这个异常值。

接下来对剩余的 49 个测量值重复使用一遍拉依达准则,直到没有发现异常值为止。通过不断识别,发现 168.207 也是异常值,予以剔除(重复过程省略)。

最后对粗大误差的来源进行查明,排除之后,再对原样件进行两次随机的测量,得到两个数据:165.611 和 164.989。

再用箱线图对新的数据组进行初步查看，如图 9.2.3 所示。

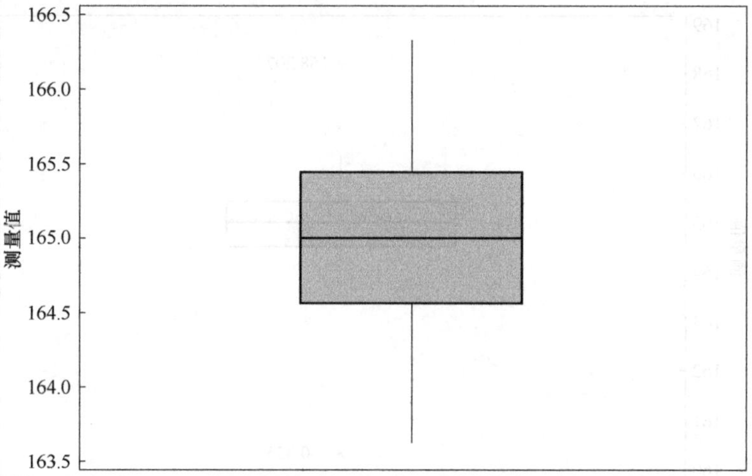

图 9.2.3　箱线图（新）

从新的箱线图可以看出，数据组无明显的异常值，再利用拉依达准则进行判别：$3s = 1.9543$，残差绝对值见表 9.2.3。

表 9.2.3　残差绝对值

				$\|v_i\|$					
1.339	0.623	0.122	0.170	0.789	0.027	0.208	0.259	0.244	0.035
0.556	0.898	0.039	0.595	0.419	1.361	0.830	0.145	0.429	0.128
1.263	0.591	0.089	0.515	0.173	0.815	0.279	0.005	1.108	0.352
0.975	0.178	0.010	0.001	0.027	0.311	0.284	0.424	0.778	0.276
0.747	1.035	0.646	0.178	0.351	0.575	0.684	1.019	1.051	1.364

因为 $|v_i| < 3s$，所以新的数据组中不存在异常值，可以用于偏倚的分析。

9.2.2　格拉布斯准则

对于服从正态分布的测量结果，其残余误差出现在 $\pm 3\sigma$ 附近的概率已经很小了，如果测量次数不够多，残余误差超过 3σ 几乎是不太可能的，因此，用拉依达准则判别和剔除粗大误差时，往往有些粗大误差识别不出来。另外，实际 MSA 分析工作中的重复测量次数一般较少，仅仅根据少量的重复测量值来计算实验标准偏差 s，其本身就存在不小的估计偏差。

因此，当测量次数不多时，不宜用拉依达准则，此时，我们可以使用格拉布斯准则。

格拉布斯准则对粗大误差的判别步骤如下：

1）确认样本容量（即重复测量次数）$3 \leqslant r \leqslant 50$。如果样本容量超过 50 就选拉依达准则。
2）求出样本均值：$\bar{x}$。
3）求出样本的实验标准偏差：

$$s = \sqrt{\frac{\sum_{i=1}^{r}(x_i - \bar{x})^2}{r-1}}$$

4）将所有测量值（x_i）按从小到大的顺序重新排列：$x_1 \leqslant x_2 \leqslant \cdots \leqslant x_r$。

5）计算首、尾测量值的格拉布斯准则数（$T_i = T_1, T_r$）：

① 首位（$i = 1$）：

$$T_1 = \frac{|v_1|}{s} = \frac{|x_1 - \bar{x}|}{s}$$

② 末尾（$i = r$）：

$$T_r = \frac{|v_r|}{s} = \frac{|x_r - \bar{x}|}{s}$$

6）根据样本容量 r 和判别显著性水平 α，从"格拉布斯准则临界值 $T(r, \alpha)$ 表"（附录6）中查得相应的格拉布斯准则临界值 $T(r, \alpha)$。若：

$$\text{MAX}(T_i) \geqslant T(r, \alpha)$$

则认为 x_i（$i = 1$ 或 r）为异常值，可将其剔除。

请注意，每次只能剔除一个异常值，若 T_1 和 T_r 都 $\geqslant T(r, \alpha)$，则应剔除两者中较大者；再对容量为（$r - 1$）的样本重复进行上述步骤，直至余下的测量值中未发现有异常值为止。

显著性水平 α 一般可以取 0.05 或 0.01，其含义是按临界值判定为异常值而其实并非异常值的概率（第一类错误或 α 风险），即判断失误的可能性。通常情况下 $\alpha = 0.05$，也就是默认其置信度为 95%。α 取 0.01 的置信度为 99%，但这需要特别的说明，否则取默认值 0.05。

7）尽可能排除意外影响因素之后，再次用该测量系统采集数据以填补剔除后的数据空缺。

举例说明：MSA 工程师采集了一组数据准备做 GRR 分析，见表 9.2.4。

表 9.2.4 GRR 分析数据表

操作员	测量顺序	零件									
		1	2	3	4	5	6	7	8	9	10
A	1	86.76	85.07	84.14	88.27	86.36	88.43	87.99	87.47	90.73	86.88
	2	86.98	85.11	84.19	88.57	87.12	88.47	87.88	87.74	90.73	89.63
	3	87.55	85.19	84.17	88.43	86.11	88.67	87.80	87.95	90.47	89.28
B	1	86.82	85.07	84.27	87.23	86.52	88.47	88.13	86.86	89.91	90.18
	2	86.92	85.03	83.25	92.11	87.15	88.86	88.38	87.08	89.94	89.29
	3	86.91	85.05	84.18	87.62	86.81	88.52	88.28	87.03	89.78	89.62
C	1	85.79	85.21	84.31	87.58	86.69	88.92	88.48	86.62	89.95	89.37
	2	85.74	84.18	84.26	87.85	86.68	88.77	88.15	86.74	89.89	89.23
	3	85.75	84.14	84.20	88.13	86.62	88.97	88.16	86.73	89.91	89.13

GRR 分析结果见表 9.2.5。

MSA 工程师发现 GRR 结果不符合要求，于是查看 GRR 分析图以期初步发现一些疑点，如图 9.2.4 所示。

MSA 工程师发现 R 控制图（极差图）中，操作员 A 在测量第 10 个零件、操作员 B 在测量第 4 号零件时的极差值非常大，见表 9.2.4，可以借助箱线图初步查看 4 号零件和 10 号零件的数据，如图 9.2.5 所示。

表 9.2.5 量具 R&R 研究-方差分析法

包含交互作用的双因子方差分析表

来源	自由度	SS	MS	F	P
零件	9	290.744	32.3049	61.2430	0.000
操作员	2	1.648	0.8238	1.5618	0.237
零件 * 操作员	18	9.495	0.5275	1.3892	0.171
重复性	60	22.783	0.3797		
合计	89	324.669			

删除交互作用项选定的 Alpha = 0.25

量具 R&R

来源	方差分量	方差分量贡献率
合计量具 R&R	0.43885	11.06
重复性	0.37971	9.57
再现性	0.05914	1.49
操作员	0.00988	0.25
操作员 * 零件	0.04926	1.24
部件间	3.53082	88.94
合计变异	3.96967	100.00

过程公差 = 10

来源	标准差（SD）	研究变异（6 * SD）	%研究变异（%SV）	%公差（SV/Toler）
合计量具 R&R	0.66246	3.9747	33.25	39.75
重复性	0.61621	3.6973	30.93	36.97
再现性	0.24318	1.4591	12.21	14.59
操作员	0.09939	0.5963	4.99	5.96
操作员 * 零件	0.22194	1.3316	11.14	13.32
部件间	1.87905	11.2743	94.31	112.74
合计变异	1.99240	11.9544	100.00	119.54

可区分的类别数 = 3

从箱线图中确实可以看到两个疑似异常值。

接着 MSA 工程师拿到了原始记录数据表与电子存档数据进行对比发现，92.11 这个值是自己在将数据输入电脑时不小心输错了，原始记录数据表上操作员 B 的第 4 个零件测量值是：87.23、87.11、87.62。

但操作员 A 的数据却是相符的，说明疑似异常值 86.88 不是因输入错误产生的——可能是别的什么原因。由于调查的困难，MSA 工程师只能对 92.11 这个值使用物理判别法对其进行剔除处理，但针对于 86.88 这个值，这位工程师只有借助于统计判别法来识别它是否为异常值。

下面是针对 10 号零件的 9 次重复测量（样本容量 $r = 9$）进行的格拉布斯准则判别步骤（数据见表9.2.4）：

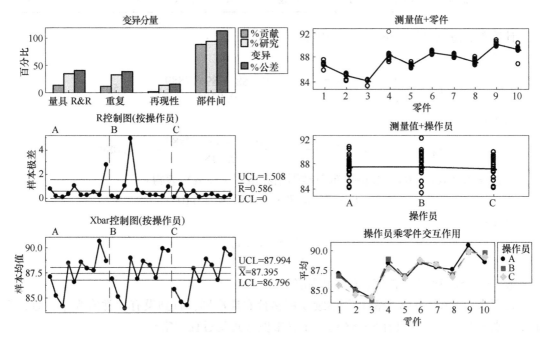

图 9.2.4 测量值的量具 R&R（方差分析）

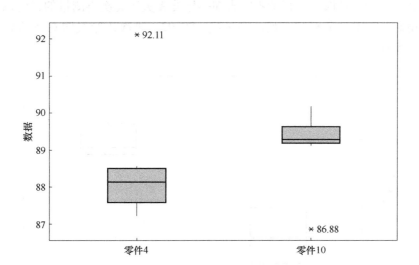

图 9.2.5 零件 4 和零件 10 箱线图

首先计算平均值：$\bar{x}=89.17889$；然后计算实验标准偏差：

$$s=\sqrt{\frac{\sum_{i=1}^{9}(x_i-\bar{x})^2}{9-1}}=\sqrt{\frac{6.749289}{8}}=0.9185；$$

将 9 个测量值（x_i）按从小到大的顺序重新排列，见表 9.2.6。

表 9.2.6　重新排列的测量值

零件10	x_1	x_2	x_3	x_4	x_5	x_6	x_7	x_8	x_9
	86.88	89.13	89.23	89.28	89.29	89.37	89.62	89.63	90.18

计算首、尾测量值的格拉布斯准则数（$T_i = T_1, T_r$）：

首位：

$$T_1 = \frac{|v_1|}{s} = \frac{|x_1 - \bar{x}|}{s} = \frac{|86.88 - 89.17889|}{0.9185} = 2.5029$$

末尾：

$$T_9 = \frac{|v_r|}{s} = \frac{|x_9 - \bar{x}|}{s} = \frac{|90.18 - 89.17889|}{0.9185} = 1.0899$$

取置信水平 $\alpha = 0.05$，查格拉布斯准则临界值 $T(r, \alpha)$ 表得：

$$T(r, \alpha) = T(9, 0.05) = 2.110$$

已知：

$$T_1 > T(r, \alpha)$$
$$T_9 < T(r, \alpha)$$

故：$x_1 = 86.88$ 为异常值，应予以剔除。

接下来应对剩下的 8 个测量值继续使用格拉布斯准则，直到没有异常值为止。通过不断重复识别异常值，发现只有 86.88 这一个异常值（重复过程省略）。

异常值被剔除后，确保测量过程无明显影响因素，MSA 工程师找到已保存的 10 号样品给操作员 A 测量一次，此时，工程师不能告知操作员 A 关于此次再测量的目的以及零件的编号，工程师由此获取了一个相对客观的测量值：89.92。再次用箱线图对新的数据组进行查看，如图 9.2.6 所示。

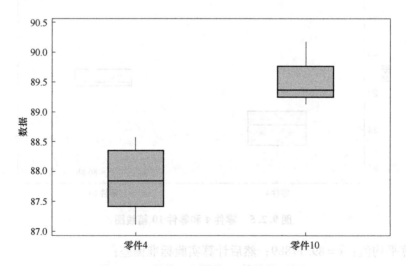

图 9.2.6　零件 4 和零件 10 箱线图（新）

从箱线图中没有发现疑似异常值。最终该 MSA 工程师获得了一份相对客观的 GRR 分析结果，见表 9.2.7。

表 9.2.7　量具 R&R 研究-方差分析法

包含交互作用的双因子方差分析表

来源	自由度	SS	MS	F	P
零件	9	295.091	32.7879	78.8455	0.000
操作员	2	2.071	1.0355	2.4900	0.111
零件 * 操作员	18	7.485	0.4158	6.3328	0.000
重复性	60	3.940	0.0657		
合计	89	308.587			

删除交互作用项选定的 $\alpha = 0.25$

量具 R&R

来源	方差分量	方差分量贡献率
合计量具 R&R	0.20305	5.34
重复性	0.06567	1.73
再现性	0.13738	3.62
操作员	0.02065	0.54
操作员 * 零件	0.11673	3.07
部件间	3.59689	94.66
合计变异	3.79994	100.00

过程公差 = 10

来源	标准差（SD）	研究变异（6 * SD）	%研究变异（%SV）	%公差（SV/Toler）
合计量具 R&R	0.45061	2.7036	23.12	27.04
重复性	0.25625	1.5375	13.15	15.38
再现性	0.37065	2.2239	19.01	22.24
操作员	0.14371	0.8623	7.37	8.62
操作员 * 零件	0.34165	2.0499	17.53	20.50
部件间	1.89655	11.3793	97.29	113.79
合计变异	1.94934	11.6961	100.00	116.96

可区分的类别数 = 5

9.2.3 狄克逊准则

无论是拉依达准则还是格拉布斯准则，都更适用于样本存在单个异常值的情况；如果样本数据中存在多个（≥2）异常值，那么，狄克逊准则更加适合。而且狄克逊准则对样本容量（即重复测量次数 r）要求也不高。

狄克逊准则判别粗大误差的步骤如下：

1）确认样本容量（即重复测量次数）$3 \leqslant r \leqslant 30$。

2）将所有测量值（x_i）按从小到大的顺序重新排列：$x_1 \leqslant x_2 \leqslant \cdots \leqslant x_r$，则有：$\mathrm{MAX}(x_i) = x_r$；$\mathrm{MIN}(x_i) = x_1$。

3) 按以下情况计算统计量 γ_{ij} 或 γ'_{ij}：

$$\gamma_{ij} = \frac{x_r - x_{r-i}}{x_r - x_{j+1}}$$

$$\gamma'_{ij} = \frac{x_{i+1} - x_1}{x_{r-j} - x_1}$$

① 当重复测量次数 $r = 3 \sim 7$：

$$\gamma_{10} = \frac{x_r - x_{r-1}}{x_r - x_1}$$

$$\gamma'_{10} = \frac{x_2 - x_1}{x_r - x_1}$$

② 当重复测量次数 $r = 8 \sim 10$：

$$\gamma_{11} = \frac{x_r - x_{r-1}}{x_r - x_2}$$

$$\gamma'_{11} = \frac{x_2 - x_1}{x_{r-1} - x_1}$$

③ 当重复测量次数 $r = 11 \sim 13$：

$$\gamma_{21} = \frac{x_r - x_{r-2}}{x_r - x_2}$$

$$\gamma'_{21} = \frac{x_3 - x_1}{x_{r-1} - x_1}$$

④ 当重复测量次数 $r \geq 14$：

$$\gamma_{22} = \frac{x_r - x_{r-2}}{x_r - x_3}$$

$$\gamma'_{22} = \frac{x_3 - x_1}{x_{r-2} - x_1}$$

4) 根据样本容量 r 和判别显著性水平 α，从"狄克逊准则临界值 $D(r, \alpha)$ 表"（附录7）中查得相应的狄克逊准则临界值 $D(r, \alpha)$，当：

$\gamma_{ij} > \gamma'_{ij}$，$\gamma_{ij} > D(r, \alpha)$ 时，则 x_n 为异常值；$\gamma_{ij} < \gamma'_{ij}$，$\gamma'_{ij} > D(r, \alpha)$ 时，则 x_1 为异常值。

5) 用狄克逊准则判别和剔除异常值也是逐个进行，第一轮只剔除一个，然后再对容量为 $(r-1)$ 的样本重复进行上述步骤，直至余下的测量值中未发现有异常值为止。

6) 尽可能排除意外影响因素之后，再次用该测量系统采集数据以填补剔除后的数据空缺。

举例说明：我们还是拿格拉布斯准则的 GRR 例子来说明如何应用狄克逊准则对多于一个异常值（≥2）的数据进行粗大误差的判别和剔除。

假定：操作员 B 对 4 号零件的测量值 92.11 不是因 MSA 工程师错误的数据输入而产生的，且操作员 A 对 4 号零件的测量值也有一个疑似异常的测量值 85.76。此时，4 号零件的数据中就有两个疑似异常值了，见表 9.2.8。

先用箱线图初步查看数据分布，如图 9.2.7 所示。

从箱线图中我们只能到了两个异常值，当然，这仍然是一种初步的方法，我们还是要借助于统计手段来确认我们的怀疑。

表 9.2.8 疑似异常值

操作员	测量顺序	零件 4
A	1	85.76
	2	88.57
	3	88.43
B	1	87.23
	2	92.11
	3	87.62
C	1	87.58
	2	87.85
	3	88.13

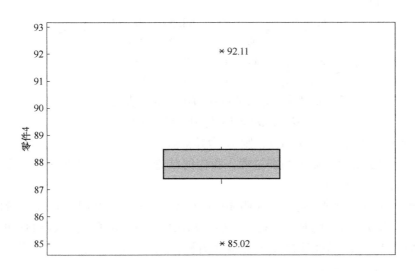

图 9.2.7　用箱线图初步查看数据分布

狄克逊准则更适用于这种包含 2 个及以上异常值的情况，下面，我们来看一下具体的操作步骤：首先将 4 号零件重复测量 9 次（$r=9$）的测量值（x_i）从小到大依次排序，见表 9.2.9。

表 9.2.9　4 号零件测量值排序

	x_1	x_2	x_3	x_4	x_5	x_6	x_7	x_8	x_9
零件 4	85.02	87.23	87.58	87.62	87.85	88.13	88.43	88.57	92.11

由于 $r=9$，有：

$$\gamma_{11} = \frac{x_9 - x_{9-1}}{x_9 - x_2} = \frac{x_9 - x_8}{x_9 - x_2} = \frac{92.11 - 88.57}{92.11 - 87.23} = 0.7254$$

$$\gamma'_{11} = \frac{x_2 - x_1}{x_{9-1} - x_1} = \frac{x_2 - x_1}{x_8 - x_1} = \frac{87.23 - 85.76}{88.57 - 85.76} = 0.6225$$

取置信水平 $\alpha = 0.05$，查狄克逊准则临界值 $D(r, \alpha)$ 表得：

$$D(r, \alpha) = D(9, 0.05) = 0.564$$

已知 $\gamma_{11} > \gamma'_{11}$，且 $\gamma_{11} > D(r, \alpha)$，则 x_9 为异常值。

虽然 $\gamma'_{11} > D(r, \alpha)$，但 x_1 是不是异常值呢？我们还不能确定，我们应对剩下的 8 个测量值继续使用狄克逊准则，而不能一次性判定两个值为异常值。

将 4 号零件剩余的 8 个的测量值 $(x_i)(r=8)$ 从小到大依次排序，见表 9.2.10。

表 9.2.10　4 号零件测量值排序（8 个）

零件 4	x_1	x_2	x_3	x_4	x_5	x_6	x_7	x_8
	85.02	87.23	87.58	87.62	87.85	88.13	88.43	88.57

由于 $r=8$，有：

$$\gamma_{11} = \frac{x_8 - x_{8-1}}{x_8 - x_2} = \frac{x_8 - x_7}{x_8 - x_2} = \frac{88.57 - 88.43}{88.57 - 87.23} = 0.1045$$

$$\gamma'_{11} = \frac{x_2 - x_1}{x_{8-1} - x_1} = \frac{x_2 - x_1}{x_7 - x_1} = \frac{87.23 - 85.76}{88.43 - 85.76} = 0.6481$$

取置信水平 $\alpha = 0.05$，查狄克逊准则临界值 $D(r, \alpha)$ 表得：

$$D(r, \alpha) = D(8, 0.05) = 0.608$$

已知 $\gamma_{11} < \gamma'_{11}$，且 $\gamma'_{11} > D(r, \alpha)$，则 x_1 为异常值。

通过上述重复狄克逊准则的判别过程，我们的结论是：4 号零件的 9 个测量值中有 2 个是异常值，它们是 85.02 和 92.11。

异常值被剔除后，确保测量过程无明显影响因素，MSA 工程师找到已保存的 4 号样品给操作员 A、B 各测量一次，此时，工程师不能告知操作员 A、B 关于此次再测量的目的以及零件的编号，而且当 A 测完后应回避，B 才能接着测。工程师由此获取了两个相对客观的测量值：88.33 和 87.58，见表 9.2.11。

表 9.2.11　4 号零件新测量值

零件 4（新）	x_1	x_2	x_3	x_4	x_5	x_6	x_7	x_8	x_9
	88.33	87.23	87.58	87.62	87.85	88.13	88.43	88.57	87.58

再次利用箱线图对新数据组进行察看，如图 9.2.8 所示。

关于箱线图的使用，非常值得一提的是，我们不要误以为箱线图的结果和统计判别法的结果是等效的。上面这个例子中，假如我们把 85.02 换成 85.76，应用狄克逊准则，我们只能确定存在一个异常值 92.11（过程在这里省略，读者有兴趣可以自己验证），但是，初期用箱线图则会发现有两个疑似异常值，如图 9.2.9 所示。

因此，这个对比结果使我们更加明白这个道理，使用箱线图查看异常是一种相对粗糙、直观的方法，而要确认数据中是否真正含有异常值，则应借助于统计的方法进行判别和剔除。

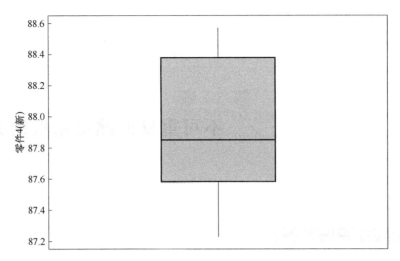

图 9.2.8　4 号零件箱线图（新）

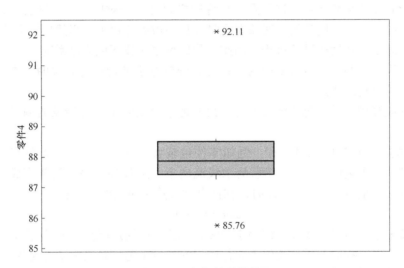

图 9.2.9　初期使用箱线图

第 10 章
不可重复的测量系统的分析方法

10.1 嵌套型测量系统的分析

我们知道，不可重复的测量系统包含两种类型，一种是虽然被测对象没有被破坏，但由于其他原因导致无法重复测量，这种测量与特性之间是一一对应、一一嵌套的，我们称之为嵌套型测量系统；另一种则是被测对象在测量过程中被破坏掉了，当然也就无法重复测量了，这种测量过程就是破坏性的试验过程，因此，我们称之为破坏性测量系统。

我们将分别对这两种不可重复的测量系统的分析方法进行探讨和说明，本节先来介绍嵌套型测量系统的分析思路。

为了明确嵌套型测量系统的定义范畴，我们把嵌套型测量系统涉及的测量过程大致分为以下两大类：

1) 第一类：不可逆的测量过程。例如零件包装重量的测量，先对无包装的零件进行重量测量，得到一个重量值（m_1），然后流水线流向下一道包装工序，包装完成后，对总重量进行测量得到一个重量值（m_2），此时，软件自动计算出包装的重量：

$$\Delta m = m_2 - m_1$$

对于包装重量的 MSA 分析，因为不能再把包装拆掉（有些包装是一次性的，如封膜）进行反复测量，所以，我们把所有类似于这种过程的测量工艺均定义为不可逆的测量过程。

我们在前面也举过类似的例子，那就是电池注入电解液的重量测量过程，也是用注液后的电池总重量减去注液前的电池重量而得到的，不可能再把电解液抽出来重复测量，这个过程就是不可逆的测量过程。所有的测量值与每次注入的电解液重量特性都是一一对应、一一嵌套的，这一类的测量系统就是嵌套型测量系统。

2) 第二类：均质特性的测量过程。例如硬度类的测量（维氏、洛氏、肖氏等）就是典型的均质特性的测量过程。在平时测量硬度的过程中，比如来料检验中对金属件的洛氏硬度进行测量，通常也是用几次不同位置的平均硬度值作为最终结果，这其实也是对金属件材质均匀性（均质）的一种理解和认可。当然，这种理解和认可通常是有依据的，比如供方或第三方提供的材质均匀性实验报告等。

再比如溶液特性类的测量（重金属含量等）也是比较典型的均质特性的测量过程，不过这种均质特性需要依靠一定的辅助条件来保证，如磁力搅拌。

诸如此类测量过程，很多时候我们可能会误以为是破坏性的测量过程，实际上它不是破坏性的过程。原因是破坏性的测量过程的本质是测量试验把被测对象的特性给破坏掉了，不可再现了；而均质特性就不是这样的，比如说溶液的重金属含量 ICP 检测过程，虽然取样之后，样品被 ICP 给消耗掉了，即所谓破坏掉了，但原溶液还在锥形瓶中，而且它在整个过程中保持了相对恒定的均匀性，我们可以继续再取一部分"小"样品进行 ICP 检测。把多次"小"样品的检测结果进行平均值的计算是没有问题的，这就是均质特性的典型特征——它并没有被破坏掉。

这一类的测量过程中，实际上每个值与每个"小"样品的特性也是一一对应、一一嵌套的，因此，我们把这一类的测量系统也称之为嵌套型测量系统。

围绕嵌套型测量系统的分析，我们主要是采用齐性样本方差分析法进行 GRR 分析的，很多人通俗地称之为"嵌套 GRR"。嵌套 GRR 的前提就在"齐性"两个字上，也就是说，样本如果不能保证"齐性"，就不能进行嵌套 GRR 的分析。

有了前面举的一些例子，我们可以很好地理解"齐性"的含义。不可逆测量过程的样本齐性就是指利用再现性因子的差异将样本切割成容量相同的几个部分。比如做交叉的 GRR，原本是随机性抽取代表整个过程变差的 $n=10$ 个零件，安排 $k=3$ 个操作员对每个零件重复测量 $r=3$ 次。然而嵌套 GRR 则不同，它需要的是 10 组共计 $N=90$ 个零件，3 名操作员（$k=3$）分别对每组零件中的 3 个零件进行测量（$R=3$），一共是 $n=3\times3=9$ 个零件的测量代表着 9 次"重复"测量，这 9 个零件必须是相对一致的，我们称这种一致的样本为"齐性样本"。

如何保证 9 个零件很一致呢？我们可以根据时间的不同、地点的不同（生产线或生产车间不同）、班次的不同（白、中、晚班）等再现性因子对零件进行 10 次切割形成 10 个小样本，每个小样本包含 9 个零件，这样就可以进行嵌套 GRR 分析了。

最常用的方法是时间切割法，通过 SPC 大量的实践数据表明，尤其是自动化生产的工序中，在最短的时间内生产出的零件的变差非常小，如紧挨着连续生产出的 9 个零件就高度一致。也就是说，时间越短，随机变差就越小，取得的样本的齐性就越好。

另外一种均质特性的样本齐性就更好理解了，还是拿溶液的重金属 Pb 含量的 ICP 检测来说明。配 10 种浓度不同的 Pb 溶液，均匀搅拌后，从每种溶液中取 9 份小样品，这 9 份小样品中 Pb 的摩尔浓度可认为是高度一致的，由这 90 份小样品组成的样本就可以用来进行嵌套 GRR 分析了。

交叉 GRR 与嵌套 GRR 的区别见表 10.1.1。

表 10.1.1 交叉 GRR 与嵌套 GRR 的区别

	交叉 GRR	嵌套 GRR
样本容量	$n=10$	$N=10\times9=90$
评价者数	$k=3$	$k=3$
重复测量次数	$r=3$	$r=1\rightarrow R=3$
零件×评价者（交互作用）	有	无
主要分析方法	极差法 均值极差法 交叉 ANOVA 法	嵌套 ANOVA 法

嵌套 GRR 的分析过程可以参考第 8.2 节的内容,只是交互作用不需要再考虑了,那么,分析的过程我们不做赘述了,下面,我们来举一个例子对嵌套 GRR 分析的过程进行说明。

例:某公司来料检验 IQC 人员对铝箔进行抗折疲劳测试,铝箔耐折度规格为 (25 ± 5) 次(来回对折 180°算 1 次),以样品出现断裂为测试终止,然后记录下对折的次数。长方形的测试样品的长×宽 ($L\times W$) 都有规定的尺寸要求,抗折机一共有三台(A、B、C),现在客户要求对 IQC 抗折测试进行 GRR 的分析。

首先,我们要清楚铝箔的抗折测试属于均质特性的测量过程,因此,我们取样的时候,可以采用不同的批次、不同的供应商等类别来进行样品分割。

如图 10.1.1 所示,我们可以进行 10 组样品的制作。

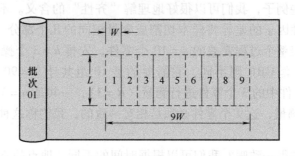

...

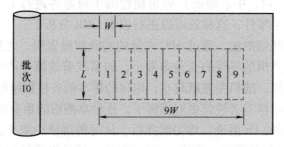

图 10.1.1　进行 10 组样品的制作

得到 10 组共计 90 条铝箔样品之后,分别安排在三台抗折机上做测试,所测得的数据见表 10.1.2。

表 10.1.2　抗折机测试数据

抗折机	测试顺序	零件									
		第1组	第2组	第3组	第4组	第5组	第6组	第7组	第8组	第9组	第10组
A	1	27	22	24	25	23	22	26	24	22	24
	2	27	22	24	27	23	22	26	24	22	24
	3	27	22	24	25	23	22	26	24	22	23
B	1	27	22	24	25	23	22	26	24	22	24
	2	27	22	24	25	23	22	26	24	22	24
	3	27	22	24	25	23	22	26	24	22	24

(续)

抗折机	测试顺序	零件									
		第1组	第2组	第3组	第4组	第5组	第6组	第7组	第8组	第9组	第10组
C	1	27	22	24	25	23	22	26	24	22	24
	2	27	22	24	24	23	22	26	24	22	24
	3	26	22	24	25	23	22	26	24	22	24

对这些数据进行嵌套 GRR 的分析,分析结果见表 10.1.3 和图 10.1.2 (应用 Minitab 软件进行辅助分析)。

表 10.1.3 量具 R&R 研究-嵌套方差分析

耐折度的量具 R&R (嵌套)

来源	自由度	SS	MS	F	P
抗折机	2	0.156	0.07778	0.009	0.991
零件(抗折机)	27	240.067	8.89136	114.317	0.000
重复性	60	4.667	0.07778		
合计	89	244.889			

量具 R&R

来源	方差分量	方差分量贡献率
合计量具 R&R	0.07778	2.58
重复性	0.07778	2.58
再现性	0.00000	0.00
部件间	2.93786	97.42
合计变异	3.01564	100.00

过程公差 = 10

来源	标准差(SD)	研究变异(6*SD)	%研究变异(%SV)	%公差(SV/Toler)
合计量具 R&R	0.27889	1.6733	16.06	16.73
重复性	0.27889	1.6733	16.06	16.73
再现性	0.00000	0.0000	0.00	0.00
部件间	1.71402	10.2841	98.70	102.84
合计变异	1.73656	10.4194	100.00	104.19

可区分的类别数 = 8

从数据和分析图中,我们均能发现嵌套 GRR 没有对交互作用进行分析,这也是和交叉 GRR 的一个很明显的区别。

从结果可见:GRR% = 16.06%;P/T% = 16.73%;NDC = 8。均为条件性接受,可以适当地对测试系统进行针对性的调查和改进,如夹具的磨损、松动,样品制作辅具的磨损和差异等。当然,我们仍然要清楚,嵌套 GRR 受取样的显著影响,如果批次之间的差异不够明显,那么得出的嵌套 GRR 结果就会很差,但这种差可能不是测量系统本身的能力不足,很有可能是取样带来的误差影响。

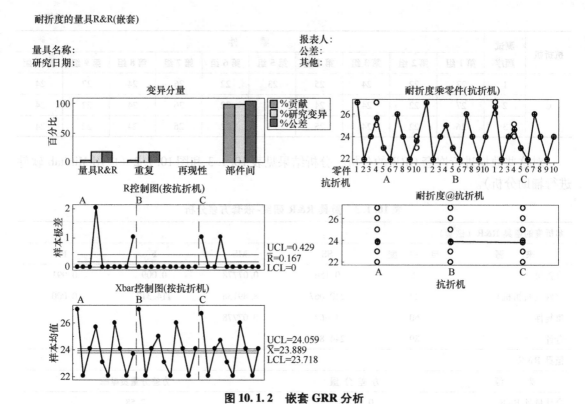

图 10.1.2 嵌套 GRR 分析

无论如何，嵌套 GRR 始终是一种替代的 GRR 分析方法，理论上，其评估风险要比交叉 GRR 更大。

10.2 破坏性测量系统的分析

在破坏性的测量过程中，由于样品遭到破坏且样品之间又不一致，导致破坏性测量系统的分析相对来说是比较复杂的，其复杂点主要在于抽样和分析方法的匹配上。本节内容将围绕这些方面进行相应的说明。

首先，我们还是要明确一下破坏性测量系统的涵盖范围。

前一节内容我们说嵌套型测量系统涵盖了两种测量过程，一个是不可逆的测量过程，另一个则是均质特性的测量过程。这两种过程的实质还是由于我们可以获取"齐性样本"，就可以采用嵌套 GRR 的分析方法。而破坏性测量过程则不同，整个试验过程中最典型的两个特征就是样品被破坏掉了，且样品间很不一致或无法确认其一致性。这样的试验过程就无法让我们获得"齐性样本"，以致我们很难对测量系统的重复性（系统内变差）进行评估。

实际上，目前针对破坏性测量系统的分析，我们主要考察的还是系统间的变差，这包括正态分布的均值和方差之间的差异，也包括非正态分布的中位值之间的差异，甚至还包括两个不同系统间的相关性等。综合起来，我们可以应用的有如下（但不限于这些）方法：

1) 假设检验。包括：
① 双样本 t 检验。
② 配对 t 检验。

③ 方差分析。
④ F 检验。
⑤ 等比率检验。
⑥ Mann-Whitney 检验。
⑦ Kruskal-Wallis 检验。
⑧ Mood's 中位值检验。
2) 回归分析。
3) 熵增原理。

这些方法所站的角度要更高一层，即"系统的系统"宏观层面，其目的是以组织内部更大的测量系统作为研究对象，确保组织内部各个小的测量系统之间的能力是保持统计上一致的，这也是破坏性测量系统分析方法能够做到的层面，再细一点的角度就比较难进行了，其原因还是归结为样品的选取难度上。

为了方便理解这些分析方法的差异，我们用一张示意图来进行说明，如图 10.2.1 所示。

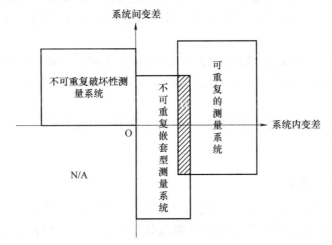

图 10.2.1　测量系统分析方法的考察维度

嵌套型测量系统分析起码满足系统内、系统间变差研究的基本条件，即使这种分析有一定风险，但只要认真分割样品，取得子组内一致性很好的样品，其风险也是可以接受的。而破坏性测量系统的维度是系统间的变差分析，针对于系统内的变差，破坏性测量系统的那些替代的分析方法就不适用了。

清楚了这一点之后，对于后面三节内容的理解将会变得容易。10.3 节是关于如何应用假设检验的方法对破坏性测量系统进行分析；10.4 节是关于两个测量系统间如果存在相关性，如何利用回归分析的方法对这种相关性进行分析；10.5 节是借用物理学中熵的概念，对不同的系统之间是否存在差异进行分析。

10.3　假设检验

假设检验是在六西格玛项目管理中应用最多的统计学工具，在 MSA 研究和分析工作中，它被当作一种对破坏性测量系统分析的替代方法。

我们在 8.4 节内容中提到过统计方法分为以下两个大类：

1）描述统计：对总体的所有变量的有关数据进行统计性描述，包括频数、集中趋势、离散程度、分布以及一些基本的统计图形等。

2）推断统计：由样本来推断总体。推断统计又包括：

① 参数估计——总体分布已知。又分为：

a. 点估计。

b. 区间估计。

② 假设检验——总体分布未知。又分为：

a. P 值法。

b. 临界值法。

在 MSA 的研究和分析中，我们所应用到的是假设检验中的 P 值法，且默认显著性水平 $\alpha = 0.05$，即：$P\{H_0$ 为真时接受 $H_0\} > \alpha = 0.05$

通常我们对破坏性测量系统的分析要检验的问题是：原假设 H_0，系统间或单系统因子间是没有显著差异的，即一致的；备择项 H_1，系统间或单系统因子间是有显著差异的，即不一致。

实际应用中，我们会借助计算机软件（如 Minitab、JMP、SPSS 等）对上述问题进行检验而得出 P 值。粗浅的解释是：$P > 0.05$，我们认为 MSA 结果是好的；$P \leq 0.05$，我们认为 MSA 结果是不好的。

我们需要对假设检验的基本概念进行一些详细说明，以便我们能更好地应用假设检验对破坏性的测量系统进行分析。

10.3.1 假设检验的概念

假设检验（Hypothesis testing）是根据样本有限的取值，按照风险决策的规则（即小概率事件原理），检验总体的某种假设（总体参数或分布形式）是否可被接受的一种统计方法。其中，风险决策矩阵见表 10.3.1。

表 10.3.1 风险决策矩阵

决 策	事实（H_0）	
	H_0 为真	H_0 为假
接受 H_0	正确决策（$1 - \alpha$）	第 Ⅱ 类错误（"取伪"）（β 风险）
拒绝 H_0	第 Ⅰ 类错误（"弃真"）（α 风险）	正确决策（$1 - \beta$）

控制犯第 Ⅰ 类错误的概率是依赖于显著性水平 α 的大小，控制犯第 Ⅱ 类错误的概率则是依赖于样本容量的选择。显著性水平 α 是指假设检验的结果被认为是非随机的概率水平，通常 α 可取 0.1、0.05、0.01 等，在实际的 MSA 分析与研究中，α 默认取 0.05，即我们所期望的观测结果的差异随机出现的机会不高于 5%。

在显著性水平 α 已确定的情况下，增加样本的容量将降低犯第 Ⅱ 类错误的风险，即 β 风险将减少，β 风险是指原假设为假我们却接受了原假设的概率（"取伪"），通常 β 可取 0.2、0.1 或 0.05 等，对应的 $1 - \beta$ 则为 0.8、0.9 或 0.95，写成百分数则为 80%、90% 或 95%。

$1-\beta$ 被称为功效（power）或检出力（power of test），它代表着当 H_0 为假时我们不会犯第Ⅱ类错误的概率，默认情况下取 $1-\beta = 90\%$。

根据中心极限定理㊀，无论样本属于什么分布，但只要样本的容量（n）足够大，样本分布将接近于正态分布，于是，就可以利用很多正态分布的参数来描述和研究样本的特性，如均值和方差。那么这个样本容量通常要达到多少呢？按一般的 t 分布和正态分布对比可以推断出，当 $n \geq 30$ 时，t 分布就近似于正态分布了，当 $n \to \infty$ 时，t 就服从正态分布了 [$t \sim N(0, 1)$]，如图 10.3.1 所示。

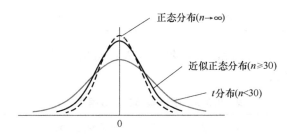

图 10.3.1　t 分布与标准正态分布

在很多实际 MSA 分析工作中，往往由于取样的困难，导致样本容量达不到 30，比如只能取 10、15、20 等，那么，数据就很可能不服从正态分布且 β 风险可能增加。但是，如果数据呈非正态分布，我们就可以考虑采用非参数检验来替代参数检验，非参数检验的功效要求比参数检验的功效要求低很多，一般情况下样本容量达到 $n = 10$ 就足够了。

上述是计量型破坏性测量系统的数据样本容量考量，如果是计数型破坏性测量系统，尤其是二进制属性测量系统的数据样本容量为多大比较合适？由于我们对二进制属性测量系统的分析采用的是等比率（P）检验，我们需要引入等比率检验的样本容量确定的一个典型的古典概率实验——抛掷硬币实验。

我们对一枚硬币进行重复 5 次、50 次和 500 次方案的抛掷实验，每种方案分别进行 10 组相同的实验，记录正面朝上的频率见表 10.3.2。

表 10.3.2　硬币抛掷实验数据表（1）

实验序号	重复 5 次		重复 50 次		重复 500 次	
	正面朝上	频　率	正面朝上	频　率	正面朝上	频　率
1	2	0.4	22	0.44	251	0.502
2	3	0.6	25	0.5	249	0.498
3	1	0.2	21	0.42	256	0.512
4	5	1	25	0.5	253	0.506
5	1	0.2	24	0.48	251	0.502
6	2	0.4	21	0.42	246	0.492
7	4	0.8	18	0.36	244	0.488

㊀ 中心极限定理的核心内容：大量的独立的随机变量的和近似地服从正态分布。

(续)

实验序号	重复5次		重复50次		重复500次	
	正面朝上	频率	正面朝上	频率	正面朝上	频率
8	2	0.4	24	0.48	258	0.516
9	3	0.6	27	0.54	262	0.524
10	3	0.6	31	0.62	247	0.494
平均		0.5200		0.4760		0.5034

数学家德摩根、蒲丰、费勒和 K. 皮尔逊等人在历史上对该实验增加重复抛掷的次数，得到的实验数据见表10.3.3。

表10.3.3　硬币抛掷实验数据表（2）

实验者	次　数	正面朝上次数	频　率
德摩根	2048	1061	0.5181
蒲丰	4040	2048	0.5069
费勒	10000	4979	0.4979
K. 皮尔逊	12000	6019	0.5016
K. 皮尔逊	24000	12012	0.5005
罗曼诺夫斯基	80640	39699	0.4923

从数据可以看出，虽然500次抛掷硬币正面朝上的频率结果没有4040次以上那样更接近于0.5，但2048次的频率并没有比500次的频率更明显地接近0.5。因此，从历史上的这些实验可以大致得出一个等比率检验的容量下限值为 $n = 500$。

考虑实际 MSA 分析工作的可操作性，我们不能让样本容量过大，这样会造成成本的浪费；我们也不能让样本的容量过小，这样会增加我们的评估风险。因此，我们综合考虑成本和风险之间的平衡关系，通过指定用于假设检验的样本容量下限值以成为一般性的约束条件，见表10.3.4。

利用假设检验对破坏性测量系统进行分析的实施过程分为以下步骤：

1）确定要检验的问题是什么。
2）确定破坏性测量系统是计量型还是计数型。
3）对测量数据进行正态性检验，以便确定是用参数检验还是用非参数检验。
4）如果为非参数检验，则对数据进行异常值检查，以便确定用哪一种非参数检验方法。

例如，我们需要检验两套测量系统之间均值（μ_1、μ_2）的差异，需要检验的问题是：①原假设（零假设）H_0：$\mu_1 = \mu_2$；②备择项（备择假设）H_1：$\mu_1 \neq \mu_2$。

我们要对这个问题进行假设检验，得到检验 P 值，然后与 $\alpha(0.05)$ 进行比较，如果 $P > \alpha = 0.05$，无法拒绝原假设，$\mu_1 = \mu_2$ 假设成立，意味着两套测量系统间的均值差异不显著；如果 $P \leq \alpha = 0.05$，拒绝原假设，接受备择假设，$\mu_1 \neq \mu_2$ 假设成立，意味着两套测量系统间的均值差异是显著的。

表 10.3.4　假设检验的样本容量

测 量 系 统	假设检验类别	假设检验方法	样本容量（n）下限
计量型破坏性测量系统	参数检验	t 检验	30
		F 检验	
		Bartlett 检验	
		单因素方差分析	
	非参数检验	Mann-Whitney 检验	10
		Kruskal-Wallis 检验	
		Mood's 中位值检验	
		Levene's 检验	
计数型（二进制属性）破坏性测量系统	参数检验	等比率检验 P	500

要确定破坏性测量系统是计量型还是计数型，如果是计数型，就不能检验均值差异，直接使用等比率检验；如果是计量型但数据呈非正态分布，那就要把均值换成中位值进行非参数检验，检验前，需要对数据进行异常值检查，然后再精确匹配非参数检验方法，这就是假设检验实施的基本逻辑和思路。

以上关于假设检验的逻辑和思路可用图 10.3.2 所示的树状图进行直观说明。接下来我们将会对假设检验具体的方法进行逐一的操作说明。

10.3.2　双样本 t 检验（2-sample t-test）

当需要对两套测量系统间的均值差异进行评估时，我们一般会考虑双样本 t 检验。例如，设备工程师为了提高焊接拉力的样品安装效率，于是对样品夹具进行改良，而我们的顾客对于这样一个破坏性的焊接拉力测量系统更换了新型夹具之后可能会存在顾虑，通常这种顾虑来自更换了新型夹具之后的测量系统（新的测量系统）的"准确性"是否还能保持之前的良好水平。这就需要把新的测量系统（更换了新型夹具）与旧的测量系统（未更换新型夹具）之间进行均值差异的对比。

该拉力测量系统的首件检查（FAI, first article inspection）两个月的数据记录见表 10.3.5。

表 10.3.6 则是更换了新型夹具之后一个月内的 FAI 数据记录。

进行双样本 t 检验的必要条件有三个：两组样本相互独立，每次试验也相互独立；两组样本数据均来自于正态分布的总体；两个总体的方差在统计上相等。

双样本 t 检验对新旧测量系统间均值差异的分析步骤如下：

1）正态性检验（Minitab > 统计 > 基本统计量 > 正态性检验）。

① 旧测量系统的 60 个数据如图 10.3.3 所示。

因为 $P = 0.524 > 0.05$，所以旧测量系统 60 个拉力值为正态分布。

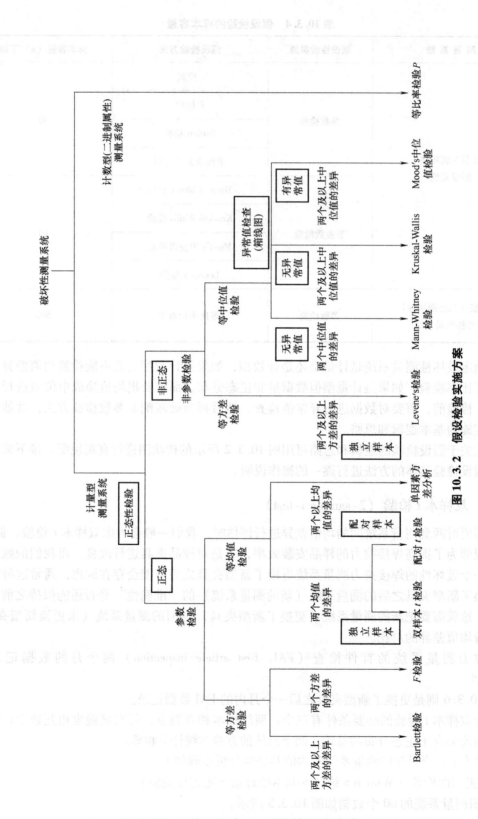

图 10.3.2 假设检验实施方案

表 10.3.5 首件检查数据记录

序号	日 期	首件拉力值/N	序号	日 期	首件拉力值/N
1	2018年10月9日	372.79	31	2018年11月8日	403.63
2	2018年10月10日	426.83	32	2018年11月9日	451.71
3	2018年10月11日	439.86	33	2018年11月10日	398.32
4	2018年10月12日	378.60	34	2018年11月11日	393.65
5	2018年10月13日	439.33	35	2018年11月12日	474.85
6	2018年10月14日	466.19	36	2018年11月13日	384.77
7	2018年10月15日	448.45	37	2018年11月14日	434.50
8	2018年10月16日	492.71	38	2018年11月15日	445.11
9	2018年10月17日	389.26	39	2018年11月16日	505.33
10	2018年10月18日	497.91	40	2018年11月17日	457.48
11	2018年10月19日	467.11	41	2018年11月18日	436.75
12	2018年10月20日	326.16	42	2018年11月19日	436.32
13	2018年10月21日	484.87	43	2018年11月20日	429.28
14	2018年10月22日	506.14	44	2018年11月21日	406.01
15	2018年10月23日	390.88	45	2018年11月22日	577.45
16	2018年10月24日	394.05	46	2018年11月23日	385.43
17	2018年10月25日	466.47	47	2018年11月24日	376.30
18	2018年10月26日	494.36	48	2018年11月25日	495.65
19	2018年10月27日	453.19	49	2018年11月26日	472.66
20	2018年10月28日	354.10	50	2018年11月27日	291.12
21	2018年10月29日	503.87	51	2018年11月28日	393.00
22	2018年10月30日	467.50	52	2018年11月29日	439.52
23	2018年10月31日	384.22	53	2018年11月30日	335.77
24	2018年11月1日	359.62	54	2018年12月1日	415.61
25	2018年11月2日	438.27	55	2018年12月2日	565.80
26	2018年11月3日	496.15	56	2018年12月3日	359.44
27	2018年11月4日	465.08	57	2018年12月4日	382.94
28	2018年11月5日	591.46	58	2018年12月5日	406.59
29	2018年11月6日	488.03	59	2018年12月6日	419.58
30	2018年11月7日	412.68	60	2018年12月7日	445.99

表 10.3.6　FAI 数据记录

序号	日　　期	首件拉力值/N	序号	日　　期	首件拉力值/N
1	2018 年 12 月 9 日	481.23	16	2018 年 12 月 24 日	330.81
2	2018 年 12 月 10 日	411.14	17	2018 年 12 月 25 日	470.37
3	2018 年 12 月 11 日	438.87	18	2018 年 12 月 26 日	430.45
4	2018 年 12 月 12 日	522.53	19	2018 年 12 月 27 日	335.76
5	2018 年 12 月 13 日	439.13	20	2018 年 12 月 28 日	361.26
6	2018 年 12 月 14 日	472.80	21	2018 年 12 月 29 日	367.32
7	2018 年 12 月 15 日	373.24	22	2018 年 12 月 30 日	488.45
8	2018 年 12 月 16 日	444.71	23	2018 年 12 月 31 日	412.72
9	2018 年 12 月 17 日	421.98	24	2019 年 1 月 1 日	382.44
10	2018 年 12 月 18 日	326.57	25	2019 年 1 月 2 日	389.51
11	2018 年 12 月 19 日	389.50	26	2019 年 1 月 3 日	460.63
12	2018 年 12 月 20 日	391.49	27	2019 年 1 月 4 日	328.92
13	2018 年 12 月 21 日	473.76	28	2019 年 1 月 5 日	459.33
14	2018 年 12 月 22 日	312.57	29	2019 年 1 月 6 日	434.11
15	2018 年 12 月 23 日	401.62	30	2019 年 1 月 7 日	416.45

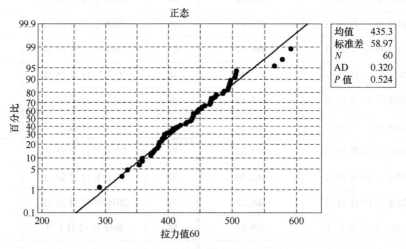

图 10.3.3　拉力值 60 的概率图

② 新测量系统的 30 个数据如图 10.3.4 所示。

因为 $P = 0.769 > 0.05$，所以新测量系统 30 个拉力值为正态分布。

2）进行等方差检验（Minitab > 统计 > 基本统计量 > 双方差），见表 10.3.7 和图 10.3.5。

等方差 F 检验的 P 值 $= 0.672 > 0.05$，故新旧测量系统两组数据的方差在统计上是相等的。

3）双样本 t 检验（Minitab > 统计 > 基本统计量 > 双样本 t），见表 10.3.8 和图 10.3.6。

第 10 章 不可重复的测量系统的分析方法

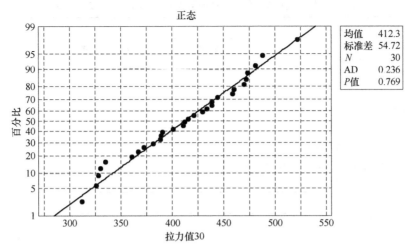

图 10.3.4 拉力值 30 的概率图

表 10.3.7 等方差检验：拉力值 60，拉力值 30

95%标准差 Bonferroni 置信区间				
	N	下 限	标 准 差	上 限
拉力值 60	60	48.8518	58.9723	74.0978
拉力值 30	30	42.2369	54.7193	76.9656

F 检验（正态分布）

检验统计量 = 1.16，P 值 = 0.672

Levene 检验（任何连续分布）

检验统计量 = 0.03，P 值 = 0.863

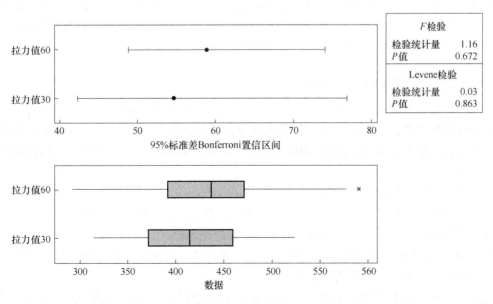

图 10.3.5 拉力值 60，拉力值 30 等方差检验

表 10.3.8　双样本 t 检验和置信区间：拉力值 60，拉力值 30

拉力值 60 与拉力值 30 的双样本 t				
	N	平　均　值	标　准　差	平均值标准误
拉力值 60	60	435.3	59.0	7.6
拉力值 30	30	412.3	54.7	10

差值 = mu（拉力值 60）– mu（拉力值 30）
差值估计：23.0
差值的 95% 置信区间：(–2.6, 48.6)
差值 = 0（与≠）的 t 检验：t 值 = 1.78　P 值 = 0.078　自由度 = 88
两者都使用合并标准差 = 57.6054

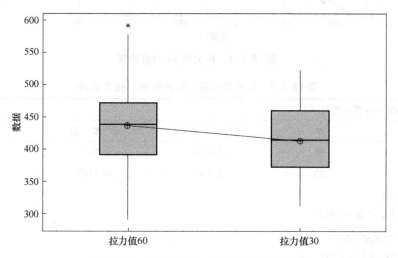

图 10.3.6　拉力值 60，拉力值 30 的箱线图

双样本 t 检验 P 值 = 0.078 > 0.05，故两组数据间的均值在统计上无显著差异，即新旧测量系统间的均值无显著差异。这意味着我们可以帮顾客打消准确性发生显著性变化的顾虑，即新型的夹具并不影响拉力测量系统的"准确性"。

10.3.3　配对 t 检验（paired t-test）

上述的焊接零件都是单个的，对于测量系统间的变差分析用双样本 t 比较适合。而对于很多化学材料的检测，其材料本身（如粉末状样品、块状样品等）是可以分割的，因为样品的均匀性未知，所以也不能用嵌套 GRR 来分析。因此，这种将样品一分为二进行配对的方式更适用于配对 t 检验。

（1）配对 t 检验与双样本 t 检验的区别

1）双样本 t 检验主要用于检验两个独立样本是否来自具有相同均值的总体，相当于两个正态分布总体的均值是否相等，此检验以 t 分布为理论基础。

2）配对 t 检验用于检验两个相关的样本是否来自具有相同均值的正态总体，实质上就是检验差值的均值和零均值之间的显著性。

因此，两者的主要区别在于数据的来源和要分析的问题上。而从数据的来源上看，配对 t 检验更接近于嵌套 GRR 的齐性样本法，不过还是因为配对样本的均匀性不清楚，所以从这个层面讲，配对 t 检验要优于双样本 t 检验，但劣于嵌套 GRR。

进行配对 t 检验的必要条件有两个：两个样本应是配对的；样本来自的两个总体应服从正态分布。

例如，某公司来料检验（IQC）与供应商的出货检验（OQC）对某款石墨烯的比表面积（BET）是否符合规格而发生争议，IQC 认为石墨烯的比表面积正好超出规格，而 OQC 则认为有出货检验报告为凭，正好在规格限内，是合格的。由于双方对于石墨烯的比表面积检测均是随机取样，鉴于石墨烯的均匀性问题，这种结果的不一致情况时有发生。但因为之前的结果均在规格限内，所以没有引起争议，此次争议则是由于测量结果在规格限附近。为了确保双方的比表面积检测系统是一致的，MSA 工程师建议采用配对样本 t 检验的办法对其进行检验。

找到历史留样，按批次号进行配对，每批次样品一式两份，分发给两家公司的 IQC 和 OQC，分别由两家公司的材料检测室对 30 个批次配对样品进行检测比表面积，其结果见表 10.3.9。

表 10.3.9　检测比表面积

样品批次号	比表面积（BET：m^2/g）	
	IQC 测得值（顾客）	OQC 测得值（供方）
1	2310.36	2198.54
2	2247.60	2219.00
3	2279.45	2007.73
4	2165.31	2030.95
5	2575.44	2068.19
6	2293.64	2097.01
7	2336.87	2021.79
8	2179.82	2110.05
9	2270.69	2056.63
10	2390.47	2163.23
11	2344.11	2165.41
12	2303.21	2034.81
13	2191.56	2260.00
14	2313.74	2205.61
15	2353.34	2101.02
16	2320.99	2285.70
17	2354.18	2064.09
18	2194.23	2117.65
19	2266.89	2123.75
20	2320.94	2109.48
21	2352.94	2099.97
22	2399.84	2146.79
23	2224.97	2166.47
24	2346.24	2067.94
25	2302.36	2178.86
26	2434.11	2062.72
27	2336.37	2095.49
28	2372.80	2067.71
29	2271.50	2097.88
30	2379.65	2030.31

（2）配对 t 检验对新旧测量系统间均值差异的分析步骤

1）正态性检验（Minitab > 统计 > 基本统计量 > 正态性检验），如图 10.3.7 和图 10.3.8 所示。

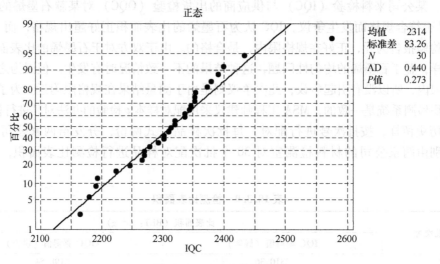

图 10.3.7　IQC 的概率图

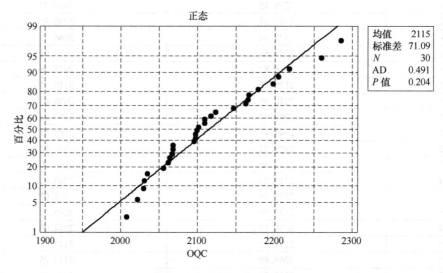

图 10.3.8　OQC 的概率图

因为 $P = 0.273 > 0.05$，所以 IQC 的测得值为正态分布。

因为 $P = 0.204 > 0.05$，所以 OQC 的测得值为正态分布。

2）由于两个样本来自于配对样品，我们就可以假定方差相等，直接进行配对 t 检验（Minitab > 统计 > 基本统计量 > 配对 t），见表 10.3.10 和图 10.3.9。

从结果可以看出，平均值的差值 $\neq 0$（差分的直方图中 H_0 未落在 95% 的 t 置信区间），另外配对 t 检验的 P 值 $= 0.000 < 0.05$，有理由拒绝原假设 $H_0: \mu_1 - \mu_2 = 0$，这意味着两家公司的材料研发室中 BET 检测系统之间是不一致的，需要查找造成差异的原因并改进，直到两者之间的差异不显著。

表 10.3.10　配对 t 检验和置信区间：IQC，OQC

IQC-OQC 的配对 t

	N	平均值	标准差	平均值标准误
IQC	30	2314.5	83.3	15.2
OQC	30	2115.2	71.1	13.0
差分	30	199.3	119.9	21.9

平均差的 95% 置信区间：(154.5，244.1)
平均差 =0（与 ≠0）的 t 检验：t 值 =9.10　P 值 =0.000

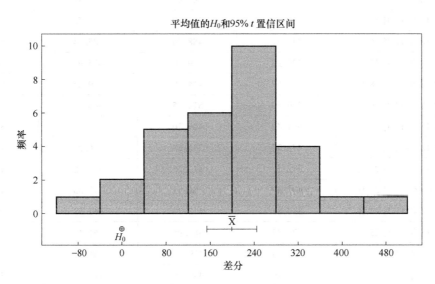

图 10.3.9　差分的直方图

10.3.4　单因素方差分析（1-way ANOVA）

单因素方差分析与双样本 t 检验类似，只不过它更适用于两个以上的样本间均值差异的检验。

例如，我们的顾客很想知道是否所有参与测量的人员均已正确、熟练地掌握了更换新型夹具之后的拉力测试系统的使用。此时，我们可以确定单因素是测量人员，于是，根据实际情况，我们把这个单因素进行水平识别，比如我们识别出了四个水平，分别是白班人员（A）、中班人员（B）、晚班人员（C）和 QA 抽检人员（D）；剩下要检验的问题就是这四类测量人员在使用同一套带有新型夹具的拉力测试系统所测拉力值的均值相等，即原假设 H_0 为：$\mu_A = \mu_B = \mu_C = \mu_D$。

同理，单因素方差分析的必要条件也是三个：独立性、正态性、等方差。

表 10.3.11 是四类测量员使用新型夹具拉力测试系统在一个月内的 FAI 数据记录。

单因素方差分析关于测量员这个单因素进行的均值差异检验如下：

1）正态性检验（Minitab > 统计 > 基本统计量 > 正态性检验），如图 10.3.10 ~ 图 10.3.13 所示。

表 10.3.11 四类测量员数据记录

序号	日 期	白班（A）首件拉力值/N	中班（B）首件拉力值/N	晚班（C）首件拉力值/N	QA（D）抽检首件拉力值/N
1	2018年12月9日	481.23	452.28	345.52	403.57
2	2018年12月10日	411.14	401.47	457.21	400.65
3	2018年12月11日	438.87	464.45	400.35	386.62
4	2018年12月12日	522.53	387.71	405.85	456.20
5	2018年12月13日	439.13	410.11	345.69	374.00
6	2018年12月14日	472.80	485.43	424.94	396.89
7	2018年12月15日	373.24	354.89	412.72	457.71
8	2018年12月16日	444.71	488.36	385.34	427.69
9	2018年12月17日	421.98	379.30	425.93	547.17
10	2018年12月18日	326.57	414.59	399.06	500.92
11	2018年12月19日	389.50	514.25	406.57	289.84
12	2018年12月20日	391.49	409.20	437.37	385.03
13	2018年12月21日	473.76	333.68	476.23	496.67
14	2018年12月22日	312.57	415.26	440.72	471.72
15	2018年12月23日	401.62	456.53	377.55	427.22
16	2018年12月24日	330.81	512.79	442.57	359.30
17	2018年12月25日	470.37	380.94	561.45	321.79
18	2018年12月26日	430.45	429.62	351.32	455.68
19	2018年12月27日	335.76	446.96	417.35	348.22
20	2018年12月28日	361.26	399.55	454.24	398.39
21	2018年12月29日	367.32	417.86	440.81	540.78
22	2018年12月30日	488.45	464.70	459.69	527.61
23	2018年12月31日	412.72	363.45	444.98	498.48
24	2019年1月1日	382.44	337.26	251.90	413.54
25	2019年1月2日	389.51	369.27	454.26	429.62
26	2019年1月3日	460.63	379.97	406.33	516.71
27	2019年1月4日	328.92	248.46	487.42	413.14
28	2019年1月5日	459.33	394.17	428.63	384.69
29	2019年1月6日	434.11	368.57	382.10	519.19
30	2019年1月7日	416.45	320.79	486.48	431.31

从正态性检验来看，A、B、C、D 四组数据正态性检验 P 值分别为：$P(A)=0.769$；$P(B)=0.849$；$P(C)=0.173$；$P(D)=0.548$。

P 值均 >0.05，故 A、B、C、D 四个样本均来自于正态总体。

2）进行等方差检验（Minitab>统计>方差分析>等方差检验）：见表 10.3.12 和图 10.3.14。

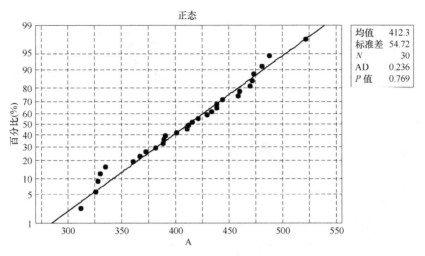

图 10.3.10　A 的概率图

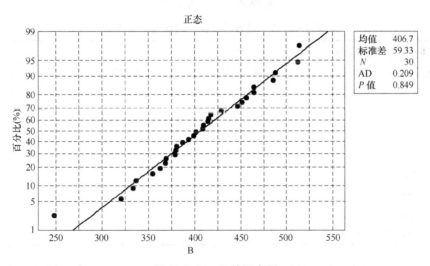

图 10.3.11　B 的概率图

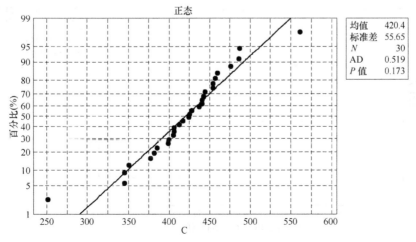

图 10.3.12　C 的概率图

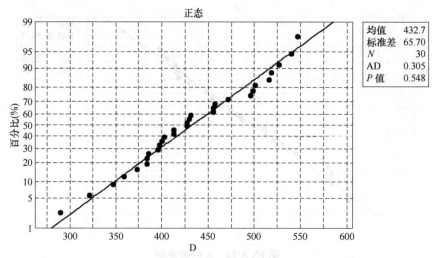

图 10.3.13　D 的概率图

表 10.3.12　等方差检验：测量值与操作员

95% 标准差 Bonferroni 置信区间

操作员	N	下限	标准差	上限
A	30	41.0756	54.7193	80.2905
B	30	44.5368	59.3303	87.0562
C	30	41.7727	55.6480	81.6531
D	30	49.3155	65.6962	96.3970

Bartlett 检验（正态分布）

检验统计量 = 1.21, P 值 = 0.751

Levene 检验（任何连续分布）

检验统计量 = 0.64, P 值 = 0.590

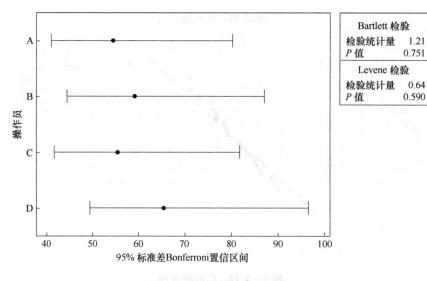

图 10.3.14　测量值等方差检验

等方差 Bartlett 检验 P 值 $=0.751$，故 A、B、C、D 四个样本的方差在统计上是相等的。

3）单因子方差分析对四个均值的差异进行检验（Minitab > 统计 > 方差分析 > 单因子）：见表 10.3.13、图 10.3.15 和图 10.3.16。

表 10.3.13　单因子方差分析：测量值与操作员

来源	自由度	SS	MS	F	P
操作员	3	11407	3802	1.09	0.355
误差	116	403882	3482		
合计	119	415290			

$S = 59.01$　　$R-Sq = 2.75\%$　　$R-Sq$（调整）$= 0.23\%$

平均值（基于合并标准差）的单组 95% 置信区间

水平	N	平均值	标准差	
A	30	412.32	54.72	(----------*----------)
B	30	406.73	59.33	(----------*----------)
C	30	420.35	55.65	(----------*----------)
D	30	432.68	65.70	(----------*----------)

```
                          -------+---------+---------+---------+--
                              400       420       440       460
```

合并标准差 $= 59.01$

Tukey 95% 同时置信区间

操作员　水平间的所有配对比较

单组置信水平 $= 98.97\%$

操作员 = A 减自：

操作员	下限	中心	上限	
B	−45.35	−5.59	34.16	(----------*----------)
C	−31.72	8.03	47.78	(----------*----------)
D	−19.40	20.36	60.11	(----------*----------)

```
                          ---------+---------+---------+---------+
                                 -35        0        35        70
```

操作员 = B 减自：

操作员	下限	中心	上限	
C	−26.13	13.62	53.38	(----------*----------)
D	−13.80	25.95	65.70	(----------*----------)

```
                          ---------+---------+---------+---------+
                                 -35        0        35        70
```

操作员 = C 减自：

操作员	下限	中心	上限	
D	−27.43	12.33	52.08	(----------*----------)

```
                          ---------+---------+---------+---------+
                                 -35        0        35        70
```

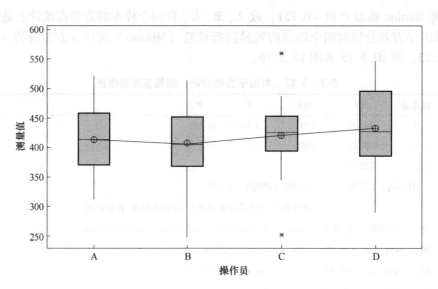

图 10.3.15　测量值的箱线图

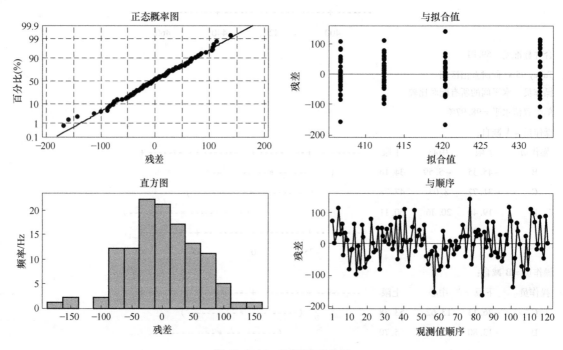

图 10.3.16　测量值残差图

单因素方差分析检验 P 值为 $0.355 > 0.05$，结合箱线图与残差拟合值图也可以看出，A、B、C、D 四类操作员之间的均值差异不显著，这意味着四类操作员的测量水平是一致的。由于参照的是白班操作员 A 的测量数据，而 A 与旧测量系统之间早已通过双样本 t 进行了检验，证明 A 的数据没有受到新型夹具的显著影响，可以进一步认为，B、C、D 的数据以 A 为参照基础，均未受到新型夹具的影响，那么从掌握和熟练应用的角度来说，仍然是可信的。

10.3.5 F 检验（F-test）

上述 t 检验、单因素方差分析是关于均值的差异检验，其关注的是系统间的位置变差，其前提则是系统的宽度变差是不变的，即先保证方差相等。而如果方差不相等的话，对于破坏性测量系统的分析和判断就具有很大的不确定性，通俗地讲，这种分析就是无效的。这种思路和逻辑的最终目的仍然是要确保测量系统的宽度变差和位置变差均未发生显著的变化或系统间具有显著的差异，这本身和非破坏性测量系统的分析目的是契合的。

因此，对破坏性测量系统进行分析的前提条件之一就是保证方差相等，这和非破坏性测量系统的分析有很大的不同之处。按图 10.3.2 所示的方案逻辑，等方差检验分为三种情况：

① 正态数据 2 个方差：F 检验。
② 正态数据 2 个及以上方差：Bartlett 检验。
③ 非正态数据 2 个及以上方差：Levene's 检验。

在双样本 t 检验中，我们用到了 F 检验，在单因素方差分析中，我们用到了 Bartlett 检验。而配对样品就不一样了，由于子样本来自同一样本，我们假定的前提是两个子样本的方差是相等的。当然，这是简化的步骤，如果担心这种假定有风险，可以采用 F 检验对两个子样本的方差进行检验；如果检验方差不相等，那就需要重新配对样品后才能进行配对 t 的检验——方差相等是前提。

进行 F 检验要分两步：第一步，做正态性检验；第二步，做 F 检验。

下面，我们举例说明 F 检验的使用方法。实际上，为了简便起见，我们只要假定样本数据呈正态分布（正态性检验操作参考 10.3.3 节、10.3.4 节及 10.3.5 节内容），然后给出两个样本的样本容量（n_1、n_2）以及两个样本的方差（σ_1^2、σ_2^2）就可以进行等方差 F 检验了，样本容量和方差见表 10.3.14。

表 10.3.14　样本容量和方差

样本容量	方差
$n_1 = 33$	$\sigma_1^2 = 8.963$
$n_2 = 37$	$\sigma_2^2 = 7.556$

应用 Minitab 软件：Minitab > 统计 > 基本统计量 > 双方差 > 汇总数据。在"汇总数据"中填入 n_1、n_2 和 σ_1^2、σ_2^2，如图 10.3.17 所示。

根据需要，选择相应的选项，确定后得到 F 检验结果，见表 10.3.15 和图 10.3.18。

表 10.3.15　等方差检验

95% 标准差 Bonferroni 置信区间

样本	N	下限	标准差	上限
1	33	2.33647	2.99383	4.13237
2	37	2.17253	2.74882	3.71526

F 检验（正态分布）
检验统计量 = 1.19，P 值 = 0.617

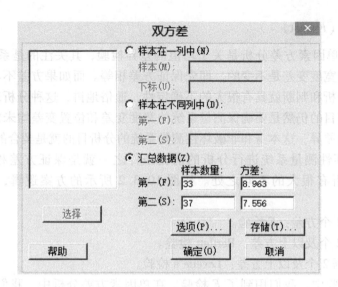

图 10.3.17　应用 Minitab 软件

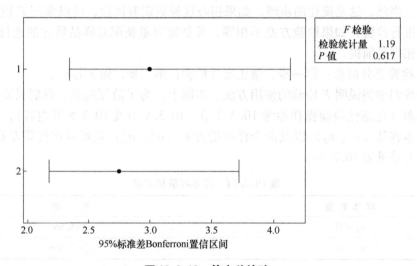

图 10.3.18　等方差检验

从 F 检验的 P 值 $=0.617$ 可以得出结论：两个样本间的方差无显著差异。

10.3.6　Bartlett 检验（Bartlett test）

Bartlett 检验虽然也可以对 2 个方差的差异进行检验，但比起 F 检验，Bartlett 检验更适合于 2 个以上方差的差异性检验。在 10.3.4 节中的单因素方差分析中，我们已经用到了 Bartlett 检验，此处不再赘述。

有一点需要注意，多样本（$k>2$）间均值或方差的差异检验，其检验的问题是这样的：

原假设 H_0：　　　　　　　　　$\xi_1 = \xi_2 = \cdots = \xi_k$

备择项 H_1：　　　　　　　　　至少有一对 $\xi_i \neq \xi_j$

式中，ξ 代表均值或方差。

尤其是对备择假设项的理解,不要误以为 H_1 为任意一对 $\xi_i \neq \xi_j$。

10.3.7 Mann-Whitney 检验(Mann-Whitney test)

我们知道,参数均值的差异性检验仅适用于来自正态总体的样本之间,如果样本来自于非正态的总体,我们则需要用到非参数检验,即对中位值的差异进行检验。使用该类检验的条件为:样本相互独立,每次试验也相互独立;样本数据均来自于非正态分布的总体;不同总体的方差在统计上相等。

对于破坏性测量系统进行非参数检验主要会用到以下四种检验工具:

① Levenc's 检验——等方差检验,这是中位值差异检验的前提。

② Mann-Whitney 检验——等中位值检验,适用于 2 个中位值之间的差异检验,且在数据无异常值的情况下使用。

③ Kruskal-Wallis 检验——等中位值检验,适用于 2 个及以上中位值之间的差异检验,且在数据无异常值的情况下使用。

④ Mood's 中位值检验——调整后的等中位值检验,适用于 2 个及以上中位值之间的差异检验,由于是调整后的等中位值检验,它更适用于数据中有异常值的情况。

下面,我们来举例说明 Mann-Whitney 检验工具的使用。

为了验证两种不同的破坏性测量工艺 A 与 B 之间的差异,工程师打算利用双样本 t 来进行均值间的差异性检验。由于前期小批量生产的缘故导致取样工作的困难,两种工艺 A 和 B 的样本容量分别为 $n_A=11$、$n_B=14$,所测得的数据见表10.3.16。

表 10.3.16 两种工艺 A 和 B 测得数据

序 号	工艺 A	工艺 B
1	750.3	124.7
2	766.9	99.8
3	23.1	54.7
4	1004.7	52.0
5	51.4	872.6
6	18.3	45.6
7	762.5	18.2
8	726.0	109.3
9	830.1	20.7
10	93.5	664.6
11	36.9	892.7
12		37.8
13		963.5
14		79.5

无论是哪一种工艺,测量数据都有一个很明显的特点,那就是数据要么非常大,要么非常小,这一类数据一般被认为服从反正弦分布。但无论如何,我们还是要对数据进行正态性检验。Mann-Whitney 检验的实施步骤如下:

1) 正态性检验（Minitab > 统计 > 基本统计量 > 正态性检验），如图 10.3.19、图 10.3.20 所示。

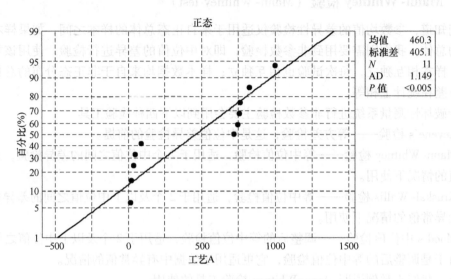

图 10.3.19　工艺 A 的概率图

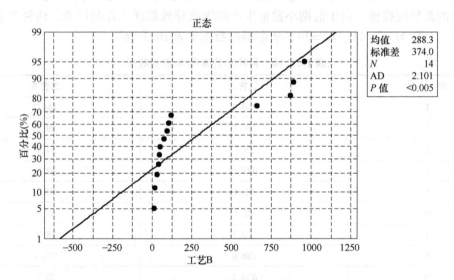

图 10.3.20　工艺 B 的概率图

因为 A 与 B 的数据正态性检验 P 值 $<0.005 \ll 0.05$，所以两组数据均为非正态分布。

请注意，在正态性检验中，只要有一组数据是非正态的，后面所用的检验方法均不能用参数检验，而要考虑用非参数检验的方法。

2) 异常值确定（Minitab > 图形 > 箱线图 > 多个 Y），如图 10.3.21 所示。

箱线图显示无异常值，因此，我们采用 Mann-Whitney 检验，如有异常值则采用 Mood's 中位值检验。

3) 等方差 Levene's 检验（Minitab > 统计 > 基本统计量 > 双方差），见表 10.3.17 和图 10.3.22。

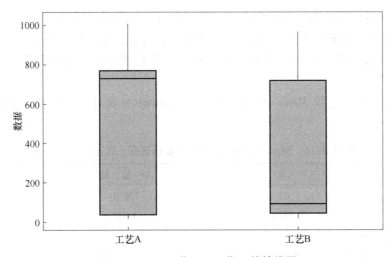

图 10.3.21　工艺 A，工艺 B 的箱线图

表 10.3.17　等方差检验：工艺 A，工艺 B

95% 标准差 Bonferroni 置信区间

	N	下限	标准差	上限
工艺 A	11	269.685	405.051	778.482
工艺 B	14	259.613	374.038	650.020

F 检验（正态分布）
检验统计量 = 1.17，P 值 = 0.773

Levene 检验（任何连续分布）
检验统计量 = 0.66，P 值 = 0.425

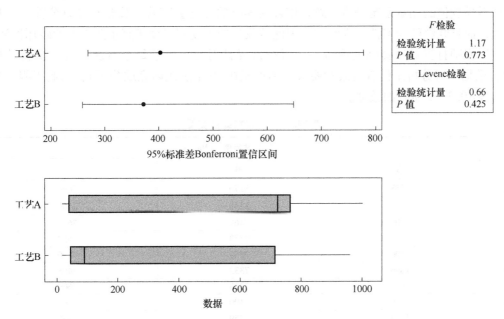

图 10.3.22　工艺 A，工艺 B 等方差检验

从 Levene's 检验的 P 值 $= 0.425 > 0.05$ 可以判断 A 与 B 数据的方差在统计上是相等的，即等方差检验通过。同理，只有通过了等方差检验，才能继续下一步的中位值检验。请注意，因为是非参数检验，所以，图中 F 检验的 P 值我们要忽略，我们只看 Levene's 检验的 P 值。

4）双样本中位值差异 Mann-Whitney 检验（Minitab > 统计 > 非参数 > Mann-Whitney）：见表 10.3.18。

表 10.3.18 Mann-Whitney 检验和置信区间：工艺 A，工艺 B

	N	中 位 数
工艺 A	11	726.0
工艺 B	14	89.7

ETA1-ETA2 的点估计为 24.7
ETA1-ETA2 的 95.4 置信区间为（-73.5, 688.1）
$W = 151.0$
在 0.6814 上，ETA1 = ETA2 与 ETA1 ≠ ETA2 的检验结果显著

注：结果中 ETA 为中位值符号。

Mann-Whitney 检验 P 值 $= 0.6814 > 0.05$，故 A 与 B 的中位值无显著差异，这样就意味着两种不同的测量工艺之间无显著的差异。

10.3.8 Kruskal-Wallis 检验（Kruskal-Wallis test）

比起 Mann-Whitney 检验，Kruskal-Wallis 检验更适用于 2 个以上的样本间中位值的差异性检验。

例如，某化学浆料共有三条相同的生产线（A、B、C），工程师想了解这三条生产线中关于浆料黏度值的测量系统是否一致，该浆料样品的黏度会随着存放时间（以分钟计）增加而增大，而且浆料的均匀性是未知的，因此该浆料的黏度测量属于真正意义上的破坏性测量。于是，工程师打算对三套黏度测量系统进行差异性对比，鉴于每个班次才有一次首件检查（FAI）数据，且分析工作有时效性要求（尽可能在 10 个班次内完成分析），因此工程师只能获得如表 10.3.19 所列的数据。

表 10.3.19 浆料黏度测量

序号	浆料黏度值/mPa·s		
	A	B	C
1	7658	8176	7690
2	7358	8233	7500
3	7400	7469	7650
4	7500	7553	7553
5	7400	7589	7390
6	7696	7333	7468
7	7672	7333	7600
8	7336	7400	7600
9	7384	7559	7590
10	7458	7458	7849

1）正态性检验和异常值的确认其实也可以一步到位（Minitab > 统计 > 基本统计量 > 图形化汇总）：如图 10.3.23 ~ 图 10.3.25 所示。

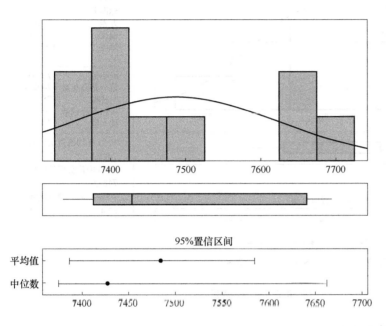

图 10.3.23　A 摘要

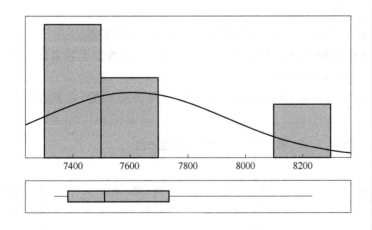

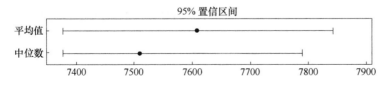

图 10.3.24　B 摘要

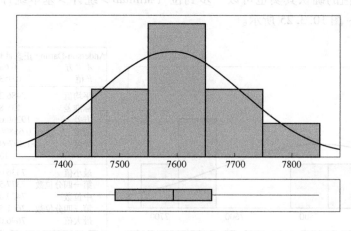

图 10.3.25 C 摘要

从结果来看，正态性检验 P 值：

① $P(A) = 0.053 > 0.05$，近似于正态分布。
② $P(B) < 0.005 < 0.05$，非正态分布。
③ $P(C) = 0.726 > 0.05$，正态分布。

同理，只要有一个样本呈非正态分布，我们就需要考虑用非参数检验。

另外，我们从图形结果中的箱线图（中间部分）可以看出三组数据无异常值，因此，我们采用非参数检验方法中的 Kruskal-Wallis 检验。

2) 等方差 Levene's 检验（Minitab > 统计 > 方差分析 > 等方差检验）：见表 10.3.20 和图 10.3.26。

表 10.3.20　等方差检验：黏度值与生产线

95% 标准差 Bonferroni 置信区间				
生产线	N	下限	标准差	上限
A	10	88.408	138.780	295.336
B	10	207.548	325.801	693.332
C	10	80.921	127.028	270.325

Bartlett 检验（正态分布）
检验统计量 = 9.93，P 值 = 0.007

Levene 检验（任何连续分布）
检验统计量 = 1.54，P 值 = 0.234

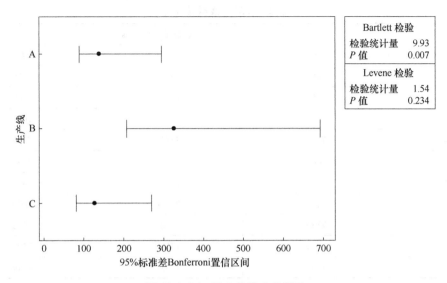

图 10.3.26 黏度值等方差检验

从 Levene's 检验的 P 值 = 0.234 > 0.05 可以判断 A、B、C 三组数据的方差在统计上是相等的，即等方差检验通过。同理，只有通过了等方差的检验，才能继续下一步的多个中位值检验。

请注意，因为是非参数检验，所以，图中 Bartlett 检验的 P 值我们要忽略，我们只看 Levene's 检验的 P 值。

3）Kruskal-Wallis 检验三个中位值的差异（Minitab > 统计 > 非参数 > Kruskal-Wallis）：见表 10.3.21。

表 10.3.21 Kruskal-Wallis 检验：黏度值与生产线

在黏度值上的 Kruskal-Wallis 检验				
生 产 线	N	中 位 数	平 均 秩	Z
A	10	7429	12.9	-1.14
B	10	7511	14.7	-0.35
C	10	7595	18.9	1.50
整体	30		15.5	

$H = 2.45$　DF = 2　$P = 0.294$
$H = 2.45$　DF = 2　$P = 0.294$（已对结调整）

Kruskal-Wallis 检验 P 值 = 0.294 > 0.05，故 A、B、C 三组数据的中位值无显著差异，这就意味着 A、B、C 三条生产线的黏度测量系统之间是一致的。

10.3.9 Mood's 中位值检验（Mood's median test）

假设 10.3.8 节所举案例中有异常值，见表 10.3.22。

那么，这种情况下，我们就需要采用调整后的非参数检验方法——Mood's 中位值检验。Mood's 中位值检验的具体实施步骤如下：

表 10.3.22　浆料黏度值

序号	浆料黏度值/mPa·s		
	A	B	C
1	7658	8476	7690
2	7358	8233	7500
3	7400	7469	7650
4	7500	7553	7553
5	7400	7589	7390
6	7696	7333	7468
7	7672	7333	7600
8	7336	7400	7600
9	7384	7559	7590
10	7458	7458	8649

1）一步到位进行正态性检验和异常值的确认（Minitab＞统计＞基本统计量＞图形化汇总）：如图 10.3.27～图 10.3.29 所示。

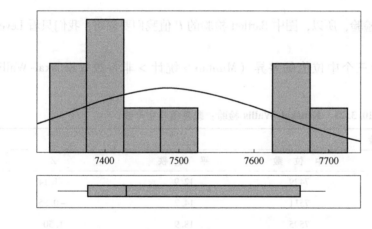

图 10.3.27　A 摘要

从结果来看，正态性检验 P 值：

① $P(A)=0.053>0.05$，近似于正态分布。
② $P(B)<0.005<0.05$，非正态分布。
③ $P(C)<0.005<0.05$，非正态分布。

同理，只要有一个样本呈非正态分布，我们就需要考虑用非参数检验。

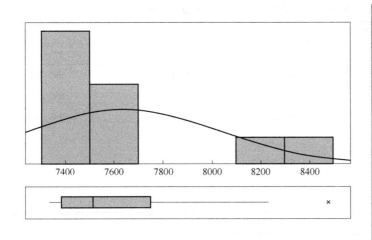

图 10.3.28　B 摘要

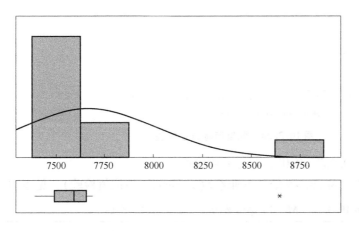

图 10.3.29　C 摘要

我们对 10.3.8 节例子中的数据做了一点处理（目的是制造出异常值），我们从图形结果中的箱线图可以看出三组数据中 B 和 C 有异常值（B：8476；C：8649），因此，我们不采用非参数检验方法中的 Kruskal-Wallis 检验，而代之以 Mood's 中位值检验，这是一种调整后的方法。

2）等方差 Levene's 检验（Minitab＞统计＞方差分析＞等方差检验）：见表 10.3.23 和图 10.3.30。

表 10.3.23 等方差检验：黏度值与生产线

95% 标准差 Bonferroni 置信区间

生产线	N	下限	标准差	上限
A	10	88.408	138.780	295.336
B	10	249.065	390.973	832.022
C	10	226.447	355.469	756.467

Bartlett 检验（正态分布）
检验统计量 = 8.35，P 值 = 0.015

Levene 检验（任何连续分布）
检验统计量 = 0.60，P 值 = 0.557

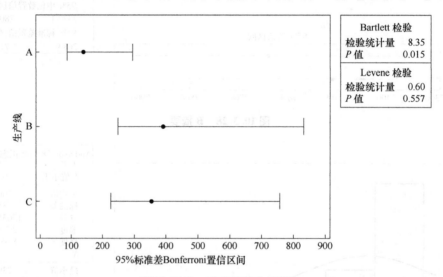

图 10.3.30 黏度值等方差检验

Levene's 检验的 P 值 = 0.557 > 0.05，等方差检验通过。

3) Mood's 中位值检验（Minitab > 统计 > 非参数 > Mood's 中位值检验）：见表 10.3.24。

表 10.3.24 Mood's 中位数检验：黏度值与生产线

黏度值的 Mood's 中位数检验

卡方 = 3.20 DF = 2 P = 0.202

生产线	N≤	N>	中位数	Q3-Q1	单组 95.0% 置信区间
A	7	3	7429	284	(---*--------------------)
B	5	5	7511	367	(-----------*-------------------------)
C	3	7	7595	168	(---------*-----)

```
          7440      7560      7680      7800
```

整体中位数 = 7527

Mood's 中位值检验 P 值 = 0.202 > 0.05，故 A、B、C 三组数据的中位值无显著差异，这就意味着 A、B、C 三条生产线的黏度测量系统之间是一致的。

为了对比 Mood's 中位值检验与 Kruskal-Wallis 检验差异，我们用 Kruskal-Wallis 检验的方法对含有异常值的数据进行检验一次，见表 10.3.25。

表 10.3.25　Kruskal-Wallis 检验：黏度值与生产线

在黏度值上的 Kruskal-Wallis 检验

生产线	N	中位数	平均秩	Z
A	10	7429	12.9	-1.14
B	10	7511	14.5	-0.44
C	10	7595	19.1	1.58
整体	30	15.5		

$H = 2.67$　DF = 2　$P = 0.263$
$H = 2.68$　DF = 2　$P = 0.262$（已对结调整）

Kruskal-Wallis 检验的 P 值 = 0.262，而 Mood's 中位值检验的 P 值 = 0.202，两个 P 值的差异还是很大的，且 0.262 比 0.202 更加没有充分的理由拒绝原假设 H_0：A、B、C 三个中位值是无差异的，其含义是结果更加"乐观"。这种"乐观"实际上就增大了检验的风险。

因此，多个中位值（$k > 2$）的比较前，应检查一下是否有异常值，然后再决定是采用 Kruskal-Wallis 检验还是采用 Mood's 中位值检验。

10.3.10　Levene's 检验（Levene's test）

非参数检验的 Levene's 检验的作用就相当于参数检验的 F 检验或 Bartlett 检验，为了更清楚这些对应关系，我们可以将这些检验方法进行映射，见表 10.3.26。

表 10.3.26　检验方法的映射

映射条件		参数检验		非参数检验
等方差	→	F 检验 Bartlett 检验	↔	Levene's 检验
双样本均值/中位值	→	双样本 t 检验（配对 t 检验）	↔	Mann-Whitney 检验
多样本均值/中位值	→	单因素方差分析	↔	Kruskal-Wallis 检验 Mood's 中位值检验

Levene's 检验方法在 10.3.7 节、10.3.8 节和 10.3.9 节的例子中均有体现，此处不再赘述。

10.3.11　等比率检验 P(2-proportion test)

等比率检验主要是针对两个样本比率之间的差异进行的检验，相对于上述诸多方法，它更适合于计数型（二进制属性）破坏性测量系统。

等比率检验的前提条件为：两个样本相互独立，每次试验也相互独立；两个样本的数据服从两点分布，$X \sim b(1, p)$。

例如，MSA 工程师想确认两种不同的熔丝测试仪（A、B）对于熔丝的测试效果是否一致。其中，测试仪 A 为来料检验（IQC）所使用，用于来料抽检；另一台测试仪 B 在生产线上使用，是生产线上料前的全检。MSA 工程师围绕同一批次熔丝进行追踪采集数据，从 IQC 处随机采集了共计 500 个抽检数据，从生产线全检数据中随机采集了共计 850 个数据，并且得到了数据中的次品数，见表 10.3.27。

表 10.3.27　熔丝测试数据

数 据 来 源	熔丝测试仪	样本容量（n）	次　品　数	良　品　数
IQC 抽检	A	500	17	483
生产线全检	B	850	45	805

熔丝测试仪的测试机理是通过测试仪本身给熔丝通以恒定的 DC 电流保持一定的时间，如果熔丝没有熔断，则表示测试结果"OK"；如果熔丝承受不了电流而发生了熔断，则表示测试结果"NG"，并挑选出来报废。基于这样的测试机理，MSA 工程师将其视为二进制属性破坏性测量系统，为了验证测量系统 A 与 B 的差异，工程师采用等比率 P 的检验方法（Minitab > 统计 > 基本统计量 > 双比率），步骤如下：

1）在软件对话框中输入样本容量和良品数，如图 10.3.31 所示。

2）检验的原假设 H_0 为：两个比率的差值为 0；备择项 H_1 为：两个比率不相等（图 10.3.32）。

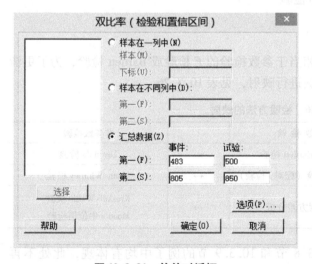

图 10.3.31　软件对话框

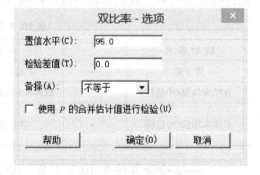

图 10.3.32　双比率选项

3）确认后可得等比率检验 P 的结果，见表 10.3.28。

表 10.3.28　双比率检验和置信区间

样　本	X	N	样本 p
1	483	500	0.966000
2	805	850	0.947059

(续)

差值 = $p(1) - p(2)$	
差值估计：0.0189412	
差值的95%置信区间：(-0.00294333，0.0408257)	
差值 = 0（与 ≠ 0）的检验：$Z = 1.70$　P 值 = 0.090	
Fisher 精确检验：P 值 = 0.138	

从等比率检验的 P 值 = 0.090 > 0.05 可以看出，比率 483/500 = 0.966000 与比率 805/850 = 0.947059 在统计上是相等的，这意味着熔丝测量系统 A 与 B 之间是一致的。

关于等比率检验取样 500 个是否合理这个问题，我们则需要引入等比率双边检验的样本容量（n）计算方法[一]：

$$n = \frac{2(Z_{1-\alpha/2} + Z_{1-\beta})^2}{(2\arcsin\sqrt{p_1} - 2\arcsin\sqrt{p_2})^2}$$

式中，$\alpha = 0.05$；$1 - \beta = 90\% = 0.9$；Z 为标准正态分布统计量；p_1、p_2 分别为总体 1 和总体 2 的比率，假设已知熔丝总体历史比率为：$p_1 = 0.895$，$p^2 = 0.820$。

代入参数到上式中：

$$n = \frac{2(Z_{0.975} + Z_{0.9})^2}{(2\arcsin\sqrt{0.895} - 2\arcsin\sqrt{0.820})^2} = 449.26$$

常用标准正态分布 α 分位数见表 10.3.29[二]。

表 10.3.29　常用标准正态分布 α 分位数

α	0.001	0.005	0.010	0.025	0.050	0.100
Z_α	-3.090	-2.576	-2.326	-1.960	-1.645	-1.282
α	0.999	0.995	0.990	0.975	0.950	0.900
Z_α	3.090	2.576	2.326	1.960	1.645	1.282

样本容量的计算也可以借助软件来实现（Minitab > 统计 > 功效和样本数量 > 双比率）。在对话框中填入两个总体比率值（$p_1 = 0.895$，$p_2 = 0.820$），并将功效值填入 0.9，如图 10.3.33 所示。

确认后可得样本的容量，见表 10.3.30。

表 10.3.30　功效和样本数量

双比率检验			
检验比率 1 = 比率 2（与 ≠）			
计算比率 2 的功效 = 0.82			
$\alpha = 0.05$			
比率 1	样本数量	目标功效	实际功效
0.895	455	0.9	0.900356
样本数量是指每个组的			

一　参考马逢时、周暐、刘传冰编著的《六西格玛管理统计指南——MINITAB 使用指导》，中国人民大学出版社 2007 年出版。

二　参考马林、何桢主编的《六西格玛管理（第二版）》，中国人民大学出版社 2007 年出版。

194　测量系统分析（MSA）实用指南

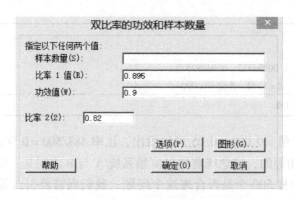

图 10.3.33　双比率的功效和样本数量

双比率检验的功效曲线如图 10.3.34 所示。

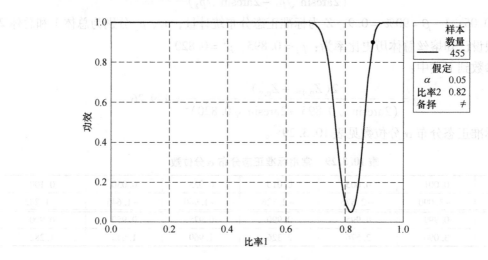

图 10.3.34　双比率检验的功效曲线（1）

由于计算过程中的舍入机制，用公式计算出的样本容量（$n=449$）和用软件 Minitab 计算出样本容量（$n=455$）有一点差异。不过，在实际应用中，还是建议大家用软件计算，这样会更加便捷和高效。

从样本数量的计算可以得出，如果已知总体的比率（历史估计值），每个样本需要抽取 455 个样品。当然，功效默认为 $1-\beta=90\%$，如果要求不一样，样品数也是不一样的，例如我们取 80%，见表 10.3.31 和图 10.3.35。

表 10.3.31　功效和样本数量（80%）

双比率检验

检验比率 1 = 比率 2（与 ≠）

计算比率 2 的功效 = 0.82

$\alpha = 0.05$

比率 1	样本数量	目标功效	实际功效
0.895	340	0.8	0.800202

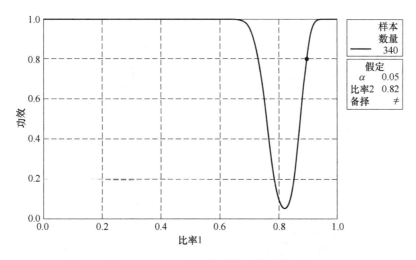

图 10.3.35　双比率检验的功效曲线（2）

对比之后可以看出，功效要求越低，其要求的样本容量也就越小（340）。

10.4　相关性分析

某些复杂的联合测量系统包含着多套测量系统，往往系统 1 会对系统 2 产生关联的影响，为了消除这种影响而使系统间彼此独立，我们就需要对不同的系统之间是否存在关联的影响而进行确认和验证。相关性分析法就比较适合于这种确认和验证。

（1）相关性模型分类

假设测量系统 1 所测得的量值为变量 x_1，测量系统 2 所测得的量值为变量 x_2，x_1 的变化对 x_2 有显著的关联影响，我们就认为测量系统 1 与测量系统 2 之间具有某种相关性，可能是线性相关、也可能是复杂相关。利用散点图（图 10.4.1），我们把相关性模型分为以下类别：

1）无相关性。
2）正相关性（如：线性相关）。又分为：
① 弱的正相关。
② 强的正相关。
3）负相关性（如：线性相关）。又分为：
① 弱的负相关。
② 强的负相关。
4）复杂的相关性。包括：
① 指数相关。
② 对数相关。
③ 幂相关。
④ 多项式相关。
⑤ 其他复杂的类型。

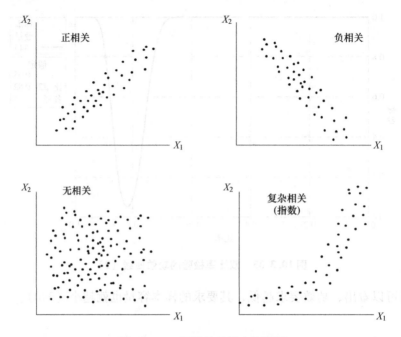

图 10.4.1　相关性的散点图模型

当然，散点图只是一种粗糙的定性的印象看法，为了更精确地表达两个随机变量（x、y）之间的相关性程度，统计上引入相关系数 r 来衡量。r 的计算公式如下：

$$r = \frac{\sum_{i=1}^{n}(x_i - \bar{x})(y_i - \bar{y})}{\sqrt{\sum_{i=1}^{n}(x_i - \bar{x})^2 \cdot \sum_{i=1}^{n}(y_i - \bar{y})^2}}$$

相关系数 r 的取值范围为：$-1 \leqslant r \leqslant 1$ 或 $|r| \leqslant 1$，当 $|r| \geqslant 0.8$，高度相关；$0.5 \leqslant |r| < 0.8$，中度相关；$0.3 \leqslant |r| < 0.5$，低度相关；$|r| < 0.3$，极弱相关，可近似地视为不相关。

特意需要强调的情况是：$r=1$，正强相关；$r=0$，不相关；$r=-1$，负强相关。

我们在进行测量系统间相关性的检验中，尤其是 $r=0$ 这一点特别重要，因为这是我们检验系统间相互独立的原假设：

原假设 H_0：系统间彼此独立，即 $r=0$；

备择项 H_1：系统间有相关性，即 $r \neq 0$。

上式是一种概念性的假设检验，事实上，要判断相关性是否显著需要结合样本量（n）和检验的显著性水平（α）来综合考量，综合考虑样本量和显著性水平，我们可以直接查相关系数临界值表（附录8）来确认相关性是否显著，其实际意义上的检验问题是：

原假设 H_0：系统间彼此独立，即 $r \leqslant r_a$；

备择项 H_1：系统间有相关性，即 $r > r_a$。

其中，r_a 为显著性水平 α 下的相关系数临界值。

对于相关性分析的样本选取问题，一般我们取有序配对的样本，即一个 x 对应一个 y，因此两个样本的容量一定是相同的。那么，相关性分析的样本容量要达到多少才算合适呢？

从相关系数 r 的计算公式可以看出，r 的计算依赖于两个样本的均值（$\bar{x}$、$\bar{y}$），而均值通常来自于正态分布或 t 分布数据的计算，为了满足更有效的 r 计算，通常我们尽量保证样本量 $n \geqslant 30$，以便使样本的数据分布更接近于正态分布。当然了，如果只从计算上考虑，就算 3 个样本也能计算出相关系数，但这种情况下的相关系数可信度会变得很差，因此考虑实际的应用和数据分布，我们建议样本量尽可能为 $n \geqslant 30$。

相关性分析在 MSA 中的运用相对较少，却不能忽视它。如果细心去发现，现实工作中我们会经常碰到这一类问题，只是我们平常会事先去假定系统间是彼此独立的，这种先入为主的假定往往会限制了我们的思维。

（2）举例说明

某尺寸测量系统中包含两套子系统，测量系统 1 是用来测量零件的厚度的（上下表面之间），测量系统 2 是用来测量零件上下表面的平面度误差的。其中，测量系统 1 的厚度测量机理是通过给零件表面施加一个压力（500kgf，约 4900N），而零件本身的材质为铝制，并且厚度测量的工位是在平面度测量工位的上游，即先测量完厚度再测量平面度。由于受压后的零件表面会变得更平整，这看似有利于平面度的保证，实际上却不是这样的——在平面度测量完之后的半个小时后，受压后的零件表面会逐渐恢复先前的状态，这样就造成了平面度的测量结果偏小，也就意味着可能有些零件的平面度不合格（过大）而并未被我们发现，这种情况就会造成不良品往下流或外流，最终造成品质异常和成本的浪费。这样一种关联破坏效应对于复杂的测量系统来说，实际上也是一种破坏性的试验过程，只是这种破坏性试验过程不容易被发现，更加隐蔽，因此也就更加需要我们对复杂的测量系统有一个完整的认知。

设备开发工程师与 MSA 工程师一起探讨厚度测量对平面度测量是否有影响，他们从历史的测量数据中随机抽取了 30 对数据，见表 10.4.1。

表 10.4.1 随机抽取测量数据

数据顺序（按日期）	厚度 x_1/mm	平面度 x_2/mm	数据顺序（按日期）	厚度 x_1/mm	平面度 x_2/mm
1	21.379	0.0867	16	21.394	0.1053
2	21.379	0.087	17	21.4	0.1087
3	21.378	0.0874	18	21.401	0.1095
4	21.379	0.088	19	21.403	0.1105
5	21.39	0.088	20	21.41	0.1106
6	21.379	0.0891	21	21.412	0.1107
7	21.379	0.0905	22	21.412	0.1162
8	21.436	0.0908	23	21.413	0.1234
9	21.39	0.0908	24	21.413	0.1243
10	21.391	0.1098	25	21.421	0.1251
11	21.391	0.096	26	21.421	0.1263
12	21.391	0.0969	27	21.423	0.1269
13	21.391	0.1261	28	21.412	0.1279
14	21.392	0.0978	29	21.436	0.1283
15	21.393	0.105	30	21.436	0.1285

相关性分析的具体实施步骤如下：
1）先用散点图（图10.4.2）对 x_1 与 x_2 的关系进行初步判断。

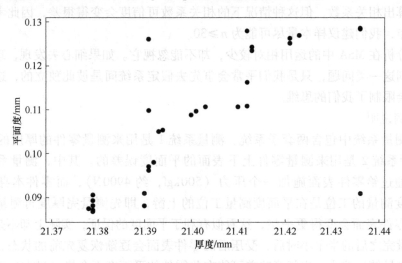

图 10.4.2　x_1 与 x_2 的散点图

从图 10.4.2 的散点图，我们大致可以判断 x_1 与 x_2 的关系可能是一种正的线性相关，且线性关系不是很强，这是初步的判断。对于具体情况，我们需要对相关性进行假设检验：

① 原假设 H_0：x_1 与 x_2 相互独立，即 $r \leqslant r_a$。
② 备择项 H_1：x_1 与 x_2 有显著的相关性，即 $r > r_a$。

2）计算相关系数 r：

$$r = \frac{\sum_{i=1}^{n}(x_{1i}-\bar{x}_1)(x_{2i}-\bar{x}_2)}{\sqrt{\sum_{i=1}^{n}(x_{1i}-\bar{x}_1)^2 \cdot \sum_{i=1}^{n}(x_{2i}-\bar{x}_2)^2}} = \frac{\sum_{i=1}^{30}(x_{1i}-21.4015)(x_{2i}-0.10707)}{\sqrt{\sum_{i=1}^{30}(x_{1i}-21.4015)^2 \cdot \sum_{i=1}^{n}(x_{2i}-0.10707)^2}}$$

计算结果：$r = 0.735134$。

查相关系数临界值表可得样本容量为 $n = 30$，显著性水平 $\alpha = 0.05$ 的相关系数的临界值 $r_a \approx 0.3494$（因为是按 $n-2 = 30-2 = 28$ 来查表的，所以只能近似等于 0.3494）。因为 $r = 0.735134 > r_a \approx 0.3494$，所以我们认为原假设 H_0 是不成立的，即厚度（x_1）与平面度（x_2）之间在显著性水平 0.05 上是显著相关的。

当然，我们也可借助于 Minitab 软件，我们对 x_1 与 x_2 进行相关性检验（Minitab > 统计 > 基本统计量 > 相关），可得：厚度（mm）和 平面度（mm）的 Pearson 相关系数 = 0.735；P 值 = 0.000。

从软件检验的结果可以得到：
① 相关系数 $r = 0.735 \neq 0$。
② 相关性检验 P 值 = 0.000 < 0.05，即有充分的理由拒绝原假设 H_0，这就意味着厚度（x_1）与平面度（x_2）之间在显著性水平 0.05 上是显著相关的。

在实际应用中，我们建议借助软件进行相关性的检验，这样会使我们的工作更加高效。

3）确定相关程度：由于 $r = 0.735$ 满足 $0.5 \leqslant |r| < 0.8$，厚度（x_1）与平面度（x_2）之

间相关性程度为中度相关。

回到测量系统的再现性定义上来（参见本书5.1节），我们能明确地知道这种影响是测量程序的再现性因子在起作用，因此，为了避免这种显著的影响，设备工程师需要将测量程序进行变更。最简单的一个想法就是对调一下厚度和平面度的测量顺序，当然，这是一种简单的思维，真正的测量程序变更需要综合考量很多其他方面的因素，比如测量的效率、测量的成本等。

测量程序变更后，相关性程度往往就是衡量改进效果的一个重要指标，当相关性程度达到极弱相关的程度时（$|r|<0.3$），我们就认为改进工作有了决定性的积极意义。

10.5 熵增原理

由热力学第一定律可知，能量是守恒的，能量既不能被创造，也不能被消灭，只能从一种形式转化为另一种形式。而热力学第二定律则告诉我们，能量的转化是自发地由有序到无序的单方向进行，这也是能量的状态发生了改变。为了描述这种状态，克劳修斯（R. Clausius）于1854年提出了状态函数熵的概念。克劳修斯认为，可逆过程的热温熵只决定于初态与终态，与所经历的过程无关，所以必定对应一个状态函数，这个状态函数就是熵（S）。熵函数的定义如下：

$$\Delta S = S_B - S_A = \int_A^B \left(\frac{\delta Q}{T}\right)_{可逆} \tag{10.5.1}$$

式中，A 表示起始状态；B 表示终末状态；S_A 与 S_B 分别表示 A、B 状态的熵值；T 表示绝对温度；Q 表示热量。

用熵函数来描述热力学第二定律：在封闭系统中不可逆过程熵变大于零（$\Delta S>0$），可逆过程熵变等于零（$\Delta S=0$），也就是说自然界中一切能自发地发生能量变化的封闭系统其熵是增大的，当熵增大到最大值时，系统处于平衡的状态。封闭系统是不可能自发地发生熵减小的过程，这就是熵的热力学定义，也是著名的熵增原理。

玻尔兹曼（Boltzmann）引用统计方法，在概率论的基础上阐明了熵的微观意义，揭示了熵的本质——熵是系统混乱程度的度量。我们用 W 表示系统宏观状态所包含的微观状态数，或把 W 理解为宏观状态出现的概率，并叫作热力学概率，下式表达了熵的统计学定义，也是著名的玻尔兹曼关系式：

$$S = k\ln W \tag{10.5.2}$$

式中，k 为玻尔兹曼常数。

联立式（10.5.1）和式（10.5.2）可得：

$$\Delta S = S_B - S_A = k\ln W_B - k\ln W_A = k\ln\frac{W_B}{W_A} \tag{10.5.3}$$

以气体为例，对于一个封闭的系统，气体分子数目越多，它可以占有的体积就越大，分子可能出现的位置与速度也就越加多样化，这种多样化就是我们所说的混乱性程度增大，也就是说从状态 A（初态）到状态 B（终态）的混乱性程度增大了，即：$W_B > W_A$，那么，式（10.5.3）则有：

$$\Delta S = k\ln\frac{W_B}{W_A} > 0 \tag{10.5.4}$$

当系统是可逆的，即状态 A 与状态 B 相同，即：$W_B = W_A$，则有：

$$\Delta S = k\ln\frac{W_B}{W_A} = k\ln 1 = 0 \tag{10.5.5}$$

式（10.5.4）和式（10.5.5）就是熵增加原理的数学式，也叫克劳修斯不等式。这个不等式的含义就代表着自然界中所有的封闭系统都会自发地朝着无序和混乱的单方向发展。

其实从熵的热力学定义和统计学定义可以看出，熵增原理其实是热力学第二定律的另一种形式的描述。对于热力学第二定律，克劳修斯有这样的表述：不可能把热量从低温物体传到高温物体而不引起其他变化（热传递的不可逆）。

另外，开尔文对热力学第二定律也进行等效的表述：不可能从单一热源吸取热量，使之完全变为有用功而不产生其他影响。

开尔文还有更直观的表述，即历史上有名的"永动机理论"：永动机是不可能造成的。

这三种表述的含义，其本质上是一样的，都是在说明"能量守恒"这个普遍的真理，即大自然中任何一个孤立的、封闭的系统，如果不从外界输入额外的能量，其内部自发性的发展方向只能是越来越混乱。

比如我们要把湖中的水抽到水塔上面，如果不输入额外的电能（水泵），水的势能是不可能自发地由低转化到高的，这是违背能量守恒定律的，即整个孤立的过程中，熵是增加的。注意，这已经不仅局限于热力学领域了。

再比如一个婴儿被生下来之后，婴儿自身是一个孤立的系统，如果外界不给其额外的能量（水、蛋白质、有机物、医疗、关怀等），那么其只会自发地朝混乱的方向发展（饥饿、脱水、生病、死亡等），即婴儿的整个孤立过程中，熵是不断增加的——这是在生命学领域中的应用。

再如一个社会的有序发展不是由其自发而导致的，是由于很多外界能量（法律约束、道德约束、社会福利、教育等）的输入，如果没有这些额外能量的输入而任其自发地发展，那么一个社会就会变得越来越混乱和无序，也就是熵在不断地增大——这是在社会学中的应用。

近些年，熵的概念发生了泛化，熵的概念从狭义的热力学熵、统计熵外延到其他自然科学领域和社会科学领域，形成了一种空前的应用场景。据不完全统计，目前有七八十种熵，它们分别应用于自然、社会、生命等各个领域。

在测量系统分析（MSA）领域里，我们同样可以引用熵的概念来对测量系统的变差进行研究。

我们可以从熵增原理的角度来看待测量系统。任何一个孤立的测量系统（不被人保养、管理、维修、更换损耗件等），随着使用时间的推移，测量系统一定会朝着混乱的方向发展（灰尘、磨损、故障、软件 BUG、宕机等），即熵在不断增加。只有我们从外界输入额外的能量（保养、管理、5S、定期检查、定期更换损耗件、故障维修、软件修正等），测量系统才有可能回到正常的状态，也就是外界的能量使得测量系统的熵减小了。

这样的理论在实际的 MSA 工作中有什么意义呢？

我们在本章的 10.3 节和 10.4 节所提及的假设检验和相关性分析主要是对破坏性测量系统进行的等方差、等均值、等中位值、等比率的判断，那么，这些检验固然可以对测量系统的变差进行一定程度的判断和识别，但还有一个问题需要解决。比如说有 5 套同类型的测量系统，其中 4 套的均值是相等的，那么，我们是否可以断定这 4 套是没有问题的测量系统、另外 1 套测量系统是有问题的呢？答案是可以这样判断。

有人可能会质疑这样太不严谨了，这不就是少数服从多数的"投票理论"吗？如果是 3 套中有 2 套均值是相等的，难道就可以断定这 2 套系统是没问题的，而另外 1 套是有问题的吗？这种决策的风险是不是很大呢？

为了打消这样的疑虑，我们就需要应用熵增原理来进行分析了。

熵增原理可不是"投票理论"，熵增原理完全可以从统计学的概率上对多套测量系统的变差进行符合性的判断。

首先，我们要清楚一个道理，孤立封闭的系统是有不同范围和层次的。如果把测量系统周边所有的正常情况下的管理（常规的 5S、保养、检查、维修、软件修正等）考虑进去的话，我们可以构造一个更大的孤立封闭系统，其关系如图 10.5.1 所示。

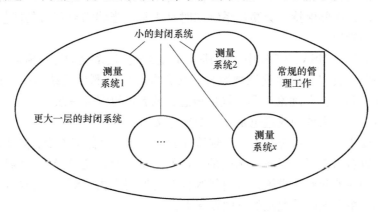

图 10.5.1　孤立封闭系统的范围

企业生产中，给予各测量系统常规性的管理，从顾客的角度来看，其实我们构建的只是一个更大的封闭系统而已，因为除了常规性的管理工作外，我们并没有给予这个大系统额外的能量输入，通俗地说，就是没有给予任何非常规性的"特殊照顾"。

既然没有"特殊照顾"，我们则可以根据一定的历史数据和理论对测量系统发生异常的概率进行估计。例如，我们可以对测量系统的软件 BUG 出现的概率进行估计，也可以对测量系统损耗件磨损的周期进行评估，等等。这些都可以出现在设备开发部门的查检清单中，而且这些概率一定要很小才不会影响测量系统的开发。

现在，我们来假定某测量系统发生各类异常的概率均很小，如小于 1%，那么其保持正常的概率就应该很大，如大于 99%。由于 5 套测量系统属于同一类型，我们假定这 5 套测量系统具体概率数据见表 10.5.1。

表 10.5.1　测量系统概率数据

测 量 系 统	发生某种异常的概率	保持正常的概率
1	2.5%	97.5%
2	2.5%	97.5%
3	2.5%	97.5%
4	2.5%	97.5%
5	2.5%	97.5%

如前文所述，如果 4 套测量系统同时发生异常，其概率就是：

$$P_0 = 2.5\% \times 2.5\% \times 2.5\% \times 2.5\% = 3.9 \times 10^{-5}\% \to 0$$

4 套测量系统同时保持正常的概率为：

$$P_1 = 97.5\% \times 97.5\% \times 97.5\% \times 97.5\% = 90.4\%$$

即 4 套测量系统同时发生某种异常（如准确性——等均值检验）的概率几乎为零，而同时保持正常的概率则为 90.4%，一个是小概率事件，另一个是大概率事件。从概率上，我们可以判断出，这 5 套测量系统在某特性上（如准确性）如果有 1 套和其他 4 套不一样，几乎可以断定那 1 套是异常的，而其他 4 套则是正常的。为什么可以这样说呢？我们从熵增原理就能知道，任何封闭的系统，如果没有外界额外的"特殊照顾"，那么，系统会自发地朝无序的方向发展，而这种无序又是随机的，要使 4 套测量系统无序地朝一点上统一发展，那几乎是不可能发生的，而要保持 4 套测量系统同时是正常，当然需要正常的能量输入了，也就是我们输入正常的管理。

因此，后续如果在 MSA 的工作中，尤其是做完多套测量系统的等均值或等中位值检验之后发现有这种问题，我们可以根据熵增原理直接判断异常的测量系统为少数的那个。当然，我们仍旧要清楚这和"投票理论"是不同的概念，两者不可混为一谈。

熵增原理对于测量系统的改进也是很有指导意义的。

我们永远不要指望测量系统在没有常规管理的情况能一直保持不变，如果真的可以这样，那永动机也就可以造出来了。因此，无论是正常的测量系统，还是异常的测量系统，一定要有相应的常规维护保养和修正措施，否则任其自然地发展下去，测量系统的可靠性只会越来越糟糕，永远都会单向地朝着混乱的方向发展下去。

熵增原理在 MSA 中的应用，一共有两大方面：第一，它是从多套测量系统中识别异常测量系统的理论依据；第二，它是维持测量系统正常、纠正异常测量系统的指导方针。

第 11 章
参考手册导读

为了方便大家更好地理解 AIAG MSA 手册，本书特意增加了手册导读这一章节。本章的导读内容分为三节：第一节主要介绍一下手册的基本框架；第二节介绍的是手册的指导精神，尤其是那些至关重要、避免人们走入误区的指导精神；第三节则把人们对手册常见的一些理解误区进行一些必要的说明，以防止大家再次踏入雷区。

目前，AIAG 发行的最新版 MSA 手册为 2010 年 6 月份的第四版。AIAG MSA 的第 1 版是 MSA 探索性阶段的指南；第 2 版则是对从 1990 年到 1995 年这五年中推行 MSA 的经验的总结；到了 2002 年，伴随着 ISO/TS16949：2002 的颁布，MSA 手册第 3 版也同步更新并颁布，在第 2 版的基础上，MSA 手册第 3 版有了大幅度的认知提升和内容更新，可以说，2002 年对于 MSA 的成熟来说是极为关键的一个年份。下面具体介绍一下 MSA 手册第 3 版主要更新的内容要点[⊖]。

（1）对测量过程的系统性的理解

近年来汽车行业的供应商一直依靠 GRR 作为接受和批准带有复杂结果的测量装置的一种方法。在许多情况下，GRR 用来评价设备和操作者对测量结果的影响是足够的，但有些情况下此方法被证明是错误的假设。其他的变差，如操作者的培训、指导书、温度等对结果起更大的作用，时间被浪费在对这些结果的反应，许多情况引起停机或不必要的过程调整。第 3 版手册对评估两种以上的变差、评价影响结果的所有变差开启了一道门，打开了思路。

（2）测量开发和资源的选择

手册增加了两个新的章节：测量战略和策划、测量资源的开发。其中测量战略和策划章节研究了在选择和开发一个测量过程时期提出的可能的设计准则，提供了一个通用的检查单，作为研究工作思考的开始。这个章节强调在过程早期做出的结论对以后的测量系统的质量起较大的影响作用。在编写资源的选择和开发章节时，工作组认识到测量系统不全是通过惯例的渠道采购，而且有时错过适当的 APQP 的评价。由于同样的原因增加了这个章节作为战略开发的一部分，关注测量系统供应商的决定对最终测量的质量有巨大的影响。

（3）偏倚和线性主题的变化和扩展

工作组一致同意加强的另一部分是手册中偏倚和线性的章节。早期的手册介绍了偏倚和线性的主题，但是没有给读者提供如何处理结果的清晰的方向。第 3 版手册包括了允许读者依据风险来评价偏倚和线性的计算，这将取决于测量的重要性和如何使用测量，提供了例子

⊖ 译自 AIAG 官方的有关说明。

有助于读者对计算和结果的方便使用。

（4）计数型测量系统分析的新的方法

手册中显著变化的另一部分是计数型测量系统分析的章节。先前出版的小样法在一定程度上不总是在有效统计下的实施，因此通常被错误地应用。现在引进的风险分析法包括了假设检验分析和信号探测理论，这两方面的资源都被指出，而且还给出了一个系统的例子。解析法也被引进，作为多次追溯和评估一个计数型测量系统的方法。

（5）复杂测量系统（非重复的）

根据过去十多年的反馈，工作组认识到手册中需要包括有关非惯用的测量方法的讨论。新版本中，关于如何评价破坏性的或非重复的试验的测量变差的问题已经被提出；引进术语"非重复性"用来描述由于零件物理上的变化使测量不能重复进行的测量状况。即使以前的版本在附录中包括了例子，对于读者来说仍然是很难发现和理解，这次通过增加了进一步的信息并单独形成了一章来使其更加完善，为读者查阅易得到的书籍和期刊提供指导。本章中包括了一张表，用来根据拟评价的测量系统的信息来指导读者。

（6）MSA 与测量不确定度的对比

新版本增加了一节来评审测量不确定度背后的原则。不确定度在欧洲已被广泛地应用在与 ISO 有关的领域，而且在美国已开始有所认识。工作组认为每种方法都有不同的目标和焦点。测量不确定度关注于减少影响测量的所有因素，在可信赖的间隔里表明测量在这些值之间可能是不精确的。MSA 则从另外方面关注于理解影响测量结果的变量的作用，并且试图减少这些变差以使在零件质量和制造过程控制方面作出正确的决定。

（7）5.15 复合系数的说明

许多年来围绕用在计算和评价 GRR 上的 5.15 复合系数的来源和用途一直有许多争议。由于 GRR 计算方法的改变，5.15 复合系数被取消了，包括或去掉这个系数对结果没有任何影响，在本手册中这个系数已经从主要的计算中删除。

（8）可区分的类别数（NDC）

本手册中增加了可区分的类别数（NDC）来帮助读者评价测量系统的分辨能力（有效解析度）。

从以上变更说明我们不难看出，第 3 版的更新对于 MSA 理论的完善起到了举足轻重的作用。

与第 3 版手册相比，第 4 版手册的变化就不是很明显，只是补充了一些内容，使读者能更好地理解，同时也对使用者常犯的一些概念性理解错误作出重要的澄清。例如，再现性一直被误解为只是操作员间的变差，第 4 版手册就特别澄清了这一点，指出操作员只是其中的一种再现性因子；又如，很多人把 MSA 与校准两个概念混淆，第 4 版也对此进行了特别的澄清。

另外，第 4 版更加清晰地定义了测量决策，改进了偏倚和线性的内容，重写了部分 MSA 分析方法（如破坏性试验），对计数型测量系统分析也进行了更新，更具体地说明了测量不确定度和 MSA 的关系，更明确地说明了 APQP 与 MSA 的关系等。

虽然第 4 版更新不多，但每个更新点都是很有意义的。第 4 版的视觉更宽，角度更高，能够帮助使用者把握宏观的 MSA 格局。那么，接下来的三节内容，均是围绕第 4 版的手册而展开的。

11.1 参考手册的基本框架

在拿到 AIAG 第四版 MSA 手册的时候，我们首先要做的是把握手册的基本框架。了解一本书的基本框架最佳的入门途经就在前言和目录中，因为手册前言主要是一项重要的声明，所以，我们主要还是从手册的目录着手来了解它的基本框架。

从手册的目录中，我们可看到手册包含以下内容：
① 快速指南。
② 第一章：总指南。
③ 第二章：基本概念。
④ 第三章：可重复测量系统的分析方法。
⑤ 第四章：其他测量系统的分析方法（包括不可重复的测量系统）。
⑥ 六个附录。
⑦ 主要术语的总结。
⑧ 参考文献。
⑨ 范例表格。

下面，我们就上述这些内容进行简要的说明。

（1）快速指南

快速指南只有一页内容，主要包含两个部分：

1）各类型测量系统的分析方法。其实这张表格所列的方法有一些值得商榷的地方。首先是概念之间并不严谨，比如说基本的计量型分析方法包括"偏倚"和"线性"，实际上偏倚和线性是测量系统的特性指标，而不是方法，诸如极差法、方差分析法和控制图法等才是具体的方法。其次是"替代的方法"指向不明确，其实这也是各版本 MSA 手册的缺陷之处，AIAG MSA 手册在关于如何对不可重复的测量系统进行分析的方法上比较欠缺。

总的来讲，这个快速指南的表格实用性并不强，不过还是可以作为全手册 MSA 方法的提纲。

2）测量系统变差研究的分布宽度（99.73%，即 6σ）。这一部分进行必要的说明是很好的，因为复合系数 5.15 和 6 在计算上是有很大的差别的。

（2）第一章：总指南

总指南的架构非常宏观，也是笔者认为最精彩的一章。如果说 MSA 具体的实施方法是"表"的话，那么总指南则是"里"，是 MSA 的本质意义所在。下面，我们就来看看总指南到底说了什么。

1）A 节。这一节前面就阐述了 MSA 对于保证测量数据质量的重大意义，然后提出了用户使用时要注意不要拘泥于本手册的指导意见。

中间的术语部分也是本节的重中之重，术语包括计量学和 MSA 两大部分的重要概念，如标准、分辨力、有效解析度、参考值、真值、位置变差相关术语、宽度变差相关术语、系统变差相关术语。有一点需要特别指出，手册把测量系统的稳定性与测量仪器的稳定性（漂移，Drift）混淆了。如果是测量仪器的稳定性，那么，把它划入位置变差是无可厚非的，但如果是测量系统的稳定性，其实它不仅包括位置变差的稳定能力，也包括宽度变差的稳定性能力。因此，测量系统的稳定性更应该划入系统变差的术语范畴中，而不能单属于位置变差或者是宽度变差，在使用手册时，这一点需要特别引起注意。

后面的术语基本上属于计量学的范畴了，如标准及可追溯性、可追溯性、校准系统、真值等，这些术语更多是关注仪器而不是系统，请读者要细心分辨。如果还不清楚 MSA 的术语与计量学的术语都有哪些，可以参考本书 5.1 节和 5.2 节的内容。

2）B 节。这一节的内容主要围绕两大主题展开，一个是测量过程及其变差源分析，另一个是测量系统的变差对于决策的影响。

手册提供的测量过程的变差模型其实包含两个：一个是本节内容提供的 SWIPE 变差模型；另一个是附录 F 提供 PISMOEA 变差模型。

解读这一部分内容时，建议大家要结合附录 F 的内容。另外，这一部分内容还提到了分辨力 10:1 原则和 NDC≥5 这样的非常重要的概念，也是值得大家好好解读的。

后半部分关于测量系统的变差对于决策的影响，这也是很多读者没有完全掌握的部分。例如，做 GRR 分析，大部分观点认为，只要得到测量系统与总过程变差（6σ）的比率（GRR%）和测量系统的有效解析度（NDC）就够了，实际上这种认知是片面的，根据第一章 B 节后半部分的内容，我们应该要很清晰地认识到，测量系统对决策的影响表现在两个方面：

① 产品的控制——关注点是零件是否在指定的范围内。这意味着，测量系统的变差是否会影响到产品合格性的判定。

在 GRR 分析中，这个问题就是依赖于测量系统与公差范围（TR）的比率（P/T%）这样的指标来确定。

② 过程的控制——关注点是过程变差是否稳定并可被接受。这意味着，测量系统的变差是否会影响到过程的控制。

在 GRR 分析中，这个问题才是依赖于 GRR% 和 NDC 这样的指标来确定的。

3）C 节。这一节内容虽然不多，但其宏观的格局思想很有指导意义，其主题就是"测量的策略和计划"，内容中提到了几个非常重要的概念：

① APQP 的策划。手册中提到在 APQP 的策划中，要遵循一些基本的原则，比如说控制计划中的测量系统、产品重要特性、公差等级等概念，都是我们做 MSA 计划的指导方针。

② 测量生命周期。我们在本书 5.1 节中就提到过这个概念，其核心思想就是实现"免检计划"。

③ 测量系统开发的 FMEA。它的意思是我们的测量系统过程是可以做失效模式分析来规避明显的风险的。

4）D 节。这一节详细地对测量系统的开发流程进行了说明和叙述。开发流程包括以下九个阶段：

① 展开报价方案。
② 预防性维护的考量。
③ 供求双方共同的接受规范。
④ 评估报价单。
⑤ 可交付的文件。
⑥ 在供方（测量设备供方）处的鉴定。

⑦ 运输的要求。
⑧ 在顾客（购买测量设备方）处的鉴定。
⑨ 文件交付。

在最后还给出了非常详细的测量系统开发检查清单和建议要素，整节的内容非常具有实用价值，特别是对于那些没有测量系统开发经验的团队来说，这无疑是提供了一种很好的指南和建议。

5）E节。这一节其实可以分为三部分：

① 第一部分是对于测量系统的特性进行了归纳。内容引出了评估测量系统的三个基本问题（分辨能力、稳定性和变差），内容还指出了测量系统变差的五大特性（偏倚、线性、重复性、再现性和稳定性）。

② 第二部分的内容非常有意义，亮点有两个：一是给出了确定参考值的方法建议；二是把五大特性变差可能的具体原因都罗列出来了，这种详细的罗列对于研究测量系统的变差，尤其是对测量系统变差进行改进的工作来说，具有很好的参考价值。

③ 第三部分是站在宏观的角度对测量系统的性能进行了阐述。手册指出，测量系统的性能包括测量系统的能力、长期的稳定性和短期的一致性的综合。其中，测量系统的能力又包括测量系统的重复性、再现性、偏倚和线性，表达式如下：

$$\sigma^2_{性能} = \sigma^2_{重复性} + \sigma^2_{再现性} + \sigma^2_{偏倚(线性)} + \sigma^2_{稳定性} + \sigma^2_{一致性}$$

6）F节。这一节的内容是说明测量不确定度的，仅从计量学上来说，这一节的内容就显得很不够了；但从MSA的角度来说，本节内容对于测量不确定度的叙述还是足够的，尤其是内容中把测量不确定与MSA的区别进行了说明，这一点很重要。读者如果要进一步理解这一部分内容，建议查阅测量不确定相关的专业书籍。

7）G节。这一节内容讲的是测量系统分析异常后对其进行改进的流程，这个流程其实借鉴了品质8D和六西格玛DMAIC的思路和方法。手册把流程分为以下七个步骤：

① 识别问题。
② 识别小组。
③ 测量系统和过程的流程图。
④ 因果图。
⑤ PDSA循环。
⑥ 可能的解决方法及纠正的证明。
⑦ 将变更制度化。

事实上，本节内容过于简单，只是提供了一个解决问题的思路，实际情况千差万别，每个企业需要根据自身的体系流程制定自身的MSA改进流程。当然了，手册本身只是提供一种参考的思路，因此我们在制定自身的MSA改进流程的时候，虽然可以参考手册给出的思路建议，但切记不可拘泥于这些建议，一定要制定一套具有"企业自身特色"的MSA改进流程。

(3) 第二章：基本概念

这一章是本手册四章中内容最少的一章，虽然如此，但其指导思想还是很深刻的。内容包括：

1）A节。这一节包括两大块内容：

① 第一块内容是告诉我们在确定"测什么"的问题上一定要明确，手册中说，再好的测

量系统如果测错了对象就是一种资源浪费。除了确定"测什么",这部分内容还告诉我们要确定"分析什么",不是所有的测量系统一上来就是五大特性或六大特性,例如一个产品生命周期非常短(如1个月)的测量系统,也许稳定性分析对它来讲就显得可有可无了。

② 第二块内容是告诉我们测量系统分析的两个阶段:第一阶段评估测量系统的变差是否符合要求;第二阶段确定测量系统的稳定性是否满足要求。这一点,我们在本书的8.1节也有提到。

2)B节。这一节主要为如何策划一个MSA的试验程序而提供一些建议,其中包括极为重要的概念"盲测"。

另外,还有一些内容不容忽视,比如说试验的成本和时间问题。我们在做MSA时,不能为了做MSA而做MSA,一定要综合考量做MSA的成本和时间周期等问题,这也是一个成熟的MSA工程师经常需要考虑的问题,还是那句话,MSA是一项工程而不仅仅是一项技术。

3)C节。这一节讲的是为MSA所做的准备工作。这些准备包括:分析方法的选择、重复次数的确定、评价者的选择、零件的选择、测量仪器的分辨力确定,以及测量方法、程序的确定。

从这一节内容中,我们要能获取以下几项重要的建议信息:

① 自动化测量系统(一按按钮测量结果就能打印出来的测量系统)可忽略再现性。

② 重复测量次数和零件的个数对于大零件来说是不一样的。

③ 评价者应从平时正常操作的人员中选取,而不是挑那些无关的专业人员或非专业人员。

④ 盲测的实施。

⑤ 类比式(带刻度的)装置的分辨力是最小分度值的1/2。

⑥ 评价者数、零件数、重复次数不是固定的——不要拘泥于手册第三章、第四章给出的建议数,如GRR分析一定是3个评价者、10个零件、重复3次,这是一种很片面的认知。

4)D节。这一节主要是告诉我们如何看待MSA结果的评估,即符合性判定。这一节中的以下指导思想非常重要,特别值得注意:

① 手册指出,对于测量系统是否可被接受,取决于测量系统的变差对过程变差或零件公差所占的百分比,最终还得取决于测量的环境和目的。例如,在偏倚和线性的分析上,很多人仅止于是否存在偏倚和线性误差,而没有进一步探讨"百分比"是多少。详细读一下本节中此处的内容,我们应不能再犯此类认知的错误——虽然手册在第三章的偏倚和线性分析只给出了是否存在偏倚和线性误差而没有给出具体的"百分比"的评估步骤,但我们不要误以为不需要分析"百分比"。

② 手册给出了GRR的10%和30%的判定通用标准,但手册用"警告"的字眼告诫我们不要把这样的评判标准当作唯一的门槛,文中还举了恒温室和实验室温度计的例子来说明评判标准要根据应用的环境和目的来决定。很多人就陷入了这样的误区,把通用的参考标准当作唯一的判定标准,牢牢守着GRR的10%和30%不放,不懂得根据实际的情况进行变通。举个例子,厂房的维修电工用的万用表GRR就算达到了40%我们都不用担心,也许电工只需要一个大致的数据,如220V电压测出180V的值,一会又测出200V的值,但这已经足够了,电工知道有电压就好了;而作为精密电池组的电压测量的万用表,30%可能还不够,一定要到10%以下,或者客户特殊要求5%以下,都是可能发生的事情。

(4) 第三章：可重复测量系统的分析方法

从方法论上讲，这一章内容是手册的核心，它提供了可重复测量系统的诸多分析方法的建议方案，包括稳定性、偏倚、线性、重复性和再现性、属性的一致性。本书在 8.2 节~8.6 节内容中详细地对这一章的内容进行了解读，因此，此处就不再赘述，仅把内容和值得注意的点列举如下：

1）A 节。这一节是引言部分。

2）B 节。这一节是计量型测量系统的研究指南（稳定性、偏倚、线性、GRR）。

方法分别用到了：

① 稳定性——控制图法。

② 偏倚/线性——独立样件法、控制图法。

③ GRR——极差法、均值极差法、ANOVA 法。

需要特别注意的是，手册中关于稳定性的评估指南非常简单，而且仅有统计稳定性，而忽略了测量稳定性。

另外，所有的这些手册给的方法都可以通过计算机软件直接实现。手册中提到的原理和方法都被糅合在计算机程序中，在平时的工作中，没有必要按照手册的方法一步一步进行，这样会大大降低工作效率。

再者，手册中的方法很多参数是直接被引用的，如果没有一定的统计学理论作为基础，是很难理解那些计算步骤的，比如偏倚-0 落在 95% 的置信区间的 t 统计量是什么意思？这些问题，本书在第 8 章均已进行了详细的解读，读者若要很好地理解手册中的内容，建议读者结合本书的第 8 章内容进行对照解读。

3）C 节。这一节是计数型测量系统的研究指南（属性的一致性）。

手册给出了两种方法：

① 假设性试验分析。

② 信号探测理论。

③ 解析法（即绘制量具性能曲线 GPC）。其实手册用到了三种方法，但只列举了以上两种，这就是另外的第三种方法。其中，对量具性能曲线（GPC）的解读可结合第 4 章的 F 节相关内容。

事实上，手册对于计数型测量系统的研究指南主要是围绕二进制属性测量系统进行的，至于名义属性和序列属性测量系统的范例是缺失的。

(5) 第四章：其他测量系统的分析方法（包括不可重复的测量系统）

这一章内容是自 MSA 第 3 版开始就加强的一个部分，尽管如此，这些内容被应用得很少，原因是操作步骤过于繁琐，准备的条件太多，导致真正实施起来不太具有可操作性。

1）A 节。这一节主要介绍了什么是不可重复的测量系统，并且指出不可重复的测量系统包含以下两种情况：

① 破坏性测量系统。

② 零件每次随使用/试验会有变更的系统。

关于手册的这一部分内容，本书在第 10 章有系统性的介绍。

2）B 节。这一节是不可重复的测量系统稳定性的研究指南。

3）C 节。这一节是不可重复的测量系统变差研究指南，实际上就是 GRR 的研究。

4）D 节。这一节教我们如何去识别零件内部变差的影响，以及在 MSA 的评估中应避免这种影响对评估结果造成混淆。

5）E 节。这一节内容是均值极差法的加强版。内容中有三个地方值得我们注意：

① 手册提到均值图中至少要有一半以上的均值落在控制限外，才能说明测量系统适用于过程控制。

② 手册还提到信噪比（SNR）这个概念，它其实和 NDC 在物理本质上是相同的，都是说测量系统的变差是过程控制的干扰信号。

③ 此处提到 NDC 包含 4 个或更多分类数会比较好，这也是很多人认为 NDC≥4 的依据。其实我们已在本书的 8.3 节内容中推演过 NDC 是要≥5 的，具体可参考 8.3 节的内容。

6）F 节。这一节是使用解析法（绘制量具性能曲线 GPC）对不可重复的测量系统 GRR 与偏倚进行评估。

7）G 节。这一节很有意思，手册在本节中给出多次测量取平均值可以减少测量误差的建议，而且给出了具体的重复次数为 3；另外，手册还说明这是一种临时的措施，我们应该对测量系统的变差进行改进。

8）H 节。这一节给出了非随机取样的 GRR 分析方法：聚集标准差的 GRR。并且也只有在这一节中，我们才可以看到一致性（Consistency）的分析方法。

（6）六个附录

① 附录 A：方差分析的概念。想了解方差分析的详细计算过程可以参考这一节。

② 附录 B：GRR 对能力指数 C_p 的影响。用公式推演的方式说明 GRR 与过程能力指数（C_p）的关系，本书在 2.3 节中已对此进行详细的说明。

③ 附录 C：与均值极差分布相关的数值表（d_2^* 值表）。

④ 附录 D：量具 R 研究。这是一种快速 GRR 的评估方法，不能作为测量系统的接收标准。

⑤ 附录 E：用误差修正术语来替代 PV 计算。这一节给出了正文内容中关于零件变差 σ_{Act} 的修正计算式：

a. 旧的公式为：$\sigma_{Act} = R_P \times K_3$，$R_P$ 为零件平均值的极差，K_3 为零件数。

b. 新的公式为：$\sigma_{Act} = \sqrt{(R_P \times K_3)^2 - \left[\dfrac{\sigma_{重复性}^2}{kr}\right]}$，$R_P$ 为零件平均值的极差，K_3 为零件数，k 为评价者数，r 为重复测量次数。

后续我们完全可以用新的计算式代替旧的计算式。

⑥ 附录 F：PISMOEA 误差模型。除了前面第一章 B 节的 SWIPE 误差模型外，手册在附录 F 给出了另外一种误差模型，就是 PISMOEA 误差模型。

（7）主要术语的总结

手册提供了一个快速查询术语的途径。

（8）参考文献

这部分列举了手册所参考的文献和标准。

（9）范例表格

这部分提供了均值极差法 GRR 数据收集和报告的范例表格。我们在有了计算机软件之后，大都采用方差分析法直接用软件导出分析结果，因此这一类的表格一般都被淘汰了。

11.2 参考手册的重要指导精神

在前一节内容中，我们把测量系统分析手册的基本框架进行了简要的说明，其目的是让读者对 AIAG MSA 参考手册的内容有一个整体上的印象和认知。在本节中，我们将会把手册中极为关键和重要的指导精神进行重点介绍，很多对手册的误解大多来源于没有真正地理解到手册的指导精神。

这些至关重要的指导精神在前面的一些章节中或多或少都有提及，下面我们对一些重要的指导精神进行归纳和总结，并对一些常见的理解误区进行说明。

（1）AIAG MSA 参考手册的唯一性

AIAG 在手册的前言中就有如下声明：

本手册可作为测量系统分析的一种介绍。它并不试图去限制某特定过程或商品所适用的分析方法的发展。当这些指导文件意在涵盖测量系统通常发生的情况时，其中可能还有一些问题没有考虑到，这些问题应该由你指定的客户代表提出指示。

声明的目的很清楚，只要我们和顾客达成一致的意见，我们可以开发新的 MSA 方法和理论以适应不同的过程或产品特性。

另外，手册还在第一章（总指南）A 节有关"目的"的内容中明确指出：

本手册的目的是为评定测量系统的质量提供指南。尽管这些指南足以用于任何测量系统，但主要用于工业界的测量系统。本手册不打算作为所有测量系统的一种分析总览，而是主要用于那些每个零件能重复读数的测量系统。许多分析对于其他形式的测量系统也是很有用的，并且该手册的确包含了参考意见和建议，但对更复杂的或不常用的方法在此没有讨论，建议使用者参考适宜的统计资源。本手册也不涵盖顾客对测量系统分析方法所要求的批准。

这段内容非常重要，它指明了 AIAG MSA 手册的基本特征——更适用于可重复的测量系统的分析，典型的就是工业界的测量系统。对于复杂的测量系统（如不可重复的测量系统）的分析，AIAG 建议我们引用其他的统计资源辅助完成。本书对于这一指导精神的体现最典型的章节内容就是第 10 章关于不可重复的测量系统的分析方法的创新，这些方法基本上都是运用了统计学理论，结合实际的应用场景而产生的。

就目前国内大部分企业推行 MSA 的情况来看，非常不乐观的一点是，绝大部分人认为所有的 MSA 工作均应遵循 AIAG MSA 手册给出的方法，但凡发现与手册有不同之处——请注意，这种不同之处可能并非是一种冲突或矛盾，也许是手册方法的延伸和拓展，甚至是在手册指导精神下的一种创新，但大部分人并不能仔细地去了解新方法的逻辑性和合理性，只是很简单地认为新方法并未在手册中出现，于是就认为新方法是不合理、不符合规矩的。

事实上，这种僵化的思维很容易把 MSA 这个很实用的工具葬送，一种技术、一种工程思维，一定会随着工业的发展而提出新的要求，原有的技术和工程思维不适用的时候，我们本就应该进行延伸、拓展和创新，否则旧的方法和思维就很难适应飞速的工业发展的需求。举个很简单的例子，AIAG MSA 手册诞生于汽车工业，但现如今很多化学工业、材料、医疗等行业均对测量系统有要求，如化学工业中很多浆料、粉料的特性就不具备可重复性，那怎么办呢？AIAG 在 MSA 手册中早已指出，我们可以"参考适宜的统计资源"，这是一种弹性指导思想，手册编写组成员的思维并不僵化，而我们使用者的思维发生了僵化。鉴于此，我们应以开放的姿态去探索和创造新的 MSA 方法来适应这些新的需求。

在这一点上,最后再强调一下,AIAG 在 MSA 手册第三章和第四章给出的那些分析方法仅供我们参考并用于打开我们的思路,切记不要被其限制住了思维,这一点很重要。

(2) 计量学概念与 MSA 概念的混淆

如果没有好好地研究过计量学的概念,那么很容易把计量学概念与 MSA 概念进行混淆,比如分辨力与有效解析度、测量仪器的稳定性与测量系统的稳定性、测量仪器的期间精密度与测量系统的重复性、测量仪器的误差与测量系统的偏倚等,都是一些很容易混淆的概念。这一部分内容由于本书在第 5 章中已经详细地交待过,此处不再赘述。

我们在使用 AIAG MSA 手册的时候,一定要清楚一个事实,那就是手册在叙述计量学概念与 MSA 概念时,它是把两种概念穿插混合地进行展开的,而且手册本身在测量系统的稳定性上也混淆成了测量仪器的稳定性(即漂移),漂移是指测量仪器的稳定性而不是测量系统的稳定性。由于这些原因,使用者很容易把两种概念混淆也就在所难免了。建议使用者先找到国际标准 VIM 和计量技术规范 JJF1001 进行认真地研读后,再来看 MSA 手册就不会犯概念上混淆的错误了。

(3) 越贵重的仪器就越能保证测量系统可靠

这一点手册在第一章 B 节有明确叙述:

不幸的是,工业界传统上视测量和分析活动为"黑箱作业"。设备是主要关注点,特性越"重要",量具越昂贵,很少顾虑仪器的适用性。因此这些量具通常没有得到适当的使用或简单地不去用它。

对于企业,成本问题是非常重要的一个问题,我们在开发测量系统时,一定要把握好这个度,不要盲目地高成本投资。因为如果测量系统根本就不适用,那么,测量设备越昂贵就意味着成本浪费越多。

比如,某种零件的厚度测量根本不能受到很大的压力,否则它会永久变形而遭到破坏,因此所有需要施加压力的厚度测量设备都不能被开发,只能开发非接触式的测量设备,如利用光学原理进行厚度测量的测量设备。

(4) 测量系统变差的百分比包括两种

我们要知道,测量系统变差的百分比其实包括两种:与过程变差(6σ)的比;与公差(TR)的比。

虽然手册在第三章和第四章的具体方法举例时均未体现与公差的比,但手册在第一章 B 节关于"对决策的影响"内容中却有明确的指导。这一点我们在本书 11.1 节中关于"第一章 B 节"的内容介绍中已有提及,此处就不赘述了。为了强调该指导精神,特总结了两者的情况进行对照,见表 11.2.1。

表 11.2.1 产品控制与过程控制

控制理论	关注点	测量系统变差比率	比率的意义
产品控制	零件是否在指定的范围内	与过程变差(6σ)的比值	测量系统是否满足产品的合格性判定
过程控制	过程变差是否稳定并可接受	与公差(TR)的比值	测量系统的变差是否对过程控制有显著的影响

(5) 测量生命周期

MSA 手册最难能可贵之处就是以发展的思维看问题，"测量生命周期"概念的提出就能很好地体现这种思维。原文摘录如下：

"测量生命周期（Measurement life cycle）"这一概念是指随着时间的不同，对过程的了解以及过程的改进，测量方法可能的改变。例如，为了建立稳定和有能力的过程，可能开始对一个产品的特性进行测量；通过测量了解了对直接影响产品特性的关键过程控制特性。这种了解意味着对产品特性信息的依靠减少了，并且可能减少抽样计划（从 5 件/小时，减少到 1 件/每班）；同时，测量的方法也可以从 CMM 测量变为某种计数型量具测量。最后发现可能只需要监测极少数的零件，只要过程被维护或测量和监控这个维护和工装，也许就是所有必要的工作了。测量的程度是依赖着对过程理解的程度。

关于测量生命周期概念的阐述，我们在本书的 5.1 节内容中已有相关的说明，此处就不赘述了。

为了加深读者的印象，我们再强调四个字：免检计划。对于测量方案要做减法，这样才能有效地降低企业生产中测量的成本。有管理者问，MSA 能给我的企业带来什么利益？那些隐性的、由于测量系统的可靠而保证产品质量连带的利益不太好量化，我们就不谈了，恰恰是这个测量生命周期可以量化成本的降低量，这就是显性的利益。典型的例子就是计量型测量系统简化为二进制属性测量系统，如千分尺测厚度变成了通/止规，不仅成本低，还更为高效。

(6) 对 NDC 的误解

对 NDC 普遍存在以下两个误解：

1) 第一个误解：NDC≥4。手册在第一章 E 节的图 I-E 中明确给出了 NDC≥5（5 或更多组数据分类）才对测量系统"建议使用"。

2) 第二个误解：NDC 的计算结果要四舍五入。手册在第三章 B 节关于均值极差法做 GRR 分析的内容中对 NDC 的舍入进行了明确的规定：为了分析，NDC 是一个或截断为整数的计算值的最大值。这个结果应该大于或等于 5。这段话的英文原文为：

"For analysis, the NDC is the maximum of one or the calculated value truncated to the integer. This result should be greater than or equal to 5"。其中的关键字眼为"truncated to the integer"，意为截去顶端到整数。按数学上的叫法就是"下取整"。

(7) 极为重要的指导精神之一：预防为主

AIAG MSA 手册的一个极为重要的指导精神就是"预防为主"，手册在第一章、第二章用了大量的篇幅介绍如何进行测量设备的开发、如何在 APQP 中预先做好测量策划工作、如何在前期做好测量方案等，具体可参考我们在 11.1 节的相关内容介绍。

值得一提的是，很多错误的观点认为 MSA 工作不需要太早介入，只要生产线开始量产之后开始做 MSA 就可以了。关于这一点，我们在本书的 7.1 节中有非常详细的说明，请参考 7.1 节关于"MSA 在 APQP 中出现的时机"的叙述。

(8) 对再现性概念的误解澄清

手册在第一章 E 节中特别对再现性因子容易产生误解而进行了澄清，手册内容如下：

传统上把再现性看作"评价人之间"的变差。通常将再现性定义为由不同的评价人，采用相同的测量仪器，对同一零件的同一特性进行测量所得的平均值的变差。手动仪器通常的确受操作者技能的影响，但是，对于操作者不是变差主要原因的测量过程（即自动的系统），上述说法是不正确的。因此，再现性是指测量的系统之间或条件之间的平均值变差。

ASTM（美国实验及材料协会）的定义比上述定义更广，不仅包括评价人不同，同时可能还包括：量具、实验室及环境（温度、湿度）的不同，除此之外，在再现性计算中还包括重复性。

很多人一提到再现性就认为是操作员之间的差异，从手册的特别澄清来看，这样的认知需要纠正过来。

虽然手册对此有澄清，但其第三章中关于 GRR 的分析仍然用 AV 和 EV 分别代表操作员的变差和设备变差，这种现象应该是手册版本升级的时候没有特别细致，以至于前后似乎有些矛盾。为了避免再次陷入对再现性的误解，本书通篇都把 AV 和 EV 换成了 $\sigma_{再现性}$ 和 $\sigma_{重复性}$，在语言的叙述上，把操作员的变差和设备变差换成了系统间变差和系统内变差，希望读者在阅读本书时加以甄别。

（9）对计数型测量系统分析的误解

实际上，手册在第三章 C 节中关于计数型测量系统的分析方法介绍包括三个而不是两个：假设性试验分析（交叉表法）、信号探测理论及解析法（绘制 GPC）。

手册在叙述上没有明确提出解析法，只是接着信号探测理论之后马上就引出了 GPC 的绘制步骤，而 GPC 的绘制实际上就是解析法的一种。

三种方法中，真正使用比较广泛的是假设性试验分析的交叉表法，它的分析目的是确定计数型测量系统属性的一致性。属性的一致性是计数型测量系统的一大特性，不能与假设性试验分析法混为一谈，两者之间的逻辑是：属性的一致性是结果；假设性试验分析法是手段和过程。

两者并不矛盾。因此，本书在叙述计数型测量系统时，很多地方用的都是属性的一致性。请注意，它不是分析方法，而是测量系统的一大特性，好比重复性、再现性一样。

（10）对偏倚和线性的误解

有人认为，做偏倚和线性分析理应完全按 MSA 手册的偏倚和线性分析方法，求出偏倚等于零的线，看它是否落在 95% 的置信区间内。

关于偏倚和线性的原理解析，我们在 8.4 节内容中有非常详细的解释，并且对手册的分析方法也进行了澄清。在此，我们再进行以下总结：

1）关于偏倚和线性是否显著存在的问题分析：

① 临界值法（Bias =0 是否落在 95% 的置信区间）。

② P 值法（t 统计量）。

以上两种方法就是手册中给出的，手册没有明确地告诉我们这是两种不同的方法，因此，很多人可能会误以为 Bias =0 和 t 统计量都要进行分析，实际上手册原文有明确指出：

在显著性水平 α 下，如果满足以下两条中的一条就认为偏倚在统计上为零：

关于统计量 t_{bias} 的检验 P 值 $<\alpha$；

或者

按下式，零落在 $1-\alpha$ 的置信区间内。

不难看出，手册中用了"或者（or）"这样的介词，其意义就很明显了——临界值法和 P 值法任选其一，而不是都要满足要求。

2）另外，手册给出的方法只解决了测量系统是否存在偏倚的问题，如果只做到这一步，那么偏倚和线性分析工作只完成了一半。本书在 8.4 节中给出了另外一半的分析过程，即偏倚和线性误差的程度到底有多大的问题：

① 偏倚百分比（偏倚与过程变差或公差范围的比，bias%）。

② 线性百分比（线性误差与过程变差的比，linearity%）。

如此，才是一个完整的偏倚和线性分析过程，否则的话，只要"存在显著的偏倚和线性误差"就判断测量系统不可被接受，这样在逻辑上是说不通的。我们必须考量偏倚和线性误差的程度到底有多大，会不会影响我们对过程的控制或对产品的判别。

（11）误区：忽略了盲测的意义

关于盲测的定义，我们就不再重复了。我们要提出的一个问题是，很多人在做 MSA 时往往忽略了盲测的意义，如果没有遵循盲测的试验安排，往往得到的 MSA 分析数据会受到霍桑效应的影响。这一点，我们在 5.1 节关于盲测的定义中已进行说明。

除非我们只是为了完成 MSA 工作而做 MSA，否则一定要严格遵循盲测试验安排要求，这样才能获得相对客观的分析数据。

下篇·应用与实战

第 12 章
抽样原则

首先，我们必须交代一下此处的抽样不仅仅是对零件或产品的狭义上的抽样，MSA 的抽样是一种广义的抽样，其对象包含五个方面：零件或产品；评价者；重复次数；测量系统——前三者是一个整体，通常是被一起考虑，而测量系统特指在有多套测量工艺相同的测量系统情况下，应该分析几套才算合理，是一个被单独考虑的方面；样本的分布宽度。

决定 MSA 做得是否成功的关键因素有以下四个：

1) 明确要分析的特性。对于任何一个测量系统，我们要充分了解它的典型特性，如手动接触式的测量系统，其中一个最典型的特性就是一定要分析到操作员之间的再现性；又如一套容易磨损的测量系统，其中一个最典型的特性就是一定要分析到稳定性，而且还要注意其分析的周期。诸如此类的特性为测量系统的典型特性，当然，除了这些典型特性，其他特性也要视情况进行分析。

2) 选择合适的分析方法。虽然在本书的第 6.2 节内容中详细说明了各类测量系统分析方法的选择，但读者仍然可以借助于自己的专业知识、统计学理论等进行分析方法的合理选择。

3) 抽样的合理性。长期从事 MSA 工作的人员应该能体会到，抽样是否合理往往是决定 MSA 做得是否成功的最关键的因素。这四个因素中，其他三个都能够随着自身对企业的所有测量系统了解的不断提升而趋于某种固化的模式，这种模式往往体现在 MSA 计划清单中，但抽样就不一样了。因为抽样的多少没有非常明确的界限，只有一个概念叫"多多益善"，这个"多"往往代表着成本的升高，到底成本提升多少我们可以接受呢？所以，这些问题的答案需要综合地考虑，通常抽样的基本逻辑是，这个"多"刚好能够满足 MSA 分析效果最佳的起点要求，又能够满足成本不明显提升的要求。

4) 是否满足盲测的原则。我们在前面多次强调了盲测的重要性，此处就不再重复说明了。

接下来，本章内容会分成四个小节分别对抽样原则进行说明。

12.1 GRR 分析抽样原则

先来看一个企业生产中常常遇到的一个实例。某企业对于 A 型号的产品生产共有 20 条工艺相同的生产线且分布在三个不同的车间，针对产品 A 的某特性 Y 的测量系统相应地有 20 套。该类测量系统为手动接触式计量型测量系统，每套测量系统会被 6 类操作员使用，其中，白、中、晚班的操作员是最常使用该测量系统的 3 类人员，技术组长、设备技术员和 QA 人员是另外 3 类不经常使用但每天会使用 1~2 次的操作人员。

针对这样的情况，如果要进行 GRR 分析，应该如何抽样？

IATF16949：2016 体系标准中的 7.1.5.1.1 对测量系统分析有如下要求：

应进行统计研究来分析在控制计划所识别的每种检验、测量和试验设备系统的结果中呈现的变异。（英文原文：Statistical studies shall be conducted to analyse the variation present in the results of each type of inspection, measurement, and test equipment system identified in the control plan）

按照描述的习惯性，如果体系要求对"每个"测量系统都要进行分析的话，那么原文中"type"就是多余的，之所以多此一举用"each type"而不是"each"，其目的就是明确地告诉我们要按每种测量系统而不是按每个测量系统来进行 MSA 的研究和分析。

既然体系标准中用到了"每种"这样的字眼，其含义不言而喻。"每种"和"每个"是有本质意义上的区别的，如果是"每个"，那么上述状况的 GRR 分析就有很庞大的工作量；而用"每种"就不一样了，体系文件的指导精神是让我们确定每一种而不是每一个测量系统的变异。因此，上述状况的 GRR 分析就变成了抽样过程。

明确了 IATF16949：2016 的要求之后，接下来的问题就是抽样的原则问题了，即如何抽样才是合理的问题。

针对 GRR 分析，其样本容量（n）、评价者数量（k）、重复测量次数（r）以及测量系统的数量（m）的选择，到底多少算合适呢？

根据施亮星博士 2008 年对计量型测量系统的研究结果表明，前三者的数值在一般情况应为：样本大小 $10 \leq n \leq 20$；评价者数量 $k \geq 6$；重复测量次数 $4 \leq r \leq 6$。

当然了，如果条件允许，根据上述的原则控制样本大小、评价者数量和重复测量次数将能获得更佳的 GRR 评估效果；但实际情况下为了高效、低成本的 GRR 评估工作的开展，通常会减小 n、k、r 值，也就是根据 AIAG MSA 手册中的建议（$n=10$、$k=3$、$r=3$）进行选择，作为 GRR 评估的主导者，必须要知道这种选择的实际意义——不是最佳的。

事实上，企业实际的状况通常是在评价者的问题上有一些出入，比如仅有两个操作员⊖，而关于零件的数量和重复次数，我们完全有能力进行调节，如零件的数量选择 15 个甚至 20 个，重复次数为 4 次甚至 6 次，都是有可能做到的。

另一个单独需要考虑的问题是，在有多套测量工艺相同的测量系统情况下，我们要分析几套才算合理呢？

答案是相同的环境下只需要抽一套。为什么能这样说呢？问题还是要回到 IATF16949：2016 条款要求中的"每种"这个字眼，在相同的环境下（典型的如同一车间、同一实验室等）"每种"的含义就是只要抽一套就可以代表所有测量工艺相同的测量系统的性能。

如本文的例子中，由于 20 套测量系统分布在 3 个不同的车间，那么，就需要在每个车间各抽一套进行分析，也就是共 3 套测量系统。

最后一个问题是样本的分布宽度问题。AIAG MSA 手册的第三章 B 节的 GRR 分析指南中

⊖ 正常的测量管理中，每套测量系统最少有两名操作员，即使只有一名操作员是固定地、长期操作该测量系统，也必须有备用操作员，哪怕备用的操作员几乎不用去操作该测量系统，但备用的操作员一定要具备完整的操作技能和熟练度。

指出：取得一个能代表实际或预期的过程变差范围的样本。这一点当然非常合理，我们做 GRR 分析肯定是要能代表整个过程的变差，否则 GRR 分析就只有局部的意义了。

根据正态分布的特点，不是所有样本都是均匀地分布在整个过程变差范围内的，它是呈中间集中两头分散的分布特点。基于此，可以得出 GRR 的样本分布大致宽度：约 70% 的样品分布在 $\pm 1\sigma$ 范围内，以 10 个样品为例，约 7 个样品分布在 $\pm 1\sigma$ 范围内（Ⅲ区）；约 25% 的样品分布在 $(-2\sigma, -1\sigma) \cup (1\sigma, 2\sigma)$ 范围内，以 10 个样品为例，约 2~3 个样品分布在 $(-2\sigma, -1\sigma) \cup (1\sigma, 2\sigma)$ 范围内（Ⅱ区）；约 5% 的样品分布在 $(-3\sigma, -2\sigma) \cup (2\sigma, 3\sigma)$ 范围内，以 10 个样品为例，约 0~1 个样品分布在 $(-3\sigma, -2\sigma) \cup (2\sigma, 3\sigma)$ 范围内（Ⅰ区）。

上述样本分布情况如图 12.1.1 所示。

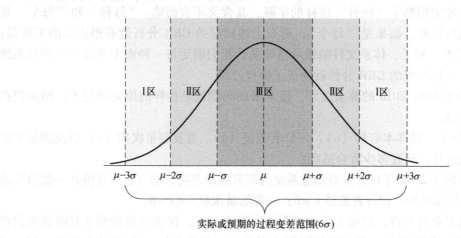

图 12.1.1　GRR 分析样本分布

结合图 12.1.1，可以简化地看 GRR 的样本分布情况。假设 GRR 的样本容量为 10，那么：Ⅲ区抽大约 7 个零件；Ⅱ区抽 2~3 个零件；Ⅰ区抽 0~1 个零件。

如果平时测量中不合格零件数量较多，那么，Ⅰ区的零件建议抽 1 个不合格样品，但不合格样品务必在 $\pm 3\sigma$ 的边界附近，不能离太远，也就是说，不能把特别异常的情况考虑进来，只能稍微放大一点分布宽度。

综上所述，针对 GRR 分析，关于样本容量（n）、评价者数量（k）、重复测量次数（r）以及测量系统的数量（m）通用的抽样原则为：

① 样本大小：$n \geq 10$，条件允许，建议 $n = 10 \sim 20$。
② 评价者数量：$k \geq 3$，条件允许，建议 $k =$ 实际评价者数 ≥ 6，如例子中的 $k = 6$。
③ 重复测量次数：$r \geq 3$，条件允许，建议 $r = 4 \sim 6$。
④ 测量系统数：相同的测量环境下，$m = 1$。

AIAG MSA 手册在第二章 C 节关于样本容量、评价者数及重复次数有一些指导性的意见：尺寸的关键性——关键尺寸需要更多的零件以及测量次数；零件的形态——大型或重型零件可以适当地减小样本量，但可以增加重复测量次数（注意：根据手册在第三章 B 节的极差法中提到样本容量为 5 的情况下功效为 80%、样本容量为 10 的情况下功效为 90% 的描述，我们不建议大型或重型零件的数量少于 5 个）；客户的要求；评价者应从那些正常操作该测量系统的人员中选择。

实际状况中，我们同样会遇到手册提到的这些建议中的问题，因此，在通用的抽样原则下，应根据手册的指导意见进行适当的调整。总之，千万不要误以为手册第三章中 GRR 举例中提到的 10 个零件、3 名评价者、3 次重复测量是一成不变的，事实上这"10×3×3"的模式本身就是有缺陷的。因此，在做 GRR 分析时，一定要通盘考量整个测量系统的过程和实际状况，进行合理的抽样安排。

为了可操作性，我们还是尽量把各种情况都考虑进去，见表 12.1.1，以便读者抽样时进行参考使用。

表 12.1.1 GRR 分析抽样原则参考表

抽样对象	最低要求（条件不允许时）		MSA 手册建议	通用要求（条件允许时）	样本分布宽度		
	要求	限制条件			Ⅰ区	Ⅱ区	Ⅲ区
样本容量（n）	$n=5$	$r \geq 4$	$n=10$	$10 \leq n \leq 20$	≈5%	≈25%	≈70%
评价者数量（k）	$k=2$	只有两名评价者	$k=3$	$k=$ 实际评价者数≥ 6			
重复测量次数（r）	$r=3$	$n \geq 10$	$r=3$	$4 \leq r \leq 6$			
测量系统的数量（m）	$m=1$	所有同类测量系统处于同一测量环境下	—	所有同类测量系统处于 ξ 种测量环境下，$m=\xi$			

12.2 偏倚与线性分析的抽样原则

通常情况下，一般不会把偏倚和线性分析分开，除非测量范围被看成为一个点，即单点偏倚不存在线性。

偏倚分析非常依赖于样件参考值的确认，分析者应根据实际情况按照下述方法对参考值进行确认。

（1）获得样件参考值的方法

1）用准确度高一个等级的量具进行不少于 3 次重复测量，取平均值来确认样件的参考值。

例如，钢直尺测量规格为（150±10）mm 的零件宽度，就可以用卡尺作为高一个等级的量具进行样件参考值的确认。偏倚分析中应优先考虑这种方法。

2）如没有高一个准确度等级的量具 A，则需要选择一个落在量具测量范围（工作范围）中间的样件，然后安排专业的测量员（注意：此测量员具备公认的或被认可的专业测量水准）在标准的测量环境下用刚校准过的或新量具 B 对样件进行不少于 10 次的重复测量后，取其平均值就可作为参考值来使用。

3）修正法：可以对第 2）条方法做一些修正后得到改进的方法，即在 10 次重复测量取得的平均值基础上，根据量具 B 的校准结果进行修正，将修正后的平均值作为参考值。

4）如果样件的参考值很难统一地被确认或者说存在争议，那么，就需要组成专家小组对样件进行测量和综合评估后指定一个参考值。

例如，用CCD（影像测量仪）对焊缝的宽度进行测量，由于焊缝的不规则性，导致每个人对焊缝的边界理解不一样，就需要一个专家小组对此进行意见的统一，通过测量和评估后得到最终的焊缝宽度值作为参考值。这样还有一个好处，就是接下来的偏倚分析如果发现异常，也可以通过测量员是否充分理解了测量标准这一方面去确认和改善测量系统。

5）如果连样件都很难获取，就需要用Master⊖替代。

例如，用旋转黏度计测量化学浆料的黏度，由于浆料随着时间的推移和被搅拌，其溶剂会逐渐挥发，造成浆料的黏度值越来越大，这种样件就无法满足偏倚分析，于是，可以采用Working Master（如丙三醇）作为样件的替代。

不过这种方法需要谨慎使用，能使用这种方法的前提条件是：用Master被测特性替代零件被测特性之后，对于偏倚分析没有本质上的区别。比如电子秤对于零件的重量测量，完全可以用一个别的重物替代，因为电子秤的称重与物体的外形、材质、颜色等均没有明显的关系。再比如前面CCD测量焊缝的例子，就不能用规则量块或别的规则的物体来代替，因为焊缝的形状甚至颜色都对测量有影响。

Master替代法也适用于不可重复的试验过程，如破坏性试验的拉力测试。由于拉力测试主要受夹具的同轴度和角度的影响，与被拉物体的外形、材质等其实并没有明显的关系，可以在夹具的下方挂一个标准重物。

（2）MSA手册中的建议

AIAG MSA手册在第一章E节中关于参考值的确定给出了一些建议，不过这些建议在目前大多数企业的实际应用中不太好实现，手册的具体建议如下：

1）用高一等级的测量设备多次测量的平均值来确定。这条建议与上面的第1）条方法等同。

2）法定值：由法律定义并强制执行的。这一点在企业的实际应用中很少见，它主要强调的是计量标准所给出的参考值。

3）理论值：以科学原理为基础。这一点在企业的实际应用中很少见，例如可以利用标准大气压下冰水混合物的温度定义为0℃来确定温度计的参考值。

4）指定值：以一些国家或国际组织的实验工作为基础，并有健全的理论支持。这一点在企业的实际应用中也很少见，最多只能遇到顾客给出的Golden Master（金标）作为指定的参考值。

5）一致同意的值：以一些科学或工程组织赞助的合作实验为基础，通过专业人士或商业组织等使用者一致同意其定义的值。这一点在企业的实际应用中很少见，最多可遇到的情况是企业内部组织的专家小组进行的评估参考值，这一点与上面的第4）条方法比较类似。

6）协议值：由受影响的各团体所协调一致得到的值。同样，这一点在企业的实际应用中也很少见。

上述是关于偏倚分析的样件参考值的确定方法，接下来，我们探讨一下线性的抽样原则。与GRR相同，我们也来探讨五个方面：样本容量（n）、评价者数量（k）、重复测量次数（r）、测量系统的数量（m），以及样本的分布宽度。

⊖ 详见本书5.2节关于Master的定义内容。

实际上我们在本书的第 8.4 节内容中均已给出了样本容量（n）、评价者数量（k）以及重复测量次数（r）的建议，其中最值得一提的就是样本容量。为了评估线性的拟合优度（R^2），需要对样本容量进行明确的规定，因为不同的样本容量将决定 R^2 的临界值。

综合考虑实际取样的难度和分析成本，当样本容量为 $n=10\sim30$ 的时候，就能获得很好的线性评估效果。

关于重复测量次数的问题，当然有人可能会产生疑问，重复次数的增加很容易实现，而且占用的分析时间可以接受，为什么不把重复次数提高到很高的水平（比如 50 次重复测量）。

实际上，有限次的重复测量主要是为了减小由随机效应带来的测量误差，这种测量误差可以用算术平均值的实验标准差 $s(\bar{x})$ 来表示：

$$s(\bar{x}) = \frac{s(x)}{\sqrt{r}}$$

其中：

$$s(x) = \sqrt{\frac{\sum_{i=1}^{r}(x_i - \bar{x})^2}{r-1}}$$

可以看出，$s(\bar{x})$ 与 $\sqrt{r}$ 是成反比的，增加重复测量次数 r 就可以减小 $s(\bar{x})$，从而减小测量误差，$s(\bar{x})$ 与 r 的关系如图 12.2.1 所示。

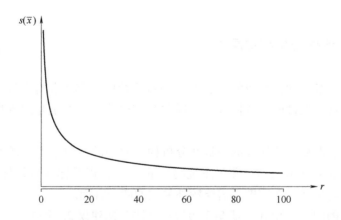

图 12.2.1 算术平均值的实验标准差与重复测量次数 r 的关系

测量次数的增加会增加人力、时间和量具的磨损，因此，一般取 $r=3\sim20$ 次[○]，在偏倚和线性的分析中，一般建议重复测量次数 $20\geqslant r\geqslant10$ 较佳。

而关于评价者数来说，通常也是抽取一部分人作为代表，这种代表可以按测量技能的熟练度来进行分层。例如，新员工抽取一人，满试用期员工抽取一人，老员工抽取一人，技术组长抽取一人，备用人员抽取一人，QA 人员抽取一人，等等，视实际情况而定。也就说，实际情况中存在多少类的分层，评价者数就取多少人，当然，每名评价者必须单独做偏倚和

○ 参考中国计量测试学会组编《一级注册计量师基础知识及专业实务》（第 3 版）第三章第一节。

线性的分析。

关于测量系统的数量，与 GRR 同理，按实际测量环境来进行分层独立评估。

关于线性分析的样本分布宽度，在第 8.4 节的内容中也有提到，线性考量的是量具的测量范围（即工作范围）内的偏倚程度，满"量程"进行线性分析是一种资源的浪费。因此，不难推断，线性分析的样本分布宽度一定要覆盖量具的测量范围。

综上所述，可以得出偏倚和线性分析的抽样原则，为了可操作性，我们还是尽量把各种情况都考虑进去，以便读者抽样时进行参考使用，见表 12.2.1。

表 12.2.1 偏倚与线性分析抽样原则参考表

抽样对象	最低要求 （条件不允许时）	MSA 手册建议	通用要求 （条件允许时）	样本分布宽度
样本容量（n）	$n = 5$	$n \geqslant 5$	$10 \leqslant n \leqslant 30$	覆盖测量范围
评价者数量（k）	$k = 1$	$k =$ 实际操作员数	评价者分层数为 η，$k = \eta$	
重复测量次数（r）	$r = 5$	$r \geqslant 10$	$10 \leqslant r \leqslant 20$	
测量系统的数量（m）	$m = 1$	—	所有同类测量系统处于 ξ 种测量环境下，$m = \xi$	

12.3 属性的一致性分析抽样原则

和计量型测量系统不同，计数型（属性）测量系统的分类数非常有限，对于边界的解析能力也就很低，因此，属性的一致性分析抽样尤其需要严谨，特别是边界样品的选择显得至关重要。

同理，我们先要明确一下属性的一致性分析抽样原则的对象范围：样本容量（n）、评价者数量（k）、重复测量次数（r）、测量系统的数量（m），以及样本的分布宽度。

其中，样本的容量和分布宽度是需要额外关注的两个方面。

关于样本容量的问题，MSA 手册第 2 版以小样法为例建议 20 个样本，到了第 3 版和第 4 版手册则没有提及小样法，取而代之的是 50 个样本的建议和举例。那么，属性的一致性分析的样本容量到底多少才合适呢？

赵燕博士指出，属性测量系统分析所选取的零件数不能低于 20 个，对于一些中等一致的测量系统，零件数至少应该选取 40 个；AIAG MSA 手册默认选取 50 个零件进行举例说明；马林、何桢教授在《六西格玛管理》（第二版）中指出样本的容量应在 20 个及以上。

综合前人的研究成果，我们建议属性的一致性分析样本容量 $n = 20 \sim 50$，当 $n = 20$ 时，建议重复测量次数增加（$r = 4 \sim 5$）以提高分析的可信度。当然，如果仅仅站在属性一致性分析的可靠性角度来看，样本容量当然越大越好，但这依旧是以提高成本为代价的选择，倘若成本允许，哪怕是 $n = 200$ 也没有问题的话，那当然是更有利于属性的一致性分析了。不过在企业生产的实际应用中，还是不建议无限制地增大样本容量 n。

关于评价者的数量选择问题，手册建议的是 $k=3$。同理，其实我们也可以对评价者进行分层处理，可以根据评价者的技能熟练程度和经验多少来进行分层，最简单、最方便操作的办法就是按在岗时间的长短来度量。

关于重复测量次数的问题，虽然手册建议的是 $r=3$，但计数型与计量型不同，计数型需要更多的信息来判断测量系统的一致性，因此，在条件允许的情况下，适当地增加重复次数可以提高属性一致性分析的可信度，建议 $r=3\sim5$ 次较佳。由于样品数量较多（如 50 个），重复测量次数也不能太多，太多容易造成评价者的疲劳，反而会影响分析结果的可信度。

相同测量工艺的多套测量系统的数量问题，实际上与 GRR、偏倚和线性没有本质上的区别，都可以按不同环境进行独立分析处理。

最后，我们来探讨一下属性一致性样本的分布宽度问题，这个问题非常重要，这个问题处理得好不好，往往决定了属性一致性分析结果的质量。比如说二进制属性的一致性分析，如果我们选了多个远离边界值的样品，即好的零件永远是明显的好，坏的零件永远是明显的坏，那么，这就会造成测量系统很容易识别好零件和坏零件；真正有意义的做法是，选一些接近边界的、模棱两可的零件，这样对于属性测量系统的评价就相对比较合理和客观。

那么，从哪个角度来进行样本分布宽度的考量呢？

我们知道，所有属性的判断都是有标准的，这个标准就相当于计量型测量系统中的产品规格（LSL～USL），尤其是应用最为广泛的二进制属性测量系统，通常都会有合格的规格上下限。因此，可以以正态分布概率密度的方式，参考 GRR 分析的样本分布宽度来类比属性一致性分析的样本分布宽度，如图 12.3.1 所示。

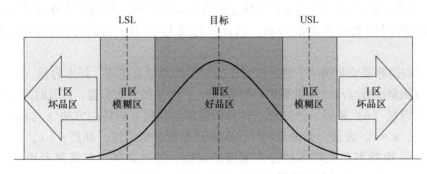

图 12.3.1 属性一致性分析的样本分布

对比 GRR 分析一节中的图 12.1.1，可以类比出属性一致性分析的样本分布宽度。

1) Ⅲ区（好品区）：约 70% 的样品分布在该区域，以样本容量 50 为例，该区域则有约 35 个好品（常规情况下随机抽取的合格零件）。

2) Ⅱ区（模糊区）：约 25% 的样品分布在该区域，以样本容量 50 为例，该区域则有 12～13 个"模棱两可"的样品，这种"模棱两可"包含规格上限和下限两个边界附近。更细致地分布为：

① LSL 模糊区：实际为坏品，但接近于好品的样品数量为 $\frac{1}{4}\times25\%\times50\approx3$ 个；实际为好品，但接近于坏品的样品数量为 3 个。

② USL 模糊区：实际为好品，但接近于坏品的样品数量为 3 个；实际为坏品，但接近于好品的样品数量为 3 个。

3）Ⅰ区（坏品区）：约5%的样品分布在该区域，以样本容量50为例，该区域则有2~3个，建议 LSL 和 USL 外侧附近各一个坏品即可。

综上所述，可以得出属性一致性分析的抽样原则，同样考虑可操作性，我们尽可能地把各种情况都考虑进去，做出表 12.3.1 以便读者抽样时进行参考使用。

表 12.3.1　属性的一致性分析抽样原则参考表

抽样对象	最低要求（条件不允许时）		MSA 手册建议	通用要求（条件允许时）	样本分布宽度		
	要求	限制条件			Ⅰ区	Ⅱ区	Ⅲ区
样本容量（n）	$n=20$	$5 \geq r \geq 4$	$n=50$	$20 \leq n \leq 50$	≈5%	≈25%	≈70%
评价者数量（k）	$k=2$	只有两名评价者	$k=3$	$k=$ 实际评价者数≥ 3			
重复测量次数（r）	$r=3$	—	$r=3$	$3 \leq r \leq 5$			
测量系统的数量（m）	$m=1$	所有同类测量系统处于同一测量环境下	—	所有同类测量系统处于 ξ 种测量环境下，$m=\xi$			

12.4　稳定性抽样原则

稳定性分析是基于时间轴的数据采集计划，因此，稳定性分析的抽样原则与前文所述的 GRR、偏倚/线性和属性的一致性分析抽样原则有很大的不同。但稳定性分析又是对测量系统的 GRR、偏倚随时间变化程度的分析，因此，它又与 GRR、偏倚分析的抽样原则有相似之处。

同理，我们仍然需要明确一下稳定性分析抽样原则的对象范围：样本容量（n）、评价者数量（k）、重复测量次数（r）、测量系统的数量（m）、样品的分布位置，以及时间节点数（t）。

针对样本容量（n）来说，已知稳定性分析使用的是独立样件的方法（与偏倚类似），因此，毫无疑问，$n=1$。而且，无论是统计稳定性还是测量稳定性，都是 $n=1$。

由于 $n=1$，也就不存在样本的分布宽度的问题，除此之外，仅需要考虑样品的分布位置——选一个落在测量范围中间的样品。

关于评价者数量（k）的问题，在稳定性分析中分两种情况。

第一种情况，手动的测量系统没有固定的评价者，凡当前的操作员均须列入评价者序列中。在整个稳定性分析周期内，如 20 组数据，那就是 20 组测量，每组测量对应一个时间节点，每个时间节点对应当前一名操作员（请注意，仅需评价当前班次的操作员即可）。那么，在理论上，20 个时间节点对应了 20 名操作员，然而实际上不会出现每次测量换一个操作员的情况。因此，在这 20 名操作员中，绝大多数操作员是同一个人，即 $k \ll 20$。比如在 20 个时间节点内一共只有 4 名操作员参与，那么，$k=4$。

第二种情况，自动的测量系统中评价者是自动化的测量设备，因此它是固定的，那么就很容易理解，$k=1$。

因为稳定性包含了测量系统 GRR 的稳定性分析，所以，关于重复测量次数（r）的问题，我们完全可以采取 GRR 分析的策略，即：$r=3\sim6$ 次，其中 $r=3$ 为最低要求，通常为 $r=$

4~6次。

同理，相同测量工艺的多套测量系统的数量问题（m），实际上与 GRR、偏倚/线性、属性的一致性分析均没有本质上的区别，都可以按不同环境进行独立分析处理。

稳定性分析的时间节点数（t）为多少算合适呢？其实要分两种情况来考虑。

首先是统计稳定性。根据 AIAG SPC 手册中第二章 B 节"特殊原因识别准则"（通俗叫法为"SPC 的八大判则"），其中第 7 条准则为：连续 15 个点排列在中心线 1 个标准差范围内（任一侧）。如此，不难得出，$t \geq 15$，考虑实际操作的问题，建议 $t = 15 \sim 30$。

再来看测量稳定性。测量稳定性本质就是实时监控直到操作生命周期的结束，因此，$t \geq 1$ 就可以了。

综上所述，可以得出稳定性分析的抽样原则，同样需要考虑可操作性和成本等问题。我们尽可能地把各种情况都考虑进去，列成表 12.4.1 以便读者抽样时进行参考使用。

表 12.4.1　稳定性分析抽样原则参考表

抽样对象	MSA 手册建议	通用要求（条件允许时）	样品的分布位置
样本容量（n）	$n=1$	$n=1$	落在测量范围中间的样品
评价者数量（k）	—	• 手动测量系统：$k=$ 当前评价者数的总和 • 自动测量系统：$k=1$	
重复测量次数（r）	$r = 3 \sim 5$	$3 \leq r \leq 6$	
测量系统的数量（m）	—	所有同类测量系统处于 ξ 种测量环境下，$m = \xi$	
时间节点数（t）	—	• 统计稳定性：$t = 15 \sim 30$ • 测量稳定性：$t \geq 1$	

12.5　数据平移

在做 GRR 分析时，经常会遇到一个问题，那就是样本的分布宽度远远小于实际过程变差 99.73% 的分布宽度（6σ）。其主要的原因就是抽样的时间段是一个集中的、很短的时间，在这样一个时间段内生产出来的产品或零件，其一致性在大多情况下都比较好，即 σ 比较小。一般针对这种情况，建议把时间跨度拉大（比如 1~2 个月），在不同的时间段内抽取部分样品，最后才得到预先计划的样本容量。然而，有些时候，时间跨度不能太大，否则就会影响 MSA 的工作时效性。一般情况下，还是建议以 1~2 周的时间跨度为宜，甚至在 1~2 天之内就抽取完预先计划的样品数。兼顾了 MSA 工作的时效性，就会经常面对样本的分布宽度过小的实际问题，针对这个问题，应该如何处理呢？

为了解决这样的问题，先要搞清楚样本分布宽度小会带来什么样的负面影响。

GRR 分析结果的 GRR%、P/T% 和 NDC 在本质上就包括了三个特性：重复性、再现性和有效解析度。

这三个特性中，重复性是由随机效应而引起的系统内的变差；再现性是由特殊效应（即再现性因子，如操作员）而引起的系统间的变差；有效解析度则是测量系统对零件间差异进行区分的能力。

如此一来,最明显的会受到影响的一个特性就是有效解析度(NDC)。

而重复性是系统内的变差,是每个样品被重复测量结果的一致程度,因此,理论上,重复性是不会受到影响的。我们可以回到重复性的计算公式中验证这个推理:

$$\sigma_{\text{重复性}} = \overline{\overline{R}} K_1$$

公式中 $\overline{\overline{R}}$ 是极差平均值的平均值,极差的本质就是单个样品自身重复测量差异,而非样品之间的测量差异;系数 K_1 则是与重复测量次数相关的,因此,重复性不会受到样本分布宽度过小的影响。

作为再现性是否会受到样本分布宽度影响的问题,同样可以通过再现性的计算公式进行推理:

$$\sigma_{\text{再现性}} = \sqrt{(\overline{X}_{\text{DIFF}} K_2)^2 - [\sigma^2_{\text{重复性}}/(nr)]}$$

首先可以排除 $\sigma^2_{\text{重复性}}$ 这个变量,此外,n 是代表样本容量,r 是代表重复测量次数,均与样本分布宽度无关,另外 K_2 是与评价者数量有关的,与样本分布宽度也无关系,因此,公式中的这四个变量均与样本分布宽度无关。最后看 $\overline{X}_{\text{DIFF}}$,我们知道:

$$\overline{X}_{\text{DIFF}} = [\text{Max } \overline{X}] - [\text{Min } \overline{X}]$$

式中 $\overline{X}$ 的含义是每个评价者测量 n 个零件的平均值,而 $\overline{X}_{\text{DIFF}}$ 则是这些平均值的最大值与最小值之差。我们知道,任何一名评价者对 n 个零件的测量平均值与其他评价者对 n 个零件的测量平均值的差异并不来源于样本的宽度,而是由评价者之间的能力差异造成的。

由此可见,理论上,再现性其实也不会受样本的分布宽度所影响。因此,唯一受影响的就是 NDC 了:

$$\text{NDC} = \frac{\sigma_{\text{Act}}}{\sigma_{\text{GRR}}} \times 1.41$$

即上式中的分子受到了影响,分母不受影响。

当然,不要混淆了 GRR% 与重复性、再现性的关系,当重复性和再现性,即 σ_{GRR} 不受影响并不等于 GRR% 不受影响。其原因是 GRR% 的计算公式:

$$\text{GRR\%} = \frac{6\sigma_{\text{GRR}}}{6\sigma_{\text{Obs}}} \times 100\%$$

分母 $6\sigma_{\text{Obs}}$ 就是总的过程变异,样本的分布宽度越宽,$6\sigma_{\text{Obs}}$ 显然就会越大,而 GRR% 就会越小。由此可见,样本分布宽度的合理性对于 GRR% 至关重要。

然而 $P/T\%$ 却不同,$P/T\%$ 的计算公式是:

$$P/T\% = \frac{6\sigma_{\text{GRR}}}{\text{TR}} \times 100\%$$

公差范围 TR 是事先给定的,是一个常数,因此,在重复性和再现性不受影响,即分子 $6\sigma_{\text{GRR}}$ 不受影响的情况下,样本的分布宽度无论是过大还是过小,都不会影响 $P/T\%$ 的结果。

在实际的 MSA 工作中,我们不能无限制地拉长抽样时间跨度,如此可能会发生测量系统的其他情况的变异,即取样前后的测量系统已然发生了不可知的变异,因此,无论如何,我们确实都需要考虑 MSA 工作的时效性问题。那么,考虑了时效性,样本的分布宽度太小怎么办?有没有一种权宜方法可以解决这个问题?

基于此问题，我们提出了数据平移的概念，下面就先给出数据平移概念的定义：在 GRR 的分析中，将采集的 $n \times r \times k$ 的数据分成 n 列，对每列中的 $r \times k$ 个数据同时加上或减去一个数，使得样本的分布宽度满足正态分布中 I 区：II 区：III 区 ≈ 5%：25%：70% 的分布宽度比例。其中，n 为样本容量；r 为重复测量次数；k 为评价者数。

I 区、II 区和 III 区位置如图 12.5.1 所示。

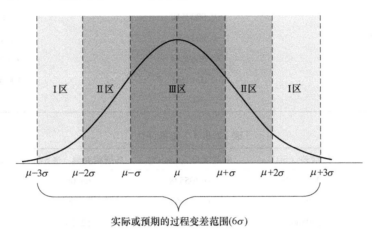

图 12.5.1　I 区、II 区和 III 区位置

如此一来，样本的分布宽度太小的问题解决了，但另外一个问题又随之而来，那就是经过数据平移后的 GRR 结果会发生什么样的变化？这种变化是合理的还是不合理的？

下面，举例说明数据平移的操作方法，以及由此带来的变化与合理性。

已知某工序过程变差的 $6\sigma = 1$，产品规格为 126.2 ± 0.6，MSA 工程师按照抽样原则在一天内抽取了 10 个样件准备做 GRR 分析，安排三名操作员进行盲测后，MSA 工程师获得了 $10 \times 3 \times 3$ 的 GRR 数据，见表 12.5.1。

表 12.5.1　平移前的 GRR 数据

评价者	测量值									
	1	2	3	4	5	6	7	8	9	10
A	126.33	126.42	126.22	126.31	126.23	126.19	126.46	126.3	126.22	126.35
	126.15	126.41	126.21	126.35	126.28	126.21	126.47	126.31	126.2	126.36
	126.28	126.45	126.25	126.37	126.2	126.11	126.44	126.33	126.24	126.37
B	125.99	126.4	126.31	126.28	126.18	126.2	126.52	126.28	126.3	126.33
	126.11	126.51	126.28	126.33	126.29	126.19	126.55	126.27	126.37	126.31
	126.08	126.48	126.29	126.3	126.22	126.18	126.57	126.35	126.35	126.34
C	126.25	126.39	126.18	126.29	126.17	126.33	126.39	126.28	126.19	126.28
	126.22	126.46	126.27	126.28	126.2	126.21	126.33	126.29	126.19	126.29
	126.21	126.37	126.25	126.22	126.23	126.28	126.34	126.25	126.18	126.31

Minitab 分析结果见表 12.5.2、表 12.5.3。

表 12.5.2　方差分量

来源	方差分量	方差分量贡献率
合计量具 R&R	0.0045681	39.80
重复性	0.0014300	12.46
再现性	0.0031381	27.34
评价者	0.0000110	0.10
评价者×零件	0.0031272	27.25
部件间	0.0069083	60.20
合计变异	0.0114765	100.00

过程公差 = 1.2

表 12.5.3　量具评估

来源	标准差（SD）	研究变异（6×SD）	%研究变异（%SV）	%公差（SV/Toler）
合计量具 R&R	0.067588	0.405528	63.09	33.79
重复性	0.037815	0.226892	35.30	18.91
再现性	0.056019	0.336115	52.29	28.01
评价者	0.003315	0.019889	3.09	1.66
评价者×零件	0.055921	0.335526	52.20	27.96
部件间	0.083116	0.498698	77.59	41.56
合计变异	0.107128	0.642769	100.00	53.56

可区分的类别数 = 1

分析结果显示：GRR% = 63.09%；P/T% = 33.79%；NDC = 1。

按照 GRR 的判定规则，这个结果明显是不可接受的，那么，是不是就意味着测量系统异常了呢？

通常，针对这类异常的结果，我们还不能武断地认为是测量系统异常导致的，最首要的一件事情是确认抽样是否合理，尤其是样本的分布宽度是否合理。

对于 GRR 的六合图，我们来看按零件分类的测量值分布图（图 12.5.2）。

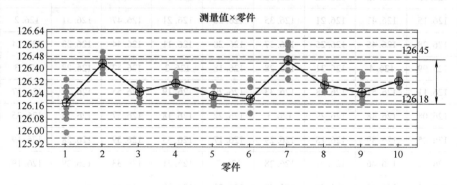

图 12.5.2　测量值分布图

图 12.5.2 可以最直观地告诉我们样本的分布宽度范围为 126.45 - 126.18 = 0.27，大约只

有过程变差 $6\sigma=1$ 的 1/4，说明样本的分布宽度太窄。因此，在无法取得合理分布宽度的实际样本时，我们采用数据平移的办法，以下是具体操作方法。

根据样本的实际分布宽度和预期分布宽度对照，选取平移幅度，见表 12.5.4。

表 12.5.4　平移幅度

评价者	平移幅度									
	1	2	3	4	5	6	7	8	9	10
A	-0.3	0.4	0.3	0.3	0	-0.1	0.2	0.2	-0.3	0
	-0.3	0.4	0.3	0.3	0	-0.1	0.2	0.2	-0.3	0
	-0.3	0.4	0.3	0.3	0	-0.1	0.2	0.2	-0.3	0
B	-0.3	0.4	0.3	0.3	0	-0.1	0.2	0.2	-0.3	0
	-0.3	0.4	0.3	0.3	0	-0.1	0.2	0.2	-0.3	0
	-0.3	0.4	0.3	0.3	0	-0.1	0.2	0.2	-0.3	0
C	-0.3	0.4	0.3	0.3	0	-0.1	0.2	0.2	-0.3	0
	-0.3	0.4	0.3	0.3	0	-0.1	0.2	0.2	-0.3	0
	-0.3	0.4	0.3	0.3	0	-0.1	0.2	0.2	-0.3	0

将平移幅度与对应的测量值一一进行相加，结果见表 12.5.5。

表 12.5.5　平移后的 GRR 数据

评价者	测量值									
	1	2	3	4	5	6	7	8	9	10
A	126.03	126.82	126.52	126.61	126.23	126.09	126.66	126.50	125.92	126.35
	125.85	126.81	126.51	126.65	126.28	126.11	126.67	126.51	125.90	126.36
	125.98	126.85	126.55	126.67	126.28	126.01	126.64	126.53	125.94	126.37
B	125.69	126.80	126.61	126.58	126.18	126.10	126.72	126.48	126.00	126.33
	125.81	126.91	126.58	126.63	126.29	126.09	126.75	126.47	126.07	126.31
	125.78	126.88	126.59	126.60	126.22	126.08	126.77	126.55	126.05	126.34
C	125.95	126.79	126.48	126.59	126.17	126.23	126.59	126.48	125.89	126.28
	125.92	126.86	126.57	126.58	126.20	126.11	126.53	126.49	125.89	126.29
	125.91	126.77	126.55	126.52	126.23	126.18	126.54	126.45	125.88	126.31

利用散点图可对比平移前后零件的分布宽度范围，如图 12.5.3、图 12.5.4 所示。

从对比分布宽度 0.27 平移到 0.95 可以看出，平移后的零件分布宽度范围接近过程变差范围的 97.33%（$6\sigma=1$），分布比例虽然达不到严格的 5%:25%:70%，但也呈现中间集中、两头分散的合理分布。因此，平移后的数据可用于做 GRR 的分析。

基于平移后的数据，使用 Minitab 软件对 GRR 进行分析，其结果见表 12.5.6、表 12.5.7。

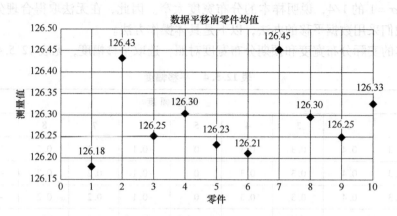

图 12.5.3 平移前零件分布宽度范围（126.45 − 126.18 = 0.27）

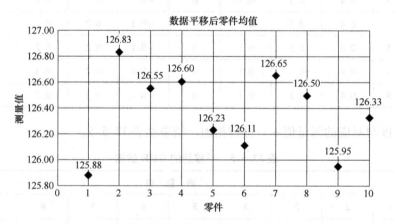

图 12.5.4 平移后零件分布宽度范围（126.83 − 125.88 = 0.95）

表 12.5.6 方差分量（平移后）

来　源	方差分量	方差分量贡献率
合计量具 R&R	0.004568	4.41
重复性	0.001430	1.38
再现性	0.003138	3.03
评价者	0.000011	0.01
评价者×零件	0.003127	3.02
部件间	0.098963	95.59
合计变异	0.103531	100.00

过程公差 = 1.2

表 12.5.7 量具评估（平移后）

来　源	标准差（SD）	研究变异（6×SD）	%研究变异（%SV）	%公差（SV/Toler）
合计量具 R&R	0.067588	0.40553	21.01	33.79
重复性	0.037815	0.22689	11.75	18.91

（续）

来源	标准差（SD）	研究变异（6×SD）	%研究变异（%SV）	%公差（SV/Toler）
再现性	0.056019	0.33612	17.41	28.01
评价者	0.003315	0.01989	1.03	1.66
评价者×零件	0.055921	0.33553	17.38	27.96
部件间	0.314583	1.88750	97.77	157.29
合计变异	0.321762	1.93057	100.00	160.88

可区分的类别数 = 6

分析结果显示：GRR% = 21.01%；P/T% = 33.79%；NDC = 6。

为了方便对照，再次列出数据平移前的 GRR 结果：GRR% = 63.09%；P/T% = 33.79%；NDC = 1。

从数据平移前后的对照来看，GRR% 变小了，P/T% 不变，NDC 变大了，这也印证了本节前文从理论上的推断结论。

事实上，数据平移后的 GRR 结果才更接近于测量系统真实的 GRR 水平，否则，存在"低估"测量系统 GRR 水平的风险。

我们可以举一个现实生活中的例子来说明这一点，比如要评判一名保安人员对人脸的识别能力，我们会怎样取样？正常情况下，应按性别、年龄、身高、胖瘦、肤色、人种等进行抽样，并且这些人的穿着打扮完全按照他们自己的习惯就行，只要这名保安人员能够大体上识别出这些人的脸，并且在这些人第二次从他面前经过的时候，他还能识别出来，这基本上就算是具备较强的人脸识别能力了。这也是排除脸盲的一种有效方法。

然而，如果我们抽了很多对双胞胎、三胞胎甚至五胞胎给这名保安人员去识别，而且这些人穿的衣服也一样，打扮得也很相似，那么，在这种情况下，这名保安人员人脸识别测试犯错的概率将大大提高，可能会经常把他们搞混。其实这就是典型的取样过于集中的情形，我们绝不能依照这样的测试结果来给出这名保安人员是个脸盲症患者、不适合保安岗位的结论。

最后，强调一下数据平移的要点：

1）数据平移是一种权宜方法，在有条件取得合理分布宽度样本的时候，不要轻易使用数据平移的方法。尤其是在过程能力较差的情况下，数据平移可能并不能代表整个产品生命周期的过程变差。

2）数据被虚拟性平移后，零件本身并无虚拟性的特性变化。这是什么意思呢？比如说弹簧的弹性系数的测定，我们知道，弹簧具有弹性极限，超过了弹性极限就会导致弹簧发生不可恢复的原有弹性特性的破坏。我们不能把数据平移到弹性极限之外的数据范围中去，因为那样的数据意味着弹簧的弹性特性发生了根本性的改变，不属于正常的过程中产生的零件，不具有代表性。

温度类、化学特性类、拉力类、电磁类等测量数据的平移需要慎重对待，必须考虑零件特性的虚拟性变化。一般尺寸类、重量类等测量数据的平移相对比较稳妥，不大会对零件的特性造成虚拟性的变化。

3）对于 GRR 的 n 列数据进行平移，必须是每一列数据加上或减去相同的值，否则就会对重复性或再现性造成破坏。

4）数据平移不能随心所欲，应尽可能地参照第 12.1 节对于 GRR 分析抽样原则的指导内容进行。

5）数据平移后的 GRR 结果无论是否还存在异常，决不能再通过数据平移来修改 GRR 结果，否则就有数据造假的嫌疑。

6）如果原始采集的数据显示样本分布过宽，则应考虑将样本的分布宽度缩小，而不能因为 GRR 的结果很好而不加以关注。这样容易造成对测量系统 GRR 水平的"高估"。

第 13 章 盲测试验的安排

在 MSA 的分析工作中，通常会采用盲测的办法来获取相对客观的测量数据，盲测的最终目的就是避免主观因素对数据的影响，同时规避霍桑效应。

不言而喻，测量系统的评价者如果是人的话，尤其需要注意盲测试验的安排。当然，如果评价者是自动化的测量设备，盲测试验就可以大大简化，甚至在特殊情况下可以不用考虑盲测。

本章内容将分为两个小节来叙述如何实现盲测试验，内容分别围绕手动测量系统的盲测试验和自动化测量系统的盲测试验而展开。

13.1 手动测量系统的盲测

为了更好地理解盲测试验的安排，我们把本书在第 5.1 节中关于盲测的两个基本原则单独摘录出来：测量员不知道自己重复的测量结果的差异；测量员不知道别人和自己的测量结果的差异。

根据上述两大基本原则，在实际工作中可以从零件的编号、测量的顺序等方面着手安排盲测试验。

接下来，以 GRR 为例说明盲测试验安排的整个步骤和过程。

假定某 MSA 工程师在零件的整个过程变异范围内随机抽选了 10 个零件，样本分布宽度符合要求；另外，该工程师按操作员的技能熟练程度分层抽取了 3 名操作员 A、B、C，并计划让每位操作员分别对这 10 个零件各重复测量 3 次。那么，盲测试验的安排可以参考如下步骤进行：

1) MSA 工程师对 10 个零件进行编号 1~10 号，并且编号不被操作员 A、B、C 所知晓，编号可以隐藏在零件的底部。

2) 打乱 10 个零件的顺序，先安排操作员 A 对每个零件进行单次测量，测量过程中，操作员 B 和 C 是回避的。

3) 再次打乱 10 个零件的顺序，安排操作员 B 对每个零件进行单次测量，测量过程中，操作员 A 和 C 是回避的。

4) 再一次打乱 10 个零件的顺序，安排操作员 C 对每个零件进行单次测量，测量过程中，操作员 A 和 B 是回避的。

5) 重复 2)。

6) 重复 3)。

7) 重复4）。
8) 重复2）。
9) 重复3）。
10) 重复4）。

按照上述十个步骤进行测量，该工程师将得到 $10 \times 3 \times 3 = 90$ 个数据，但在记录数据的过程中，其记录的顺序是乱的，这是因为在每一轮的测量之前，零件的顺序是被打乱的。

上述十个步骤还可以以图示的方式进行直观的说明，如图 13.1.1～图 13.1.4 所示。

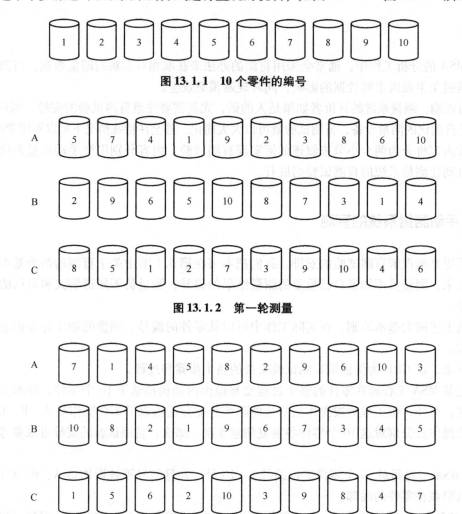

图 13.1.1　10 个零件的编号

图 13.1.2　第一轮测量

图 13.1.3　第二轮测量

纵观整个过程，测量顺序如图 13.1.5 所示。

这就是在实际工作中，测量系统分析的盲测试验安排的典型方案。

不过需要注意的是，重复性是指短时间内同一名评价者多次重复测量的变差，因此，在安排盲测试验的过程中，要考虑每名评价者的三次重复测量的时间间隔不能太长。一般的 MSA 盲测过程只要做到紧凑地进行，过程中间不要刻意休息和停顿即可，这样才能更好地反映评价者的重复性水平。

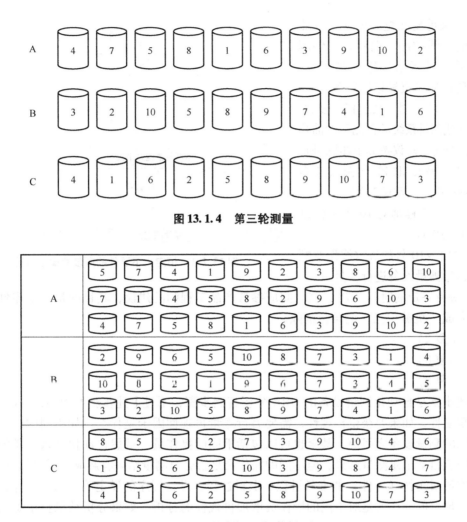

图 13.1.4　第三轮测量

图 13.1.5　整个过程的测量顺序

13.2　自动化测量系统的盲测

和手动测量系统不同，自动化测量系统根本不用担心零件编号的隐藏和测量顺序的打乱问题，自动化测量系统几乎不受霍桑效应的影响。虽然如此，但我们还是要规避由极短的时间内重复测量带给零件的影响，如零件的形变。

为了避免这种不必要的额外因素的影响，我们在对自动化测量系统进行 MSA 的研究和分析时，应尽量还原真实的测量过程。比如流水线的测量，通常是一个零件接着一个零件依次通过测量设备而完成单次的测量过程，那么，我们在安排盲测试验时，就要尽量还原这种流水线的测量过程，而不建议测量完某零件后，人为地把该零件取出来再放入测量起始端进行第二次、第三次重复测量。这种人为改变流水线的次序，可能会造成一种"机械记忆"，这种记忆通常会体现在零件上面，如恒定力（F）下零件的厚度测量（图 13.2.1），假如该零件在被压后需要一定的时间（如5min）才能恢复原状，那么，我们就需要等待零件弹性恢复之后才能继续第二次重复测量。因此，按照正常的流水线顺序，把所有零件测量完之后再进行第二轮重复测量，才能避免这种"机械记忆"效应。

（1）自动化测量系统盲测步骤

自动化测量系统的盲测虽然简化了不少，但还是建议按如下步骤进行（仍以 GRR 为例，取 10 个零件，1 台自动化测量设备，重复 3 次）：

1）MSA 工程师对 10 个零件进行编号 1~10 号。

2）按 1~10 号的流水线作业顺序依次通过测量设备进行测量。

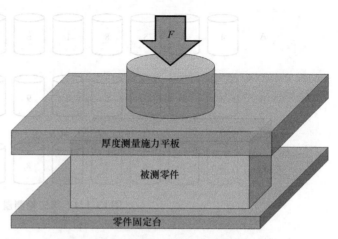

图 13.2.1　恒定力下零件的厚度测量示意图

3）等待一定的时间（T），该时间应参考产品工程师的建议，其目的是给予零件充分的时间以完成"机械记忆"的自行消除。

4）重复 2）。

5）重复 3）。

6）重复 2）。

上述步骤是自动化测量设备的 GRR 分析盲测步骤，不过上述步骤所得出的 GRR 结果中仅包含重复性，如果要获得再现性，需要另行考量再现性因子是什么，如不同的时间段或班次、不同的测量设备之间等，甚至也可以包括不同的操作员。虽然自动化测量设备的特点是一按按钮就自动记录测量结果，但不同的操作员是否会对测量结果有影响是需要慎重对待的，比如操作员对物料（零件）的准备过程、上料过程、设备程序的设定等。如果预计有这方面的影响，最好的办法就是对不同的操作员增加再现性的分析，如果分析结果显示确实影响不大，后续的 MSA 计划中就可以排除操作员的影响。

一种比较典型的再现性因子是考虑不同的测量设备之间，这种考虑的实际意义是确认所有车间和生产线在该测量工艺上的一致性。

（2）基于再现性考虑的盲测步骤

取 10 个零件，3 台相同测量工艺但不同生产线的自动化测量设备 A、B、C，每个零件重复 3 次测量，基于不同的测量设备之间的再现性考虑而进行的 GRR 分析盲测试验步骤如下：

1）MSA 工程师对 10 个零件进行编号 1~10 号。

2）按 1~10 号的流水线作业顺序依次通过测量设备 A、测量设备 B、测量设备 C，一共得到 $10 \times 3 = 30$ 个数据。

3）等待一定的时间（T），该时间应参考产品工程师的建议，其目的是给予零件充分的时间以完成"机械记忆"的自行消除。

4）重复 2）。

5）重复 3）。

6）重复 2）。

这样，我们所得到的自动化测量系统的 GRR 结果就可以完整地呈现重复性和再现性了。

第 14 章
Minitab 软件介绍

截至目前为止，市面上出现了很多统计分析软件，借助于这些统计分析软件，可以大大提高 MSA 的分析效率和计算过程的准确性。以下简要介绍一下常见的统计软件。

Microsoft Office Excel

这是由美国微软公司推出的一套非常强大的电子表格软件，很多数理统计的过程都可以在表格中完成，不仅操作简单，而且还有直观的界面、出色的计算功能和图表工具。它是 Microsoft Office 软件家族中的一员，也是目前最为流行的个人计算机数据处理软件。

SAS（Statistical Analysis System，统计分析系统）

这是由 SAS 公司（全球最大的统计学软件公司）推出的专业的统计分析软件，在国际上，SAS 被誉为数据统计分析的标准软件。SAS 是用汇编语言编写而成的，通常使用 SAS 需要编写程序，比较适合统计专业人员使用，而对于非统计专业人员来说学习 SAS 比较困难，因此，它在普通的用户群中应用较少。

JMP（Jump，交互式数据分析软件）

这是由 SAS 公司推出的一套交互式的数据分析软件，主要用于可视化统计分析与探索性数据分析。JMP 的应用领域包括业务可视化、探索性数据分析、六西格玛及持续改善（可视化六西格玛、质量管理、流程优化）、试验设计、生存及可靠性、统计分析与建模、交互式数据挖掘、分析程序开发等。JMP 是六西格玛软件的鼻祖，其应用非常广泛，全球用户数量已超 30 万，当年摩托罗拉（Motorola Inc.）开始推六西格玛的时候，用的就是 JMP 软件。

SPSS（Statistical package for the social science，社会学统计程序包）

SPSS 是世界上最早的统计分析软件，由美国斯坦福大学的三位研究生 Norman H. Nie、C. Hadlai（Tex）Hull 和 Dale H. Bent 于 1968 年研究开发成功，同时成立了 SPSS 公司，后于 1975 年成立法人组织并在芝加哥组建了 SPSS 总部。SPSS 是世界上最早采用图形菜单驱动界面的统计软件，它最突出的特点就是操作界面极为友好，输出结果美观漂亮。

SPSS for Windows 由于其操作简单，已经在我国的社会科学、自然科学的各个领域发挥了巨大作用。该软件还应用于经济学、数学、统计学、物流管理、生物学、心理学、地理学、医疗卫生、体育、农业、林业、商业等各个领域。

BMDP（Biomedical computer programs，生物医学计算程序）

它由美国加州大学于 1961 年研制，是世界上最早的统计分析软件，其特点是统计方法齐全，功能强大。但它在 1991 年的 7.0 版后没有新的版本推出，使用不太普及，最后被 SPSS 公司收购。

Stata(Statistical Analysis,统计分析)

Stata 统计软件由美国计算机资源中心(Computer Resource Center)于1985年研制,特点是采用命令操作,程序容量较小,统计分析方法较齐全,计算结果的输出形式简洁,绘出的图形精美。它的不足之处是数据的兼容性差,占内存空间较大,数据管理功能需要加强。

EPINFO(Statistics program for epidemiology on microcomputer,流行病学统计程序)

它由美国疾病控制中心 CDC 和 WHO 共同研制,为完全免费软件。其特点是数据录入非常直观,操作方便,并有一定的统计功能,但功能比较简单,主要应用于流行病学领域中的数据录入和管理工作,在工业生产中几乎没有什么应用。

Minitab

Minitab 公司1972年成立于美国的宾夕法尼亚州立大学(Pennsylvania State University),到目前为止,已经在全球100多个国家,4800多所高校被广泛使用。Minitab 软件是为质量改善、教育和研究应用领域提供统计软件和服务的先导,是全球领先的质量管理和六西格玛实施软件工具,更是持续质量改进的良好工具软件,Minitab 已成为全球六西格玛实施的共同语言。本书的 MSA 分析软件的应用就是围绕 Minitab 而展开的。

Statistica

它由美国 StatSoft 公司开发,是一套完整的统计资料分析、图表、资料管理、应用程序发展系统。Statistica 能提供使用者所有需要的统计及制图程序,制图功能强大,能够在图表视窗中显示各种统计分析和作图技术。

SPLM(Statistical program for linear modeling,线性模型拟合统计软件程序)

它于1988年由解放军第四军医大学统计教研室研制。系统特点是采用线性模型的方法,实现各种统计方法的计算,其统计方法比较齐全,功能比较强大。SPLM 采用 FORTRAN 语言编写完成。

CHISS(Chinese High Intellectualized Statistical Software,中华高智统计软件)

它由北京元义堂科技公司研制,解放军总医院、首都医科大学、中国中医研究院等参加协作完成。它于1997年开始研发,2001年推出第一版。CHISS 是一套具有数据信息管理、图形制作和数据分析的强大功能,并具有一定智能化的中文统计分析软件。CHISS 的主要特点是操作简单直观,输出结果简洁,既可以采用光标点菜单式,也可采用编写程序来完成各种任务。

SASD(package for Statistical analysis of stochastic data,随机数据统计分析程序包)

它是由中国科学院计算中心研制,软件的特点是以 FORTRAN 源程序形式向用户提供大量的子程序,可供用户进行二次开发,统计方法比较齐全,功能比较强大。SASD 采用 FORTRAN 语言编写完成,比较适合从事统计专业人员使用。

PEMS(package for encyclopaedia of medical statistics,中国医学百科全书-医学统计学软件包)

PEMS 是以《中国医学百科全书》为蓝本,开发的一套统计软件。系统特点是实现各种统计方法的计算,统计方法比较齐全,功能比较强大。PEMS 采用 TURBO C 和 TURBO BASIC 语言编写完成,比较适合从事医学工作的非统计专业人员使用。

DAS(Drug and Statistics,药理学计算软件)

它由孙瑞元等开发,特点是内容涵盖基础药理学、临床药理学、药学、医学统计学,能多种处理结果同时显现。

SDAS（Statistical design and analysis system，统计设计和分析系统）

它于1992年由解放军总医院医学统计教研室开发，特点是窗口操作，操作方便，图表简明，与国内医学统计学教材一致。但它只有DOS版，1995年后没有新的版本。

Nosa（非典型数据分析系统）

它于1999年由解放军第四军医大学医学统计教研室夏结来教授开发，特点是采用广义线性模型建模，从数据录入与管理、统计分析、绘图到结果管理，嵌入了当代数据处理技术，但只能在DOS系统下使用。

S-PLUS

这是由美国MathSoft公司开发的一种基于S语言的统计学软件，是世界上公认的三大统计软件之一，主要用于数据挖掘、统计分析和统计作图等。S-PLUS作为一个工业数据分析工具与数据分析应用开发平台，在各行各业已经有较长的使用历史，并曾获得著名的"美国计算机协会优秀软件奖"。

14.1 Minitab 的界面和功能

本节内容是关于Minitab软件的界面和功能介绍，基于MSA应用的需要，我们只介绍与MSA有关的部分。

截至目前为止，Minitab软件的最新版本为2017年6月份发行的Minitab18版，虽然本书在前面的一些章节用到了一些不同的软件工具（如Excel、Origin85等）和不同的Minitab版本（如Minitab15等），但均不影响结果分析。本节内容关于Minitab软件的介绍还是本着以当前最新的Minitab18版为基础的原则，针对Minitab与MSA分析有关的功能进行系统的介绍。

1. 主界面

启动Minitab18，可以看到主界面，如图14.1.1所示。

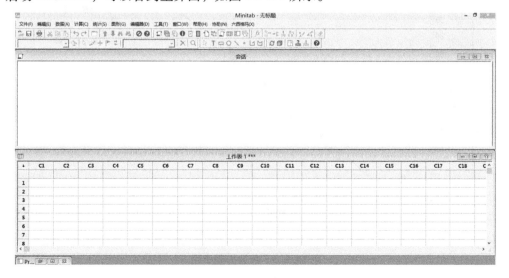

图 14.1.1 主界面

主界面分以下四个部分：

1）最上面的菜单栏：是整个软件的核心板块，和绝大部分软件的设计是一样的，架构原理的通用性非常便于自学上手。

2）"会话"窗口：记录操作过程和统计分析的结果，有些结果可以选择让软件输出图形结果。统计分析结果包含两部分：一部分出现在"会话"窗口；另一部分单独以图形显示，可以在最下面的"项目管理（Project Manager）"板块中找到，如图 14.1.2 所示。

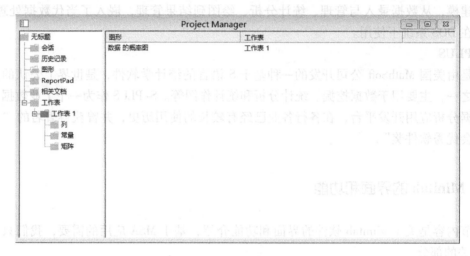

图 14.1.2　项目管理板块

双击要找到的图形（所举例子为"数据的概率图"），如图 14.1.3 所示。

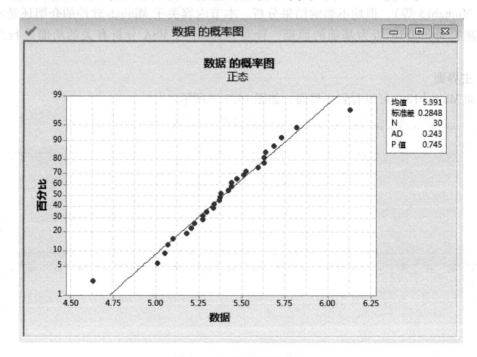

图 14.1.3　数据的概率图

3)"工作表"窗口：这个板块和 Office Excel 极为相似，无论是操作还是功能方面都非常接近 Excel，因此，这个板块的操作非常容易掌握。仅有一点需要注意，就是第二行不能填入数据，而只能填入项目名称，如图 14.1.4 所示。

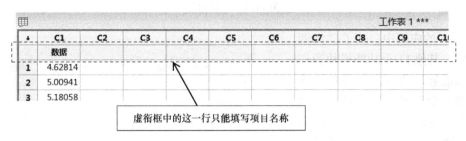

图 14.1.4　工作表窗口

4)"项目管理"板块：平时在运行软件时，这个板块最小化在左下角，如果需要调取历史数据（会话、工作表、图形结果等），就可以最大化该板块，找到我们需要的历史数据。其中，历史会话的查找如图 14.1.5 所示。

图 14.1.5　历史会话的查找

工作表的查找如图 14.1.6 所示。

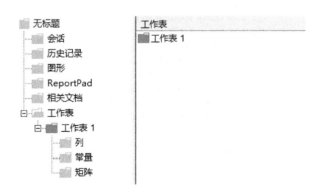

图 14.1.6　工作表的查找

2. 菜单栏

接下来，我们重点介绍一下菜单栏，尤其是与 MSA 有关的相关功能的介绍。

菜单栏一共包含 12 个功能模块：文件、编辑、数据、计算、统计、图形、编辑器、工具、窗口、帮助、协助和六西格玛，如图 14.1.7 所示。

文件(F) 编辑(E) 数据(A) 计算(C) 统计(S) 图形(G) 编辑器(D) 工具(T) 窗口(W) 帮助(H) 协助(N) 六西格玛(X)

图 14.1.7 菜单栏

在 MSA 的应用中，除了"六西格玛"外，其他 11 个功能模块我们基本上都能够用得到，有些功能模块的大部分命令都能够被用到，如统计、图形模块；有些只有少部分命令能够被用到，如数据、计算等。

（1）文件

最常用到的功能包括：

1）新建一个项目或工作表，如图 14.1.8 所示。

2）打开一个历史已保存的项目，如图 14.1.9 所示。

3）保存当前项目或将当前项目另存为，如图 14.1.10 所示。

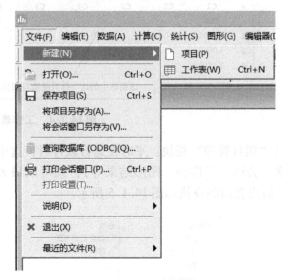

图 14.1.8 新建

图 14.1.9 打开

4）打印会话窗口中的内容。

在快捷工具栏中，以上部分操作可以利用快捷工具完成，如图 14.1.11 所示。

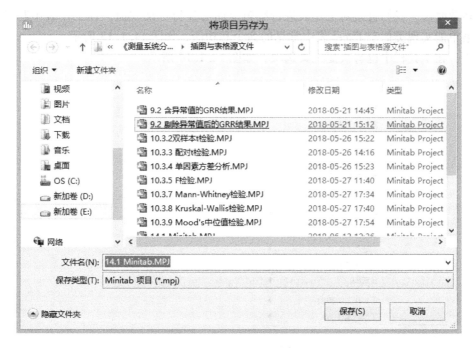

图 14.1.10　将项目另存为

（2）编辑

编辑主要是对工作表进行单元格的编辑，其功能和操作与 Excel 几乎是一致的，同样也可以直接在工作表中利用电脑键盘的快捷键和鼠标实现，如复制 = Ctrl + C、清除 = Delete、删除单元格 = 鼠标右键 + 删除等（图 14.1.12）。

图 14.1.11　快捷工具　　　　　　　　图 14.1.12　编辑功能

大多数时候，我们直接对工作表进行编辑反而会显得更加快捷，在工作表中利用鼠标右键关联菜单能实现类似于 Excel 表中常见的命令和功能，如图 14.1.13 所示。

同样，在工具栏中也有快捷工具选项，如图 14.1.14 所示。

图 14.1.13　快捷操作　　　　　图 14.1.14　工具栏中快捷工具选项

(3) 数据

数据菜单功能主要是针对工作表中的数据行、列、格式、排序等进行处理，如图 14.1.15 所示。虽然其功能类似于 Excel，但操作不太一样，从方便性来讲，它并没有 Excel 那么便捷。因此，在 MSA 的应用中，我们大部分是直接在 Excel 中处理好数据，然后直接粘贴到工作表中进行分析。

(4) 计算

这部分菜单功能主要包括：

1) 调出 Minitab 专用计算器（和工具菜单中的 Microsoft 计算器不一样，Microsoft 计算器是调出电脑系统自带的计算器），如图 14.1.16 所示。

例如伽马函数的计算，如图 14.1.17 所示。

2) 对当前数据进行描述性统计量计算，如均值、中位值、最大值、最小值等，如图 14.1.18 所示。

3) 生成所需要的数据模型、数据分布等，如需要随

图 14.1.15　数据菜单

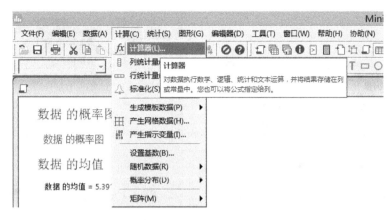

图 14.1.16 调出计算器

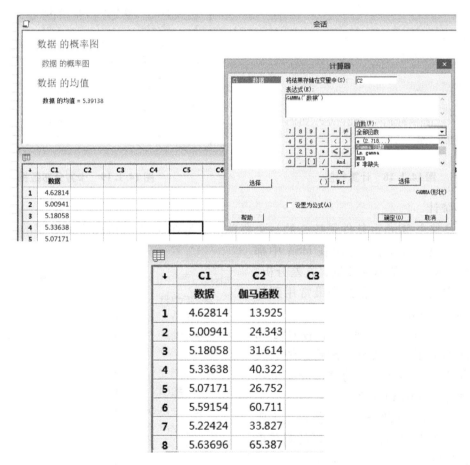

图 14.1.17 伽马函数的计算

机数据中的卡方分布数据,如图 14.1.19 所示。

4)还可以进行概率密度、累积概率及逆累积概率的计算,MSA 的应用中很少使用,此处省略。

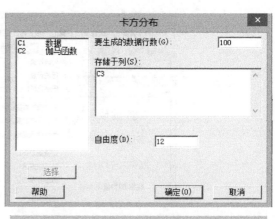

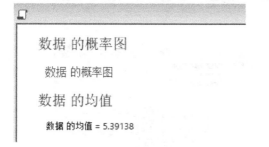

图 14.1.18 计算均值　　　　　　　　　图 14.1.19 卡方分布数据

（5）统计

统计是整个 Minitab 软件最核心的一个菜单，也是在 MSA 的应用中最重要的一个菜单。统计菜单中包含的多个子菜单在 MSA 中都会被用到，其中，基本统计量、方差分析、控制图、质量工具、非参数是最常用到的功能菜单（图 14.1.20）。

1）基本统计量。我们在本书的第 10 章中讲述的关于不可重复的测量系统的大部分替代方法，均需要借助这部分菜单功能来实现分析（图 14.1.21）。

2）非参数。这部分菜单功能也是主要应用于本书第 10 章关于不可重复的测量系统替代方法的实现（图 14.1.22）。

3）方差分析。方差分析是在 MSA 的应用中最常用到的单因子方差分析和等方差检验，这个也在本书第 10 章内容中讲到（图 14.1.23）。

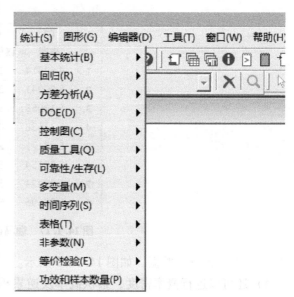

图 14.1.20 统计菜单

图 14.1.21 基本统计量

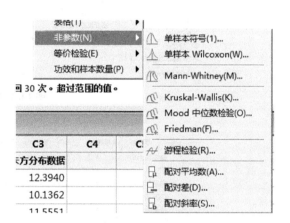

图 14.1.22 非参数

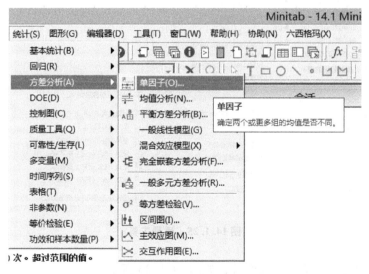

图 14.1.23 方差分析

4）控制图。主要用于稳定性的均值极差图的绘制，如图 14.1.24 所示。

5）质量工具。除稳定性分析外，常规的 MSA 分析方法（交叉 GRR、嵌套 GRR、属性的一致性分析、偏倚和线性分析）均在这部分菜单中可以找到，如图 14.1.25 所示。

（6）图形

这个菜单也是我们经常要用到的，比如本书反复提到的箱线图，还有相关性分析的散点

图 14.1.24 控制图

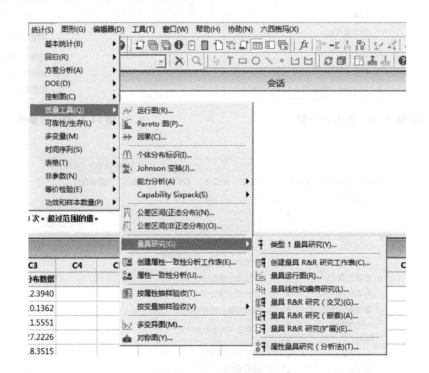

图 14.1.25 质量工具

图、看分布用的直方图、概率分布图等,如图 14.1.26 所示。

例如,我们要画一个三角分布的概率分布图(图形 > 概率分布图 > 单一视图 > 三角形),如图 14.1.27、图 14.1.28 所示。

(7) 编辑器

编辑器也是对工作表进行编辑而设置的一个功能菜单(图 14.1.29)。其功能也非常类似于 Excel 表格的功能,比如单元格字体颜色及单元格的颜色、单元格注释的添加、条件格式、移动或插入行/列、行/列宽、查找、替换、清除格式等。

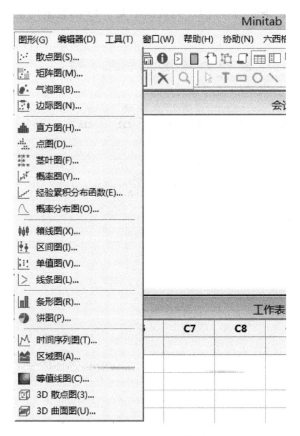

图 14.1.26 图形菜单

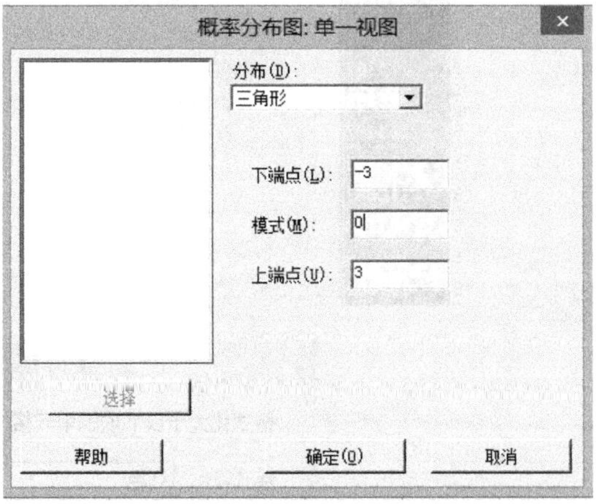

图 14.1.27 概率分布图操作界面

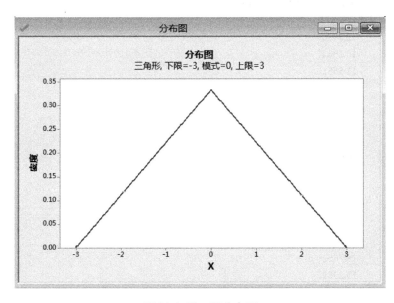

图 14.1.28 画分布图

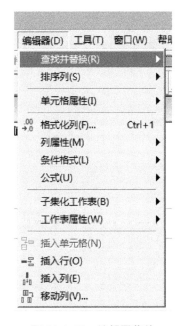

图 14.1.29 编辑器菜单

例如我们要对 C3 列数据进行条件格式设置，条件为：凡 C3 列数据中大于 15 的数据均显示为红色字体，如图 14.1.30 所示。

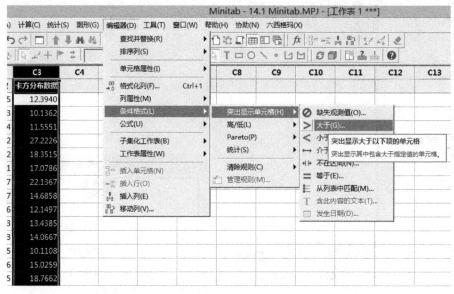

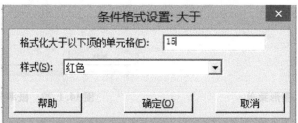

图 14.1.30　对 C3 列数据进行条件格式设置

最终，C3 列的数据就会用红色字体的方式凸显那些大于 15 的值。

（8）工具

工具的最主要作用还是设置工具栏的快捷按钮。另外，项目文件的安全性（密码设置）也是在这里实现的，这部分是一些比较辅助性的功能，有时候也会用得到，如图 14.1.31 所示。

（9）窗口

这部分主要是实现软件界面窗口的定义，如平铺、层叠窗口等。一般情况下，如果我们习惯某种模式，通常就不太会去进行变更。

层叠的窗口如图 14.1.32 所示。

（10）帮助

这是 Minitab 公司实现与用户交互功能的菜单，如涉及软件版本更新的需求可以单击这里寻求帮助，如图 14.1.33 所示。

另外，帮助里面有一个键盘图比较实用，如果需要对 Minitab 任一子菜单的基本功能进行了解，在这里可以获得最基本的介绍和说明，如图 14.1.34 所示。

图 14.1.31　工具菜单

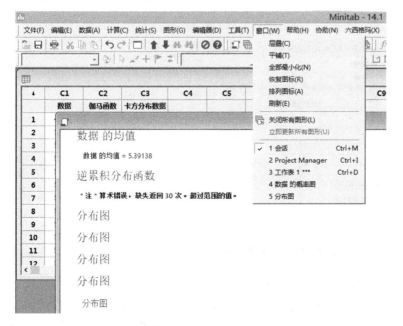

图 14.1.32　层叠的窗口

图 14.1.33　帮助菜单

图 14.1.34　帮助键盘

(11) 协助

这部分是协助用户理解 Minitab 软件所使用的方法的框架，包括 MSA、过程能力、图形分析、假设检验、回归分析、DOE、控制图等，非常实用，有需要的用户可以单击相关子菜单进行查看，如图 14.1.35 所示。

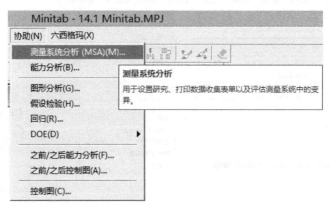

图 14.1.35　协助菜单

以测量系统分析协助为例，如图 14.1.36 所示。

单击下面的"更多"，如我们单击最左边的"量具 R&R 工作表"，可以获得软件的协助。其协助的内容就是帮助我们建立一个 GRR 的数据表（例如：15 个零件、5 名操作员、4 次重复测量的 GRR 数据表），如图 14.1.37 所示。

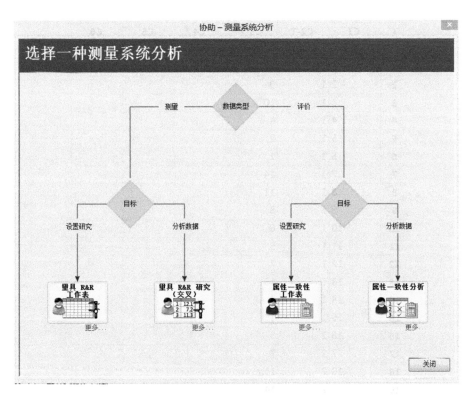

图 14.1.36　测量系统分析

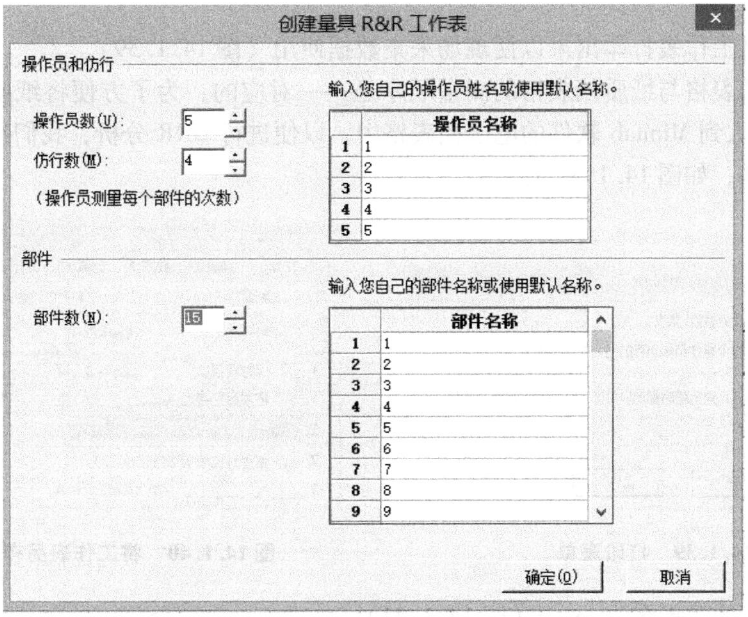

图 14.1.37　创建量具 R&R 工作表

确定后，软件会在空白的工作表中自动帮我们生成"盲测"试验的 GRR 数据采集表，如图 14.1.38 所示。

↓	C1	C2-T	C3-T	C4	C5	C6
	运行序	操作员	部件	测量		
1	1	1	12			
2	2	1	9			
3	3	1	10			
4	4	1	4			
5	5	1	2			
6	6	1	1			
7	7	1	14			
8	8	1	11			
9	9	1	8			
10	10	1	6			
11	11	1	5			
12	12	1	7			
13	13	1	13			
14	14	1	3			
15	15	1	15			
16	16	2	3			
17	17	2	7			
18	18	2	11			
19	19	2	14			
20	20	2	4			

图 14.1.38　GRR 数据采集表

我们可以将工作表打印出来以便现场采集数据使用（图 14.1.39）。

由于电子档表格与纸质档表格的测量顺序是一一对应的，为了方便将纸质档的数据表中的 GRR 数据输入到 Minitab 软件的电子档表格中，以便进行 GRR 分析，我们还可以将工作表另存为本地文件，如图 14.1.40 所示。

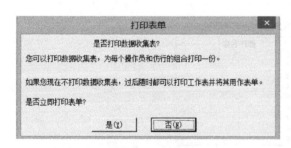

图 14.1.39　打印表单

图 14.1.40　将工作表另存为本地文件

另存后文件的扩展名为 .mtw（图 14.1.41）。

（12）六西格玛

这一部分对于六西格玛工作者非常有用，在 MSA 的应用中，我们是用不到这个模块的（图 14.1.42）。

图 14.1.41 文件扩展名

图 14.1.42 六西格玛菜单

14.2 Minitab 在 MSA 中的应用指南

上一节内容中,我们对 Minitab 软件的界面和基本功能进行了简要的介绍和说明,本节内容将专门针对 MSA 的具体应用进行介绍,包括 GRR、偏倚/线性、属性的一致性以及统计稳定性分析等。

14.2.1 GRR 分析

以 10 个零件、3 名操作员、每个零件重复测量 3 次的 $10 \times 3 \times 3$ 的模式进行举例说明,操作步骤如下:

1) 获取 $10 \times 3 \times 3 = 90$ 的测量数据(表 14.2.1)。

表 14.2.1 GRR 数据

零件	评价者	测量值	测量顺序	零件	评价者	测量值	测量顺序
1	Tom	425.66	1	2	Tom	442.41	1
1	Tom	425.64	2	2	Tom	442.32	2
1	Tom	425.68	3	2	Tom	442.22	3
1	Smith	425.65	1	2	Smith	442.52	1
1	Smith	425.64	2	2	Smith	442.5	2
1	Smith	425.61	3	2	Smith	442.47	3
1	Henry	425.67	1	2	Henry	442.44	1
1	Henry	425.64	2	2	Henry	443.39	2
1	Henry	425.65	3	2	Henry	443.41	3

(续)

零件	评价者	测量值	测量顺序	零件	评价者	测量值	测量顺序
3	Tom	419.77	1	7	Tom	424.09	1
3	Tom	419.76	2	7	Tom	424.18	2
3	Tom	418.81	3	7	Tom	424.29	3
3	Smith	419.57	1	7	Smith	423.99	1
3	Smith	419.67	2	7	Smith	424.28	2
3	Smith	419.54	3	7	Smith	424.26	3
3	Henry	419.39	1	7	Henry	424.01	1
3	Henry	419.75	2	7	Henry	424.28	2
3	Henry	419.77	3	7	Henry	424.06	3
4	Tom	412.32	1	8	Tom	418.98	1
4	Tom	412.37	2	8	Tom	418.96	2
4	Tom	412.4	3	8	Tom	418.77	3
4	Smith	413.35	1	8	Smith	418.95	1
4	Smith	412.36	2	8	Smith	419.18	2
4	Smith	412.33	3	8	Smith	419.06	3
4	Henry	412.38	1	8	Henry	419.18	1
4	Henry	412.34	2	8	Henry	418.98	2
4	Henry	412.37	3	8	Henry	419.17	3
5	Tom	417.26	1	9	Tom	416.69	1
5	Tom	417.41	2	9	Tom	416.58	2
5	Tom	417.4	3	9	Tom	416.68	3
5	Smith	417.49	1	9	Smith	416.49	1
5	Smith	417.5	2	9	Smith	416.69	2
5	Smith	417.36	3	9	Smith	416.68	3
5	Henry	417.22	1	9	Henry	416.65	1
5	Henry	417.28	2	9	Henry	416.58	2
5	Henry	417.2	3	9	Henry	416.67	3
6	Tom	418.25	1	10	Tom	416.41	1
6	Tom	418.3	2	10	Tom	416.31	2
6	Tom	418.33	3	10	Tom	416.38	3
6	Smith	419.28	1	10	Smith	416.47	1
6	Smith	418.29	2	10	Smith	416.39	2
6	Smith	418.26	3	10	Smith	416.4	3
6	Henry	418.31	1	10	Henry	416.32	1
6	Henry	418.28	2	10	Henry	416.4	2
6	Henry	418.3	3	10	Henry	416.51	3

2）启动 Minitab 软件（以 Minitab18 版为例）。

3）将数据粘贴于 Minitab 的工作表中（表 14.2.2）。

表 14.2.2　Minitab 工作表

↓	C1	C2-T	C3	C4
	零件	评价者	测量值	
1	1	Tom	425.66	
2	1	Tom	425.64	
3	1	Tom	425.68	
4	1	Smith	425.65	
5	1	Smith	425.64	
6	1	Smith	425.61	
7	1	Henry	425.67	
8	1	Henry	425.64	
9	1	Henry	425.65	
10	2	Tom	442.41	
11	2	Tom	442.32	
12	2	Tom	442.22	
13	2	Smith	442.52	
...				
86	10	Smith	416.39	
87	10	Smith	416.40	
88	10	Henry	416.32	
89	10	Henry	416.40	
90	10	Henry	416.51	

4）统计 > 质量工具 > 量具研究 > 量具 R&R 研究（交叉）或者（嵌套），如图 14.2.1 所示。

图 14.2.1　量具 R&R 研究

5)进行必要的设置(图 14.2.2)。

① 量具信息:量具公差与计算无关,如不需要追溯量具公差信息,可选择不输入(图 14.2.3)。

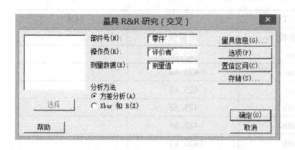 

图 14.2.2　进行必要的设置　　　　　图 14.2.3　量具信息

② 选项:研究变异默认 6,不要更改;过程公差输入下限和上限,例如 ±4(或者直接上限减去下限后输入 8 到另一个选项)(图 14.2.4)。

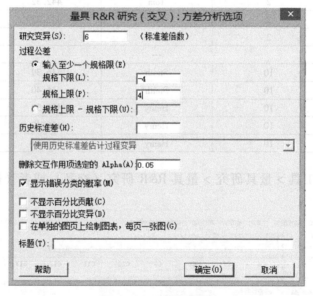

图 14.2.4　输入选项

③ "置信区间"和"储存"可以不进行任何处理,默认系统设置即可。

6)设置完成后,单击确定,可获得 GRR 的输出结果。

① 会话框中的结果显示见表 14.2.3~表 14.2.8。

表 14.2.3　量具 R&R 研究-方差分析法

测量值的量具 R&R
量具名称:卡尺
研究日期:2018 年 06 月 15 日
报表人:Lucy
公差:
其他:

表 14.2.4　包含交互作用的双因子方差分析表

来源	自由度	SS	MS	F	P
零件	9	5742.69	638.076	8669.93	0.000
评价者	2	0.25	0.123	1.67	0.215
零件 * 评价者	18	1.32	0.074	1.48	0.131
重复性	60	2.99	0.050		
合计	89	5747.24			

用于删除交互作用项的 $\alpha = 0.05$

表 14.2.5　不包含交互作用的双因子方差分析表

来源	自由度	SS	MS	F	P
零件	9	5742.69	638.076	11542.5	0.000
评价者	2	0.25	0.123	2.2	0.114
重复性	78	4.31	0.055		
合计	89	5747.24			

量具 R&R

表 14.2.6　方差分量

来源	方差分量	方差分量贡献率
合计量具 R&R	0.0575	0.08
重复性	0.0553	0.08
再现性	0.0023	0.00
评价者	0.0023	0.00
部件间	70.8912	99.92
合计变异	70.9488	100.00

过程公差 = 8

表 14.2.7　量具评估

来源	标准差（SD）	研究变异（6×SD）	%研究变异（%SV）	%公差（SV/Toler）
合计量具 R&R	0.23988	1.4393	2.85	17.99
重复性	0.23512	1.4107	2.79	17.63
再现性	0.04758	0.2855	0.56	3.57
评价者	0.04758	0.2855	0.56	3.57
部件间	8.41969	50.5182	99.96	631.48
合计变异	8.42311	50.5386	100.00	631.73

可区分的类别数 = 49

表 14.2.8 误分类概率

联合概率	
说明	概率
随机选择的部件不合格，但被接受	0.000
随机选择的部件合格，但被拒绝	0.000
条件概率	
说明	概率
来自一组不合格产品的部件被接受	0.000
来自一组合格产品的部件被拒绝	*
部件在规格限制内的概率 =0	

② 测量值的量具 R&R 图形结果显示如图 14.2.5 所示。

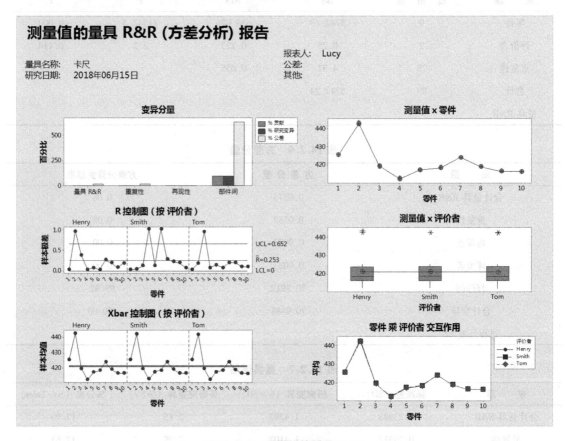

图 14.2.5 测量值的量具 R&R

如果是嵌套 GRR，第六张图"零件乘评价者交互作用"则不会出现，即嵌套 GRR 一共为五张图。

7）读取结果。

① 测量系统变异占过程变差百分比：GRR% =2.85%。

② 测量系统变异占公差范围百分比：$P/T\%$ =17.99%。

③ 测量系统的有效解析度：NDC =49。

14.2.2 偏倚/线性分析

为了方便说明，我们以最低抽样要求 5 个零件、1 名评价者、每个零件重复测 5 次的 5 × 5 模式进行举例说明，操作步骤如下：

1）获取 5 × 5 = 25 的测量数据（表 14.2.9）。

表 14.2.9 偏倚/线性数据

零 件	参 考 值	测 量 值	零 件	参 考 值	测 量 值
1	20	18.77	3	100	99.81
1	20	19.99	3	100	100.25
1	20	19.56	4	200	200.32
1	20	21.05	4	200	198.79
1	20	20.76	4	200	199.99
2	50	48.67	4	200	196.32
2	50	50.09	4	200	201.25
2	50	50.45	5	500	500.23
2	50	49.37	5	500	498.34
2	50	51.22	5	500	499.65
3	100	98.64	5	500	501.3
3	100	99.16	5	500	500.98
3	100	98.79			

2）启动 Minitab 软件。

3）将数据粘贴于 Minitab 的工作表中（表 14.2.10）。

表 14.2.10 工作表

↓	C1	C2	C3	C4
	零件	参考值	测量值	
1	1	20	18.77	
2	1	20	19.99	
3	1	20	19.56	
4	1	20	21.05	
5	1	20	20.76	
...				
20	4	200	201.25	
21	5	500	500.23	
22	5	500	498.34	
23	5	500	499.65	
24	5	500	501.30	
25	5	500	500.98	

4）统计＞质量工具＞量具研究＞量具线性和偏倚研究，如图14.2.6所示。

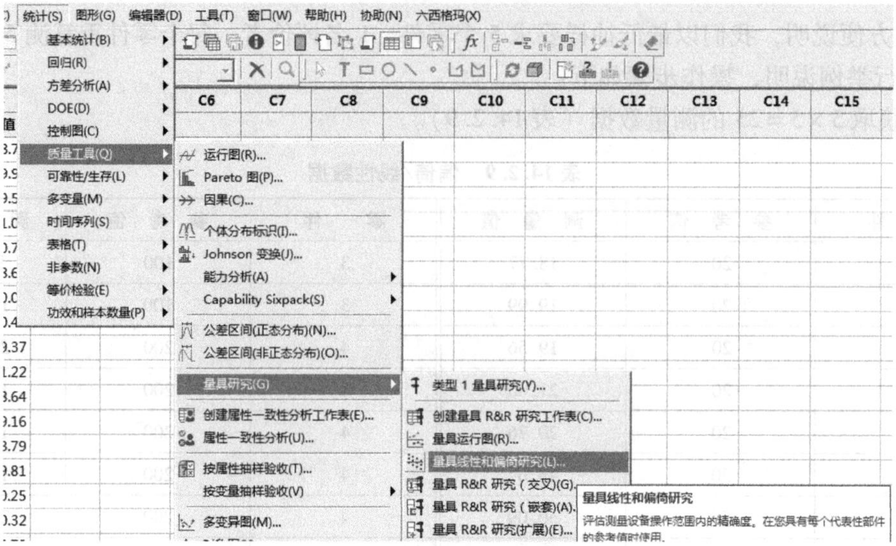

图14.2.6 量具线性和偏倚研究

5）进行必要的设置（图14.2.7）。

请注意，"过程变异"可以来源于GRR分析结果中合计变异（6×SD），为了方便说明问题，本例取14.2.1节中GRR结果中的合计变异50.5386为过程变异；另外一个来源是实际过程能力研究中所得到的历史标准差的6倍。

① 量具信息：量具公差与计算无关，如不需要追溯量具公差信息，可选择不输入（图14.2.8）。

② 选项：系统默认为极差，不需要更改（图14.2.9）。

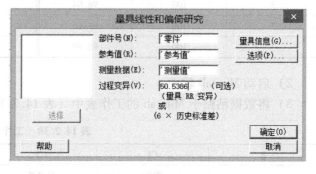

图14.2.7 进行设置

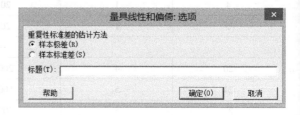

图14.2.8 输入量具信息　　　　　图14.2.9 选项

6）设置完成后，单击确定，可获得线性和偏倚的输出结果。会话框中无结果显示，所有结果均整合到图形中，如图14.2.10所示。

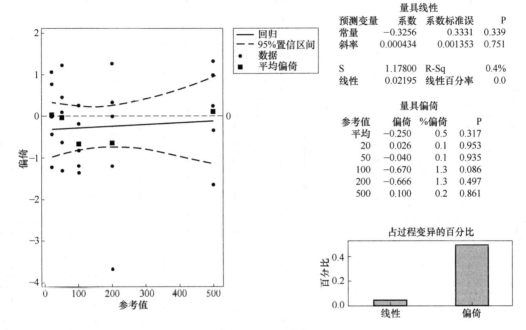

图 14.2.10 线性和偏倚

7）读取结果。

① 平均偏倚占过程变差百分比：bias% = 0.5%。

② 单点偏倚占过程变差百分比（用于测量系统的改善过程）：0.1%、0.1%、1.3%、1.3%、0.2%。

③ 线性误差占过程变差百分比 linearity% = 0.0%。

④ 线性拟合优度（用于判断是否适用于线性修正）：$R^2 = 0.4\%$。

14.2.3 属性的一致性分析

以30个零件、3名操作员、每个零件重复测量3次的 30×3×3 的模式，对二进制属性测量系统进行分析举例说明，操作步骤如下：

1）获取 30×3×3 = 270 的测量数据（表14.2.11）。

表 14.2.11 测量数据

零件	属性测量值									基准	基准值
	Tom			Lucy			John				
	A-1	A-2	A-3	B-1	B-2	B-3	C-1	C-2	C-3		
1	1	1	1	1	1	1	1	1	1	1	1.48
2	1	1	1	1	1	1	1	1	1	1	1.47
3	0	0	0	0	0	0	0	0	0	0	1.53

（续）

零件	属性测量值									基准	基准值
	Tom			Lucy			John				
	A-1	A-2	A-3	B-1	B-2	B-3	C-1	C-2	C-3		
4	0	0	0	0	0	0	0	0	0	0	1.55
5	0	0	0	0	0	0	0	0	0	0	1.54
6	1	1	0	1	1	0	1	0	0	1	1.46
7	1	1	1	1	1	1	1	0	1	1	1.45
8	1	1	1	1	1	1	1	1	1	1	1.47
9	0	0	0	0	0	0	0	0	0	0	1.55
10	1	1	1	1	1	1	1	1	1	1	1.47
11	1	1	1	1	1	1	1	1	1	1	1.48
12	0	0	0	0	0	0	0	1	0	0	1.51
13	1	1	1	1	1	1	1	1	1	1	1.48
14	1	1	0	1	1	1	1	0	0	1	1.47
15	1	1	1	1	1	1	1	1	1	1	1.48
16	1	1	1	1	1	1	1	1	1	1	1.47
17	1	1	1	1	1	1	1	1	1	1	1.45
18	1	1	1	1	1	1	1	1	1	1	1.46
19	1	1	1	1	1	1	1	1	1	1	1.47
20	1	1	1	1	1	1	1	1	1	1	1.46
21	1	1	0	1	0	1	0	1	0	1	1.49
22	0	0	1	0	1	0	1	1	0	0	1.53
23	1	1	1	1	1	1	1	1	1	1	1.48
24	1	1	1	1	1	1	1	1	1	1	1.49
25	0	0	0	0	0	0	0	0	0	0	1.52
26	0	1	0	0	0	0	0	0	1	0	1.52
27	1	1	1	1	1	1	1	1	1	1	1.49
28	1	1	1	1	1	1	1	1	1	1	1.48
29	1	1	1	1	1	1	1	1	1	1	1.47
30	0	0	0	0	0	1	0	0	0	0	1.55

2）启动 Minitab 软件。

3）将数据粘贴于 Minitab 的工作表中（表 14.2.12）。

表 14.2.12　属性工作表

↓	C1-T	C2	C3-T	C4-T	C5
	属性测量值	零件	评价者	基准	
1	1	1	Tom	1	
2	1	2	Tom	1	
3	0	3	Tom	0	
4	0	4	Tom	0	
5	0	5	Tom	0	
6	1	6	Tom	1	
7	1	7	Tom	1	

（续）

↓	C1-T 属性测量值	C2 零件	C3-T 评价者	C4-T 基准	C5
8	1	8	Tom	1	
9	0	9	Tom	0	
10	1	10	Tom	1	
...					
257	1	17	John	1	
258	1	18	John	1	
259	1	19	John	1	
260	1	20	John	1	
261	0	21	John	1	
262	0	22	John	0	
263	1	23	John	1	
264	1	24	John	1	
265	0	25	John	0	
266	1	26	John	0	
267	1	27	John	1	
268	1	28	John	1	
269	1	29	John	1	
270	0	30	John	0	

4）统计>质量工具>属性一致性分析，如图 14.2.11 所示。

图 14.2.11　属性一致性研究

5)进行必要的设置(图 14.2.12)。

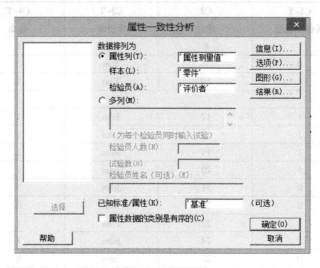

图 14.2.12　设置

① 信息:所有信息均不参与计算,仅作追溯用(图 14.2.13)。
② 选项:勾选计算 Cohen 的 kappa(图 14.2.14)。

图 14.2.13　信息

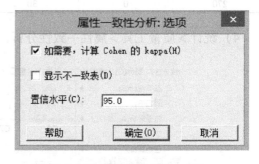

图 14.2.14　勾选计算 Cohen 的 kappa

③ 图形:默认即可,不需要更改(图 14.2.15)。
④ 结果:默认即可,不需要更改(图 14.2.16)。

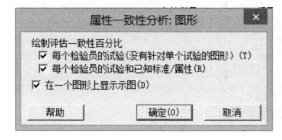

图 14.2.15　图形

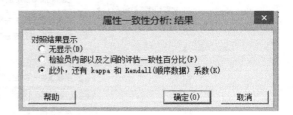

图 14.2.16　结果

6)设置完成后,单击确定,可获得属性—致性分析的输出结果。
① 会话框中的结果显示见表 14.2.13~表 14.2.24。

表 14.2.13 属性测量值的属性一致性分析

量具信息
研究日期：2018 年 06 月 15 日
报表人：Mark
产品名称：某零件的外观
其他：

表 14.2.14 检验员自身评估一致性

检 验 员	#检验数	#相符数	百 分 比	95% 置信区间
John	30	23	76.67	(57.72, 90.07)
Lucy	30	26	86.67	(69.28, 96.24)
Tom	30	25	83.33	(65.28, 94.36)

#相符数：检验员在多个试验之间，他/她自身标准一致。

表 14.2.15 Fleiss 的 Kappa 统计量

检 验 员	响 应	Kappa	Kappa 标准误	Z	P（与>0）
John	0	0.650000	0.105409	6.16644	0.0000
	1	0.650000	0.105409	6.16644	0.0000
Lucy	0	0.788360	0.105409	7.47904	0.0000
	1	0.788360	0.105409	7.47904	0.0000
Tom	0	0.740783	0.105409	7.02769	0.0000
	1	0.740783	0.105409	7.02769	0.0000

表 14.2.16 Cohen 的 Kappa 统计量

每个检验员的试验数超过两次，不能计算 kappa
每个检验员与标准
评估一致性

检 验 员	#检验数	#相符数	百 分 比	95% 置信区间
John	30	23	76.67	(57.72, 90.07)
Lucy	30	26	86.67	(69.28, 96.24)
Tom	30	25	83.33	(65.28, 94.36)

#相符数：检验员在多次试验中的评估与已知标准一致。

表 14.2.17 评估不一致

检 验 员	#1/0	百分比	#0/1	百 分 比	#混合	百 分 比
John	0	0.00	0	0.00	7	23.33
Lucy	0	0.00	0	0.00	4	13.33
Tom	0	0.00	0	0.00	5	16.67

#1/0：多个试验中误将标准=0 者一致评估为=1 的次数。
#0/1：多个试验中误将标准=1 者一致评估为=0 的次数。
#混合：多个试验中所有的评估与标准不相同者。

表 14.2.18　Fleiss 的 Kappa 统计量

检验员	响应	Kappa	Kappa 标准误	Z	P（与>0）
John	0	0.718720	0.105409	6.81838	0.0000
	1	0.718720	0.105409	6.81838	0.0000
Lucy	0	0.894180	0.105409	8.48294	0.0000
	1	0.894180	0.105409	8.48294	0.0000
Tom	0	0.872640	0.105409	8.27859	0.0000
	1	0.872640	0.105409	8.27859	0.0000

表 14.2.19　Cohen 的 Kappa 统计量

检验员	响应	Kappa	Kappa 标准误	Z	P（与>0）
John	0	0.719382	0.104913	6.85696	0.0000
	1	0.719382	0.104913	6.85696	0.0000
Lucy	0	0.894180	0.105409	8.48294	0.0000
	1	0.894180	0.105409	8.48294	0.0000
Tom	0	0.873175	0.104899	8.32399	0.0000
	1	0.873175	0.104899	8.32399	0.0000

表 14.2.20　检验员之间评估一致性

#检验数	#相符数	百分比	95% 置信区间
30	22	73.33	(54.11, 87.72)

相符数：所有检验员的评估一致。

表 14.2.21　Fleiss 的 Kappa 统计量

响应	Kappa	Kappa 标准误	Z	P（与>0）
0	0.751033	0.0304290	24.6815	0.0000
1	0.751033	0.0304290	24.6815	0.0000

Cohen 的 Kappa 统计量。

要计算 Kappa，必须具有两个检验员，每个检验员进行一次试验。

表 14.2.22　所有检验员与标准评估一致性

#检验数	#相符数	百分比	95% 置信区间
30	22	73.33	(54.11, 87.72)

相符数：所有检验员的评估与已知的标准一致。

表 14.2.23　Fleiss 的 Kappa 统计量

响应	Kappa	Kappa 标准误	Z	P（与>0）
0	0.828513	0.0608581	13.6139	0.0000
1	0.828513	0.0608581	13.6139	0.0000

表 14.2.24 Cohen 的 Kappa 统计量

响应	Kappa	Kappa 标准误	Z	P（与 >0）
0	0.828912	0.0606644	13.6639	0.0000
1	0.828912	0.0606644	13.6639	0.0000

② 图形结果显示如图 14.2.17 所示。

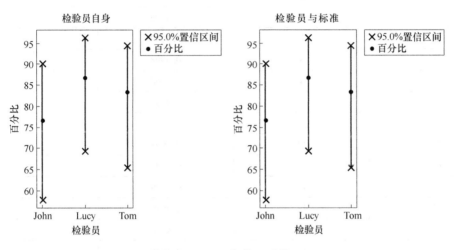

图 14.2.17 评估一致性

7）读取结果。

① 测量系统整体的有效性比率：Eff% = 73.33%。

② 一致性程度（由于是三名操作员，不能计算 Cohen 的 Kappa，只能计算 Fleiss 的 Kappa）：Fleiss Kappa = 0.828513。

14.2.4 统计稳定性分析

我们以 15 组数据为一个周期进行统计稳定性分析，假设重复测量次数为 3 次。操作步骤如下：

1）获取 15×3 = 30 的测量数据（表 14.2.25）。

表 14.2.25 稳定性分析数据

数据组		1	2	3	4	5	6	7	8	9	10	11	12	13	14	15
测量值	1	0.4998	0.4999	0.4999	0.5000	0.4998	0.4998	0.4999	0.4999	0.4998	0.4999	0.5000	0.4999	0.4999	0.4998	0.4998
	2	0.4998	0.4999	0.5000	0.4998	0.4999	0.4998	0.4998	0.4997	0.4996	0.4997	0.4997	0.4999	0.4998	0.4999	0.4998
	3	0.4998	0.4999	0.4998	0.4998	0.5000	0.5000	0.4996	0.4999	0.4997	0.4997	0.4998	0.4998	0.4998	0.4996	0.4997

2）启动 Minitab 软件。

3）将数据粘贴于 Minitab 的工作表中（表 14.2.26）。

表 14.2.26　统计稳定性工作表

↓	C1	C2
	数据组	测量值
1	1	0.4998
2	1	0.4998
3	1	0.4998
4	2	0.4999
5	2	0.4999
6	2	0.4999
7	3	0.4999
8	3	0.5000
9	3	0.4998
10	4	0.5000
11	4	0.4998
...		
39	13	0.4998
40	14	0.4998
41	14	0.4999
42	14	0.4996
43	15	0.4998
44	15	0.4998
45	15	0.4997

4）统计＞控制图＞子组的变量控制图＞Xbar-R，如图 14.2.18 所示。

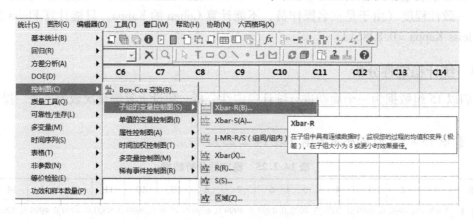

图 14.2.18　Xbar-R

5）进行必要的设置。其中子组大小为重复测量次数（$r=3$），如图 14.2.19 所示。

测量系统的统计稳定性判则与 SPC 的控制图"八大判则"不同，因此，"Xbar-R 选项"的"检验"应全部取消勾选，如图 14.2.20 所示。

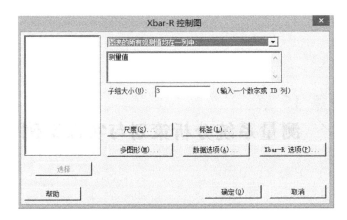

图 14.2.19 设置子组大小

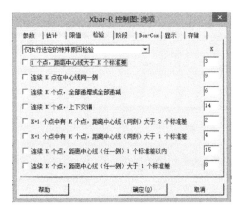

图 14.2.20 取消勾选全部选项

其他的设置均按系统默认设置即可。

6) 设置完成后，单击确定，可获得属性一致性分析的输出结果（均值-极差控制图），如图 14.2.21 所示。

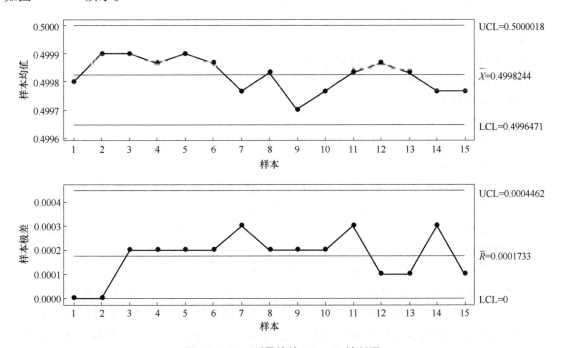

图 14.2.21 测量值的 Xbar-R 控制图

7) 读取结果。均值图与极差图的所有点均位于控制限内。

关于 Minitab 在破坏性测量系统分析中的应用，我们在本书的第 10 章中，特别是 10.3 节、10.4 节内容中已有充分的举例说明，本节就不再赘述了。

第 15 章
测量系统分析策划与实操案例

15.1 测量系统分析策划

在实际的 MSA 工作中，我们不能盲目地进行，要弄清楚以下但不限于这些问题：

MSA 的计划是按项目、按车间、按生产线、还是按客户分类来做？

哪些测量工序需要做 MSA？

哪些测量工序不需要做 MSA？

每道测量工序的 MSA 需要分析哪些特性？

每种特性的分析周期是多久？

抽样计划是什么？

合格与否的判断标准是什么？

不合格之后的处理流程是什么？

所有的分析结果如何存档？如何追溯？

把这些问题搞清楚之后，在 MSA 计划中给出清晰的定义，大体上就不会出现 MSA 工作盲目、重复做而无意义、多做而无意义、分析成本浪费等问题出现，对于测量系统分析的策划而言，其最终的输出即为 MSA 计划。一份好的 MSA 计划可以降低不必要的成本浪费，提高 MSA 工作的实际应用价值。

下面，我们就来谈谈如何才能做好测量系统分析的策划工作。

首要的问题是定义清楚 MSA 的计划是按什么主题的分类来策划。按项目做？按车间做？按生产线做？还是按客户分类来做？答案是没有固定的，但有一个原则就是要以尽量少的 MSA 分析结果来推断出企业整个测量系统的能力水平。归根结底依旧是质量与成本的平衡把握。

如果说某企业的产品很单一，即便是产品的型号有所不同，但测量工艺大体上是相同的，这样的企业明显就不能按项目来做 MSA 计划。按不同的车间来划分很重要，每个车间取一条代表性的生产线即可，也就是说，按生产线来分类也是不合适的。

相反，有些企业产品种类繁多，对应的项目也非常庞杂，而且产品与产品之间的差异非常大，其测量工艺的差别也是非常大，这样的企业就应按项目来做 MSA 计划。

有些情况下是相同的客户所对应的产品型号比较单一或比较接近，不同的客户与客户之间所对应的产品差异非常大，甚至不是同一类产品。那么，这样的企业做 MSA 时就比较适合按客户来分类进行 MSA 计划的制定。

有些企业是一条生产线做一种产品，不同的生产线做的产品有极大的差异，或者是虽然每条生产线做的产品很接近，但生产线的测量工艺相差极大，典型的例子是手动生产线与自动生产线之间的差异。那么，这样的企业做 MSA 就更适合按生产线分类进行 MSA 计划的制定。

解决了上述这个大问题之后，下面就要深入到各方面的细节中来进行定义。这些细节包括以下方面：

1）测量系统分析的必要性原则。一般情况下，有些"测量系统"（实际上可能不属于测量系统）不宜纳入到 MSA 计划中，如实物量具（如量块、砝码、函数信号发生器）、产品性能测试系统（如锂离子电池容量测试系统、产品的跌落试验系统、包装运输测试系统）、标准物质（如 Hg 标液、标准黏度液）等。

2）每道测量工序要分析的 MSA 特性有哪些。通常情况下，一般的测量系统均需要做 GRR、偏倚/线性、属性的一致性、稳定性；但也有特殊情况下，有些特性是不适合纳入分析计划中的，包括：

① 破坏性的测量系统需要用替代的方法。
② 仅做单点测量的线性分析意义就不是很大。
③ 产品生命周期很短（如 1~2 个月）的测量系统稳定性分析意义也不大。

3）每种 MSA 特性的分析周期如何定义。关于周期的定义原则，我们已在本书的 7.3 节内容中进行了阐述，这里仅再强调一点，不是每一份 MSA 计划中的分析周期都是千篇一律的，需要结合周期定义原则和实际生产状况进行调整，务必做到充分地了解测量系统与测量过程的变化情况和稳定情况。时间越长，这种了解就越充分，前期的周期可能制定得太严或太松，但随着时间的不断推移，作为 MSA 工程师，应对这种太严或太松的分析周期进行调整，以适应实际的状况。

4）抽样原则。关于抽样原则的内容，本书也已在第 12 章中进行了相关的阐述，此处也仅强调一点，在 MSA 计划中，一定要定义清楚多少个样品、多少个评价者、重复多少次的测量，同样也不能千篇一律。比如有些工程师一提到 GRR 就想到 "10×3×3"，这是非常粗糙的认知，应结合实际的条件，对样品数、评价者数和重复测量次数进行调整，原则就是数量越多分析就越可靠，但分析越可靠就意味着成本会更高，因此，需要 MSA 工程师平衡好分析的可靠性与分析成本的关系。

5）MSA 合格性判定标准。大体上，绝大多数企业可以按照关键工序和非关键工序来制定二元的 MSA 合格性判定标准，但这只是目前比较通用的做法，绝不是唯一的途径。

我们还可以制定三元的 MSA 合格性判定标准，以 GRR 为例，完全可以根据工艺要求的不同，把 GRR 的判则分为三段：10% 以内、10%~20%、20%~30%；或者是 10% 以内、10%~15%、15%~30%。无论如何制定判定标准，均需要符合实际的品质要求和客户的要求，不能随意定义判定标准。

有些工程师会全盘照搬 AIAG MSA 手册的建议性判定标准，虽然这是一种很便捷的做法，但显得过于僵硬和脱离实际。久而久之，MSA 的工作很容易流于一种不切合实际需要的僵化形式。

6）不合格的测量系统如何处理。这是一个无法避开的问题，一定要面对。关于不合格测量系统的处理流程，我们应定义到程序文件中，通常可以纳入到产品的追溯流程中，只需要增加一个追溯的原因即可：因测量系统的异常而导致可能产生的品质风险。

当然，也可以单独定义在 MSA 的工作流程中，但需要相关部门的签署和认可。

7) 分析结果的存档与追溯。所有的 MSA 分析计划、分析报告、测量系统异常产品追溯单、测量系统改善报告、原始数据等均需要进行存档，以便后期的追溯。

管理水平更先进的公司可以建立自己的 MSA 电子化管理系统或平台，这种系统或平台应实现一些基本的功能，如上传原始数据的照片、存储 MSA 分析结果、MSA 分析报告的审核功能、显示测量系统异常相关信息、MSA 分析周期的提前预警功能等。

总之，MSA 的历史分析结果非常有利于我们对测量系统和测量过程进行充分的理解，也为调整 MSA 分析特性和分析周期提供了数据基础。

按照上述的一些考量因素，一份 MSA 计划表的格式我们应大体清楚了，本书附录 9 提供了一份参考模版，用户可根据实际的情况进行修补和调整。

另外，除了 MSA 分析计划之外，还可以制订一份 MSA 结果清单，以便 MSA 工程师对结果进行分析和总结，也可提供给我们的顾客做审查用，同时还能追踪异常的测量系统改进情况和产品的追溯情况。

当然，如果条件允许的话，最好是合并到 MSA 分析计划表中，这样更加便于统一管理。

15.2 常规 MSA 方法应用案例

MSA 方法的应用在不同的行业中有不同的侧重点。如果测量工艺大多是可重复的测量，那么，常规的 MSA 方法应用就会更为广泛，典型的如机械行业；如果测量工艺大多为不可重复的测量，那么，替代的 MSA 方法应用就显得尤为重要，典型的如化工行业；还有些行业或企业因特殊原因，大多数的测量工艺均以手工测量为主，那么，无论是常规 MSA 方法还是替代 MSA 方法，其研究的侧重点更多在于人的因素；相反，自动化测量工艺居多的行业或企业，其对人的影响因素的研究就变得较为次要了。

本节内容主要围绕常规 MSA 方法的应用而展开，以案例分析的方式来进行说明。

1. 案例 1 及分析

赵工是 Q 公司的 MSA 工程师，根据已制定好的 MSA 计划，目前准备对 P 测量工序进行 MSA 的实施。P 测量工序的量具为电子秤，所测零件（E）特性为重量，测量方式为人工测量，为非关键特殊特性，重量的规格为 $5.5^{+0.06}_{-0.04}$，单位为克（g）。

据赵工统计，Q 公司的生产现场有 5 个车间均有 P 测量工序，每个车间有 2 条生产线，共计 10 条生产线有 P 测量工序。

车间 1 的 P 测量工序的现场主管是王主管，王主管是按白班和晚班来排班的，P 测量工序的白晚班测量员分别为李某某（Li）和吴某某（Wu），技术组长为张组长（Zhang），质检员为白班孙某某（Sun）和晚班钱某某（Qian），技术组长会在品质异常的情况下用到该电子秤，质检员每天会用到电子秤 2~3 次。其他 4 个车间的主管分别为严主管、刘主管、周主管和郑主管，人力配置均与车间 1 相同。

如果你是赵工，当初制定 MSA 计划时，你会如何确定计划表中关于 P 测量工序的相关内容？如何实施该工序的 MSA 计划？

根据案例中的描述，我们可以制定关于 P 测量工序的 MSA 计划，见表 15.2.1 和表 15.2.2。

表 15.2.1 P 测量工序的 MSA 计划

序号	车间	工序名称	测量系统	量具	量具编号	产品特性	是否为特殊特性	产品规格	单位	MSA 特性				
										GRR	偏倚/线性	属性一致性	稳定性	替代的方法
1	车间 1	P 工序	E 称重系统	电子秤	XXX001	重量	否	$5.5^{+0.06}_{-0.04}$	g	√	√	×	√	×
2	车间 2	P 工序	E 称重系统	电子秤	XXX002	重量	否	$5.5^{+0.06}_{-0.04}$	g	√	√	×	√	×
3	车间 3	P 工序	E 称重系统	电子秤	XXX003	重量	否	$5.5^{+0.06}_{-0.04}$	g	√	√	×	√	×
4	车间 4	P 工序	E 称重系统	电子秤	XXX004	重量	否	$5.5^{+0.06}_{-0.04}$	g	√	√	×	√	×
5	车间 5	P 工序	E 称重系统	电子秤	XXX005	重量	否	$5.5^{+0.06}_{-0.04}$	g	√	√	×	√	×

表 15.2.2 抽样计划表

GRR 抽样计划			偏倚/线性抽样计划			工序负责人	计划开始日期	计划完成日期	周期（月）	MSA 工程师	备注
样本容量	评价者数	重复次数	样本容量	评价者数	重复次数						
15	5	4	10	2	9	王主管	2018/6/19	2018/6/19	6	赵工	
15	5	4	10	2	9	严主管	2018/6/20	2018/6/20	6	赵工	
15	5	4	10	2	9	刘主管	2018/6/21	2018/6/21	6	赵工	
15	5	4	10	2	9	周主管	2018/6/22	2018/6/22	6	赵工	
15	5	4	10	2	9	郑主管	2018/6/23	2018/6/23	6	赵工	

注：1. 分析周期定为 6 个月有赵工的周期评估记录作为依据。
2. 稳定性抽样计划为：样本容量为 1；评价者为白晚班当前测量员；重复测量次数为 5；稳定性计划完成日期为 2018/6/19～2018/7/19；以 1 个月为采集数据周期，共计采集 15 组数据。
3. 偏倚/线性的基准确定为高阶量具法——取准确度等级高一级别的电子秤。

赵工经过与五位现场主管的沟通，通过盲测试验的安排，采集了 GRR、偏倚/线性和稳定性的数据。以车间 1 为例，以下是整个分析过程及结果。

（1）GRR 的分析过程

采集的 GRR 数据见表 15.2.3。

表 15.2.3 GRR 数据   （单位：g）

评价者	测量值（重量）														
	1	2	3	4	5	6	7	8	9	10	11	12	13	14	15
Li	5.54	5.49	5.52	5.53	5.47	5.49	5.46	5.52	5.48	5.49	5.55	5.46	5.49	5.52	5.50
	5.54	5.48	5.52	5.53	5.48	5.48	5.45	5.52	5.48	5.49	5.55	5.47	5.50	5.52	5.50
	5.54	5.49	5.52	5.53	5.47	5.47	5.46	5.53	5.48	5.49	5.54	5.47	5.49	5.52	5.51
	5.55	5.48	5.52	5.53	5.47	5.49	5.46	5.52	5.48	5.49	5.55	5.47	5.49	5.52	5.50

(续)

评价者	测量值（重量）														
	1	2	3	4	5	6	7	8	9	10	11	12	13	14	15
Wu	5.54	5.48	5.51	5.52	5.58	5.48	5.48	5.53	5.49	5.49	5.54	5.47	5.50	5.52	5.51
	5.54	5.48	5.51	5.52	5.48	5.48	5.47	5.52	5.49	5.49	5.53	5.46	5.51	5.51	5.51
	5.54	5.48	5.51	5.52	5.47	5.47	5.48	5.52	5.49	5.49	5.54	5.47	5.50	5.52	5.51
	5.54	5.49	5.52	5.53	5.47	5.48	5.48	5.53	5.48	5.49	5.54	5.46	5.50	5.52	5.51
Sun	5.54	5.49	5.51	5.52	5.48	5.49	5.47	5.52	5.48	5.50	5.54	5.47	5.50	5.53	5.51
	5.53	5.49	5.52	5.53	5.47	5.49	5.46	5.52	5.48	5.49	5.54	5.47	5.49	5.52	5.50
	5.54	5.48	5.52	5.52	5.48	5.48	5.47	5.52	5.49	5.49	5.55	5.47	5.50	5.51	5.50
	5.54	5.49	5.51	5.53	5.48	5.48	5.46	5.52	5.49	5.49	5.54	5.47	5.50	5.52	5.49
Qian	5.53	5.49	5.51	5.53	5.48	5.48	5.46	5.52	5.48	5.49	5.54	5.47	5.50	5.51	5.50
	5.54	5.50	5.52	5.52	5.48	5.49	5.46	5.53	5.48	5.48	5.54	5.46	5.50	5.51	5.50
	5.54	5.50	5.52	5.52	5.48	5.47	5.46	5.52	5.49	5.49	5.55	5.47	5.51	5.51	5.50
	5.55	5.49	5.52	5.52	5.48	5.49	5.46	5.52	5.49	5.50	5.54	5.47	5.50	5.52	5.50
Zhang	5.52	5.48	5.51	5.52	5.47	5.46	5.45	5.52	5.48	5.48	5.54	5.46	5.49	5.51	5.49
	5.53	5.48	5.50	5.51	5.47	5.47	5.46	5.52	5.48	5.48	5.53	5.45	5.49	5.51	5.49
	5.53	5.48	5.51	5.51	5.47	5.47	5.45	5.52	5.48	5.48	5.54	5.45	5.49	5.51	5.50
	5.53	5.49	5.51	5.52	5.48	5.47	5.45	5.52	5.47	5.48	5.54	5.46	5.50	5.51	5.49

利用箱线图查看是否存在异常值，如图 15.2.1 所示。

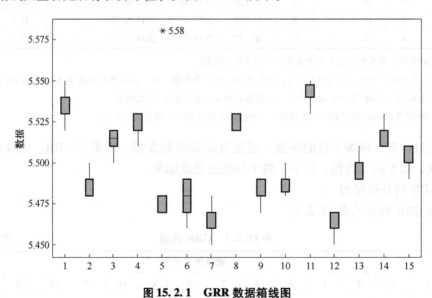

图 15.2.1 GRR 数据箱线图

从箱线图中可以初步判断 5 号零件中有一个 5.58 的疑似异常值，针对 5 号零件的 20 个数据，我们利用格拉布斯准则进行异常值的判定。具体步骤可参见本书 9.2.2 节的相关内容，此处省略判别步骤。

利用格拉布斯准则对 5 号零件的 20 个数据判别之后发现，5.58 为异常值，应予剔除，并安排操作员 Wu 对 5 号零件再次进行测量以填补数据空缺，具体所测得的数据为：5.47。

启动 Minitab 软件，参照 14.2 节的相关内容，将 GRR 的分析结果导出，见表 15.2.4 ~ 表 15.2.8，以及图 15.2.2。

表 15.2.4　量具 R&R 研究-方差分析法

测量值的量具 R&R
量具名称：电子秤
研究日期：2018/06/19
报表人：赵工
公差：
其他：车间 1

表 15.2.5　包含交互作用的双因子方差分析表

来源	自由度	SS	MS	F	P
零件	14	0.179632	0.0128309	206.989	0.000
评价者	4	0.003649	0.0009122	14.715	0.000
零件 × 评价者	56	0.003471	0.0000620	2.405	0.000
重复性	225	0.005800	0.0000258		
合计	299	0.192552			

用于删除交互作用项的 $\alpha = 0.05$

表 15.2.6　量具 R&R 方差分量

来源	方差分量	方差分量贡献率
合计量具 R&R	0.0000490	7.13
重复性	0.0000258	3.75
再现性	0.0000232	3.38
评价者	0.0000142	2.06
评价者 × 零件	0.0000091	1.32
部件间	0.0006384	92.87
合计变异	0.0006874	100.00

过程公差 = 0.1

表 15.2.7　量具评估

来源	标准差（SD）	研究变异（6 × SD）	%研究变异（%SV）	%公差（SV/Toler）
合计量具 R&R	0.0070000	0.042000	26.70	42.00
重复性	0.0050772	0.030463	19.36	30.46
再现性	0.0048189	0.028914	18.38	28.91
评价者	0.0037643	0.022586	14.36	22.59
评价者 × 零件	0.0030088	0.018053	11.48	18.05
部件间	0.0252674	0.151605	96.37	151.60
合计变异	0.0262191	0.157315	100.00	157.31

可区分的类别数 = 5

表 15.2.8 误分类概率

联合概率	
说　明	概　率
随机选择的部件不合格,但被接受	0.000
随机选择的部件合格,但被拒绝	0.000
条件概率	
说　明	概　率
来自一组不合格产品的部件被接受	0.000
来自一组合格产品的部件被拒绝	
部件在规格限制内的概率 = 0	

测量值的量具R&R(方差分析)报告

量具名称：电子秤　　　　　　　　　报表人：赵工
研究日期：2018/06/19　　　　　　　公差：
　　　　　　　　　　　　　　　　　其他：车间1

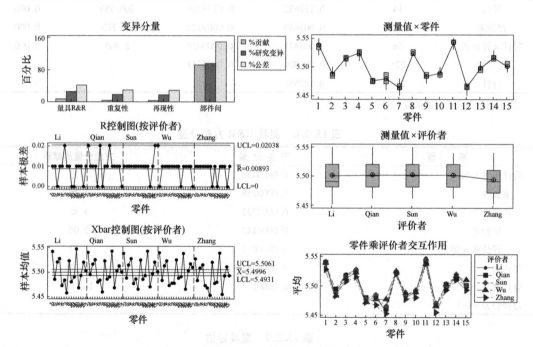

图 15.2.2　GRR 分析结果

得出 GRR 结论为：测量系统变异占过程变差百分比 GRR% = 26.70%；测量系统变异占公差范围百分比 $P/T\%$ = 42.00%；测量系统的有效解析度 NDC = 5。

赵工查阅 MSA 的指示性文件发现，Q 公司内部对非关键工序的 GRR 判定准则为：

① GRR% ≤ 30%，接受；GRR% > 30%，不接受。
② $P/T\%$ ≤ 30%，接受；$P/T\%$ > 30%，不接受。
③ NDC ≥ 5，接受。

基于此，车间 1 的 P 测量工序 GRR 指标中 $P/T\%$ 的结果为不可接受，因此，GRR 最终结果为不可接受，需要制定改善计划。关于如何实施测量系统的改善，本节暂不讨论，关于测量系统改善的这部分内容,本书将在第 18 章展开讨论。

(2)偏倚/线性的分析过程

采集的偏倚/线性数据见表 15.2.9。

表 15.2.9 偏倚/线性数据 (单位:g)

评价者	参考值	测量值(重量)									
		1	2	3	4	5	6	7	8	9	10
		5.462	5.469	5.483	5.490	5.501	5.511	5.518	5.529	5.540	5.554
白班	Li	5.46	5.47	5.48	5.49	5.50	5.51	5.52	5.52	5.54	5.55
		5.46	5.47	5.48	5.49	5.50	5.51	5.52	5.52	5.54	5.55
		5.45	5.48	5.48	5.49	5.50	5.51	5.52	5.53	5.54	5.55
		5.46	5.47	5.48	5.49	5.50	5.51	5.52	5.53	5.54	5.56
		5.46	5.47	5.48	5.49	5.50	5.51	5.52	5.53	5.54	5.56
		5.46	5.47	5.48	5.48	5.50	5.51	5.52	5.52	5.54	5.55
		5.45	5.47	5.47	5.49	5.50	5.51	5.51	5.53	5.53	5.55
		5.46	5.48	5.48	5.49	5.50	5.51	5.52	5.53	5.54	5.55
		5.46	5.47	5.48	5.49	5.51	5.51	5.52	5.53	5.54	5.55
晚班	Wu	5.45	5.47	5.48	5.49	5.50	5.51	5.52	5.53	5.54	5.55
		5.46	5.48	5.48	5.48	5.50	5.51	5.52	5.53	5.54	5.56
		5.46	5.47	5.48	5.49	5.50	5.51	5.52	5.53	5.54	5.55
		5.45	5.47	5.48	5.49	5.50	5.51	5.53	5.53	5.54	5.55
		5.46	5.47	5.48	5.49	5.50	5.51	5.52	5.53	5.54	5.55
		5.46	5.46	5.48	5.48	5.50	5.51	5.52	5.53	5.54	5.56
		5.47	5.47	5.48	5.49	5.50	5.51	5.52	5.53	5.54	5.55
		5.46	5.47	5.48	5.49	5.50	5.51	5.52	5.52	5.54	5.55
		5.45	5.46	5.48	5.49	5.50	5.51	5.52	5.53	5.54	5.56

利用箱线图查看是否存在异常值,如图 15.2.3 所示。

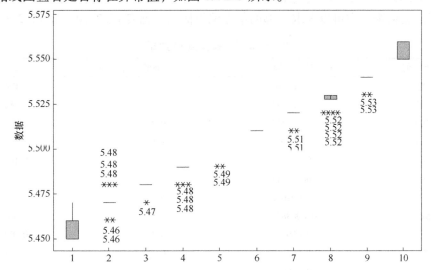

图 15.2.3 零件 1,2,3,4,5,6,7,8,9,10 的箱线图

箱线图显示2、3、4、5、7、8、9号零件存在疑似异常值,应用格拉布斯准则进行判定,均未发现异常值(步骤略)。

启动 Minitab 软件,参照 14.2 节的相关内容,将偏倚/线性的分析结果导出(过程变差 $6 \times SD$ 取 GRR 结果中 $6 \times SD = 0.157315$),如图 15.2.4、图 15.2.5 所示。

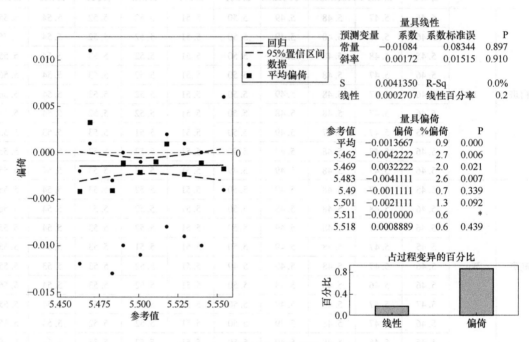

图 15.2.4 线性和偏倚报告(Li)

注意,Minitab 软件在偏倚结果的显示方面,最多只能显示 7 行单点偏倚,另外 3 行未显示出来,但从会话窗口中可以获取全部的单点偏倚信息,见表 15.2.10、表 15.2.11。

表 15.2.10 操作员 Li 数据

参 考 值	偏 倚	%偏倚	P
平均	-0.0013667	0.9	0.000
5.462	-0.0042222	2.7	0.092
5.469	-0.0001111	0.1	0.961
5.483	-0.0030000	1.9	*
5.49	-0.0022222	1.4	0.079
5.501	-0.0021111	1.3	0.092
5.511	-0.0010000	0.6	*
5.518	0.0008889	0.6	0.439
5.529	-0.0001111	0.1	0.921
5.54	-0.0011111	0.7	0.339
5.554	-0.0006667	0.4	0.558

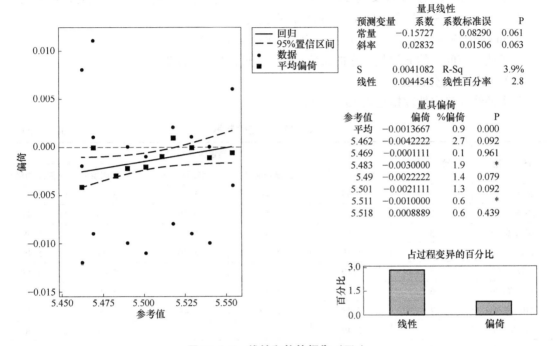

图 15.2.5 线性和偏倚报告（Wu）

表 15.2.11 操作员 Wu 数据

参 考 值	偏 倚	%偏倚	P
平均	-0.0013667	0.9	0.000
5.462	-0.0042222	2.7	0.006
5.469	0.0032222	2.0	0.021
5.483	-0.0041111	2.6	0.007
5.49	-0.0011111	0.7	0.339
5.501	-0.0021111	1.3	0.092
5.511	-0.0010000	0.6	*
5.518	0.0008889	0.6	0.439
5.529	-0.0023333	1.5	0.068
5.54	-0.0011111	0.7	0.339
5.554	-0.0017778	1.1	0.145

得出偏倚/线性结论如下：

1) 平均偏倚占过程变差的比：

① 白班操作员 Li：bias% = 0.9%。

② 晚班操作员 Wu：bias% = 0.9%。

2）线性误差占过程变差的比：
① 白班操作员 Li：linearity% = 0.2%。
② 晚班操作员 Wu：linearity% = 2.8%。
赵工查阅 MSA 的指示性文件发现，Q 公司内部对非关键工序的偏倚/线性的判定准则为：
① bias% ≤30%，接受；bias% >30%，不接受。
② linearity% ≤10%，接受；linearity% >10%，不接受。
基于此，车间 1 的 P 测量工序的偏倚/线性分析结果为可接受。

（3）稳定性的分析过程

采集的统计稳定性数据见表 15.2.12。

表 15.2.12 稳定性数据　　　　　　　　　　　　　（单位：g）

日期	代号	测量值（重量）				
		重复测量1	重复测量2	重复测量3	重复测量4	重复测量5
2018/6/19	1	5.49	5.49	5.49	5.50	5.49
2018/6/21	2	5.49	5.50	5.50	5.50	5.49
2018/6/23	3	5.50	5.49	5.49	5.49	5.49
2018/6/25	4	5.49	5.49	5.50	5.49	5.49
2018/6/27	5	5.49	5.48	5.49	5.49	5.48
2018/6/29	6	5.49	5.49	5.49	5.50	5.49
2018/7/1	7	5.48	5.49	5.49	5.49	5.49
2018/7/3	8	5.49	5.49	5.49	5.49	5.50
2018/7/5	9	5.50	5.49	5.49	5.49	5.50
2018/7/7	10	5.49	5.49	5.49	5.49	5.49
2018/7/9	11	5.50	5.49	5.50	5.49	5.50
2018/7/11	12	5.49	5.49	5.49	5.49	5.49
2018/7/13	13	5.49	5.49	5.49	5.48	5.48
2018/7/15	14	5.48	5.49	5.49	5.49	5.49
2018/7/17	15	5.49	5.50	5.49	5.49	5.50

同理，利用箱线图和格拉布斯准则识别异常值并剔除，经过确认，所采集的数据中无显著的异常值（步骤略）。

启动 Minitab 软件，参照 14.2 节的相关内容，将统计稳定性的分析结果导出，如图 15.2.6 所示。

统计稳定性结论：均值与极差均统计受控，统计稳定性可接受。

当然了，统计稳定性是关注过程是否受控，如果需要监控日常是否会发生异常，可用测量稳定性进行日常监控，其工具就是查检表，详细模版可参考 8.6 节内容。

对于车间 2、3、4 和 5 的统计稳定性分析与车间 1 的统计稳定性分析相同，步骤略。

2. 案例 2 及分析

在 Q 公司还有一些测量工序是属性测量，MSA 工程师赵工准备对 A 测量工序中关于零件（E）的外观测量做 MSA，A 测量工序为 Q 公司入库前的一项外观检查，检查员均为质检人员，白晚班各两名，他们分别是朱某某（Zhu）、杨某某（Yang）、付某某（Fu）和萧某某

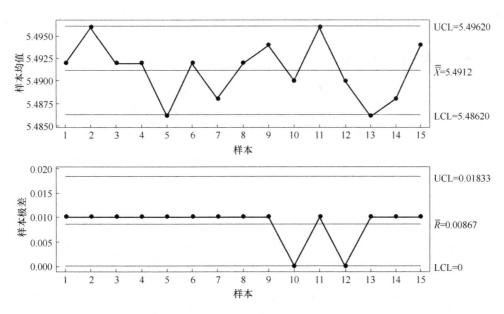

图 15.2.6 测量值的 Xbar-R 控制图

(Xiao),他们的工作就是负责对入库前的零件做外观是否合格的判定,且外观为非特殊特性。该工序的质检主管为秦主管,秦主管不参与外观检查工作。

如果你是赵工,当初制定 MSA 计划时,你会如何确定计划表中关于 A 测量工序的相关内容?如何实施该工序的 MSA 计划?

根据案例中的描述,我们可以制定关于 A 测量工序的 MSA 计划,见表 15.2.13、表 15.2.14。

表 15.2.13 MSA 计划

序号	车间	工序名称	测量系统	量具	量具编号	产品特性	是否为特殊特性	产品规格	单位	MSA 特性				
										GRR	偏倚/线性	属性一致性	稳定性	替代的方法
1	入库前质检段	A 工序	零件 E 外观检查系统	目视	—	外观	否	参考零件 E 的外观判定 SOP	—	×	×	√	×	×

表 15.2.14 抽样计划

属性一致性抽样计划			工序负责人	计划开始日期	计划完成日期	周期(月)	MSA 工程师	备注
样本容量	评价者数	重复次数						
30	4	3	秦主管	2018/6/25	2018/6/25	12	赵工	

注:1. 分析周期定为 12 个月有赵工的周期评估记录作为依据。
2. 关于属性一致性分析的基准确定问题,赵工采用了组织专家小组的办法来确定基准,专家小组成员包括 E 零件外观判定标准制定的产品工艺工程师一名、产品品质工程师两名以及产品开发工程师一名。
3. 外观检查共有五个方面的判断:颜色、气泡、脏污、裂痕和形变。只要有任何一个方面不符合 SOP 要求,则判外观为不合格;只有五个方面全部符合要求,才能被判为外观合格。

赵工经过与秦主管的沟通，通过盲测试验的安排，采集了属性数据。以下是整个分析过程及结果。

采集的二进制属性数据见表15.2.15。

表15.2.15 二进制属性数据

零件	Zhu			Yang			Fu			Xiao			基准
	Z-1	Z-2	Z-3	Y-1	Y-2	Y-3	F-1	F-2	F-3	X-1	X-2	X-3	
1	0	0	0	0	0	0	0	0	0	0	0	0	0
2	1	1	1	1	1	1	1	1	1	1	1	1	1
3	1	1	1	1	1	1	1	1	1	0	0	0	0
4	1	1	1	1	0	1	1	1	1	1	1	1	1
5	1	1	1	1	1	1	1	1	1	1	1	1	1
6	1	1	1	1	1	1	1	1	1	1	1	1	1
7	1	0	0	0	0	1	0	0	0	0	0	0	0
8	1	1	0	1	1	1	1	1	0	1	1	0	1
9	0	0	0	0	0	0	0	0	0	0	0	0	0
10	0	0	0	0	0	0	0	0	0	0	0	0	0
11	1	1	1	1	1	1	0	0	0	1	1	1	1
12	0	0	0	0	0	0	0	0	0	0	0	0	0
13	1	1	1	1	1	1	1	1	1	1	1	1	1
14	1	1	1	1	1	1	1	1	1	1	1	1	1
15	0	0	0	0	0	0	0	0	0	0	0	0	0
16	1	1	1	1	1	1	1	1	1	1	1	1	1
17	1	1	1	1	1	1	1	1	1	1	1	1	1
18	0	0	0	0	0	0	0	0	0	0	0	0	0
19	1	1	1	1	1	1	1	1	1	1	1	1	1
20	1	1	1	1	1	1	1	1	1	1	1	1	1
21	1	1	1	1	1	1	1	1	1	1	1	1	1
22	0	0	0	0	0	0	0	0	1	0	0	0	0
23	1	1	1	1	1	1	1	1	1	1	1	1	1
24	1	1	1	0	0	0	1	1	0	0	0	0	0
25	1	1	1	1	1	1	1	1	1	1	1	1	1
26	0	0	1	0	0	0	0	0	0	0	0	0	0
27	1	1	1	1	1	1	1	1	0	1	1	1	1
28	0	0	0	0	0	0	0	0	0	0	0	0	0
29	1	1	1	1	1	1	1	1	1	1	1	1	1
30	1	1	1	1	1	1	0	0	1	0	1	1	1

注：外观合格记为 OK = 1，不合格记为 NG = 0。

启动Minitab软件，参照14.2节的相关内容，将属性一致性的分析结果导出，见表15.2.16 ~ 表15.2.25和图15.2.7。

表 15.2.16 属性值的属性一致性分析量具信息

研究日期：2018/06/25
报表人：赵工
产品名称：E 零件外观
其他：入库前质检段

表 15.2.17 检验员自身评估一致性

检验员	#检验数	#相符数	百分比	95%置信区间
Fu	30	25	83.33	(65.28, 94.36)
Xiao	30	28	93.33	(77.93, 99.18)
Yang	30	29	96.67	(82.78, 99.92)
Zhu	30	27	90.00	(73.47, 97.89)

相符数：检验员在多个试验之间，他/她自身标准一致。

表 15.2.18 Fleiss 的 Kappa 统计量

检验员	响应	Kappa	Kappa 标准误	Z	P（与>0）
Fu	0	0.770525	0.105409	7.30984	0.0000
	1	0.770525	0.105409	7.30984	0.0000
Xiao	0	0.908907	0.105409	8.62265	0.0000
	1	0.908907	0.105409	8.62265	0.0000
Yang	0	0.951509	0.105409	9.02680	0.0000
	1	0.951509	0.105409	9.02680	0.0000
Zhu	0	0.847371	0.105409	8.03887	0.0000
	1	0.847371	0.105409	8.03887	0.0000

表 15.2.19 每个检验员与标准评估一致性

检验员	#检验数	#相符数	百分比	95%置信区间
Fu	30	23	76.67	(57.72, 90.07)
Xiao	30	28	93.33	(77.93, 99.18)
Yang	30	28	93.33	(77.93, 99.18)
Zhu	30	25	83.33	(65.28, 94.36)

相符数：检验员在多次试验中的评估与已知标准一致。

表 15.2.20 评估不一致

检验员	#1/0	百分比	#0/1	百分比	#混合	百分比
Fu	1	8.33	1	3.36	5	16.67
Xiao	0	0.00	0	0.00	2	6.67
Yang	1	8.33	0	0.00	1	3.33
Zhu	2	16.67	0	0.00	3	10.00

1/0：多个试验中误将标准=0者一致评估为=1的次数。
0/1：多个试验中误将标准=1者一致评估为=0的次数。
混合：多个试验中所有的评估与标准不相同者。

表 15.2.21 Fleiss 的 Kappa 统计量

检验员	响应	Kappa	Kappa 标准误	Z	P（与>0）
Fu	0	0.700529	0.105409	6.64580	0.0000
	1	0.700529	0.105409	6.64580	0.0000
Xiao	0	0.954286	0.105409	9.05315	0.0000
	1	0.954286	0.105409	9.05315	0.0000
Yang	0	0.905150	0.105409	8.58700	0.0000
	1	0.905150	0.105409	8.58700	0.0000
Zhu	0	0.783199	0.105409	7.43008	0.0000
	1	0.783199	0.105409	7.43008	0.0000

表 15.2.22 检验员之间评估一致性

#检验数	#相符数	百分比	95% 置信区间
30	21	70.00	(50.60, 85.27)

相符数：所有检验员的评估一致。

表 15.2.23 Fleiss 的 Kappa 统计量

响应	Kappa	Kappa 标准误	Z	P（与>0）
0	0.789439	0.0224733	35.1278	0.0000
1	0.789439	0.0224733	35.1278	0.0000

表 15.2.24 所有检验员与标准评估一致性

#检验数	#相符数	百分比	95% 置信区间
30	21	70.00	(50.60, 85.27)

相符数：所有检验员的评估与已知的标准一致。

表 15.2.25 Fleiss 的 Kappa 统计量

响应	Kappa	Kappa 标准误	Z	P（与>0）
0	0.835791	0.0527046	15.8580	0.0000
1	0.835791	0.0527046	15.8580	0.0000

得出属性一致性结论：测量系统整体的有效性比率 Eff% = 70.00%；一致性程度 Fleiss Kappa = 0.835791。

赵工查阅 MSA 的指示性文件发现，Q 公司内部对非关键工序的属性一致性的判定准则为：

① Eff% ≥80%，接受；GRR% <80%，不接受。

② Kappa ≥0.40，接受；Kappa <0.40，不接受。

基于此，A 测量工序外观的属性一致性指标中 Eff% 的结果为不可接受，因此，属性一致性的最终结果则为不可接受，需要查明原因并制定改善计划。关于如何实施测量系统的改善，同样请参考本书第 18 章的相关内容。

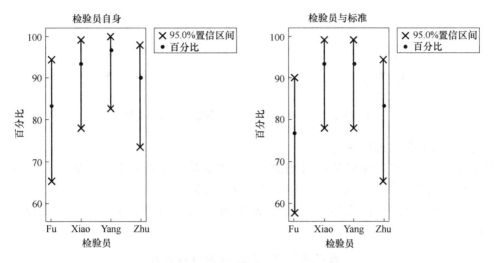

图 15.2.7　属性一致性分析

作为人工外观检查系统的属性测量系统，不适用稳定性分析，故此处不做稳定性分析的讨论。

15.3　替代 MSA 方法应用案例

上一节内容主要针对常规 MSA 方法的应用进行举例，包括交叉的 GRR 分析、偏倚和线性的分析、稳定性分析以及二进制属性一致性分析，这些方法也是我们经常要用到的 MSA 方法，它们主要适用于可重复测量的工艺。然而，在现实的生产和制造工艺中，还存在许多不可重复测量的工艺，针对这些不可重复的测量系统进行分析，就需要用到替代的 MSA 方法。

本节内容主要围绕替代 MSA 方法的应用而展开，以案例分析的方式来进行说明。

1. 案例 1 及分析

赵工是 Q 公司的 MSA 工程师，根据已制定好的 MSA 计划，目前准备对 W 测量工序进行 MSA 的实施。W 测量工序的量具为电子秤，所测零件（E）特性为重量，测量方式为自动化测量，为关键特殊特性，重量的规格为 125.0±1.5，单位为克（g）。

W 测量工序主要是测量某种化学液体的重量，由于各种原因，不能直接测量，而是根据包装后的总重量（m_2）与空包装瓶子的重量（m_1）之差计算得到化学液体重量（Δm）。整个过程不可逆，其原理如图 15.3.1 所示。

据赵工统计，Q 公司的生产现场有 3 个车间均有 W 测量工序，每个车间有 1 条包装生产线，共计 3 条生产线有 W 测量工序。

车间 1、2、3 的 W 测量工序的现场主管是文主管、齐主管、何主管，因为是自动化测量，测量过程受设备操作员的影响可忽略不计，所以，MSA 工程师赵工在当初做 MSA 的策划

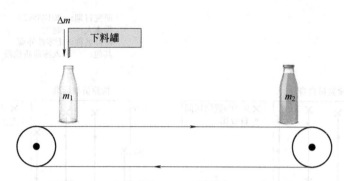

图 15.3.1　化学液体（E）的包装流水线示意图

时就不考虑操作员的再现性变差。

如果你是赵工，当初制定 MSA 计划时，你会如何确定计划表中关于 W 测量工序的相关内容？如何实施该工序的 MSA 计划？以下进行详细的分析。

根据案例中的描述，我们可以制定关于 W 测量工序的 MSA 计划，见表 15.3.1、表 15.3.2。

表 15.3.1　W 测量工序的 MSA 计划

序号	车间	工序名称	测量系统	量具	量具编号	产品特性	是否为特殊特性	产品规格	单位	MSA 特性				
										GRR	偏倚/线性	属性一致性	稳定性	替代的方法
1	车间 1	W 工序	E 净重称量系统	电子秤	XXX001	重量	是	125.0±1.5	g	×	√	×	√	√
2	车间 2	W 工序	E 净重称量系统	电子秤	XXX002	重量	是	125.0±1.5	g	×	√	×	√	√
3	车间 3	W 工序	E 净重称量系统	电子秤	XXX003	重量	是	125.0±1.5	g	×	√	×	√	√

表 15.3.2　MSA 的抽样计划

嵌套 GRR 抽样计划			偏倚/线性抽样计划			工序负责人	计划开始日期	计划完成日期	周期（月）	MSA 工程师	备注
样本容量	评价者数	重复次数	样本容量	评价者数	重复次数						
10	1	5	5	1	10	文主管	2018/6/21	2018/7/21	6	赵工	
10	1	5	5	1	10	齐主管	2018/6/21	2018/7/21	6	赵工	
10	1	5	5	1	10	何主管	2018/6/21	2018/7/21	6	赵工	

（1）关于 MSA 计划的说明

1）分析周期定为 6 个月的依据是赵工的周期评估记录。

2）稳定性抽样计划为：样本容量为1，并且样品是利用 Master 替代的，评价者为自动称重设备（电子秤），重复测量次数为3，稳定性计划完成日期为 2018/6/21～2018/8/21，以两个月为采集数据周期，每三天采集一次数据，共计采集 20 组数据。

3）偏倚/线性的基准确定为 Master 替代法与高阶量具法相结合——制作 5 个量块，其重量均匀分布在 123.5～126.5g 之间五个点，取准确度等级高一个级别的电子秤对这 5 个量块分别重复测量 5 次，取平均值作为 5 个基准点。

4）由于不考虑再现性，可适当地增加重复测量次数，以提高嵌套 GRR 分析的可信度。

5）零件之间的差异是基于时间差而错开的，即实际上是在不同的时间段而非同一时间段内完成取样，取样时间跨度为一个月，取样计划见表 15.3.3。

表 15.3.3 取样计划

取 样 日 期	单次取样数（等同重复测量次数 r）	虚拟样品编号
2018/6/21	5	1
2018/6/24	5	2
2018/6/27	5	3
2018/6/30	5	4
2018/7/3	5	5
2018/7/6	5	6
2018/7/9	5	7
2018/7/12	5	8
2018/7/15	5	9
2018/7/18	5	10

每次取相邻的 5 个样品作为一个虚拟样品的 5 次重复测量。同时，取样还需要根据历史数据预测这一个月内化学液体净重数据的分布情况。如果分布宽度不足以匹配公差范围宽度（TR = 123.5～126.5g），那么，则需要继续取样，直到分布宽度大致与公差范围宽度匹配为止。

6）由于是自动化测量系统，此时的盲测并不存在"隐瞒"零件编号一说。也不存在评价者彼此间知晓对方结果一说。作为自动化测量系统嵌套 GRR 的数据采集，其实并不存在真正意义上的盲测，真正需要关注的是数据采集的随机性和代表性。

7）嵌套数据的采集与工艺的过程能力也有极大的关系，如果过程不够稳定，可分以下两种情况来看问题：

① 较长的时间内（如 1 个月）过程不稳定，有利于取样的分布宽度；太稳定反而会影响取样的分布宽度。

② 较短的时间内（如 1 个小时）过程不稳定，不利于虚拟样品的重复性取样；短时间内很稳定是做嵌套 GRR 取样的基本前提条件，对于自动化生产线来说，绝大多数情况均能满足这种基本条件。

赵工通过与三位现场主管的沟通，在大约一个月内，于每个车间里均采集了 10 组嵌套数据，以车间 1 为例，我们接下来进行各项分析。

（2）嵌套 GRR 的分析过程

采集的嵌套 GRR 数据见表 15.3.4。

表 15.3.4 嵌套 GRR 数据 (单位：g)

评价者	虚拟零件的测量值（重量）									
	1	2	3	4	5	6	7	8	9	10
自动称重系统	125.68	123.07	126.42	123.85	127.12	125.11	124.79	125.96	125.33	126.85
	125.55	123.11	126.44	123.84	127.13	125.15	124.68	126.00	125.34	126.80
	125.63	123.05	126.40	123.82	127.08	125.10	124.70	125.91	125.36	126.89
	125.66	123.12	126.37	123.84	127.14	125.08	124.75	125.99	125.31	126.79
	125.59	123.05	126.45	123.88	127.05	125.14	124.71	125.97	125.35	126.83

利用箱线图查看是否存在异常值，如图 15.3.2 所示。

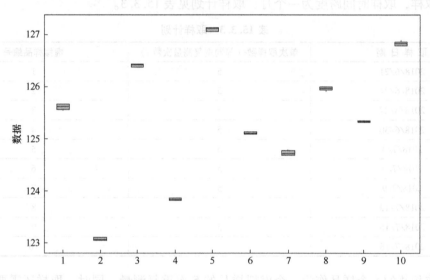

图 15.3.2 数据组 1，2，3，4，5，6，7，8，9，10 的箱线图

从箱线图中可以初步判断 10 组数据中无疑似异常值，利用格拉布斯准则对 10 组数据进行判别之后确认无异常值。

启动 Minitab 软件，参照 14.2 节的相关内容，将 GRR 的分析结果导出[⊖]，见表 15.3.5 ~ 表 15.3.8 和图 15.3.3。

表 15.3.5 量具 R&R 研究-方差分析法

没有操作员值，或者这些值都相同。分析将省略操作员因子。
测量值 的量具 R&R
量具名称：电子秤
研究日期：2018/07/21
报表人：赵工
公差：
其他：自动化称重系统

⊖ 请注意，如果没有再现性因子，Minitab 软件中使用嵌套 GRR 的分析是无法实现的，必须还要选择交叉 GRR 的分析方法，但这并不影响分析结果，其根本方法还是方差分析法，而且同样不会出现交互作用图，两者是等效的。另外一种情况就是如果存在再现性因子，则需要选择软件中的嵌套 GRR 分析法才能得出剔除交互作用的 GRR 分析结果，而不能选择交叉 GRR 分析法。

第15章 测量系统分析策划与实操案例

表 15.3.6　单因子方差分析表

来源	自由度	SS	MS	F	P
零件	9	73.4601	8.16223	6381.73	0.000
重复性	40	0.0512	0.00128		
合计	49	73.5112			

用于删除交互作用项的 $\alpha = 0.05$

表 15.3.7　量具 R&R 方差分量

来源	方差分量	方差分量贡献率
合计量具 R&R	0.00128	0.08
重复性	0.00128	0.08
部件间	1.63219	99.92
合计变异	1.63347	100.00

过程公差 = 3

表 15.3.8　量具评估

来源	标准差（SD）	研究变异（6×SD）	%研究变异（%SV）	%公差（SV/Toler）
合计量具 R&R	0.03576	0.21458	2.80	7.15
重复性	0.03576	0.21458	2.80	7.15
部件间	1.27757	7.66543	99.96	255.51
合计变异	1.27807	7.66844	100.00	255.61

可区分的类别数 = 50

测量值的量具R&R(方差分析)报告

量具名称：电子秤　　　　　　　　　报表人：赵工
研究日期：2018/07/21　　　　　　　公差：
　　　　　　　　　　　　　　　　　其他：　自动化称重系统

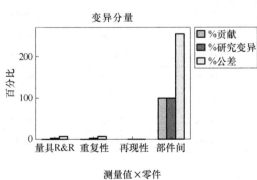

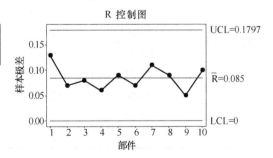

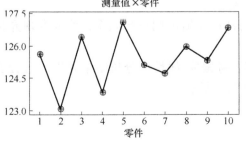

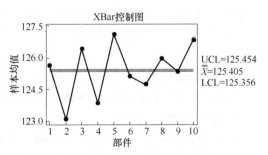

图 15.3.3　测量值的量具 R&R

从软件分析结果可以看出，与交叉 GRR 相比，结果中已排除了再现性与交互作用影响，这也是图形结果不是六张图而是四张图的原因。

1）得出 GRR 结论为：

① 测量系统变异占过程变差百分比：GRR% = 2.80%。

② 测量系统变异占公差范围百分比：$P/T\%$ = 7.15%。

③ 测量系统的有效解析度：NDC = 50。

2）赵工查阅 MSA 的指示性文件发现，Q 公司内部对于关键工序的 GRR 判定准则为：

① GRR% ≤ 10%，接受；10% < GRR% ≤ 30%，条件接受；GRR% > 30%，不接受。

② $P/T\%$ ≤ 10%，接受；10% < $P/T\%$ ≤ 30%，条件接受；$P/T\%$ > 30%，不接受。

③ NDC ≥ 10，接受；5 ≤ NDC < 10，条件接受；NDC < 5，不接受。

基于此，车间 1 的 W 测量工序嵌套 GRR 的最终结果为接受，对于车间 2 和车间 3 的嵌套 GRR 分析，其步骤与车间 1 的嵌套 GRR 分析是相同的，此处不再赘述。

(3) 偏倚/线性的分析过程

此处采用 Master 替代法与高阶量具法相结合的方法进行基准的确认，因此，实际上参与偏倚和线性分析的零件已不是 W 测量工序的化学液体了。

采集的偏倚/线性数据见表 15.3.9。

表 15.3.9 偏倚/线性数据 （单位：g）

参考值	替代 Master 的重量测量值（重量）				
	1	2	3	4	5
评价者	123.538	124.271	124.963	125.747	126.422
自动称重系统	123.53	124.28	124.95	125.75	126.41
	123.55	124.25	124.96	125.75	126.42
	123.53	124.27	124.96	125.75	126.41
	123.54	124.26	124.96	125.74	126.41
	123.54	124.26	124.94	125.74	126.40
	123.53	124.27	124.95	125.75	126.41
	123.54	124.27	124.96	125.73	126.42
	123.56	124.26	124.95	125.75	126.42
	123.54	124.27	124.96	125.75	126.41
	123.52	124.28	124.95	125.76	126.43

利用箱线图查看是否存在异常值，如图 15.3.4 所示。

箱线图显示 1 号零件存在疑似异常值，应用格拉布斯准则进行判定，均未发现异常值（步骤略）。

启动 Minitab 软件，参照 14.2 节的相关内容，将偏倚/线性的分析结果导出（过程变差 6×SD 取 GRR 结果中 6×SD = 7.66844），如图 15.3.5 所示。

1）偏倚/线性结论如下：

① 平均偏倚占过程变差的比：bias% = 0.1%。

② 线性误差占过程变差的比：linearity% = 0.2%。

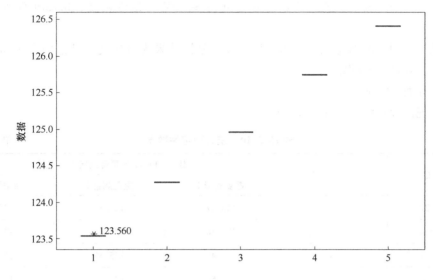

图 15.3.4　零件 1，2，3，4，5 的箱线图

测量值的量具线性和偏倚报告

量具名称：电子秤　　　　　　　　　报表人：赵工
研究日期：2017/06/21　　　　　　　公差：
　　　　　　　　　　　　　　　　　其他：　自动称重系统，Master替代法

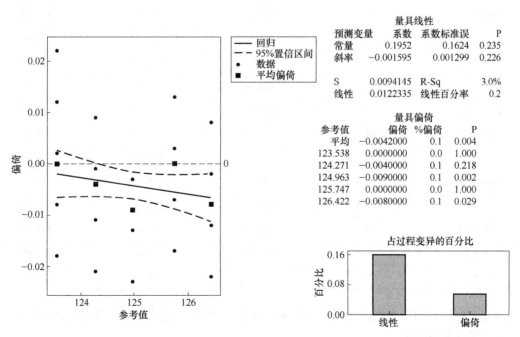

图 15.3.5　偏倚/线性分析结果

2）赵工查阅 MSA 的指示性文件发现，Q 公司内部对关键工序的偏倚/线性的判定准则为：
① bias%≤10%，接受；10%＜bias%≤30%，条件接受；bias%＞30%，不接受。

② linearity%≤5%，接受；5% < linearity%≤10%，条件接受；linearity% > 10%，不接受。

基于此，车间 1 的 W 测量工序的偏倚/线性分析结果为可接受，其他两个车间的偏倚和线性分析与此同理，步骤略。

(4) 稳定性的分析

采集的统计稳定性数据见表 15.3.10。

表 15.3.10　统计稳定性数据　　　　　　　　　　　　　　（单位：g）

日期	代号	替代 Master 的重量测量值（重量）		
		重复测量 1	重复测量 2	重复测量 3
2018/6/21	1	125.47	125.46	125.49
2018/6/24	2	125.48	125.47	125.47
2018/6/27	3	125.46	125.45	125.49
2018/6/30	4	125.50	125.48	125.47
2018/7/3	5	125.48	125.47	125.48
2018/7/6	6	125.48	125.48	125.48
2018/7/9	7	125.47	125.47	125.47
2018/7/12	8	125.46	125.50	125.48
2018/7/15	9	125.47	125.49	125.48
2018/7/18	10	125.45	125.49	125.48
2018/7/21	11	125.47	125.48	125.47
2018/7/24	12	125.49	125.46	125.48
2018/7/27	13	125.46	125.47	125.50
2018/7/30	14	125.48	125.46	125.48
2018/8/2	15	125.47	125.47	125.49
2018/8/5	16	125.47	125.48	125.45
2018/8/8	17	125.45	125.49	125.48
2018/8/11	18	125.48	125.48	125.46
2018/8/14	19	125.48	125.49	125.48
2018/8/17	20	125.47	125.48	125.48

同理，利用箱线图和格拉布斯准则识别异常值并剔除，经过确认，所采集的数据中无显著的异常值（步骤略）。

启动 Minitab 软件，参照 14.2 节的相关内容，将统计稳定性的分析结果导出，如图 15.3.6 所示。

统计稳定性结论：均值与极差均统计受控，统计稳定性可接受。

同理，统计稳定性是关注过程是否受控，如果需要监控日常是否会发生异常，可用测量

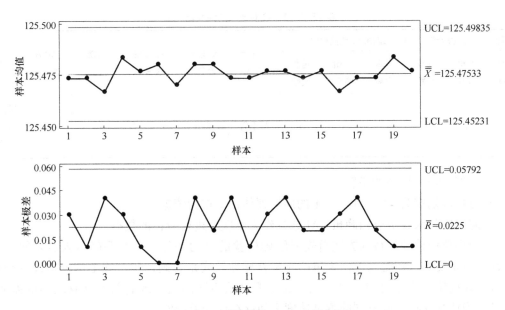

图 15.3.6　测量值的 Xbar-R 控制图

稳定性进行日常监控，其工具就是查检表，详细模版可参考 8.6 节内容。

对于其他两个车间的统计稳定性分析与车间 1 的统计稳定性分析相同，步骤略。

2. 案例 2 及分析

在 Q 公司还有一些测量工序是破坏性的测量，MSA 工程师赵工准备对 C 测量工序中关于零件（M）的焊接强度测量做 MSA。此焊接强度的测量由高铁拉力机实现，拉力机配有专用的夹具，该工序同样有白、晚班，白班和晚班开班前均有首件检查（FAI），零件 M 的焊接强度为关键特殊特性，其拉力规格为：$F \geqslant 520\mathrm{N}$。

该工序的现场主管为韩主管，C 测量工序白、晚班专业的测量人员分别为乐某某和冯某某，质检员不会直接参与测量。C 测量工序属于专门的测量室管辖，在 Q 公司中是唯一的测量工序，所有生产线零件 M 的焊接拉力均由此处完成抽样检测。

如果你是赵工，当初制定 MSA 计划时，你会如何确定计划表中关于 C 测量工序的相关内容？如何实施该工序的 MSA 计划？

根据案例中的描述，我们可以制定关于 C 测量工序的 MSA 计划，见表 15.3.11 和表 15.3.12。

表 15.3.11　C 测量工序的 MSA 计划

序号	车间	工序名称	测量系统	量具	量具编号	产品特性	是否为特殊特性	产品规格	单位	MSA 特性				
										GRR	偏倚/线性	属性一致性	稳定性	替代的方法
1	测量室	C 工序	零件 M 焊接拉力测量系统	高铁拉力机	XXX001	拉力	是	≥520	N	×	√	×	√	√

表 15.3.12　C 测量工序抽样计划

假设检验抽样计划			偏倚/线性抽样计划			工序负责人	计划开始日期	计划完成日期	周期（月）	MSA工程师	备注
样本容量	评价者数	重复次数	样本容量	评价者数	重复次数						
60	2	1	5	1	5	韩主管	2018/6/22	2018/6/22	12	赵工	对白晚班差异性检验

(1) 关于 MSA 计划的说明

1) 分析周期定为 12 个月有赵工的周期评估记录作为依据。

2) 赵工准备采集历史白晚班 FAI 数据作为本次要进行分析的数据。

3) 应用假设检验的替代方法首先要明确检验的目的是什么：是要确认人员之间的测量差异性？还是要确认在时间上白晚班的测量差异性？或是要确认生产线上的焊接设备预设参数与最终焊接拉力值之间的差异情况？还是要确认不同的夹具或者新旧夹具之间的差异性？或者是要确认高铁拉力机不同的测试速度之间存在何种差异？

上述种种目的均需要与实际的需求相关联，作为 MSA 工程师的赵工，不能盲目地针对某一点进行检验，比如说人员之间的差异——对于这样的拉力测试系统，人员之间的差异很有可能可以忽略不计。因此，赵工必须对 C 测量工序整体上做一次了解，明确测量的过程和关键点在哪里。我们在本书的 10.3 节关于双样本 t 检验也举了一个焊接拉力的例子，例子中明确告知了是夹具型号变更，因此，显然就需要对新旧型号夹具之间的差异性进行检验。

通常如无特殊变更（如夹具变更、操作员变更等），我们可以对不同的班次或不同的时间段之间的差异进行检验。

4) 对于破坏性的测量系统偏倚和线性分析、稳定性分析，我们均需要用到 Master 来替代实际的零件 M，作为高铁拉力机的偏倚和线性分析 Master 的基准值确定。该高铁拉力机是 Q 公司唯一的一台，或者说是该类拉力机最高准确度等级的一台，因此，Master 的值需要第三方机构采用计量校准的方式来确定。标准砝码无疑是最佳的，不过要注意，砝码的等级一定要比该高铁拉力机的准确度等级高出一个级别才行。

赵工通过与韩主管的沟通，获取了过去 2 个月内白晚班的 FAI 数据，我们接下来进行各项分析。

(2) 假设检验

1) 采集的 FAI 数据见表 15.3.13。

表 15.3.13　FAI 数据

序号	日期	FAI 拉力值/N		序号	日期	FAI 拉力值/N	
		白班	晚班			白班	晚班
1	2018/4/21	658.99	1011.09	5	2018/4/25	1039.02	182.60
2	2018/4/22	785.20	384.04	6	2018/4/26	749.09	711.10
3	2018/4/23	654.46	1019.85	7	2018/4/27	610.89	502.79
4	2018/4/24	716.87	1145.88	8	2018/4/28	906.52	674.62

(续)

序号	日期	FAI拉力值/N		序号	日期	FAI拉力值/N	
		白班	晚班			白班	晚班
9	2018/4/29	832.69	610.86	35	2018/5/25	781.11	807.32
10	2018/4/30	578.05	980.44	36	2018/5/26	634.10	482.69
11	2018/5/1	1190.44	677.49	37	2018/5/27	209.61	380.60
12	2018/5/2	674.49	766.62	38	2018/5/28	365.57	126.77
13	2018/5/3	630.05	811.45	39	2018/5/29	625.20	809.02
14	2018/5/4	815.17	500.32	40	2018/5/30	384.81	831.73
15	2018/5/5	516.49	523.61	41	2018/5/31	405.54	813.90
16	2018/5/6	242.02	343.55	42	2018/6/1	1068.22	1156.28
17	2018/5/7	985.65	559.98	43	2018/6/2	407.32	303.24
18	2018/5/8	1053.51	709.29	44	2018/6/3	1018.29	518.86
19	2018/5/9	371.35	504.60	45	2018/6/4	756.35	546.31
20	2018/5/10	458.14	688.00	46	2018/6/5	465.26	815.52
21	2018/5/11	929.97	686.57	47	2018/6/6	668.20	386.34
22	2018/5/12	459.64	484.10	48	2018/6/7	433.73	709.87
23	2018/5/13	493.60	771.61	49	2018/6/8	727.41	134.28
24	2018/5/14	692.53	270.34	50	2018/6/9	135.74	379.22
25	2018/5/15	1142.73	549.14	51	2018/6/10	134.67	509.77
26	2018/5/16	623.34	630.86	52	2018/6/11	518.72	314.32
27	2018/5/17	444.40	484.09	53	2018/6/12	830.58	528.16
28	2018/5/18	569.90	666.65	54	2018/6/13	1032.72	609.90
29	2018/5/19	822.85	741.80	55	2018/6/14	301.38	375.09
30	2018/5/20	727.93	754.77	56	2018/6/15	581.16	897.62
31	2018/5/21	730.29	879.72	57	2018/6/16	1067.92	235.03
32	2018/5/22	801.29	474.23	58	2018/6/17	473.28	495.19
33	2018/5/23	944.97	494.42	59	2018/6/18	361.08	365.51
34	2018/5/24	660.69	987.45	60	2018/6/19	696.76	575.80

2）启动 Minitab 软件，参照 10.3 节的相关内容，我们将进行三步检验：正态性检验、等方差检验、等均值或等中位值检验。

这是假设检验的一般性步骤，具体的步骤同样也请参考 10.3 节的相关说明。

① 正态性检验（图形化汇总），如图 15.3.7、图 15.3.8 所示。

白晚班 FAI 数据的正态性检验 P 值分别为 0.796 和 0.613，均大于 0.05，故白、晚班 FAI 数据分布呈正态分布。

② 等方差检验，如图 15.3.9 所示。

Minitab18 版中没有单独的 F 检验，该版本用的是 Bonett 检验代替了 F 检验，两者有一定的差异，但结果的差异程度不大，图 15.3.10 是 Minitab15 版单独的 F 检验的结果。

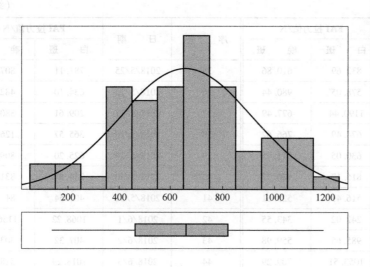
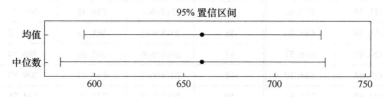

图 15.3.7　白班的汇总报告

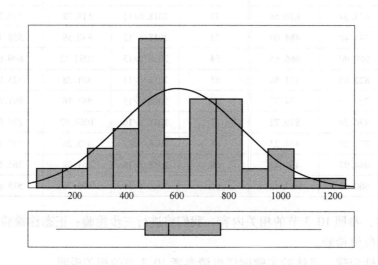
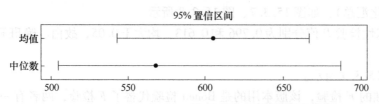

图 15.3.8　晚班的汇总报告

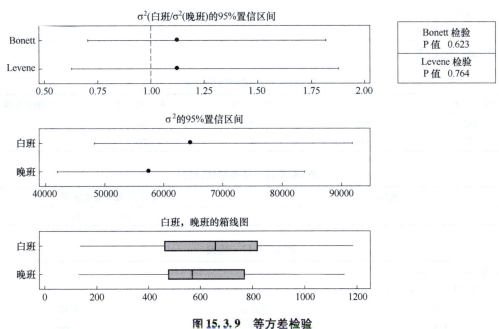

图 15.3.9 等方差检验

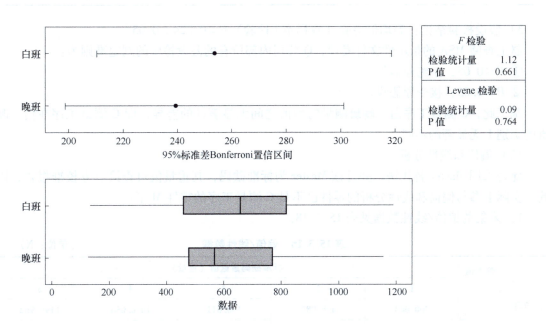

图 15.3.10 Minitab15 F 检验

无论是 Bonett 检验还是 F 检验，白、晚班 FAI 数据的等方差检验 P 值均大于 0.05，故白、晚班 FAI 数据之间的方差在统计上是相等的。于是，我们就可以进行下一步的等均值检验。

③ 等均值检验（双样本 t），结果见表 15.3.14～表 15.3.17。

表 15.3.14　双样本 T 检验和置信区间：白班，晚班方法

μ_1：白班的均值

μ_2：晚班的均值

差值：$\mu_1 - \mu_2$

未针对此分析假定等方差。

表 15.3.15　描述性统计量

样本	N	均值	标准差	均值标准误
白班	60	660	254	33
晚班	60	605	240	31

表 15.3.16　差值的估计值

差值	差值的 95% 置信区间
55.1	(−34.1, 144.3)

表 15.3.17　检验

原假设　$H_0: \mu_1 - \mu_2 = 0$

备择假设　$H_1: \mu_1 - \mu_2 \neq 0$

T 值	自由度	P 值
1.22	117	0.224

3）假设检验结论：等均值检验（双样本 t 检验）$P = 0.224 > 0.05$。

赵工查阅 MSA 的指示性文件发现，Q 公司内部所有的假设检验的判定准则为：

① $P \leq 0.05$，拒绝原假设。

② $P > 0.05$，接受原假设。

基于此，C 测量工序白、晚班测量的均值之间无显著性的差异，即 C 测量工序在白、晚班的班别上无显著的不同。

(3) 偏倚和线性分析

此处采用 Master 替代法，并且该 Master 为标准砝码，其重量值可查第三方校准报告，因此，实际上参与偏倚和线性分析的零件已不是 C 测量工序的零件 M 了。

1）采集的偏倚/线性数据见表 15.3.18。

表 15.3.18　偏倚/线性数据　　　　　　　　（单位：N）

评价者	参考值	标准砝码重量值（重量）				
		1	2	3	4	5
		200.003	499.987	700.011	1000.054	1199.962
高铁拉力机		200.18	500.31	699.86	1000.11	1200.04
		200.09	500.28	699.94	1000.15	1200.16
		200.25	500.30	699.79	1000.02	1200.06
		200.01	500.19	699.90	1000.13	1199.98
		199.97	500.22	699.99	1000.20	1200.13

2）利用箱线图查看是否存在异常值，如图 15.3.11 所示。

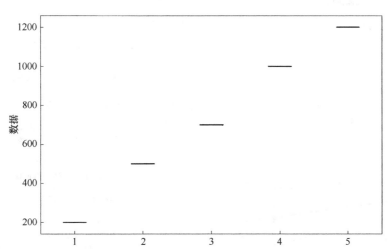

图 15.3.11 数据组 1，2，3，4，5 的箱线图

箱线图显示 5 组数据均不存在疑似异常值，应用格拉布斯准则进行判定，均未发现异常值（步骤略）。

我们知道，在做偏倚和线性分析前，我们需要过程变差 6σ 作为 bias% 和 linearity% 的分母，然而，由于破坏性的拉力测量导致过程波动看起来非常大，而这种看起来非常大的过程波动并不适用于偏倚和线性百分比的计算。为了估计 bias% 和 linearity% 到底有多大，我们要退而求其次，利用公差范围（TR）代替过程变差（6σ）。对于单边公差的 TR 计算，我们可以根据下式进行：

$$TR = 2（\bar{X} - LSL）$$

式中，$\bar{X}$ 为均值，可用 120 个 FAI 数据计算得，$\bar{X}$ = 632.42；LSL 为产品规格下限，LSL = 520。

因此，计算可得公差范围：TR = 2 × (632.42 − 520) = 224.84。

启动 Minitab 软件，参照 14.2 节的相关内容，将偏倚/线性的分析结果导出，如图 15.3.12 所示。

3）偏倚/线性结论：
① 平均偏倚占过程变差的比：bias% = 0.0%。
② 线性误差占过程变差的比：linearity% = 0.0%。

4）赵工查阅 MSA 的指示性文件发现，Q 公司内部对关键工序的偏倚/线性的判定准则为：
① bias% ≤ 10%，接受；10% < bias% ≤ 30%，条件接受；bias% > 30%，不接受。
② linearity% ≤ 5%，接受；5% < linearity% ≤ 10%，条件接受；linearity% > 10%，不接受。

基于此，测量室的 C 测量工序的偏倚/线性分析结果为可接受。

（4）稳定性的分析

对于破坏性测量系统的稳定性，建议采用测量稳定性而非统计稳定性分析法，关于测量稳定性分析方法的相关内容，请读者自行参考本书 8.6 节的相关内容，此处略。

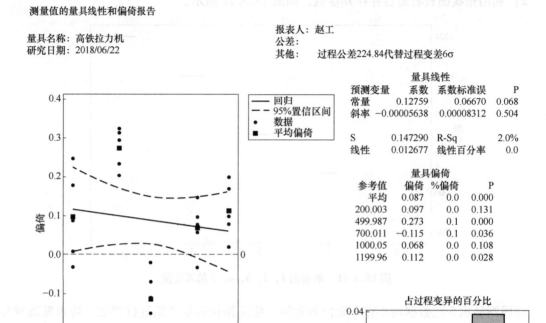

图 15.3.12　偏倚/线性分析结果

本书在 10.3 节中有许多假设检验的例子，本节的案例分析仅作为假设检验应用的一种参考，实际的 MSA 工作情况复杂，需要读者对测量过程进行充分的理解，不要盲目地借用一些替代的 MSA 方法。我们务必要让各种 MSA 方法能恰到好处地真正服务于质量管理，而不要流于仅为完成 MSA 工作的一种形式。

15.4　MSA 的输出及报告模板范例

作为质量体系策划中输出的一部分，MSA 的结果应是一份完整的分析报告，这种分析报告应包含多方面的信息以便存档和追溯之用。如果仅包含分析的结果和结论，就很难完整地表达必要的追溯信息，不能作为历史的数据而沉淀，而且也就不能满足 IATF16949 所提出的持续改进的要求。

1）MSA 工作的输出包含以下方面：

① 测量设备开发评估计划——MSA 工作人员参与的活动之一。

② MSA 计划表——MSA 策划最重要的输出之一。

③ MSA 分析报告单——主要包括 GRR 分析报告、偏倚/线性分析报告、属性一致性分析报告、稳定性分析报告、假设检验分析报告（即替代的方法）等。

④ MSA 结果清单（可选）——建议合并到 MSA 计划表中或单独列出，如此可以方便MSA 工程师、客户、体系审核员以及其他部分的相关人员一目了然地了解整体的 MSA 分析结

果和测量系统的水平。

⑤ MSA 改善计划表（如有）——凡出现异常的 MSA 结果，MSA 工程师均应查明原因；如需要改善，则须制定完整的 MSA 改善计划。

⑥ MSA 改善后分析报告单　　MSA 改善计划表相当于二次 MSA 计划表，同理，MSA 改善后也应有相应的分析报告单。

⑦ MSA 原始数据——原始数据一定是现场第一手采集的数据，而不是回到办公室后用电脑重新整理的数据；原始数据通常会以纸档的方式存储，或者是纸档扫描后存为电子档案。

以上就是 MSA 工作大体上所有的输出，当然不包括顾客提出的特殊要求而得到的输出。下面，我们单独针对 MSA 分析报告单的模版进行一些建议，以便读者可以更方便地开展 MSA 工作。

2）一份 MSA 报告大体需要包含五个部分（基于 Minitab 软件的分析报告）：

① 基本的追溯信息：如地点、工序名称、产品/零件名、产品规格、量具名称、MSA 负责人、操作员名称等。

② 整理后的分析数据：注意不是原始数据，是整理后便于 Minitab 软件分析的数据格式。

③ 以数据表达的分析结果：Minitab 的会话窗口中的数据，当然，也有一些数据结果是整合到图形结果中，如偏倚/线性的分析就是这种情况。

④ 以图形表达的分析结果：Minitab 的图形窗口中的图片。

⑤ 判断准则与结论：包括判断准则、最终结果、结论和条件接受不改善原因等。

3）MSA 分析报告模板的一般样式如图 15.4.1 所示。

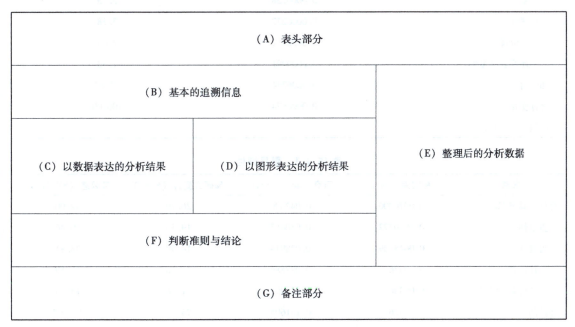

图 15.4.1　MSA 分析报告模板

参考模板，我们就以 GRR 为例来进行实例说明如何制作一份较完整的分析报告。

① 表头部分（A）：测量系统的重复性与再现性分析报告，或简写为测量系统 GRR 分析报告。

② 基本的追溯信息（B）：见表15.4.1。

表15.4.1 基本的追溯信息

测量系统	E 称重系统	工序	P 工序	位置	车间1	量具	电子秤	量具编号	XXX 001	部件	E	参数	重量
USL	+0.06	LSL	-0.04	TR	0.1	单位	g	操作员-A	Li	操作员-B	Wu	操作员-C	Sun
GRR结论	NG	审核人	（赵工上司）	审核日期	2018/6/21	分析人	赵工	分析日期	2018/6/19	分析周期	6月	有效期至	2018/12/18

当然，形式可以多样，比如操作员的人数可能不定，可以将操作员单独列出，留出足够的人数位置；有些测量系统的变差与操作员没有什么关系，也可以干脆不写出操作员名字，但要以其他再现性因子替代。

③ 以数据表达的分析结果（C）：以15.2节内容中的GRR案例数据结果为例，考虑报告的篇幅，可以裁减掉"测量值的量具R&R""包含交互作用的双因子方差分析表""误分类概率"部分，保留必要的一些信息即可，见表15.4.2、表15.4.3。

表15.4.2 方差分量

来源	方差分量	方差分量贡献率
合计量具 R&R	0.0000490	7.13
重复性	0.0000258	3.75
再现性	0.0000232	3.38
评价者	0.0000142	2.06
评价者×零件	0.0000091	1.32
部件间	0.0006384	92.87
合计变异	0.0006874	100.00

过程公差 = 0.1

表15.4.3 量具评估

来源	标准差（SD）	研究变异（6×SD）	%研究变异（%SV）	%公差（SV/Toler）
合计量具 R&R	0.0070000	0.042000	26.70	42.00
重复性	0.0050772	0.030463	19.36	30.46
再现性	0.0048189	0.028914	18.38	28.91
评价者	0.0037643	0.022586	14.36	22.59
评价者×零件	0.0030088	0.018053	11.48	18.05
部件间	0.0252674	0.151605	96.37	151.60
合计变异	0.0262191	0.157315	100.00	157.31

可区分的类别数 = 5

④ 以图形表达的分析结果（D）：仍以15.2节内容的GRR案例为例，如图15.4.2所示。
⑤ 整理后的分析数据（E）：见表15.4.4。

测量值的量具R&R(方差分析)报告

量具名称：电子秤
研究日期：2018/06/19

报表人：赵工
公差：
其他：车间1

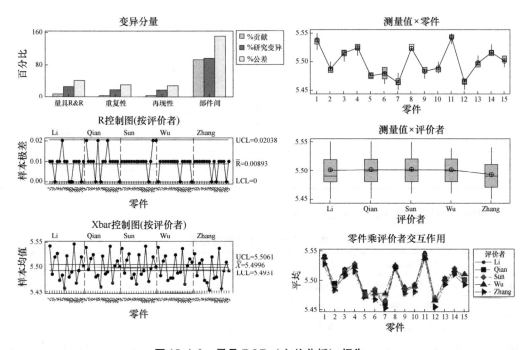

图 15.4.2　量具 R&R（方差分析）报告

表 15.4.4　分析数据

零件	评价者	测量值	顺序	零件	评价者	测量值
1			1	6		
1			2	6		
1			3	6		
1			1	6		
1			2	6		
1			3	6		
1			1	6		
1			2	6		
1			3	6		
2			1	7		
2			2	7		
2			3	7		
2			1	7		
2			2	7		
2			3	7		
…	…	…	…	…	…	…
4			3	9		

(续)

零件	评价者	测量值	顺序	零件	评价者	测量值
4			1	9		
4			2	9		
4			3	9		
5			1	10		
5			2	10		
5			3	10		
5			1	10		
5			2	10		
5			3	10		
5			1	10		
5			2	10		
5			3	10		

⑥ 判断准则与结论（F）：见表 15.4.5。

表 15.4.5　判断准则与结论

			最终结果				
GRR%	GRR% ≤ 10%	接受		GRR% =	26.70%		
	10% < GRR% ≤ 30%	条件接受					
	GRR% > 30%	不接受					
P/T%	P/T% ≤ 10%	接受	最终结果	P/T% =	42.00%	GRR 结论	不接受
	10% < P/T% ≤ 30%	条件接受					
	P/T% > 30%	不接受					
NDC	NDC ≥ 10	接受		NDC =	5		
	5 ≤ NDC < 10	条件接受					
	NDC < 5	不接受					

⑦ 备注部分（G）：可以备注一些条件接受不改善的原因，或者备注一些关于不合格的原因初步判定结果等。

4）还有一个细节需要注意，所有存档的报告需要有报告编号，这一点在程序文件中就应予以规定，包括规定报告的编号规则、报告的存档年限（如 3 年、5 年、10 年等）、报告的存档部分等。报告的存档形式多种多样，常见的形式有以下三种：

① 纸质报告——由于环保的关系，目前盛行无纸化作业，纸质报告的存档方式逐渐不被采用，但有些时候需要打印一部分纸质报告以方便 MSA 的合作部门、顾客以及审核员等查看。

② 电子档——主要是 Excel、Word、PDF 等形式，尤其以 Excel 为主流存档形式；Word 方便制作商业文件用；PDF 形式方便文档的传输、保密和交流用。

③ 无纸化系统——目前，相当多的制造业均在推行无纸化系统，这和 IT 行业密不可分，如果一家制造业要推行无纸化 MSA 作业系统，那么，MSA 工程师与 IT 工程师的早期沟通工作是必不可少的。由前者提出需求，后者负责实现。

第 16 章 测量系统分析结果解读

如果仅仅借用 Minitab 软件将 MSA 的分析结果导出是不够的,我们还要对导出的结果进行充分的解读,了解这些导出的结果各项指标和参数分别代表的意义,从而为了解测量系统提供指导,更为后续的改善工作指明方向。

本章内容专门针对常规 MSA 方法所分析的结果进行解读,包括交叉的 GRR、偏倚/线性以及属性的一致分析结果的解读。由于稳定性的分析结果解读相对来说比较简单,本章内容就不予提及。

16.1 GRR 分析结果解读

从前面的一些例子中,我们不难发现,借用 Minitab 软件导出的 GRR 分析结果整体包含两大部分:一部分是会话窗口的数据结果;另一部分是图形结果。下面,我们就以这两大部分来分别对 GRR 的数据结果和图形结果进行解读。

以 15.2 节的 GRR 分析结果为例,数据结果主体部分包括以下内容。

(1) 量具 R&R 研究-方差分析法

表 16.1.1 是包含交互作用的双因子方差分析表。

表 16.1.1 双因子方差分析表

来源	自由度	SS	MS	F	P
零件	14	0.179632	0.0128309	206.989	0.000
评价者	4	0.003649	0.0009122	14.715	0.000
零件*评价者	56	0.003471	0.0000620	2.405	0.000
重复性	225	0.005800	0.0000258		
合计	299	0.192552			

用于删除交互作用项的 $\alpha = 0.05$

关于这张双因子方差分析表,本书在 8.2 节中已有详细的说明和计算公式,详情可参考该章节的相关内容。为了方便读者,我们简单地列出表 16.1.1 中的各项指标的名称和基本含义:

1) 来源:是指影响因子,这里为双因子的零件与评价者,当然也包括两者之间的高阶交互影响。

2）自由度（DF）：每个来源的自由度，即统计学上的自由度。当以样本的统计量来估计总体的参数时，样本中独立或能自由变化数据的个数，称为该统计量的自由度。

3）SS：平方和，也称效应平方和或离差平方和。它表示组间平方和（因子）以及组内平方和（误差）。组间差异由样本均值与总体均值偏离而导致；组内差异由随机效应而导致。

4）MS：均方，也称均方误差，是 SS 与 DF 的商。均方误差是指参数估计值与参数真值之差平方的期望值。MS 可以用来评价数据的变化程度，MS 的值越小，说明预测模型描述实验数据具有更好的精确度。

5）F：即 F 比，它是 F 检验的检验统计量，是因子 MS 与误差 MS 的商，即组间变异除以自由度，组内变异除以自由度，然后二者再相比而得到。如果 F 值很大（$F_{零件}=206.989$）说明组间处理的不同带来的差异远远大于组内个体差异所带来的差异（即抽样的样品分布宽度更宽）。

6）P：即 F 检验的 P 值，假设检验水平 $\alpha=0.05$，当 $P>0.05$ 时，说明各因子的变异是不显著的。表 16.1.1 中三个 P 值均为 0，说明各因子有着显著的变异影响。

（2）量具 R&R 方差分量

量具 R&R 方差分量见表 16.1.2。

表 16.1.2 方差分量

来源	方差分量	方差分量贡献率
合计量具 R&R	0.0000490	7.13
重复性	0.0000258	3.75
再现性	0.0000232	3.38
评价者	0.0000142	2.06
评价者×零件	0.0000091	1.32
部件间	0.0006384	92.87
合计变异	0.0006874	100.00
过程公差 = 0.1		

这张表相对来说比较单一，其包含的内容为三个方面：

1）计算测量系统各分量的方差，这些分量的关系如图 16.1.1 所示。

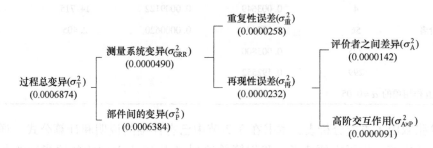

图 16.1.1 测量系统变异各分量关系图

各方差分量之间的关系式为：
$$\sigma_T^2 = \sigma_P^2 + \sigma_{GRR}^2 = \sigma_P^2 + \sigma_{重}^2 + \sigma_{再}^2 = \sigma_P^2 + \sigma_{重}^2 + \sigma_A^2 + \sigma_{A\times P}^2$$

2) 计算测量系统各分量方差所占的比例，单位均为%，如重复性误差占总变异百分比为：(0.0000258÷0.0006874)×100% =3.75%。其他分量的计算依此类推。

3) 过程公差：这是由 Minitab 软件人为输入规格上下限时的自动计算结果，此处上限输入的是 +0.06，下限输入的是 -0.04，故软件自动计算结果为 TR=0.06-(-0.04)=0.1。

（3）量具评估

量具评估见表 16.1.3。

表 16.1.3　量具评估

来源	标准差（SD）	研究变异（6×SD）	%研究变异（%SV）	%公差（SV/Toler）
合计量具 R&R	0.0070000	0.042000	26.70	42.00
重复性	0.0050772	0.030463	19.36	30.46
再现性	0.0048189	0.028914	18.38	28.91
评价者	0.0037643	0.022586	14.36	22.59
评价者×零件	0.0030088	0.018053	11.48	18.05
部件间	0.0252674	0.151605	96.37	151.60
合计变异	0.0262191	0.157315	100.00	157.31

可区分的类别数 =5

这一部分也是 GRR 结果中最核心的内容，GRR 最终的结果即出自此处。这部分包含五个方面的内容：

1) 标准差（SD）：整个这一列就是由"方差分量"取平方根得到的。

2) 研究变异（6×SD）：即过程变异标准差的 6 倍。算法就是左边"标准差（SD）"一列的数据乘以 6 而得到。

3) %研究变异（%SV）：即 GRR%（测量系统的变异占过程变差的百分比），算法就是各分量研究变异（6×SD）除以合计变异（6×SD）。例如"再现性"的计算过程为：(0.028914÷0.157315)×100% =18.38%。其他分量的计算依此类推。

4) %公差（SV/Toler）：即 P/T%（测量系统的变异占公差范围的百分比），算法就是各分量研究变异（6×SD）除以公差范围（TR）。例如"合计量具 R&R"的计算过程为：(0.042000÷TR)×100% =(0.042000÷0.1)×100% =42.00%。其他分量的计算依此类推。

5) 可区分的类别数：即 NDC，也就是测量系统的有效解析度。NDC 的算法就是部件间变异分量除以测量系统的变异分量，然后乘以 $\sqrt{2}$：

NDC = $\sqrt{2}$×(0.151605÷0.042000) =5.104，下取整得：NDC=5。

（4）六合图

仍以 15.2 节的 GRR 案例为例，GRR 分析的图形结果为六合图（图 16.1.2），包含六张独立的图形，它们分别是：变异分量百分比图（左一）；极差（R）控制图（左二）；均值（$\bar{X}$）控制图（左三）；测量值的箱线图（右一）——Minitab15 是单值图；评价者的测量值箱线图（右二）——若忽略再现性因素时则无此图，Minitab15 是单值图；评价者×零件交互作用图（右三）——嵌套 GRR 无此图。

下面，我们就每一张独立的图形进行解读。

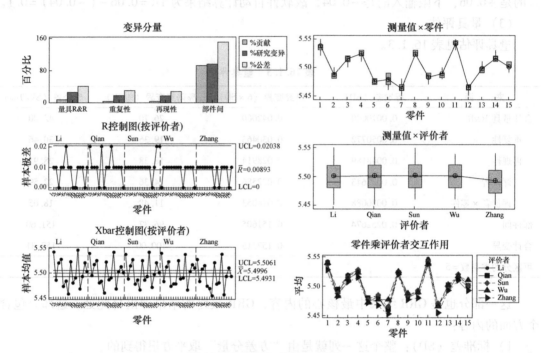

图 16.1.2 GRR 分析六合图

1）变异分量百分比图（图 16.1.3）。这张图很容易理解，它其实就是数据结果第二部分的"方差分量贡献率"和数据结果第三部分的"%研究变异（%SV）"和"%公差（SV/Toler）"以柱状图的形式直观地展现三者的大小，这样就方便分析者能以最快速的方式查看异常。

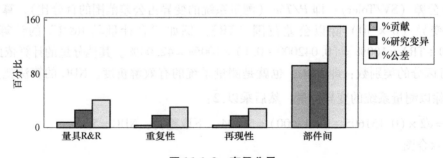

图 16.1.3 变异分量

此图中，最佳结果是"部件间"的柱状图越高越好，相比之下，"重复性"和"再现性"的柱状图越低越好。如果重复性"和"再现性"的柱状图很低，那么，"量具 R&R"的柱状图必然也会很低。

如果"部件间"的柱状图很高，这就代表着组间因子（部件间差异）的差异被处理得很大，意味着样品的取样分布宽度较大。结合右一"测量值的箱线图"的纵坐标跨度及纵向分布状态，就可以很快速地大体确认样品的分布宽度和分布状态，从而可以确认抽样的合理性。

而"部件间"的柱状图很高就必然会导致"量具 R&R"的柱状图很低，这就意味着组内误差（测量系统变异）很小，这也是我们期望看到的结果。

2）极差（R）控制图（图 16.1.4）。此图是每名评价者对每个零件重复测量的极差值分布图，图中所有点均落在控制限（LCL ~ UCL）内，这表明每个零件的极差并无异常，或者说 5 名评价者的重复性误差差别不明显。

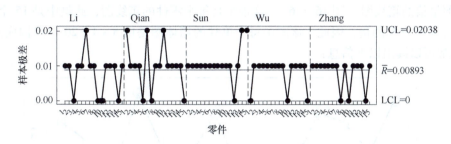

图 16.1.4　R 控制图（按评价者）

另外，光看所有的点落在控制限内还是不够的，还要看到 UCL 的值为多大（LCL≡0）。此例中 UCL = 0.02038，相对于过程总变异 0.157315 还是小了一个数量级，因此，重复性误差应不会太大，但仅仅是一个数量级，重复性误差依旧是不可忽视的存在，如果再小一个数量级就很理想了。

3）均值（$\bar{X}$）控制图（图 16.1.5）。这张图是每名评价者所测的每个零件的均值分布图，与稳定性分析的均值极差图相比，这张图算不得严格意义上的均值控制图，因为它代表的意义是有所不用的。

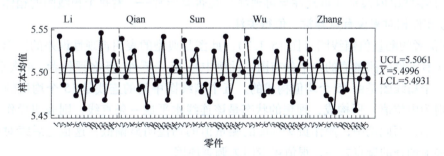

图 16.1.5　均值（$\bar{X}$）控制图（按评价者）

纵坐标的跨度依旧代表着样品的分布宽度，所有的 GRR 分析均是以样品来估计总体的，样品的分布宽度在抽样时就应能覆盖整个过程变差（6×SD）或公差范围（备选项）。此例中的样品分布宽度大约为 0.1，在未知过程变差的情况下，一般以公差范围 TR 来估计 6×SD，因此，图中的样品分布宽度相对合理。

这张图的控制限宽度（UCL-LCL）则代表过程控制的噪声或干扰（Noise）。由于有取样的合理性为前提，那么，这种干扰无疑是测量系统的波动造成的，从某种意义上说，均值图的控制限宽度代表测量系统的变异大小，越宽就表示变异越大。

不难理解，这张图完全可以表达出测量系统变异大小与样品分布宽度相对比例，这就是测量系统的有效解析度的基本定义。

那么，这张图的解读就是，起码要有一半以上的点落在控制限之外才能认为测量系统变异的影响相对较小；反之，绝大多数点均落在控制限内的话，则表明过程把大多数的变异归结为测量系统而非零件间本身的差异。其原因只有两个：

① 样品分布太窄——这一点有抽样原则作为保障，我们只需要确认是否符合抽样原则即可。

② 测量系统变异太大，即无法有效地将部件间的差异区分开来。

4）测量值的箱线图（图16.1.6）。这张图是每个零件的箱线图，此例中是15个零件、5名评价者、4次重复测量，因此，该图中每个单独的箱体图是由 5×4=20 个点构成的。从这张图中通常可以读出以下信息：

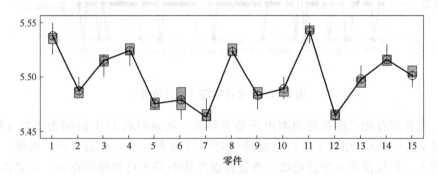

图 16.1.6　测量值 × 零件

① 样品的分布宽度是否合理——此例中样品分布比较合理，既无堆积现象，跨度也比较合理。

② 每个零件组内误差（重复性与再现性）是否有异常——看每个箱线图的箱体长度，此例中，6号零件相对来说有点异常，值得关注。

5）评价者的测量值箱线图（图16.1.7）。此图是典型的表明再现性误差的图形，是每名评价者对所有零件的测量值的一个分布图。此例中是15个零件、5名评价者、4次重复测量，因此，每一个箱线图是由15个均值构成的。五个箱线图中间的连线是15个均值的均值（有异常值时则为中位值）所构成，理想的状态是该连线水平成一条直线，则表明操作员的再现性误差非常小；而此例中，操作员 Zhang 的测量值的均值明显偏低，这也是后续对该测量系统进行改善前调查的疑点之一，很值得专门去调查原因。

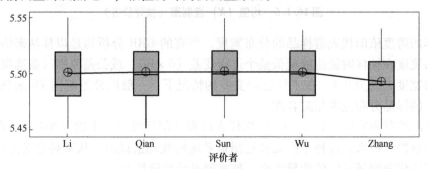

图 16.1.7　测量值 × 评价者

6）评价者×零件交互作用图（图16.1.8）。这张图是高阶交互作用图。本例中是操作员与零件的交互作用，有5名操作员，初看起来交互作用还是很明显的。解读此图的要点如下：

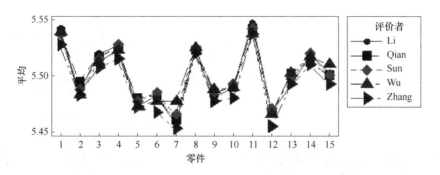

图 16.1.8　评价者×零件交互作用

① 如果5条线彼此之间重叠，那么，这是最理想的状态，表明5名操作员与零件之间无显著的交互作用。

② 如果5条线彼此之间平行，那么，这种状态也是比较好的，说明虽然存在一定的再现性误差，但彼此之间没有显著的交互作用。

③ 如果5条线在部分零件上有上下的交错现象，那么，这种状态就说明已经出现了交互作用的异常情况了。当然这是局部的，分析者可以有针对性地调查原因，并制定相应的改善方案和计划。

④ 如果5条线几乎在所有零件上都存在一定的上下交错现象，那么，这种情况是最为糟糕的情况。本例就比较符合这种现象，几乎所有的点都有这种交错现象，虽然程度不是很大，但也是比较明显的了。从数据结果中的方差分量贡献率"评价者×零件"贡献率为1.32%就能看出，这种交互作用已经不小了。

嵌套GRR的结果解读与上述解读大同小异，只是不用考虑交互作用的影响，其他均与上述相同，此处就不赘述了。

16.2　偏倚和线性分析的结果解读

基于Minitab的应用，我们仍以15.2节中的偏倚和线性分析结果为例，针对偏倚和线性的分析结果进行相应的解读。

Minitab软件导出的偏倚和线性分析结果是数据结果与图形结果的整合，其形式也是一张图，如图16.2.1所示。

除基础信息外，偏倚和线性的分析结果图形中包含了四个方面的主要内容：一元线性回归拟合图（左）——临界值法；线性分析结果（右上）——含 P 值法；偏倚分析结果（右中）——含 P 值法；线性和偏倚占过程变差的百分比柱状图（右下）。

下面，我们就每一部分的结果进行单独的解读。

1）一元线性回归拟合图（图16.2.2）。这张图是一张典型的一元线性回归拟合图，中间

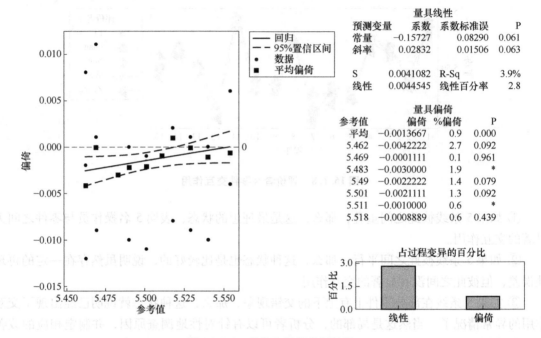

图 16.2.1　偏倚和线性分析结果

那条倾斜的实直线就是最终拟合出来的一元一次函数的曲线，以这条一元一次函数曲线为中心参考线镜像分布的两条虚曲线则是拟合过程中预设的 95% 的置信区间（在 Minitab 中，置信区间 95% 是默认的，未提供可以更改的渠道）。中间那条水平的直虚线为 bias = 0 的线。横坐标是参考值，纵坐标是偏倚。

本例的抽样是 10 个零件、每个零件被每人重复测量 9 次，因此，图中所有小圆点就代表单次测量结果。因为许多结果相同，所以有重叠。图中的 10 个方块点则为 10 个零件的均值点。

这张图的要点主要是 bias = 0 的线是否被 95% 的置信区间所包含。如果包含，则表示测量系统无显著的线性误差；反之，则有显著的线性误差。这也是典型的临界值法确定线性误差问题，具体的计算过程和公式，我们已在本书的 8.4 节进行了阐述和说明。

本例所显示的结果则为 bias = 0 的线不被 95% 的置信区间所包含，故测量系统存在显著的线性误差。

2) 线性分析结果。在图 16.2.1 中包含的线性分析结果部分的截图如图 16.2.3 所示。
这一部分包含了线性分析结果的以下信息：
① 线性拟合方程 $y = ax + b$ 中的常量（b）和斜率（a），并且附有常量和斜率估计的标准差以及两者存在与否的显著性检验 P 值。本例中 $b = -0.15727$，标准偏差 $= 0.08290$；$a = 0.02832$，标准偏差 $= 0.01506$。$P(b) = 0.061 > 0.05$，$P(a) = 0.063 > 0.05$，表示常量和斜率均显著存在，因此，线性方程：$y = 0.02832x - 0.1527$。

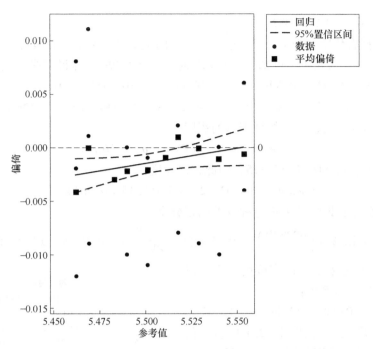

图 16.2.2　一元线性回归拟合图

② S：标准差（σ）的评估值，即关于回归线标准差的评估，表示线性回归是否稳健。

$$S = \sqrt{\dfrac{\sum_{i=1}^{n}\sum_{j}^{m_i}(y_{ij}-\hat{y}_i)^2}{\sum_{i=1}^{n}m_i - 2}}$$

式中，n 为零件数，本例中 $n=10$；m_i 为第 i 个零件重复测量次数，本例中 $m_i \equiv 9$；y_{ij} 为第 i 个零件第 j 次测量的偏倚值，本例中 y_{ij} 共有 $10 \times 9 = 90$ 个偏倚值；$\hat{y}_i = b + ax_i$，其中 x_i 为第 i 个零件的参考值，本例中 $\hat{y}_i = -0.1527 + 0.02832x_i$，$x_i$ 共有 10 个参考值（表 16.2.1）。

量具线性

预测变量	系数	系数标准误	P
常量	−0.15727	0.08290	0.061
斜率	0.02832	0.01506	0.063

S	0.0041082	R-Sq	3.9%
线性	0.0044545	线性百分率	2.8

图 16.2.3　线性分析结果

表 16.2.1　零件的参考值和偏倚

零件	1	2	3	4	5	6	7	8	9	10
参考值 x_i	5.462	5.469	5.483	5.490	5.501	5.511	5.518	5.529	5.540	5.554
偏倚 y_{ij}	−0.012	0.001	−0.003	0.000	−0.001	−0.001	0.002	0.001	0.000	−0.004
	−0.002	0.011	−0.003	0.010	−0.001	−0.001	0.002	0.001	0.000	0.006
	−0.002	0.001	−0.003	0.000	−0.001	−0.001	0.002	0.001	0.000	−0.004
	−0.012	0.001	−0.003	0.000	−0.001	−0.001	−0.008	0.001	0.000	−0.004
	−0.002	0.001	−0.003	0.000	−0.011	−0.001	0.002	0.001	−0.010	−0.004
	−0.002	−0.009	−0.003	−0.010	−0.001	−0.001	0.002	0.001	0.000	0.006
	0.008	0.001	−0.003	0.000	−0.001	−0.001	0.002	0.001	0.000	−0.004
	−0.002	0.001	−0.003	0.000	−0.001	−0.001	0.002	−0.009	0.000	−0.004
	−0.012	−0.009	−0.003	0.000	−0.001	−0.001	0.002	0.001	0.000	0.006

经计算可得：$S = 0.0041082$。

③ R-Sq：拟合优度，即 R^2，Sq 为"平方"的英文"square"的缩写，表示线性回归模型的优劣程度，参照表 8.4.7 可知，当 $n = 10$ 时，$R^2 \geq 0.399$ 才能说明线性拟合优度足够，但本例中 $R^2 = 3.9\% = 0.039 < 0.399$，因此，线性模型 $y = 0.02832x - 0.1527$ 可能不是这些数据的最佳匹配模型。关于 R^2 的具体用法，需要参考 8.4 节的相关内容，此处略。

④ 线性：即线性度，表示线性误差的程度。

$$\text{linearity} = |a| \times \text{PV} = |a| \times (6\sigma_T)$$

本例过程变差 $6 \times \text{SD} = 0.157315$，因此，线性度：

$$\text{linearity} = |0.02832| \times 0.157315 = 0.004455$$

⑤ 线性百分率：即线性度占过程变差的百分率。

$$\text{linearity}\% = \left(\frac{\text{linearity}}{\text{PV}}\right) \times 100\% = \left(\frac{|a| \times \text{PV}}{\text{PV}}\right) \times 100\% = |a| \times 100\%$$

因此，线性百分率是可以直接用斜率乘以 100% 计算而得到，本例中：

$\text{linearity}\% = |0.02832| \times 100\% = 2.832\%$

3）偏倚分析结果。在图 16.2.1 中包含的偏倚分析结果部分的截图如图 16.2.4 所示。

我们知道，Minitab 软件对于超过 7 行的单点偏倚数据是显示不全的，但软件会在会话框中进行显示（为了方便解读，现加上零件编号），见表 16.2.2。

	量具偏倚		
参考值	偏倚	%偏倚	P
平均	−0.0013667	0.9	0.000
5.462	−0.0042222	2.7	0.092
5.469	−0.0001111	0.1	0.961
5.483	−0.0030000	1.9	*
5.49	−0.0022222	1.4	0.079
5.501	−0.0021111	1.3	0.092
5.511	−0.0010000	0.6	*
5.518	0.0008889	0.6	0.439

图 16.2.4　偏倚分析结果

表 16.2.2　偏倚分析结果

	参考值	偏倚	%偏倚	P
	平均	−0.0013667	0.9	0.000
1	5.462	−0.0042222	2.7	0.006
2	5.469	0.0032222	2.0	0.021
3	5.483	−0.0041111	2.6	0.007
4	5.49	−0.0011111	0.7	0.339
5	5.501	−0.0021111	1.3	0.092
6	5.511	−0.0010000	0.6	*
7	5.518	0.0008889	0.6	0.439
8	5.529	−0.0023333	1.5	0.068
9	5.54	−0.0011111	0.7	0.339
10	5.554	−0.0017778	1.1	0.145

很显然，偏倚分析的结果包含以下三个方面内容：

① 偏倚：包括单点偏倚和平均偏倚，单点偏倚的计算式为：

$$y_i = \frac{\sum_{j=1}^{m_i} y_{ij}}{m_i}$$

本例中，单点偏倚结果见表 16.2.3。

表 16.2.3 单点偏倚

y_1	y_2	y_3	y_4	y_5	y_6	y_7	y_8	y_9	y_{10}
-0.00422	-0.00011	-0.00300	-0.00222	-0.00211	-0.00100	0.00089	-0.00011	-0.00111	-0.00067

平均偏倚的计算式为：

$$\bar{y} = \frac{\sum_{i=1}^{n}\sum_{j=1}^{m_i} y_{ij}}{\sum_{i=1}^{n} m_i}$$

本例中的平均偏倚为：$\bar{y} = -0.0013667$。

② %偏倚：即偏倚（平均偏倚、单点偏倚）与过程变差（PV = 6 × SD）之比：

$$\text{bias}\% = (\text{bias}/\text{PV}) \times 100\%$$

无论是单点偏倚还是平均偏倚，均以上式进行计算。本例中，PV = 6 × SD = 0.157315，单点偏倚百分比共 10 个，见表 16.2.4。

表 16.2.4 单点偏倚百分比

$\text{bias}\%_1$	$\text{bias}\%_2$	$\text{bias}\%_3$	$\text{bias}\%_4$	$\text{bias}\%_5$	$\text{bias}\%_6$	$\text{bias}\%_7$	$\text{bias}\%_8$	$\text{bias}\%_9$	$\text{bias}\%_{10}$
2.7%	2.0%	2.6%	0.7%	1.3%	0.6%	0.6%	1.5%	0.7%	1.1%

平均偏倚为：$\overline{\text{bias}\%} = 0.9\%$。

③ P：即偏倚（平均偏倚、单点偏倚）是否显著存在的假设检验 P 值。Minitab 默认假设检验的置信水平为 0.05，当 $P > 0.05$ 表示无法拒绝原假设（原假设为 bias = 0），即表示不存在显著的偏倚；反之，当 $P \leq 0.05$ 则存在显著的偏倚。

本例中，$P \leq 0.05$ 的零件有 1 号和 3 号，说明 1 号和 3 号零件存在显著的偏倚。另外，平均偏倚的 P 值 = 0.000 < 0.05，同理，也说明测量系统在整体上存在偏倚。

6 号零件的 P 值为 "*" 的表示无效的计算。其原因是 6 号零件的 9 次重复测量的值全部相同，从而导致残余误差有 0 个自由度，因此，也就无法计算 P 值，Minitab 则以 "*" 表示 P 值缺失。知道这一点原因之后，我们只需要将 6 号零件的偏倚值与其他零件的偏倚值进行对比就不难断定其显著性。而本例中，6 号零件的偏倚值正好与 7 号零件的偏倚值相等，因此，与 7 号零件一样，6 号零件的偏倚也是不显著的。

4）线性和偏倚占过程变差的百分比柱状图（图 16.2.5）。这张图就相对比较简单了，它是线性和偏倚占过程变差百分比的柱状图，其作用依旧是直观性和可比较性。其纵坐标是百分比，从图 16.2.5 中可以看出，线性误差百分率明显大于偏倚百分率，当然，这并不能说明太多问题，具体还需要结合企业内部偏倚和线性

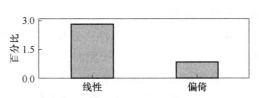

图 16.2.5 占过程变差的百分比

的判定准则。不同的行业、不同的工艺、不同的环境等，偏倚和线性的判定规则都不大一样，一般情况下，通用判定准则如下：

① 关键工序：bias% ≤10%，可接受；bias% >10%，不可接受；linearity% ≤5%，可接受；linearity% >5%，不可接受。

② 非关键工序：bias% ≤10%，可接受；10% < bias% ≤30%，条件接受，视情况改进；bias% >30%，不可接受；linearity% ≤5%，可接受；5% < linearity% ≤10%，条件接受，视情况改进；linearity% >10%，不可接受。

当然，还是那句话，实际状况与要求千变万化，读者在实际应用时，务必平衡好质量与成本的关系。而做好这一点，通常情况下与大量的历史数据支撑是分不开的，结合历史数据与企业的真实需求，确定好偏倚和线性的判定准则才是最符合实际的应用方式。

5）对于偏倚和线性分析结果的解读，必须把握一个整体的逻辑，这个逻辑分为三层递进阶段：

① 第一阶段：是否存在显著的线性误差和偏倚？结合"一元线性回归拟合图"的 bias = 0 的线是否落在 95% 的置信区间以及线性和偏倚分析中 P 值，即可解决这一阶段的问题。

② 第二阶段：如果显著存在，那么，线性误差和偏倚对过程控制是否有影响？影响程度是多大？

这个问题即线性和偏倚占过程变差的百分比。特别提示，如果需要验证这种影响是否会影响产品的合格性判定，那么，$6 \times SD$ 就要换成公差范围（TR），但一般在无明确要求这样做的情况下，不推荐用 TR 代替 $6 \times SD$。

③ 第三阶段：如果影响程度很大，鉴于某种原因（如维修困难、更换测量系统的成本等）又无法修复这种线性误差和偏倚，那么，可否对测量系统进行修正使用？

如果出现常量偏倚（即线性误差几乎为零，$y = b$），一般就直接用代数法进行修正，将测量值减去截距（b）即可。

如果出现非常量偏倚（即存在显著的线性误差，$y = ax + b$），那么，可以考虑利用线性方程 $y = ax + b$ 来进行线性修正。但前提是，线性模型 $y = ax + b$ 是最佳匹配模型才能这样做，如何判断 $y = ax + b$ 是否为最佳模型呢？前文已提到，就是看"R-Sq"的值。

综上所述，Minitab 软件所导出的偏倚和线性分析结果包含很多信息，并且它们之间存在严密的逻辑关系，值得我们好好去解读。

16.3 属性的一致性分析结果解读

本节基于 Minitab 的应用，仍以 15.2 节中的属性一致性分析结果为例，针对属性一致性的分析结果进行解读。

Minitab 软件导出的属性一致性分析结果和 GRR 分析结果一样，包含数据结果与图形结果两个部分，对于属性一致性而言，数据结果的重要性远远大于图形结果的重要性，大量的结果信息均包含于数据结果中。

接下来，我们就要对属性一致性的分析结果进行解读。

（1）属性一致性分析数据结果

属性一致性分析数据结果的主体部分包括以下几个方面的内容：

1）检验员自身评估一致性（表 16.3.1）。这一部分结果就是每一名检验员自身重复评估的一致性比率，拿检验员 Fu 来说，当样本容量为 $n = 30$ 时，检验员 Fu 自身的重复评估达到一致的样品数为 25，因此一致性比率就等于 25÷30＝83.33%。软件还给出了 83.33% 这个结果的 95% 置信区间，这样就能更好地表达 83.33% 这个结果的可信度，也就是在使用 83.33% 这个结果时，应知它不是绝对的 100% 的最终结果，也是有评估置信度的。

表 16.3.1　检验员自身评估一致性

检验员	#检验数	#相符数	百分比	95% 置信区间
Fu	30	25	83.33	(65.28, 94.36)
Xiao	30	28	93.33	(77.93, 99.18)
Yang	30	29	96.67	(82.78, 99.92)
Zhu	30	27	90.00	(73.47, 97.89)

注：相符数表示，检验员在多个试验之间，其自身标准一致。

如果要与计量型测量系统分析作对照的话，这部分结果类似于 GRR 中的重复性。

本例中，检验员 Fu 的自身一致性相对于其他三名检验员的自身一致性较差，这一点需要引起我们的注意。

2）每个检验员与标准评估一致性（表 16.3.2）。参考检验员自身一致性评估结果，这一部分结果的解读是相同的。对照偏计量型测量系统分析的话，这一部分结果类似于单点偏倚的分析结果，偏倚的本质实际上就是评估的准确性问题。由于属性值只关注单界限点的判定，也就不存在测量范围的问题，当然也就不存在"线性"的问题了。

表 16.3.2　每个检验员与标准评估一致性

检验员	#检验数	#相符数	百分比	95% 置信区间
Fu	30	23	76.67	(57.72, 90.07)
Xiao	30	28	93.33	(77.93, 99.18)
Yang	30	28	93.33	(77.93, 99.18)
Zhu	30	25	83.33	(65.28, 94.36)

注：相符数表示，检验员在多次试验中的评估与已知标准一致。

同理，我们依旧可以注意到检验员 Fu 的评估准确性不如其他三位，而检验员 Zhu 的评估准确性也略显不足，也是值得我们去关注的。

3）检验员之间评估一致性（表 16.3.3）。这一部分结果表示检验员们相互之间评估的一致性百分率，结果显示，样本容量 $n=30$ 的情况下，四名检验员彼此之间意见一致的零件数为 21 个，其他 9 个零件存在不同的意见以及争议。因此，21÷30＝70.00% 代表着彼此之间意见一致的比率为 70.00%。

表 16.3.3　检验员之间评估一致性

#检验数	#相符数	百分比	95% 置信区间
30	21	70.00	(50.60, 85.27)

注：相符数表示，所有检验员的评估一致。

对照计量型测量系统分析，这一部分结果就相当于 GRR 的再现性，再现性因子就是检验员（人）。

4）评估不一致（表 16.3.4）。从这一部分结果中，我们可以解读出错误率与误报警率。

错误率就是将坏品判为好品，俗称"漏杀"，对于本例，我们事先定义的是"1"代表判断结果为"好品"，"0"代表判断结果为"坏品"，因此，软件在此处用的是"1/0"表示三次重复评估皆将坏品（0）误判为好品（1），即多次重复评估的错误率。

误报警率则是将好品判为坏品，俗称"过杀"，对于本例，软件用的是"0/1"来代表多次重复评估的误报警率。

无论是"1/0"还是"0/1"均代表着评价者强烈的观点，因此，也是最值得我们关注的地方。

表16.3.4 评估不一致情况

检验员	#1/0	百分比	#0/1	百分比	#混合	百分比
Fu	1	8.33	1	5.56	5	16.67
Xiao	0	0.00	0	0.00	2	6.67
Yang	1	8.33	0	0.00	1	3.33
Zhu	2	16.67	0	0.00	3	10.00

注：1. 1/0：多个试验中误将标准=0者一致评估为=1的次数。
2. 0/1：多个试验中误将标准=1者一致评估为=0的次数。
3. 混合：多个试验中所有的评估与标准不相同者。

但问题来了，比如说本例中3次重复评估中有2次评估为好品，实际标准是坏品，这种情况也属于"漏杀"，因此，软件在后面一列中以"混合"来代表所有的"漏杀"和"过杀"的情况。下面，我们以检验员Fu为例，单独来讨论"混合"为什么等于5。单独列出本例中关于检验员Fu的数据，见表16.3.5。

表16.3.5 单独列出Fu的数据

零件	Fu			基准
	F-1	F-2	F-3	
1	0	0	0	0
2	1	1	1	1
3	1	1	1	0
4	1	1	1	1
5	1	1	1	1
6	1	1	1	1
7	0	0	0	0
8	1	1	0	1
9	0	0	0	0
10	0	0	0	0
11	0	0	0	1
12	0	0	0	0
13	1	1	1	1
14	1	1	1	1

(续)

零件	Fu			基准
	F-1	F-2	F-3	
15	0	0	0	0
16	1	1	1	1
17	1	1	1	1
18	0	0	0	0
19	1	1	1	1
20	1	1	1	1
21	1	1	1	1
22	0	0	1	0
23	1	1	1	1
24	1	1	0	0
25	1	1	1	1
26	0	0	0	0
27	1	1	0	1
28	0	0	0	0
29	1	1	1	1
30	0	0	1	1

我们对检验员 Fu 的数据进行标记，将任意一次与标准不一致的评估数据标记为灰色背景，标记完之后，我们会发现，符合"1/0"的只有 3 号样品，符合"0/1"的只有 11 号样品，有两次与标准不符的有 24 号和 30 号，只有一次与标准不符的有 8 号、22 号和 27 号。由此可知，总的不符次数为：3+3+2+2+1+1+1=13 次；总的评估次数为：30×3=90 次。符合的百分率为：13÷90=14.4%；折算成混合不符样品数：30×14.4%=4.3 个。4.3 个不符样品不能按简单的四舍五入法修约到 4，而应该上取整到 5，以此规避评估和修约风险，提供评估的可信度。与之对应的是最终的混合不符百分比还要用整数的样品数 5÷30=16.67%。

从上文来看，Minitab 并未给出测量系统整体的错误率和误报警率，我们不能用任何一个检验员单独的错误率和误报警率结果来作为测量系统的错误率和误报警率结果。这一部分结果的内容更适用于对测量系统异常后的原因分析和改进参考。在实际的应用中，我们真正要关注的通常是测量系统的整体能力，即以下两部分内容：一是所有检验员与标准评估的一致性；另一个是所有检验员与标准的一致性程度（Kappa）。

因此，很多应用者误以为属性一致性的分析结果要求把错误率和误报警率都写入分析报告中，其实没有这个必要，也不建议把更细的、过程的分析写入最终的结果中。包括前述的检验员自身的评估一致性、检验员之间的评估一致性以及每个检验员与标准之间评估一致性，不建议将这些过程结果当作最终结果写入分析报告中。

5）所有检验员与标准评估一致性（表 16.3.6）。这一部分内容所显示的是所有检验员与标准评估的一致性，相当于测量系统整体上的准确能力，类似于计量型的平均偏倚。它就是我们在 8.5 节内容提到的属性测量系统整体的有效性比率（Eff%），其计算公式如下：

$$\text{Eff\%} = \left(\frac{\text{系统做出正确决定的次数}}{\text{总决定的次数}}\right) \times 100\%$$

表 16.3.6　所有检验员与标准评估一致性

#检验数	#相符数	百分比	95% 置信区间
30	21	70.00	(50.60, 85.27)

注：相符数表示所有检验员的评估与已知的标准一致。

本例中，总决定的次数为 30 次，系统做出正确决定的次数为 21 次，在表 16.3.7 所列数据中，灰色背景标记的皆为异常评估数据，所涉及的零件一共有 9 个，分别为 3、7、8、11、22、24、26、27 和 30 号零件，因此，Eff% = (21÷30)×100% = 70.00%。

表 16.3.7　总数据中的异常评估数据

零件	Zhu			Yang			Fu			Xiao			基准
	Z-1	Z-2	Z-3	Y-1	Y-2	Y-3	F-1	F-2	F-3	X-1	X-2	X-3	
1	0	0	0	0	0	0	0	0	0	0	0	0	0
2	1	1	1	1	1	1	1	1	1	1	1	1	1
3	1	1	1	1	1	1	1	1	1	0	0	0	0
4	1	1	1	1	1	1	1	1	1	1	1	1	1
5	1	1	1	1	1	1	1	1	1	1	1	1	1
6	1	1	1	1	1	1	1	1	1	1	1	1	1
7	1	0	0	0	0	1	0	0	0	0	0	0	0
8	1	1	0	1	1	1	1	1	0	1	1	0	1
9	0	0	0	0	0	0	0	0	0	0	0	0	0
10	0	0	0	0	0	0	0	0	0	0	0	0	0
11	1	1	1	1	1	1	0	0	0	1	1	1	1
12	0	0	0	0	0	0	0	0	0	0	0	0	0
13	1	1	1	1	1	1	1	1	1	1	1	1	1
14	1	1	1	1	1	1	1	1	1	1	1	1	1
15	0	0	0	0	0	0	0	0	0	0	0	0	0
16	1	1	1	1	1	1	1	1	1	1	1	1	1
17	1	1	1	1	1	1	1	1	1	1	1	1	1
18	0	0	0	0	0	0	0	0	0	0	0	0	0
19	1	1	1	1	1	1	1	1	1	1	1	1	1
20	1	1	1	1	1	1	1	1	1	1	1	1	1
21	1	1	1	1	1	1	1	1	1	1	1	1	1
22	0	0	0	0	0	0	0	0	1	0	0	0	0
23	1	1	1	1	1	1	1	1	1	1	1	1	1
24	1	1	1	0	0	0	1	1	0	0	0	0	0

(续)

零件	Zhu			Yang			Fu			Xiao			基准
	Z-1	Z-2	Z-3	Y-1	Y-2	Y-3	F-1	F-2	F-3	X-1	X-2	X-3	
25	1	1	1	1	1	1	1	1	1	1	1	1	1
26	0	0	1	0	0	0	0	0	0	0	0	0	0
27	1	1	1	1	1	1	1	1	0	1	1	1	1
28	0	0	0	0	0	0	0	0	0	0	0	0	0
29	1	1	1	1	1	1	1	1	1	1	1	1	1
30	1	1	1	1	1	1	0	0	1	0	1	1	1

这是 Minitab 软件依照 AIAG MSA 手册推荐的计算方式而得出的结论。赵燕博士指出，这样的计算方式过于严格，她提出了"投票决策"的计算方式，即 3 次重复评估有 2 次是"1"，那么，则认为评估结果为"1"。

但实际上这两种定义方式均有利弊，AIAG MSA 手册推荐的计算方式的弊端正如赵燕博士指出的"过于严格"，然而，它的优点却是可以降低由系统的随机效应带来的评估风险。"投票决策"的计算方式优点是对于特定的试验，比较符合当前试验的实际状况，而其弊端有两个：一个是从计算形式上来说，它只适用于奇数次重复评估的试验，对于偶数次重复评估，如果"1"和"0"的数量一样多，投票就无效；另外一个弊端则是无法降低评估风险。

权衡利弊，建议仍旧采用 AIAG MSA 推荐的计算方法，这样虽然严了一点，但可以对评估结果更有信心。

另外，提一下偶数次重复评估 Minitab 软件的计算逻辑，还是拿检验员 Fu 来举例说明。现在，我们把 Fu 的所有数据进行更改，使得只有 1 号零件和 2 号零件有评估不一致的数据，把这些不一致的数据用灰色背景标记出来，见表 16.3.8。

表 16.3.8　更改后 Fu 的数据

零件	Fu				基准
	F-1	F-2	F-3	F-4	
1	0	0	1	1	0
2	0	0	1	1	1
3	0	0	0	0	0
4	1	1	1	1	1
5	1	1	1	1	1
6	1	1	1	1	1
7	0	0	0	0	0
8	1	1	1	1	1
9	0	0	0	0	0
10	0	0	0	0	0
11	1	1	1	1	1

(续)

零件	Fu				基准
	F-1	F-2	F-3	F-4	
12	0	0	0	0	0
13	1	1	1	1	1
14	1	1	1	1	1
15	0	0	0	0	0
16	1	1	1	1	1
17	1	1	1	1	1
18	0	0	0	0	0
19	1	1	1	1	1
20	1	1	1	1	1
21	1	1	1	1	1
22	0	0	0	0	0
23	1	1	1	1	1
24	0	0	0	0	0
25	1	1	1	1	1
26	0	0	0	0	0
27	1	1	1	1	1
28	0	0	0	0	0
29	1	1	1	1	1
30	1	1	1	1	1

那么，Minitab 软件导出的结果见表 16.3.9。

表 16.3.9 导出结果

检验员自身评估一致性				
检验员	#检验数	#相符数	百分比	95% 置信区间
Fu	30	28	93.33	(77.93, 99.18)
每个检验员与标准评估一致性				
检验员	#检验数	#相符数	百分比	95% 置信区间
Fu	30	28	93.33	(77.93, 99.18)
评估不一致					
检验员	#1/0	百分比	#0/1	百分比	#混合	百分比
Fu	0	0.00	0	0.00	2	6.67

从结果中，我们不难看出，1 号和 2 号零件"1"和"0"的数量均为 2，因此错误率"1/0"和误报警率"0/1"的结果软件也无法计算出，但在"混合"中却取 2，这样似乎严格了一点。但如果再安排一次 MSA 试验呢？是不是 1 号零件和 2 号零件的结果会更差？对于风险评估工作来说，我们一般都考虑可能会更差，而不是考虑可能会更好，这样就可以有效

地规避由评估带来的风险。

同理，检验员自身评估一致性和每个检验员与标准评估一致性均采用这种计算逻辑，因此才会出现相符数是 28 而不是 30 的结论。

6）Fleiss 的 Kappa 统计量（所有检验员与标准）。Kappa 统计量见表 16.3.10。

表 16.3.10 Kappa 统计量

响应	Kappa	Kappa 标准误	Z	P（与>0）
0	0.835791	0.0527046	15.8580	0.0000
1	0.835791	0.0527046	15.8580	0.0000

在数据结果中，其实还有"检验员自身""每个检验员与标准""检验员之间"以及"评估不一致"的 Kappa 统计量的计算结果。但在本节内容中，前面四个部分的 Kappa 结果均未列出，原因是属性一致性 Kappa 值的最终结果是"所有检验员与标准"的 Kappa 值，这个 Kappa 值才是代表测量系统整体的一致性程度。

当然，前面四个 Kappa 值也是有意义的，它们的意义就在于可以让分析者清楚每一个因子之间的一致性程度。虽然过于细致，但有利于当属性测量系统产生异常时做异常分析用，通过这样细致的结果，可以在数据分析上快速定位异常原因的范围。

无论是前四个部分的 Kappa 还是最终的系统整体 Kappa，Minitab 软件关于 Kappa 的计算同样是参考 AIAG MSA 手册推荐的二维频数交叉表的方法计算而得出的。计算过程这里就不展开了，具体可参考本书 8.5 节相关内容。

Fleiss Kappa 和 Cohen Kappa 的区别主要是：Cohen Kappa 适用于两者之间的一致性程度的评估；而 Fleiss Kappa 则适用于两者以上间的一致性程度的评估。本例为 4 名操作员，因此，无法计算 Cohen Kappa，取而代之的是 Fleiss Kappa，本例 Kappa = 0.835791。

软件还给出了 Kappa 值的标准差和 Z 检验统计量，Z 检验一般用于大样本（即样本容量大于 30）平均值差异性检验的方法。它是用标准正态分布的理论来推断差异发生的概率，从而比较两个平均数的差异是否显著。当已知标准差时，Z 检验用来验证一组数的均值是否与某一期望值相等时。本例中的 Z 检验是用来检验所有检验员的平均结果与基准是否相等，其原假设即为"相等"，最后还给出了相应的检验 P 值。在默认置信水平为 0.05 的情况下，$P = 0.0000$ 意味着拒绝原假设，表明所有检验员的平均结果与基准显著地不相等，具有一定程度的不一致性。

（2）属性一致性分析图形结果

解读完数据结果后，我们再来看看图形结果，如图 16.3.1 所示。

图形结果包含的信息相对比较少，它主要包含三个方面的信息：

1）检验员自身评估一致性（左图）。百分比线的长度代表 95% 置信区间宽度；中间的圆点代表一致性比率的估计值，圆点竖直方向上越低，表示自身评估一致性越差。

2）检验员与标准评估的一致性（右图）：与左图同理。

3）检验员之间评估的一致性（左右图均可）。中间的圆点在水平方向上错开越远，就表示检验员之间评估的一致性越差；而且哪个圆点最低，哪位检验员的评估结果就最差。

综上所述，Minitab 软件所导出的属性一致性分析结果包含很多信息，最终的分析报告我们只取测量系统整体的有效性比率（Eff%）和整体的一致性程度（Kappa），其他细节和过程

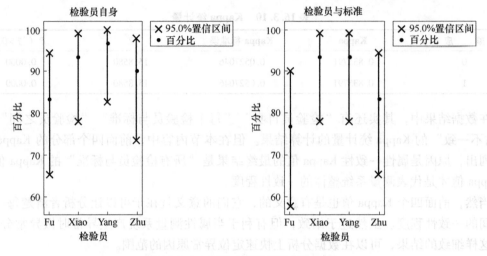

图 16.3.1 属性一致性评估图形结果

结果可供深入研究和异常原因分析时使用。

第 17 章 与测量结果相关的处理与表达

17.1 数值修约

我们要知道，不是所有的测量结果都是由测量仪器直接给出的，有些测量结果是通过函数、公式、经验式等计算后而得到的，比如材料的含水率的测定。当然也有直接用含水率测试仪直接测定，但更可靠的测定方法一般都是采用固含量测定法：利用烘箱和真空脱去材料中的游离水；然后把脱水前的总重量（M）减去剩余的固体含量（m）就得到材料的含水量（Δm）；最后将 $\Delta m \div M$ 则得到材料的含水率。在这个除法的计算过程中，极有可能产生除不尽的情况，这时，我们就应该考虑对商进行修约。

数值修约通常要确定修约间隔，最常用的修约间隔为 10^n，其中 n 为 0 或正负整数，如当 $n=0$ 时，表示将结果修约到个位数（1 间隔）；再如 $n=-3$ 时，表示将结果修约到千分位（0.001 间隔）；再比如 $n=2$ 时，表示将结果修约到百位数（100 间隔）。当然也有 0.5、0.2 等修约间隔，不过使用较少，只是极为特殊的情况下才会用到这种特殊的修约间隔。

本节介绍的主要还是 10^n 的修约间隔，根据国标 GB/T 8170—2008《数值修约规则与极限数值的表示和判定》的内容，我们可以将 10^n 的修约间隔的修约规则总结如下：

1) 如果拟舍弃数字的最左一位数字小于 5 时（即 ≤4），则舍去，即保留的各位数字不变。例如：将 10.349 修约到一位小数，得 10.3。

2) 如果拟舍弃数字的最左一位数字大于 5（即 ≥6），则进一，即保留的末位数字加 1。例如：将 1260 修约到百数位，得 1300（或 13×10^2）。

3) 如果拟舍弃数字的最左一位数字为 5（即 =5），且其后有非 0 数字时进一，即保留的末位数字加 1。例如：将 10.501 修约到个数位，得 11。

4) 如果拟舍弃数字的最左一位数字为 5，而右面无数字或皆为 0 时，若所保留的末位数字为奇数（1、3、5、7、9）则进一，为偶数（2、4、6、8、0）则舍弃。例如：将 3.1415 修约到千分位，得 3.142；将 3.1425 修约到千分位，同样得 3.142。

以上修约规则与过去传统的"四舍五入"有所不同，如果也要用四舍五入这样的归纳词语来描述新的修约规则的话，可以将上述四条规则理解为"四舍六入五化偶"。有人把这个规则编成了如下口诀：

四舍六入五考虑

五后非零则进一

五后皆零视奇偶

五前为偶应舍去

五前为奇应进一

在测量的实际应用中，建议修约后的最终结果其小数点后面有效数字位数要和测量仪器的示值有效位数相同，而参与计算的过程结果其小数点后面有效数字位数至少要比测量仪器的示值有效位数多一位，这样就可以减少修约误差。

例如要计算 3 次重复测量的平均值，这 3 次重复测量值为：5.25、5.19、5.21，平均值则为 $(5.25+5.19+5.21) \div 3 = 5.216\dot{6}$，结果是一个以"6"为无限循环的数值，那么，小数点后保留多少位呢？这就要看 $5.216\dot{6}$ 是最终结果还是参与过程计算的结果。如果是最终结果，那么，应修约为 5.22；如果是参与过程计算的结果，则最少要比单次测量结果多保留一位，即修约成 5.217。

修约误差也叫舍入误差，顾名思义，修约误差是由数值修约所带来的误差。修约误差是服从均匀分布的随机误差，其大小为修约间隔的一半，如 0.01 的修约间隔，其修约误差则为 0.005，这也是建议过程结果要多保留一位数的原因。

除此之外，关于数值修约还有两点需要注意：

① 负数修约时，是先转化成绝对值进行修约后，再在修约结果前加上负号即可。

② 不允许连续修约。所谓连续修约，例如，将 15.548 按 0.1 间隔修约，错误的做法是：15.548→15.55→15.6；正确的做法是：15.548→15.5。

17.2 单位制

从东周列国各自的度量衡制的建立，到秦代度量衡的统一，达到中国历史上度量衡制的第一个高峰。后历经西汉的继承，经过王莽的改制和空前的加强，出现了文物史上最著名的新莽嘉量（图17.2.1）。再往后历经各朝各代的继承和完善，直到 1976 年 12 月我国正式加入《米制公约》，标志着我国经济建设、贸易合作正式与全球经贸接轨。几千年来，度量衡制的发展为中国的经济发展做出了不可磨灭的贡献。

度量衡制是现代计量学的先驱，在经济发展与贸易合作飞速发展的今天，计量学无疑举足轻重。而计量学中最基础的也是最关键的一部分内容就是单位制，虽然本书主要是围绕测量系统的分析而展开，但是，根据作者多年的工作经验发现，现如今很多企业在计量单位的使用上还很不规范，这种不规范甚至会导致一些工作上的误解和错误决策的产生。例如，生产线上有很多压力表，有一些压力表生产厂家仍旧没有使用国际单位制（SI）中的帕斯

图 17.2.1 新莽嘉量为新莽始建国元年颁行的标准量器，以龠（yuè）、合（gě）、升、斗、斛五量具备，故名嘉量

卡（Pa）而是使用旧的单位巴（bar）作为压强单位。如此一来，很多一线的设备维护人员不清楚 bar 与 Pa 之间的关系，甚至不清楚仪表上的 bar 到底代表什么意思，细心一点的可能会去查资料，粗心的就不管了，就把 bar 当作常见的兆帕（MPa）来使用了，殊不知 1bar = 0.1MPa，差了一个数量级。作者亲眼目睹过在某电池制造线上就有设备维护人员在设定真空烘箱的压强时把 bar 当作了 MPa，最后造成的结果是真空度不够，电池的内部水分未得到充分的排除，电池内部水分超标，后来经过反复调查，发现居然是真空度小了一个数量级的原因导致的。

类似情况还有著名的 1999 年美国航宇局（NASA）火星气候探测器失联事件。据美国当地媒体 1999 年 9 月 23 日的报道称：1998 年 12 月美国发射的火星气候探测器与地面失联。1999 年 9 月 30 日的事故调查报告表明，事故的原因竟然是冲量的单位转换问题导致。此项目是美国洛克希德·马丁公司与 NASA 共同开发的，最初对探测器轨道的设定是：火星大气层的最小安全距离约 85~100km；预定的轨道距离为 140~150km。

然而，实际的情况是：探测器距火星表面最近仅 57km。那么，探测器与火星表面的大气层发生摩擦以及与火星表面的山体发生碰撞就在所难免了。

冲量是探测器尾部助推器动力的指标，冲量大，助推力就大，反之则小。对于冲量单位的使用，洛克希德·马丁公司使用的是 SI 单位制 N·s（牛·秒），而 NASA 依旧还在使用英制单位 lbf·s（磅·秒），经过单位换算可知 1N·s = 0.225lbf·s。然而问题是在项目执行中却未作换算，因此，NASA 预设的轨道高度在马丁公司执行生产时大打折扣，导致助推力不够，最终酿成了项目失败的惨重后果，该项目的直接经济损失是 1.25 亿美元。

鉴于实际的情况，本节内容专门针对单位制而进行说明，旨在规范单位的使用，避免在测量工作中因单位的使用不规范而导致一些不必要的误解和损失。

什么是单位制？单位制就是对于给定量制的一组基本单位、导出单位、倍数单位和分数单位及使用这些单位的规则。

单位制有很多种，如我国旧的市制、英、美等国家的英制、厘米克秒制（CGS）、国际单位制（SI）等。现如今绝大多数国家均遵照的是 SI，这也是米制公约签订的核心意义之一。

SI 的构成如图 17.2.2 所示。

SI 基本单位一共有 7 个，它们是彼此独立的 7 个基本量所对应的单位，见表 17.2.1。

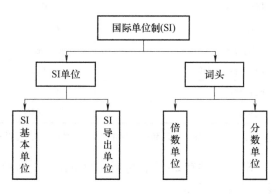

图 17.2.2　国际单位制的构成

表 17.2.1　SI 基本单位○

基本量	长度	质量	时间	热力学温度	电流	物质的量	发光强度
SI 基本单位	米	千克	秒	开尔文	安培	摩尔	坎德拉
单位符号	m	kg	s	K	A	mol	cd

○　关于 SI 单位的内容参考 GB 3101—1993《有关量、单位和符号的一般原则》。

SI 导出单位是 SI 基本量根据一定的函数关系所定义出的导出量所对应的单位，SI 导出单位非常多，无法一一列举，下面只列出具有专门名称的 SI 导出单位，见表 17.2.2。

表 17.2.2 具有专门名称的 SI 导出单位

导出量	SI 导出单位		
	名称	符号	用 SI 基本单位和 SI 导出单位表示
（平面）角	弧度	rad	$1\,\text{rad} = 1\,\text{m/m} = 1$
立体角	球面度	sr	$1\,\text{sr} = 1\,\text{m}^2/\text{m}^2 = 1$
频率	赫[兹]	Hz	$1\,\text{Hz} = 1\,\text{s}^{-1}$
力	牛[顿]	N	$1\,\text{N} = 1\,\text{kg} \cdot \text{m/s}^2$
压力，压强，应力	帕[斯卡]	Pa	$1\,\text{Pa} = 1\,\text{N/m}^2$
能[量]，功，热量	焦[耳]	J	$1\,\text{J} = 1\,\text{N} \cdot \text{m}$
功率，辐[射能]通量	瓦[特]	W	$1\,\text{W} = 1\,\text{J/s}$
电荷[量]	库[仑]	C	$1\,\text{C} = 1\,\text{A} \cdot \text{s}$
电压，电动势，电势	伏[特]	V	$1\,\text{V} = 1\,\text{W/A}$
电容	法[拉]	F	$1\,\text{F} = 1\,\text{C/V}$
电阻	欧[姆]	Ω	$1\,\Omega = 1\,\text{V/A}$
电导	西[门子]	S	$1\,\text{S} = 1\,\Omega^{-1}$
磁通[量]	韦伯	Wb	$1\,\text{Wb} = 1\,\text{V} \cdot \text{s}$
磁通[量]密度，磁感应强度	特[斯拉]	T	$1\,\text{T} = 1\,\text{Wb/m}^2$
电感	亨[利]	H	$1\,\text{H} = 1\,\text{Wb/A}$
摄氏温度	摄氏度	℃	$1\,℃ = 1\,\text{K}$
光通量	流[明]	lm	$1\,\text{lm} = 1\,\text{cd} \cdot \text{sr}$
[光]照度	勒[克斯]	lx	$1\,\text{lx} = 1\,\text{lm/m}^2$
[放射性]活度	贝可[勒尔]	Bq	$1\,\text{Bq} = 1\,\text{s}^{-1}$
吸收剂量	戈[瑞]	Gy	$1\,\text{Gy} = 1\,\text{J/kg}$
剂量当量	希[沃特]	Sv	$1\,\text{Sv} = 1\,\text{J/kg}$

注：[ ]内的字，在不致引起混淆、误解的情况下，可以省略，下同。

SI 词头共有 20 个，包括倍数单位和分数单位两个部分，它们是基本单位和导出单位的前缀，见表 17.2.3。

表 17.2.3 SI 词头

因数	SI 词头		词头符号
	英文	中文	
10^{24}	yotta	尧[它]	Y
10^{21}	zetta	泽[它]	Z
10^{18}	exa	艾[可萨]	E
10^{15}	peta	拍[它]	P
10^{12}	tera	太[拉]	T

(续)

因数	SI 词头 英文	SI 词头 中文	词头符号
10^9	giga	吉［咖］	G
10^6	mega	兆	M
10^3	kilo	千	k
10^2	hecto	百	h
10^1	deca	十	da
10^{-1}	deci	分	d
10^{-2}	centi	厘	c
10^{-3}	milli	毫	m
10^{-6}	micro	微	μ
10^{-9}	nano	纳［诺］	n
10^{-12}	pico	皮［可］	p
10^{-15}	femto	飞［母托］	f
10^{-18}	atto	阿［托］	a
10^{-21}	zepto	仄［普托］	z
10^{-24}	yoct	幺［科托］	y

在表 17.2.3 中，倍数单位为 $10^1 \sim 10^{24}$，分数单位为 $10^{-24} \sim 10^{-1}$。

由于国情的不同，我国还采用了 16 个非 SI 单位，这一点，《中华人民共和国计量法》（简称计量法）中的第三条也有明确规定：国际单位制计量单位和我国选定的其他计量单位，为国家法定计量单位。

这 16 个非 SI 单位见表 17.2.4。

表 17.2.4 我国采用的非 SI 单位

量	非 SI 单位	单位符号	与 SI 单位的关系
时间	分	min	$1\min=60s$
	［小］时	h	$1h=60\min=3600s$
	日，(天)	d	$1d=24h=86400s$
［平面］角	度	°	$1°=(\pi/180)rad$
	［角］分	′	$1′=(1/60)°=(\pi/10800)rad$
	［角］秒	″	$1″=(1/60)′=(\pi/648000)rad$
体积	升	L，(l)	$1L=1dm^3=10^{-3}m^3$
质量	吨	t	$1t=10^3kg$
	原子质量单位	u	$1u\approx1.660540\times10^{-27}kg$
旋转速度	转每分	r/min	$1r/\min=(1/60)s^{-1}$
长度	海里	n mile	$1n\ mile=1852m$（只用于航行）
速度	节	kn	$1kn=1n\ mile/h=(1852/3600)m/s$（只用于航行）

(续)

量	非 SI 单位	单位符号	与 SI 单位的关系
能	电子伏	eV	$1\text{eV} \approx 1.602177 \times 10^{-19} \text{J}$
级差	分贝	dB	
线密度	特[克斯]	tex	$1\text{tex} = 10^{-6} \text{kg/m}$
面积	公顷	hm^2	$1\text{hm}^2 = 10^4 \text{m}^2$

注：1. （ ）内的名称为前面名称的同义词。
2. 平面角单位度、分、秒的符号，在组合单位中应采用（°）（′）（″）的形式。例如，不用°/s 而用（°）/s。
3. 升的符号中，小写字母 l 为备用符号。
4. 公顷的国际通用符号为 ha。

在平时测量工作中，要规范地使用单位，目前绝大多数行业均在使用 SI 单位，上述各表格列出的均为法定计量单位，是计量法明文规定采用的计量单位。不仅如此，当我们与国外企业合作时，使用 SI 单位就显得尤为重要了。英、美等国家目前也存在很多计量单位使用不符合 SI 单位的现象，比如长度单位的英寸（in）、质量单位的磅（lb）就是英、美等国家最常使用的非 SI 单位，在合作的过程中，尽量约定采用 SI 单位，去除技术或商务合作不必要的障碍。

在法定计量单位的使用过程中，我们需要遵循一些基本原则，以下就是 SI 单位使用的主要注意事项和基本原则[⊖]。

（1）名称的使用规范

1）组合单位的中文名称与其符号的顺序一致。符号中的乘号不读出来，除号读作"每"，且无论分母中有几个单位，"每"字只能读一次。

例如，比热容单位符号为 J/（kg·K），读作"焦耳每千克开尔文"；电阻率单位 $\Omega \cdot \text{m}$ 应直接读成"欧姆米"，而不能加任何符号诸如"欧姆·米"等。

2）乘方形式的单位名称，其顺序是指数名称在前，相应的指数名称由数字加"次方"组成。如果用"二次方"来表示面积，则读成"平方"；如果用"三次方"来表示体积，则读成"立方"。

例如，截面惯性矩的单位 m^4 读成"四次方米"；体密度单位 kg/m^3 读成"千克每立方米"。

（2）符号的使用规范

1）所有符号一律用正体，尤其切记不能用斜体。

2）单位和词头的符号应按其名称或简称读音，而不能按字母本身的发音来读音。

例如，词头千的符号 k，应读成"千"，而不能读成"kei"；词头微的符号 μ，应读成"微"，而不能读成"miu"。

3）词头中微的符号 μ 最容易被误写作 u，u 特指原子质量单位，两者不能混淆。其实细心一点不难发现，20 个词头中只有 μ 是希腊字母，其他 19 个词头符号均是拉丁字母。

4）单位符号的大小写也是容易被忽略的，一般的单位符号是小写，若单位来源于人名，那么，其符号的第一个字母是大写。

例如，压强单位帕斯卡是来源于人名，所以符号为 Pa 而不是 pa。

⊖ 参考中国计量测试学会组编《一级注册计量师基础知识及专业实务（第 3 版）》中的相关内容。

在很多包装上，经常会看到用"KG"表示千克的，其实这就是典型的不符合使用规范的情况，千克的标准符号是"kg"；还有就是词头毫的符号 m 通常会被写错成 M，其实 M 代表的是词头中的兆，两者完全不是一个量级，这种误写往往会带来不可知的风险。

20 个词头中大小写也是有规律的，k 及以下都是小写，M 及以上都是大写。

5）由两个及以上单位相乘构成的组合单位，其符号中若有与词头共用的符号，如 m 既代表"米"又代表"毫"，这时，应将这样的符号置于右侧，避免混淆。

例如，力矩单位"牛顿米"的符号可以写成 N·m 或 Nm，而不可写成 mN，以免被误解成"毫牛"。

另外，如果要用中文符号表示"牛顿米"，其形式只有一种，那就是"牛·米"，而不能写成诸如"牛米""牛顿·米""牛-米"等。

6）由两个及以上单位相除所构成的组合单位，其符号可用下列三种形式之一进行表示：kg/m^3、$kg·m^{-3}$ 或 kgm^{-3}。

同样，当可能发生误解时，应尽量用间隔号或斜线的形式，比如速度单位"米每秒"的符号应用 $m·s^{-1}$ 或 m/s，而不宜用 ms^{-1}，这很容易被误解成"每毫秒"（1/ms）。另外，对于相除的组合单位，如果要用中文符号表示时，应采用以下两种形式之一进行表示：千克/米³ 或 千克·米⁻³。

如果是在进行运算时，除号可用水平横线"—"表示，如 $\frac{kg}{m^3}$ 或 $\frac{千克}{米^3}$。

当分子是无量纲单位（即分子为1，比如玻璃的折射率量纲就是1），而分母是有量纲的单位，那么，一般不用分式而用负数幂的形式，如波数单位符号是 m^{-1}，一般不用 1/m。

当分母包含两个及以上单位时，应采用加圆括号的方式进行表示，如热导率单位的符号为 W/(m·K)，而不要写成诸如 W/m·K 或 W/K/m 等。

7）词头与单位之间应紧密相连，不得有间隙、相乘符号或间隔符号。

如电容单位"微法"应写成 μF，而不能写成 μ F、μ·F 甚至是 μ×F。

8）特例：摄氏温度的单位"摄氏度"的符号 ℃ 可作为中文符号使用，可与其他中文符号构成组合形式的单位。例如，热敏电阻的耗散系数单位 mW/℃，如用中文符号，则可写成"毫瓦/℃"。

17.3 测量不确定度

我们在 5.2 节中已经对测量不确定度的概念进行了的介绍，本节内容主要着重于介绍测量不确定度的评定方法。关于测量不确定度的评定，在计量学中是一个专门的话题，其评定的原理和过程相对比较复杂。为了便于将测量不确定的评定方法引入 MSA 工作中为 MSA 工作服务，我们只把具体的评定流程和评定方法进行必要的介绍，而不过多地掺杂评定的原理。

截至目前为止，测量不确定度的评定方法主要有 GUM 法和 MCM 法⊖两种方法，而以

⊖ GUM 指 ISO/IEC GUIDE 98-3：2008 Uncertainty of measurement-Part 3：Guide to the expression of uncertainty in measurement；MCM 指蒙特卡洛法（Monte Carlo method）。

GUM 法最为常用，MCM 法为备用方法。

GUM 法基于不确定度的传播率，MCM 法基于概率分布传播率，两者是不同的。下面，我们以 GUM 法为主，介绍一下测量不确定度的评定流程与方法。

（1）GUM 法评定测量不确定度的通用步骤

1）第一步：明确被测量（输出量）。

2）第二步：分析不确定度的来源并建立数学模型（以输入量 x_i 为变量的输出量 y 函数关系）。

3）第三步：评定数学模型中各输入量的标准不确定度 $u(x_i)$，计算灵敏系数 $c_i = \dfrac{\partial f}{\partial x_i}$，从而得出各输入量相对应的输出量 y 的不确定度分量 $u_i(y_i) = |c_i| \cdot u(x_i)$。

标准不确定度分量的评定包含 A 和 B 两种评定方法：

① A 类评定方法：在重复测量条件下，对被测量进行 n 次独立重复测量进行实验标准偏差的计算，从而估计得到的标准不确定度分量 u_A 的方法。

$$u_A = s(\overline{X}) = \sqrt{\frac{\sum_{i=1}^{n}(x_i - \overline{X})^2}{n(n-1)}}$$

② B 类评定方法：根据有关信息估计的先验概率分布得到标准偏差估计值的方法。有关信息包括但不限于以下方面：历史观测数据；对有关技术资料的解读和对测量仪器特性的了解和经验；测量仪器的技术说明书；历史校准证书、检定证书、测试报告或其他可获得的数据、准确度等级，包括目前正在使用的极限误差（±Δ）等；行业手册或资料给出的参考数据及其不确定度；规定测量方法的校准规范、检定规程或测试标准中给出的参考数据；其他能提供参考的有用数据。

4）第四步：计算合成标准不确定度 $u_c(y)$。计算时考虑各输入量之间是否存在相关性，对于非线性的数学模型还应考虑是否存在显著影响的高阶项。

若 N 项输入量彼此独立，则：

$$u_c(y) = \sqrt{\sum_{i=1}^{N}\left[\frac{\partial f}{\partial x_i}\right]^2 u^2(x_i)}$$

若 N 项输入量之间存在相关性，则：

$$u_c(y) = \sqrt{\sum_{i=1}^{N}\left[\frac{\partial f}{\partial x_i}\right]^2 u^2(x_i) + 2\sum_{i=1}^{N-1}\sum_{j=i+1}^{N}\frac{\partial f}{\partial x_i}\frac{\partial f}{\partial x_j}r(x_i,x_j)u(x_i)u(x_j)}$$

式中，y 为输出量，即被测量；x_i，x_j 为输入量，$i \neq j$；$r(x_i,x_j)$ 为输入量 x_i，x_j 的相关系数，且有 $r(x_i,x_j)u(x_i)u(x_j) = u(x_i,x_j)$，$u(x_i,x_j)$ 即为 x_i，x_j 的协方差。

当出现以下情况时可视协方差为零：

① x_i，x_j 中任意一个量可作常数处理时。

② 在不同环境下用不同测量系统、不同时间内测得的量值。

③ 独立测量的不同量的测量结果。

5）第五步：列出不确定度分量的汇总表。

6）第六步：估计被测量（输出量 y）的概率分布，根据概率分布和所要求的包含概率 p 确定包含因子 k_p。

若无法确定 y 的概率分布时,在无特殊要求的情况下,通常 $k=2$ 或 3,一般制造企业的测量结果 $k=2$,精密测量、高等级实验室或尖端科研机构的测量结果一般 $k=3$。

在测量不确定度的评定中,经常用到的概率分布有以下类型:

① 正态分布(图 17.3.1)。测得值 X 落在区间 $[a,b]$ 的概率为:

$$p(a \leqslant X \leqslant b) = \int_a^b p(x)\mathrm{d}x = \frac{1}{\sigma\sqrt{2\pi}}\int_a^b e^{-\frac{(x-\mu)^2}{2\sigma^2}}\mathrm{d}x$$

正态分布下置信概率 p 与包含因子 k 之间的关系见表 17.3.1。

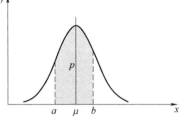

图 17.3.1 正态分布

表 17.3.1 p 与 k 之间的关系

p (%)	50	68.27	90	95	95.45	99	99.73
k	0.675	1	1.645	1.960	2	2.576	3

正态分布的标准差 σ 是用算术平均值的实验标准偏差 $s(\overline{X})$ 来进行估计的:

$$\sigma(x) \to s(\overline{X}) = \sqrt{\frac{\sum_{i=1}^{n}(x_i - \overline{X})^2}{n(n-1)}} = u_A$$

这就是 A 类评定方法采用的计算式。

② t 分布。t 分布是两个独立随机变量之商的分布(图 17.3.2),如下式:

$$p(t) = \frac{\Gamma\left(\frac{\nu+1}{2}\right)}{\sqrt{\nu\pi}\Gamma(\nu/2)}\left[1 + \frac{t^2}{\nu}\right]^{-(\nu+1)/2}$$

式中,$t = \frac{\overline{X} - \mu}{s(\overline{X})}$;$\nu = n - 1$,为自由度;$\Gamma(x)$ 为伽马(Gamma)函数,也叫欧拉第二积分,其函数式为: $\Gamma(x) = \int_0^{+\infty} t^{x-1} e^{-t} \mathrm{d}t$。

t 分布是期望 $\mu = E(X) = 0$ 的概率概率分布,标准差 σ 为:

$$\sigma(x) = \sqrt{\frac{n}{n-2}}$$

③ 均匀分布(矩形分布)。如图 17.3.3 所示,测得值 X 落在区间 $[a_-, a_+]$ 的概率为:

$$p(x) = \begin{cases} \frac{1}{a_+ - a_-} & a_- \leqslant x \leqslant a_+ \\ 0 & x > a_+, x < a_- \end{cases}$$

均匀分布的标准差 σ 为:

$$\sigma(x) = \frac{a_+ - a_-}{\sqrt{12}}$$

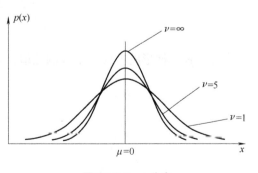

图 17.3.2 t 分布

当均匀分布对称（图17.3.4）时，即 $a_+ = a_-$，那么，$a_+ - a_- = 2a$，其中，a 为区间 $[a_-, a_+]$ 的半宽度，此时的标准差 σ 则为：

$$\sigma(x) = \frac{a}{\sqrt{3}}$$

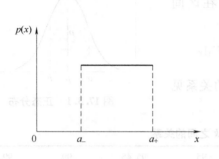
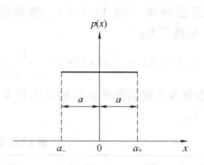

图17.3.3　均匀分布　　　　　　　　图17.3.4　对称均匀分布

在实际的应用中，对称的均匀分布更为常见，包括三角分布、梯形分布和反正弦分布。在无特殊的情况下，一般考虑呈对称分布，即区间半宽度为 a。

④ 三角分布（图17.3.5）。测得值 X 落在区间 $[a_-, a_+]$ 的概率为：

$$p(x) = \begin{cases} \dfrac{a+x}{a^2} & -a \leq x < 0 \\ \dfrac{a-x}{a^2} & 0 \leq x \leq a \end{cases}$$

三角分布的标准差 σ 为：

$$\sigma(x) = \frac{a}{\sqrt{6}}$$

⑤ 梯形分布（图17.3.6）。测得值 X 落在区间 $[a_-, a_+]$ 的概率为：

$$p(x) = \begin{cases} \dfrac{1}{a(1+\beta)} & |x| < \beta a \\ \dfrac{a-|x|}{a^2(1-\beta^2)} & \beta a \leq |x| \leq a \\ 0 & \text{其他} \end{cases}$$

其中，β 为梯形的上底与下底的比值，且有 $0 < \beta < 1$。

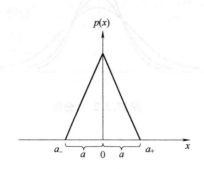
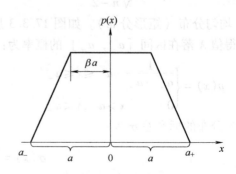

图17.3.5　三角分布　　　　　　　　图17.3.6　梯形分布

梯形分布的标准差 σ 为：
$$\sigma(x) = \frac{a\sqrt{1+\beta^2}}{\sqrt{6}}$$

当 $\beta = 0$ 时，梯形分布则变成三角分布，标准差为：
$$\sigma(x) = \frac{a}{\sqrt{6}}$$

当 $\beta = 1$ 时，梯形分布则变成矩形分布，标准差为：
$$\sigma(x) = \frac{a}{\sqrt{3}}$$

⑥ 反正弦分布（图 17.3.7）。测得值 X 落在区间 $[a_-, a_+]$ 的概率为：
$$p(x) = \begin{cases} \dfrac{1}{\pi\sqrt{a^2 - x^2}} & |x| < a \\ 0 & |x| \geq a \end{cases}$$

反正弦分布的标准差 σ 为：
$$\sigma(x) = \frac{a}{\sqrt{2}}$$

⑦ 两点分布（图 17.3.8）。测得值 X 落在区间 a_- 与 a_+ 两点的概率为 0 或 1，即要么落在 a_- 点上，要么落在 a_+ 点上，因此，两点分布也被称为（0—1）分布，（0—1）分布的分布律如下：

X	0	1
p	$1-p$	p

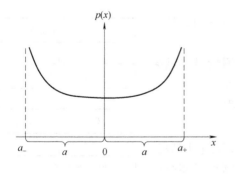

图 17.3.7　反正弦分布

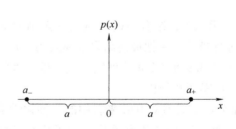

图 17.3.8　两点分布

很显然，两点分布的标准差 σ 为：
$$\sigma(x) = a$$

上述几种非正态分布的标准差 σ 与包含因子 k 之间的关系见表 17.3.2。

用 B 类评定方法估计测得值的概率分布，一般比较常见的情况有如下方面：

a. 被测量受许多相互独立的随机影响量的影响，这些影响量的概率分布各不相同，但各个变量的影响均很小时，被测量可认为近似服从正态分布。

表 17.3.2　σ 与 k 之间的关系

概率分布	标准差 σ	包含因子 k（$p=100\%$）
均匀	$a/\sqrt{3}$	$\sqrt{3}$
三角	$a/\sqrt{6}$	$\sqrt{6}$
梯形	$a\sqrt{1+\beta^2}/\sqrt{6}$	$\sqrt{6}/\sqrt{1+\beta^2}$
反正弦	$a/\sqrt{2}$	$\sqrt{2}$
两点	a	1

b. 当证书或报告上若给出了扩展不确定度 U_{90}、U_{95} 或 U_{99} 时，一般认为被测量服从正态分布。

c. 当只能估计被测量的可能值的上限和下限，测得值落在该区外的概率几乎为零，且落在区间内任意的可能性几乎相等，则可认为被测量服从均匀分布。

d. 若落在该区间中心的可能性最大，则假设为三角分布；两个独立量值之和或差的概率分布为三角分布。

e. 若落在该区间上下限处的可能性最大，落在中间的可能性最小，则假设为反正弦分布。例如，无线电测量中由失配引起的测量不确定度为反正弦分布；机械测量中由度盘的偏心而引起的测量不确定度为反正弦分布。

f. 当我们对被测量的可能值落在区间内的情况缺乏了解时，一般假设为均匀分布。通常测量仪器的最大允许误差（±MPEV）、分辨力（δ）、数值修约误差、度盘或齿轮回程误差、平衡指示器调零不准等引起的测量不确定度视为均匀分布。

其中，区间半宽 a = MPEV、$a = \delta/2$。

g. 按级使用量块时，中心长度偏差导致的概率分布为两点分布。

7）第七步：计算扩展不确定度 U 或 U_p，$U = ku_c(y)$，$U_p = k_p u_c(y)$。

8）第八步：结合不确定度的评定结果对被测量最终结果（Y）进行描述，一把最终结果描述式为：$Y = y \pm U$，$k = 2$。

图 17.3.9 是 GUM 法评定测量不确定度的流程图。

（2）案例及分析

某公司实验室对 IQC 来料中的一种化学溶剂进行 pH 测定，由于每批溶剂的 pH 均有差异，为了排查到底是物料确实有问题还是测量结果有问题，实验室准备对 pH 测量结果进行不确定度的评定。

评定过程如下：

1）首先，对实验室测定该化学溶剂 pH 的程序进行了解，如图 17.3.10 所示。

2）从仪器制造厂商提供的技术说明书中获取测量仪器（pH 计）的技术规格信息，见表 17.3.3。

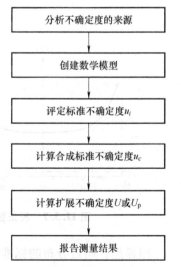

图 17.3.9　GUM 法评定测量不确定度的流程图

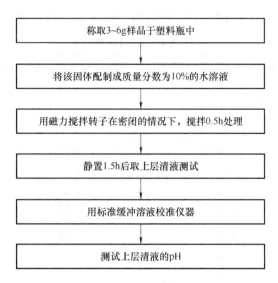

图 17.3.10 pH 测定流程图

表 17.3.3 pH 计技术规格信息

测量仪器	数字精密 pH 计
仪器型号	PHS-3C
制造商	上海精科
S/N	6004090xxxxx
精度级别	0.01 级
分辨力	$\delta = 0.01$ pH
最大允许误差	$\pm \Delta = \pm 0.02$ pH

3）根据已掌握的一些信息和经验，分析测量不确定度可能的来源，如图 17.3.11 所示。

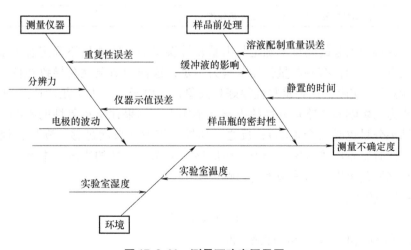

图 17.3.11 测量不确定因果图

由于篇幅原因，在此不一一对各个因素进行调查和分析，下面仅拿实验室温度的影响来说明这种确认过程。表 17.3.4 是缓冲溶液的 pH 与温度关系对照表。

表 17.3.4　pH 与温度关系

温度/℃	0.05mol/kg 邻苯二钾酸氢钾 pH	0.025mol/kg 混合物磷酸盐 pH	0.01mol/kg 硼砂 pH
5	4.00	6.95	9.39
10	4.00	6.92	9.33
15	4.00	6.90	9.28
20	4.00	6.88	9.23
25	4.00	6.86	9.18
30	4.01	6.85	9.14
35	4.02	6.84	9.11
40	4.03	6.84	9.07
45	4.04	6.84	9.04
50	4.06	6.83	9.03
55	4.07	6.83	8.99
60	4.09	6.84	8.97

而通过实验室温湿度记录表确定实验室温度保持在 21.9~22.3℃ 之间，比较稳定，因此，由温度波动带来的影响很小；并且该实验室恰恰用的都是邻苯二钾酸氢钾作为缓冲液，因此，温度的影响可忽略。

经过多方面评估以及专家的建议，确定测量不确定度的主要来源为 pH 计的示值误差、分辨力和重复性（表 17.3.5）。

表 17.3.5　测量不确定度来源

序　号	不确定度来源	符　号	评定类型	来源所属
1	由 pH 计的示值误差引入的不确定度	u_1	B	系统效应
2	由测量的复现性误差带来的不确定度	u_2	A	随机效应

注意：由分辨力引起的测量不确定与由重复性误差引起的测量不确定有重复之处，一般取两者中较大者。比如，有些测量仪器分辨力不足，这样的情况就会导致在仪器示值的重复性表现得"很好"，实际上这种重复性很好是假象，是由于分辨力不足而造成的假象，这时，就应考虑分辨力的影响而忽略重复性的影响（事实上，如果评定重复性的影响，其假象造成的不确定度结果分量也必然会很小）；反之，如果分辨力本来就足够，满足过程变差的 1/10 原则，那么，此时就不应该考虑分辨力，而应该只考虑重复性的影响。本例符合后面一种情况，因此未在来源列表中列出分辨力的影响。

4）创建数学模型：

$$Y = f(x_i) = X$$

式中，Y 为化学溶剂 pH；X 为 pH 计显示值。

$$灵敏系数\ C_i = \frac{\partial f}{\partial x_i} = 1$$

5）评定标准不确定度分量 u_i。分别包括：

① 由 pH 计的示值误差引入的不确定度（u_1），为均匀分布：

$$a_1 = \Delta = 0.02, k_1 = \sqrt{3}$$

$$u_1 = \frac{a_1}{k_1} = \frac{0.02}{\sqrt{3}} = 0.0115$$

② 由测量的复现性带来的不确定度（u_2）。特意安排的重复 10 次（$n = 10$）的测量数据见表 17.3.6。

表 17.3.6　重复 10 次的 pH 测量数据

pH (x_i)	x_1	x_2	x_3	x_4	x_5	x_6	x_7	x_8	x_9	x_{10}
	10.79	10.73	10.70	10.67	10.71	10.73	10.75	10.70	10.77	10.69

$$u_2 = \sqrt{\frac{\sum_{i=1}^{n}(x_i - \bar{X})^2}{n(n-1)}} = 0.0118$$

6）计算合成标准不确定度 u_c。重复性与示值误差不相关，因此，协方差 $r(x_i, x_j)u(x_i)u(x_j) = 0$，则有：

$$u_c(y) = \sqrt{\sum_{i=1}^{N}\left[\frac{\partial f}{\partial x_i}\right]^2 u^2(x_i) + 2\sum_{i=1}^{N-1}\sum_{j=i+1}^{N}\frac{\partial f}{\partial x_i}\frac{\partial f}{\partial x_j}r(x_i,x_j)u(x_i)u(x_j)} = \sqrt{\sum_{i=1}^{N}\left[\frac{\partial f}{\partial x_i}\right]^2 u^2(x_i)}$$

因为：$c_i = \frac{\partial f}{\partial x_i} = 1$

所以：

$$u_c(y) = \sqrt{\sum_{i=1}^{N} u^2(x_i)} = \sqrt{u_1^2 + u_2^2} = \sqrt{0.0115^2 + 0.0118^2} = 0.01648$$

7）计算扩展不确定度 U。取置信因子 $k = 2$，则扩展不确定度为：

$$U = ku_c(y) = 2 \times 0.01648 = 0.03$$

8）对测量结果进行描述：$Y = X \pm U(k=2)$。

例如，某次 pH 测量值为 11.35，那么，完整的结果描述为：本次测量 pH = 11.35 ± 0.03（$k = 2$）。或者也可以用置信区间描述如下：本次测量 pH 结果以 95% 的概率落在区间 [11.32，11.38] 之内。

第 18 章
测量系统变异研究

18.1 理想的测量系统

要想对测量系统的变异进行研究及改进，首要的问题就要弄清楚理想的测量系统是什么样的。有了这样的理想标杆，我们才有研究和改进的方向。

AIAG MSA 手册在第一章 B 节就有这样的描述：

一个理想的测量系统在每次使用时均能产生"正确"的测量结果。每个测量都会遵循某个标准。能产生这样的测量结果的测量系统被称为具有如下的统计特性：零变差、零偏倚和对所测的任何产品错误分类的可能性为零。

根据手册中的上述描述，我们可以用具体的指标来定义一个理想的测量系统，见表 18.1.1。

表 18.1.1 理想测量系统的指标

特 性		零 变 差	零 偏 倚	对所测的任何产品错误分类的可能性为零
计量型		重复性误差为零	偏倚为零	有效解析度无穷大
		再现性误差为零	线性误差为零	
计数型			整体的有效性为完全有效	
			一致性程度为完全一致	
破坏性测量系统			假设检验：完全无法拒绝原假设 H_0	

根据表 18.1.1 的指标描述，再结合实际应用情况，我们可以得出理想测量系统的特性指标为：GRR% = 0；P/T% = 0；NDC = ∞；bias% = 0；linearity% = 0；Eff% = 100%；Kappa = 1；P = 1。

上述各项指标水平均为理想状态下测量系统的水平，实际上都是不可能达到的，因此，我们在做测量系统变异研究和改进工作时，只能把这样的指标水平当作一种工作方向而非最终的工作目标。

为了使测量系统的能力水平达到最佳状态，前期的准备工作是必不可少的，我们可以从如下方面来做好准备工作：测量系统的引入、量具的选择、工夹具的开发、计量工作的完善、人因工程、人员的培训、测量程序/方法的开发、MSA 管理流程的策划、测量环境的完善、以及其他工作。

1）关于测量系统的引入，AIAG MSA 手册在第一章 D 节中有这方面的详细指导，并且在章节最后部分还给出了有关测量系统开发检查清单的建议要素。清单包括以下三个方面的内容：

① 与测量系统设计和开发有关的问题。
② 与测量系统制造有关的问题（设备、标准、仪器）。
③ 与测量系统实施有关的问题（过程）。

具体内容读者可参考手册中的相关建议和指导，限于篇幅，此处就不一一列出。

2）针对量具的选择，我们应遵循以下五大基本原则：

① 分辨力 1:10 经验法则。分辨力最少要能把过程变差或过程公差分成 10 等份。
② 工作范围 5-85 原则。标称范围的 5%~85% 为最佳工作范围。
③ 公差 3-5-10 经验法则。量具的最大允许误差取工件公差范围的 1/3~1/10，一般取 1/5。请注意，此原则为经验法则，截至目前为止，尚未发现有明确的计量技术规范性指导文件条文和技术文献的相关论证。保险起见，如果量具的最大允许误差取公差的 1/10 则风险更小。
④ 高效性原则。通用计量器具的测量效率相对较低，专用计量器具的测量效率较高（如 GNG 测量夹具）。
⑤ 工件适性原则。工件的特性是指工件的外形、大小、重量、刚性、材料和表面粗糙度等。

3）关于工夹具的开发，属于机械设计领域的专业问题。无论如何，必须注意成本、测量准确度、高效性、工件适性、稳定性等原则。

4）计量工作的完善也是专属于计量学领域的专业问题，完善的计量管理可以保证量具和测量工夹具的溯源性，这不仅是技术问题，还是法制问题。

5）人因工程的重要性主要体现在手工测量的领域，如果设计者没有考虑到人因工程学，那就要承担人员的不可控因素对测量结果影响的风险，如操作员的凳子高度和形状、工具的重量、目视化管理中颜色的设定等。

6）人员的培训是企业固有的一项任务，很容易理解的是，一个未经训练合格的测量员是很容易影响测量结果的。然而，要做好岗前培训和在岗培训工作是一件很不容易的事情，需要有一整套完善的管理制度和流程，先进的企业都会引进智能管理系统来对培训工作进行管理。

7）测量程序/方法的开发属于产品工艺的研究范畴，相关工艺部门应结合产品开发认真地研究合理的测量程序和测量方法，切忌脱离产品开发而独立开发测量工艺，这很容易造成沟通的脱节，结果是产品部门提出的参数测量要求往往难以实现。

作为产品的设计人员，一定要考虑参数的可测量性，不要盲目地提出过高的测量要求，因为实际情况可能是真的无法满足这样的要求。那么，在设计一款产品时，我们应该考虑哪些问题呢？根据实际的经验，我们给出以下可供参考的建议：

① 产品规格的制定是想当然的还是做了 DOE。
② DOE 本身的数据是否可靠。
③ 该规格的参数是否可探测。

④ 该规格的参数是否合理；能否起到监控的作用。
⑤ 能否找到量具满足该参数的测量。
⑥ 找到的量具能力是否足够。
⑦ 找到的量具成本。
⑧ 客户要求的规格的原始依据是什么？是否有必要这么严格以及是否可以谈判。
⑨ 行业内的情况怎么样？是否进行了调查。

8) MSA 管理流程的策划方面，我们已在 15.1 节中有相关的说明，读者可参考 15.1 节的内容，此处就略去不提。

9) 关于测量环境的完善问题，我们还是要强调一下，特别是一些精密测量，环境的温湿度、大气压、振动、电磁场干扰、静电、射线干扰、空气扰动、噪声等均需要控制在合理的限度之内。一般企业都会设置一个专门的部门来管理车间的环境问题，此部门也需要适当地参与工艺部门对测量程序和测量方法的开发工作，做好充分的需求调查和沟通工作。

18.2 过程变异

过程的变异包含两个方面：一个是实际的过程变异；一个是由测量系统带来的变异。而实际的过程变异又可从短期和长期的过程变异两个方面来衡量，测量系统的变异则主要表现在宽度变异、位置变异和系统稳定的能力。另外，无论是实际的过程变异还是测量系统的变异，我们均需要考虑由抽样而带来的变异。因此，一个过程的变异可用树状图来表示，如图 18.2.1 所示。

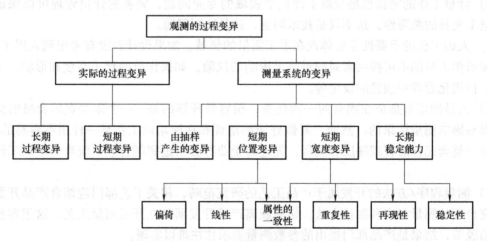

图 18.2.1 过程变异树状图

任何建立在统计学基础上的研究，在很大程度上都与抽样的合理性有着至关重要的联系。但遗憾的是，我们很多时候总会忽视抽样的合理性问题，这种忽视极易造成我们对过程变异的错判。因此，在过程变异的树状图中，由抽样产生的变异往往需要我们特别重视起来。作为 MSA 的研究者，我们的工作应建立在合理的抽样基础之上，千万不可想当然地套用 MSA 的抽样规则。比如说做 GRR 分析，如果我们第一反应就是选 10 个零件 ×3 名操作员 ×3 次重复测量，那么，这是一种很不严谨的态度，我们必须对测量过程做充分的了解，然后再确定抽样规则。当然，本书在第 12 章中专门针对抽样原则给出了详细的建议，读者朋友可根据这些建议，再结合企业自身的情况，将企业内部的 MSA 抽样规则细化到每一个测量工艺，然后形成既定的抽样原则，可以以文件的形式发布，以此来达到抽样的合理性和内部执行工作的统一。

图 18.2.1 中关于测量系统变异部分仅为概括性的描述，本书 8.1 节内容对此有详细介绍，此处就不赘述了。

18.3 变异源分析

对于测量系统变异的来源和原因进行分析是 MSA 工作的一项非常重要的内容。在众多原因分析工具中，我们可以利用的常见的工具有：

① 5Why——问五个递进关系的为什么。
② RCA——根本原因分析（Root Cause Analysis）。
③ C*E 图——即因果图或鱼骨图。
④ 柏拉图——也叫二八定律或 80/20 定律。
⑤ FMEA——失效模式分析。
⑥ 其他。

在 AIAG MSA 手册中，我们可以看到一张非常详细的 C*E 图（图 18.3.1），这也是我们做测量系统变异源分析最常用的一个工具，手册的 C*E 图是建立在 S.W.I.P.E. 变异源模型的基础上而绘制的。

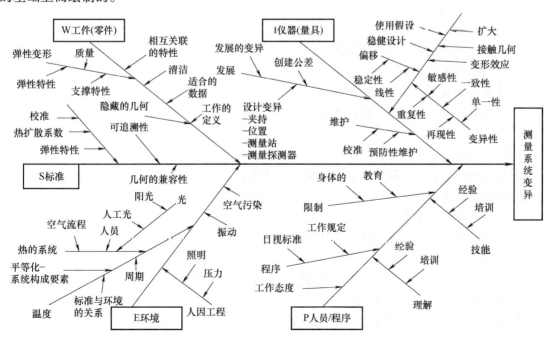

图 18.3.1 测量系统变异 C*E 图

除了 S. W. I. P. E. 模型外，资深 ASQ SQE 专家 Gordon Skattum 还提出了 P. I. S. M. O. E. A. 变异模型，此模型具有更加广泛的应用，见表 18.3.1。

表 18.3.1　P. I. S. M. O. E. A. 变异模型

变异源		同义词或元素	因素或参数
P	零件	生产零件、样本、被测物、被测单元（UUT）、加工品、检查标准	不知道
I	仪器	量具、M&TE 单元、基准量具、测量机器、试验台、测量设备	比较的意图
S	标准	比率、参考、加工品、检查标准、固有的标准、一致、标准参考资料（SRM）、级别、可接受准则	已知的值被作为真值、参考值或接受准则
M	方法	在职培训、口头的、作业指导书（SOP）、控制计划、检验计划、试验计划、零件计划	如何做
O	操作者	评价者、校准或试验技术人员、评估者、检验员、操作员、测量员	谁来做
E	环境	温度、湿度、污染、清洁、光线、位置、振动、动力、电磁干扰（EMI）、噪声、时间、空气	测量条件、噪声
A	假设	统计的、可操作的、校准、恒定的、手册值、热稳定、弹性系数、科学定理、物理常数	准则、常数或支持可信赖测量

具体到测量系统的特性指标（重复性、再现性、稳定性、偏倚、线性、属性一致性等），我们还可以根据行业的经验和对测量过程的理解而总结出测量系统变异的可能原因：

1) 造成过分偏倚的可能原因：
① 仪器需要校准。
② 仪器、设备或夹紧装置的磨损。
③ 磨损或损坏的基准，基准出现误差。
④ 校准不当或调整基准的使用不当。
⑤ 仪器质量差：设计或一致性不好。
⑥ 线性误差。
⑦ 应用错误的量具。
⑧ 不同的测量方法：设置、安装、夹紧、技术。
⑨ 测量错误的特性。
⑩ 量具或零件的变形。
⑪ 环境：温度、湿度、振动、清洁的影响。
⑫ 违背假定、在应用常量上出错。
⑬ 应用：零件尺寸、位置、操作者技能、疲劳、观察错误。

2) 线性误差过大的可能原因：
① 仪器需要校准，需减少校准时间间隔。
② 仪器、设备或夹紧装置磨损。
③ 缺乏维护：通风、动力、液压、腐蚀、清洁。

④ 基准磨损或已损坏。
⑤ 校准不当或调整基准使用不当。
⑥ 仪器质量差：设计或一致性不好。
⑦ 仪器设计或方法缺乏稳定性。
⑧ 应用了错误的量具。
⑨ 不同的测量方法：设置、安装、夹紧、技术。
⑩ 量具或零件随零件尺寸变化、变形。
⑪ 环境影响：温度、湿度、振动、清洁度。
⑫ 其他：零件尺寸、位置、操作者技能、疲劳、读错。

3）重复性不好的可能原因：
① 零件（样品）内部：形状、位置、表面加工、锥度、样品一致性。
② 仪器内部：修理、磨损、设备或夹紧装置故障，质量差或维护不当。
③ 基准内部：质量、级别、磨损。
④ 方法内部：在设置、技术、零位调整、夹持、夹紧、点密度的变差。
⑤ 评价人内部：技术、职位、缺乏经验、操作技能或培训、感觉、疲劳。
⑥ 环境内部：温度、湿度、振动、亮度、清洁度的短期起伏变化。
⑦ 违背假定：稳定、正确操作。
⑧ 仪器设计或方法缺乏稳健性，一致性不好。
⑨ 应用错误的量具。
⑩ 量具或零件变形，硬度不足。
⑪ 应用：零件尺寸、位置、操作者技能、疲劳、观察误差（易读性、视差）。

4）再现性不好的可能潜在原因：
① 零件（样品）之间：使用同样的仪器、同样的操作者和方法时，当测量零件的类型为A、B、C时的均值差。
② 仪器之间：同样的零件、操作者和环境，使用仪器A、B、C的均值差。
③ 标准之间：测量过程中不同的设定标准的平均影响。
④ 方法之间：改变点密度，手动与自动系统相比，零点调整、夹持或夹紧方法等导致的均值差。
⑤ 评价人（操作者）之间：评价人A、B、C等的训练、技术、技能和经验不同导致的均值差。对于产品及过程资格以及一台手动测量仪器，推荐进行此研究。
⑥ 环境之间：在第1、2、3等时间段内测量，由环境循环引起的均值差。这是对较高自动化系统在产品和过程资格中最常见的研究。
⑦ 违背研究中的假定。
⑧ 仪器设计或方法缺乏稳健性。
⑨ 操作者训练效果。
⑩ 应用：零件尺寸、位置、观察误差（易读性、视差）。

5）不稳定的可能原因：
① 仪器需要校准，需要减少校准时间间隔。
② 仪器、设备或夹紧装置的磨损。

③ 正常老化或退化。
④ 缺乏维护：通风、动力、液压、过滤器、腐蚀、锈蚀、清洁。
⑤ 磨损或损坏的基准，基准出现误差。
⑥ 校准不当或调整基准的使用不当。
⑦ 仪器质量差：设计或一致性不好。
⑧ 仪器设计或方法缺乏稳健性。
⑨ 不同的测量方法：装置、安装、夹紧、技术。
⑩ 量具或零件变形。
⑪ 环境变化：温度、湿度、振动、清洁度。
⑫ 违背假定、在应用常量上出错。
⑬ 应用：零件尺寸、位置、操作者技能、疲劳、观察错误。

6）属性的一致性不好的可能原因：
① 量具结构不稳定，检查并修理量具，无法维修时更换新的量具。
② 对测量者进培训，提高测量者测量水平。
③ 量具的夹紧或定位装置需要改进。

作为企业的 MSA 工程师，应当为企业积累测量系统变异源分析的经验，将同行业内、企业自身内部以及相关专业人士的案例进行存档和整理，最终形成企业内部的经验书，为随时可能出现的变异源分析工作提供有价值的参考。

18.4 测量系统的改进

找出测量系统的变异源之后，下一步工作的内容毫无疑问就是对测量系统进行改进了。我们在 8.5 节的内容中就已阐述过产品决策风险的问题，站在整个过程能力的宏观角度来看，如果我们要想获得更加可靠的测量结果，无疑需要不断压缩第 Ⅱ 区域的宽度或者减少第 Ⅲ 区域与第 Ⅱ 区域的重叠面积（即收紧第 Ⅲ 区域），如图 18.4.1 所示。

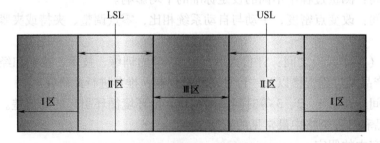

图 18.4.1　提高测量结果可靠性的策略

从图 18.4.1 中可知，无论是压缩第 Ⅱ 区域还是收紧第 Ⅲ 区域，都对获取可靠的测量结果非常有利。因此，我们自然而然地会想到从两个方面来提高测量结果的可信度，即两种改进策略：提高测量系统的能力（压缩第 Ⅱ 区域）、提高实际的过程能力（收紧第 Ⅲ 区域）。

本节中，我们主要围绕策略一来展开探讨，在探讨策略一之前，先简单地说一下策略二。在企业的质量管理中，为了提高实际的过程能力，通常会用到很多工具和手段，主要包括：

① 变革管理。这是一种对于管理制度的革新，难度较大，需要决策层和管理层的参与和支持才有可能成功。一般情况下，很多质量问题的深层次原因均能追溯到系统的漏洞和管理的漏洞，针对这样的漏洞，绝大多数情况下只能通过对系统和管理制度的改革才有可能改变不利的状况。

此方法也可适用于测量系统的改进。

② RCA——根本原因改正措施。这是一种单点问题的纠正手段，有点类似于 8D 改善报告。这个方法也可适用于测量系统的改进。

③ 精益 VSM：与成本紧密相连的一种改进方法。

④ 六西格玛（DMAIC）。这是一种流行的质量改进工具，适用于复杂的、难度较高的质量问题的改进，且以大幅度降低不良质量成本为最终改进目的。

利用有效的工具和手段可以提高实际过程的能力，包括提高短期实际过程能力和长期实际过程能力。

下面，我们来重点谈谈策略一。根据图 18.2.1 所示过程变异树状图可知，提高测量系统的能力，需要从多方面去考量，同样也包括测量系统的短期的能力和长期的能力。短期的能力包括位置变异和宽度变异两个方面，长期的能力指系统保持稳定的能力。具体说就是提高测量系统的重复性、再现性能力（或属性的一致性），降低偏倚和线性误差，提高系统的长期稳定性。

与过程能力的提高一样，我们也可借用一些有效的工具和手段来实现对测量系统的改进，一般常见的工具有：变革管理、品管手法（如鱼骨图、柏拉图等）、RCA、项目管理及其他。

其实这些都只是建议采用的工具和方法，并不代表没有其他的工具和方法可用，读者尽可大胆地去探索和开发其他有效的工具和方法，只要有效果并可通过实践的检验，就不要拘泥。

另外，还有一个问题需要得到解决，那就是如果测量系统的改进工作遇到了很大的阻力（如改善成本太大、改善周期太长等），我们又该如何面对？

回答这个问题之前，我们首先必须跳出一个认知误区，那就是无论实际情况如何，只要测量系统的结果不被接受，就必须改进直到结果可接受为止。结果不被接受就要改进，相信从理论上讲，这个原则本身并没有错，因为这是从 MSA 单方面的角度考虑问题，所以容易出现这样单一性的认知。如果站在企业管理的角度来看，MSA 工作不是独立存在的，它必须综合考虑企业发展的各个方面，比如成本、技术瓶颈等。

纠正了认知上的单一性问题，我们应从多个方面综合考量测量系统改进的必要性。为了方便实际操作，我们制定了一些必要性原则，这些必要性原则可被称为"五不改原则"：

① 改善成本——如果改善成本远超收益预算，则考虑不改善。
② 改善周期——如果改善周期太长，且与产品周期相当甚至大于产品周期，则考虑不改善。
③ 改善空间——改善的空间太小，提升不显著的，则考虑不改善。
④ 改善难度——行业技术瓶颈导致改善难度极大的，则考虑不改善。
⑤ 改善对象——被测参数不影响产品的关键质量特性和安全特性的，可以考虑不改善。

举个例子，某项目投资 1 亿元人民币，除去成本预算 8000 万元（含税），预计利润在 2000 万元左右，该项目的产品周期是半年。现在，在所有的测量工艺中，有这样一道测量工艺，其 MSA 评估后的结果很差：GRR% = 45%，P/T% = 42%，NDC = 1，bias% = 26%，linearity%=8%，稳定性不够。

从理论上看，毫无疑问我们需要立即着手调查原因和制定改善方案。然而，实际情况是，由于技术瓶颈的缘故，该测量工艺的改善成本大约需要 500 万元，改善周期是 5 个月左右，且改善后的结果预计不会太理想，或许会比现状稍微有些好转；并且该工序的参数特性不是关键的特性，在最终成品检验中是可以被有效检测出来的，只是无法预防。

从以上描述可以看出，如果我们要对该测量工艺进行改进，改善成本需要花费项目利润的 25%，改善周期 5 个月结束后，该项目的产品都快下线了。另外，改善空间太小，比如说从 GRR%=45% 改进到 32%。最关键的问题是，该工序的特性参数只是过程特性参数且为非关键特性，最终还是可以通过成本的检测和试验过滤出不良品，虽然无法预防（预防品质问题的发生也是需要成本的），但起码不会让不良品流出，这种预防的成本和改善的成本之间的较量就显得非常重要了。

当然，这个例子涵盖了"五不改原则"的所有情况，事实上，在实际的工作中，可能我们只会碰到五种情况中的一两种，那么，只要满足任何一种情况，我们就可以不对测量系统进行改进。虽如此，我们还需要做好其他方面的工作，比如产品终检能否将不良品识别出来，再比如特性参数是否会影响产品的功能和安全性，等等。也就是说，我们必须拥有其他弥补的措施和手段来保证最终流出的产品不会造成显著的不良影响。

测量系统的改进工作不是单一的技术工作，它需要组织内部做好充分的沟通，尤其是管理者和决策者能够理解这个过程，最可怕的是"一刀切"。一刀切的意思就是只要看到测量系统异常就立即组织改进，并且是不余遗力地进行，这是一种风险很大的做法，其风险主要是指成本风险。针对这个问题，我们已在 2.7 节的内容中进行了详细的分析和说明，读者可结合这部分内容进行很好的理解。

18.5 项目管理在测量系统改进中的应用

项目管理协会在《项目管理知识体系指南》（第五版）中对项目进行了定义：项目是一个临时性的工作，创造的是独特的产品、服务和结果。

可以看出，项目定义的外延非常宽泛。对于一个项目，我们需要对其进行科学的管理，一个活动可被当作项目来管理，只要同时满足以下三个特征即可：有明确的开始和结束时间、有项目是否完成的验收标准、要一次性地完成。

例如，实施一个减肥计划，首先需要界定何时开始实施减肥计划、何时结束减肥计划，其次是体重减到多少才算减肥计划完成，最后一点毫无疑问是要一次性地完成该项减肥计划。如此看来，实施一个减肥计划实则是可以作为一个项目来进行管理的。

那么，对于测量系统的改进是否也可被当作一个项目来进行管理呢？

首先，我们需要制定一个测量系统的改进计划，这个计划通常都要有开始时间和结束时间，否则无法追踪其进度。

其次，测量系统的改进工作是否完成主要还是以 MSA 的分析结果是否满足一判断标准为依据。比如 GRR 结果从"不可接受"到"条件接受"甚至到"可接受"的范围，这个是事先完全可以被定义清楚的。

最后，测量系统的改进工作无疑也是需要按计划一次性地完成，如果一次性完成不了，只能算作项目失败，通常下一次的改进活动只能另算一个项目了。

由此可见，测量系统的改进完全可借助于项目管理的思维来进行。当然，有一点必须强调，把测量系统的改进当作项目管理来进行是在改进工作相对难度较大、情况较复杂并且涉及的资源较多的情况下才会采用的一种思路，否则，一个简单的改进工作完全可以采用如 RCA 这样相对简单一点的工具。

（1）项目的要求

一个成功的项目需要兼顾成本、进度和质量三个方面，同时还不能因为该项目而留下后遗症，如图 18.5.1 所示。

1）项目的质量：测量系统改进后的结果必须是实实在在变好了的结果。

2）项目的进度：一个项目的进度要适度，不能太快，也不能太慢。太快容易造成成本的浪费和质量的降低；太慢则会使项目最终变得毫无意义。

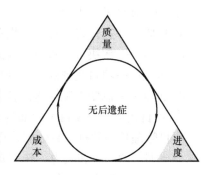

图 18.5.1　成功的项目

3）项目的成本：任何项目的总成本均可折算为金钱，无论是财力、人力、物力，均可用金钱来衡量。一个成功的项目毫无疑问是收益远大于投入的，因此，成本的有效控制也是作为项目管理的一项极为重要的衡量指标。

4）无后遗症：如果为了完成一个测量系统的改进项目而破坏了客户关系、供方合作关系、组织内部成员之间的关系甚至一线作业员的士气，那么这样的项目会后患无穷、得不偿失。如果是这样的话，这样的项目还不如撤销。

（2）项目管理的三个阶段

由于本书不是专门讨论项目管理的，读者如需要应用项目管理的思路来做测量系统的改进工作，应接受专业的项目管理的知识培训。下面，我们仅列出简要的实施步骤以供参考。

1）第一阶段：项目定义。

① 发布项目章程——包括项目名称、项目描述（含项目发起人）和项目经理。

② 编写项目陈述书——包括项目目的、项目目标、成功标准、范围陈述、交付成果和里程碑。

③ 做项目利益相关方分析——利用权力和利益方格，结合头脑风暴法识别出各层次利益和权力的相关方。

2）第二阶段：制定计划。

① 制定风险计划——列出风险管理列表。

② 制定五步基线计划：

a. 创建工作分解结构（WBS）——不要出现漏项。

b. WBS 定义任务关系——找出"叶子节点"→制定前导图→绘制网络图。

c. 进行工作包估算——添加工期并找出累积总工期最长或浮动时间为零的路径，将其定义为关键路径；列出工作包估算表。

d. 计算初步进度——工期浮动计算。

e. 平衡资源——利用甘特图对资源进行分配。

③ 制定项目计划进度表。
3）第三阶段：项目控制。
① 确定项目利益相关方。
② 绘制 RACI 责任矩阵。
③ 制定项目沟通计划——项目经理要将 90% 的精力放在沟通上。
④ 项目团队监测四个方面：
a. 风险——迭代管理过程；提前识别潜在的问题。
b. 问题——解决或上报已知问题。
c. 范围——项目范围的变更管理。
d. 进度——制定总工期进度监控表和工作进度控制表。
⑤ 项目例会——项目组内部沟通的有效形式。

项目管理是一种科学有效的管理工具，很多 MSA 工程师在对测量系统进行改进时总是碰到这样或那样的困难和阻力，殊不知，测量系统的改进工作已经不是简单的技术工作，它是一项典型的以管理为主导的工作。如果没有科学的管理方法，在遇到困难和阻力时，很多时候我们会选择放弃测量系统的改进工作，且容易产生抱怨和消极的工作情绪，对后续的工作也会埋下隐患。

而实际上大可不必如此，项目管理的核心思想就是要平衡各方的利益关系，最终平衡的是质量与成本之间的关系，其基本的实现手段就是——沟通！因此，MSA 工程师遇到复杂的、有一定难度的测量系统改进工作时，企图独自去挑战而不进行充分的组织内部沟通是很难办到的，我们完全可以借助项目管理的思路来实现这一点。

纵观大多数测量系统的改进工作均存在一个严重的缺陷，那就是改进工作不够充分，留下诸多潜在的、显现的后遗症。比如说财务部门因为你这次的改进工作打乱了他们的成本预算，下一次的改进工作在资金投入方面可能就会变得越来越困难。因此，如果能引入项目管理的科学方法，很多组织内部的沟通问题就容易获得解决。当然了，项目管理是一门需要丰富经验的专业学问，我们要做到对项目管理的理论知识进行充分的学习，并且要不断地应用和实践，这样才能很好地掌握这项科学的管理工具。

18.6 测量误差的减小

当测量系统出现了异常，我们便着手对其进行改进。然而，我们也清楚，并非所有的测量系统都值得我们去改进的，为了降低不良品流出的风险，我们会从其他方面来弥补这样的缺陷，比如产品终检的筛选。虽如此，毕竟还是不能起到预防的作用，因此，我们可以从预防的角度来引进一些临时性措施。这些临时性措施甚至还可以被当作产品周期内的一贯措施，其目的只有一个，那就是减小测量误差。

按照误差理论，测量误差可分为随机误差和系统误差，减小测量误差就是减小随机误差和系统误差。

1. 减小随机误差的有效措施

随机误差可以表征测量结果数据的分散特性，越分散就表明随机误差越大。在统计上，测量结果数据会以某种数据分布的形态而出现，不过在绝大多数情况下，我们把测量结果数据的分布默认呈正态分布，除非有特殊说明和特殊状况发生。

根据辛钦大数定理：$\lim\limits_{n\to\infty}P\left\{\left|\dfrac{1}{n}\sum\limits_{i=1}^{n}x_i-\mu\right|<\varepsilon\right\}=1$ 可以利用多次重复测量取算术平均值（$\bar{X}$）的方法来使测量结果不断逼近均值（μ）。当然，考虑量具的磨损、工作效率、对工件的影响等客观因素，重复测量次数不宜过多，通常的建议是 3~20 次。

故此，我们引入一种减小随机误差的措施：进行 3~20 次的重复测量取算术平均值作为最终测量结果。

当然，这样的方法应用也分以下两种情况：

1）手动测量。手动测量的次数不宜过多，因为次数太多会大大降低工作效率、增加操作员的疲劳度（疲劳度的增加也会影响测量结果）。通常建议 3~5 次就够了，而且很多时候我们只建议 3 次。

2）自动化测量。自动化测量系统就不存在明显的工作效率和疲劳度等问题，但次数也不宜太多，因为次数太多容易造成量具的磨损和被测工件受到影响。因此，自动化测量系统的重复测量次数通常建议 5~20 次，具体多少次，要看是什么样的测量，如果是高频率的快速测量且不会造成明显的量具磨损和被测工件受到影响，比如在线影像测量系统，那么，其重复测量次数可以适当增加，然后由计算机软件自动计算算术平均值（$\bar{X}$）。这也是自动化测量系统的一种优势。

2. 减小系统误差的方法和措施

关于系统误差的减小问题，我们通常引入的临时措施是一种"矫正"的办法。下面，我们介绍几种常用的减小系统误差的方法和措施。

（1）修正法

1）代数修正。代数修正就是在测量结果上加上一个修正值（C）。根据误差的定义，误差：

$$\Delta = x - x_0$$

式中，x 为测量值；x_0 为标准值。

修正值 C 则与误差 Δ 符号相反：

$$C = -\Delta$$

当我们测得一个结果为 x 时，误差为 Δ，那么，被修正后的结果可表示为：

$$X_c = x + C$$

考虑随机误差的减小，我们采用算术平均值（$\bar{X}$）作为测量结果，因此，被修正后的结果则可表示为：

$$X_c = \bar{X} + C$$

这种代数修正方法可直接在测量系统中实现，使之成为新的测量系统，我们把代数修正作为更新测量系统的过程称为物理修正。

物理修正是人为地对量具、软件、辅具、夹具等进行强制调整，这种调整的结果是将旧的测量系统更新了一下而出现了一套新的测量系统。新的测量系统所给出的结果均为一种"假象数据"，不过，因为系统被彻底修正过，所以，这种"假象数据"反而更逼近正确的结果。

例如某测量系统的系统误差为 Δ，为了方便操作员不需要每次都将结果加上一个修正值 $C = -\Delta$，设备工程师完全可以将这个 C 值人为地写入软件程序中，让软件自动把测量结果进行修正。也就是说，操作员观察测量设备的屏幕时所得到的测量结果是被自动修正后的测量结果,如此可以起到"防呆"的作用。

2)修正因子。将测量结果乘以一个系数而得到较为准确的测量结果,这个系数被称之为修正因子(C_r),修正后结果的表达式为:

$$X_c = C_r \overline{X}$$

3)修正曲线。与代数修正和乘以修正因子不同,有些修正值会随着某个影响量的变化而变化,而且这种变化符合某种函数关系,最常见的是线性关系。那么,我们就可以把修正值与影响量之间的关系绘制成一种函数曲线,这种曲线被称之为修正曲线。

例如,某电阻受温度影响的修正曲线如图18.6.1所示。

4)修正值表。有些修正值与影响量之间的函数关系非常复杂且不容易弄清楚,或者是修正值受多个影响因素的影响时,我们就很难绘制修正曲线了。在这种情况下,我们可以采用修正值表的方法来替代修正曲线,测量人员每次测得一个数据时,只需要查修正值表就可以得到修正值。当然了,这个过程同样可以交给计算机程序,甚至测量人员自己利用Excel表就可以轻松完成自动查表的工作。

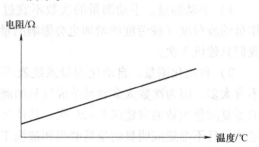

图18.6.1 某电阻关于温度的修正曲线

例如,表18.6.1是三种不同材质的电阻温度修正系数表。

表18.6.1 电阻温度修正系数表

温度/℃	温度系数			温度/℃	温度系数		
	铜导体	铝导体	PVC绝缘		铜导体	铝导体	PVC绝缘
1	1.08070	1.08292	0.048	21	0.99609	0.99599	1.17
2	1.07613	1.07821	0.054	22	0.99220	0.99200	1.34
3	1.07159	1.07355	0.070	23	0.98835	0.98805	1.57
4	1.06760	1.06892	0.077	24	0.98452	0.98414	1.81
5	1.06264	1.06434	0.091	25	0.98073	0.98025	2.08
6	1.05822	1.05979	0.109	26	0.97696	0.97639	2.43
7	1.05384	1.05529	0.124	27	0.97323	0.97256	2.79
8	1.04949	1.05082	0.151	28	0.96952	0.96877	3.22
9	1.04518	1.04639	0.183	29	0.96584	0.96500	3.71
10	1.04091	1.04199	0.211	30	0.96219	0.96126	4.27
11	1.03667	1.03764	0.249	31	0.95856	0.95755	4.92
12	1.03246	1.03331	0.292	32	0.95496	0.95387	5.60
13	1.02829	1.02903	0.340	33	0.95139	0.95022	6.45
14	1.02415	1.02478	0.402	34	0.94785	0.94659	7.42
15	1.02004	1.02056	0.468	35	0.94433	0.94300	8.45
16	1.01597	1.01638	0.547	36	0.94084	0.93943	9.70
17	1.01193	1.01224	0.638	37	0.93737	0.93588	
18	1.00792	1.00813	0.744	38	0.93393	0.93237	
19	1.00395	1.00405	0.857	39	0.93052	0.92888	
20	1.0000	1.0000	1.000	40	0.92713	0.92541	

（2）抵消法

1）恒定系统误差。包括以下方法：

① 易号法。改变测量条件，例如测量方向、电压极性等，使两种条件下的测量结果中的误差符号相反，取算数平均值以消除系统误差。

例如，我们知道很多螺杆传动的测量设备都存在回程误差，即由螺纹的间隙而引起的空行程带来的测量误差。为消除这种回程误差，我们可以从两个方向对线，第一次顺时针旋转对准刻度读数为 d，设不含回程误差的值为 X，回程误差为 ε，则有：$X = d + \varepsilon$；第二次逆时针旋转对准刻度读数为 d'，此时的回程误差为 $-\varepsilon$，则有：$X = d' - \varepsilon$，那么，取平均值即可消除回程误差：$X = (d + d')/2$。

② 交换法。将测量中的某些条件适当交换，例如被测物的位置相互交换，设法使两次测量中的误差源对测量结果的作用相反，从而抵消系统误差。

例如，精密重量测量中通常会用到物理天平而非电子秤，物理天平在理论上是等臂天平（$l_1 = l_2$），但实际情况却没有这样理想，实际情况是两测量臂存在微量的差异，即 $l_1 \neq l_2$，那么，由两测量臂不相等而产生的误差就是一种系统误差。

为了抵消这样的系统误差，我们采用砝码和被测物的位置互换的方法。第一次在天平的左边秤盘放置砝码 M_1，右边秤盘放置被测物 X，则有：$X = M_1(l_1/l_2)$；第二次在天平的左边秤盘放置被测物 X，右边秤盘放置砝码 M_2，则有：$X = M_2(l_2/l_1)$，取两次测量的几何平均值作为最终的测量结果：

$$\sqrt{XX} = \sqrt{[M_1(l_1/l_2)] \times [M_2(l_2/l_1)]}$$

则有：

$$X = \sqrt{M_1 M_2}$$

③ 替代法。保持测量条件不变，用一已知量值（x_0）的标准件替代被测物（X）再做测量，使指示仪器的指示位置与先前测量被测物的指示位置相同，此时可认为：$X = x_0$，以此来达到消除系统误差的目的。

2）可变系统误差。包括以下方法：

① 对称测量法消除线性系统误差。合理地设计测量顺序可以消除由于测量系统的线性漂移而引入的系统误差。设标准件和被测物的真实值分别为 x_0 和 X，系统误差为 ε，测量系统对标准件和被测物的测量值分别为 a 和 x，测量时间节点为 t，针对具有线性漂移的测量系统，采用对称测量法：

时间点 t_1，测量标准件：$a = x_0 + \varepsilon_1$；
时间点 t_2，测量被测物：$x = X + \varepsilon_2$；
时间点 t_3，测量被测物：$x' = X + \varepsilon_3$；
时间点 t_4，测量标准件：$a' = x_0 + \varepsilon_4$。

设计测量顺序时，只要满足 $t_2 - t_1 = t_4 - t_3$，当线性漂移条件满足时，则有：$\varepsilon_2 - \varepsilon_1 = \varepsilon_4 - \varepsilon_3$，于是，我们可得出系统误差 Δ：

$$\Delta = X - x_0 = \frac{x + x'}{2} - \frac{a + a'}{2}$$

那么，测量系统的修正值：$C = -\Delta$。

② 半周期偶数测量法消除周期性系统误差。同理，合理地设计测量顺序也可以消除由于

测量系统的周期性变化而引入的系统误差。周期性系统误差通常可以表示为：

$$\varepsilon = a\sin\frac{2\pi l}{T}$$

式中，l 为引起周期性系统误差的自变量，如时间、角度等；T 为误差变化的周期。

因为相隔 $T/2$ 周期的两个测量结果中的误差是大小相等符号相反的，所以，凡相隔半周期的一对测量值的均值中是不再含有此项系统误差的。这种方法被广泛用于角度仪上。

3. 常见的测量原则

上述的这些方法作用是有限的，从一定程度上说，这些方法只能为提高测量的可靠性起到精益求精的效果。要想从根本上确保测量结果的可靠性，还需要我们对测量系统的各个因素和环节进行全面、充分的理解和研究，从系统的层面保证和提高测量过程的能力。系统的层面不仅仅是技术层面，还有管理层面，此种思想，也是我们反复强调的一种思想。

特别值得一提的是，在手动测量系统中，尤其是在长度类的手动测量系统中，为了减小测量误差，我们应尽可能地遵循一些测量原则，下面就列出一些常见的测量原则以供读者参考使用。

（1）阿贝原则（Abb's principle）

在布置长度计量仪器中的被测物和标准尺的相互位置时，应将被测物与标准尺沿测量轴线成直线排列，或者被测线应和测量线重合，或者在其延长线上。

违背阿贝原则的量具典型的例子如图 18.6.2 所示。图中的卡尺当手动测量推力 F 施加在卡尺的移动轮上时，接触被测物后，尺框会因为一侧受力而发生侧斜（虚线所示），并与尺身不再是同轴关系而是存在一定的夹角 φ，此时的外量爪 2 的位置也会发生变化（由实线辅助线位置到虚线辅助线位置），被测物的尺寸误差被称为阿贝误差：

$$\Delta L = L(\cos\varphi - 1) \approx -\frac{1}{2}L \cdot \varphi^2$$

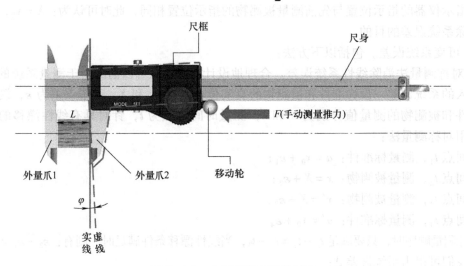

图 18.6.2　卡尺不符合阿贝原则

而被测物的测量结果为：$L + \Delta L < L$，即测量结果会比实际值小。

符合阿贝原则设计的量具典型的例子是外径千分尺，其特点是测量杆与尺身为同轴式结构，而卡尺则为测量爪前进方向与尺身为平行结构，这是建立在阿贝原则上的本质性区别。

因此，外径千分尺可忽略这种阿贝误差。

现在很多卡尺在设计上出现了把移动轮改成了微动装置，也有专门设计弹性工装的，这些措施都是为了减小阿贝误差。

(2) 最小变形原则

最小变形原则的含义是在尺寸测量过程中，应尽量避免使得被测对象发生明显的形变而产生测量误差。

举一个很容易理解的例子，比如要测一款弹簧自由状态下的长度（图18.6.3），我们要避免使用卡尺、千分尺、高度规、三坐标尺寸测量仪（CMM）等这一类接触式的且会给弹簧施加一定压力的量具；取而代之的是，我们可以采用一些非接触式的量具，比如投影仪、影像测量仪（CCD）、激光测长仪等。

图 18.6.3　自由状态下的弹簧

最小变形原则包含以下三个方面的内容：

1）测量力变形。对于测量力的变形我们可以从上述关于弹簧的例子中了解到，不过弹簧比较特殊，对于一般的被测物而言，测量力的大小通常是按被测工件的公差来进行确定的：

① 当被测件公差小于 $2\mu m$ 时，测量力不应高于 2.5N。

② 当被测件公差为 $2\sim10\mu m$ 时，测量力应为 $2.5\sim4N$。

③ 当被测件公差大于 $10\mu m$ 时，测量力应为 $4\sim10N$。

2）自重变形。自重变形是由被测物自身的重力而产生的自身的形变，仍旧拿弹簧来举例，把弹簧竖直放置在测量平台上，此时的弹簧由于其自身的重力原因，它一定会有一定程度的形变，形变的大小取决于弹簧的弹性系数与弹簧自身的重力。如果此时对其进行自然长度测量的话，其测量结果势必会偏小，因此，为了避免这样的形变问题，我们就需要将该弹簧放倒后平放于测量平台之上再对其进行自然长度的测量。

3）热变形。物体皆有热胀冷缩的物理效应，因此，对于一些温度敏感的被测物来说，应尽量保证测量环境的温度是在标准要求范围内。另外，测量员用手长时间握住被测物时，其手掌的温度也是一个不可忽视的影响因素。

表18.6.2列举了几种常见材质的线性热膨胀系数。

表 18.6.2　常见材质的线性热膨胀系数

材　　质	热膨胀系数 α $\times 10^{-6}/℃$
低碳钢	11.7
6/4 黄铜 C2801	20.8
铍铜 C1720	17.1
铝 A1100	23.6
硬铝 A7075	23.6
铝合金	23.8

(续)

材　质	热膨胀系数 α $\times 10^{-6}/℃$
纯铝	23
钛	8.4
灰铸铁	9
一般碳钢	11.5
马氏体不锈钢	1.01
奥氏体不锈钢	1.6
不锈钢	14.4~16
金	14.2
工业玻璃	4.5
玻璃陶瓷	<0.1
瓷器	3
尼龙	120
聚甲基丙烯酸甲酯（PMMA）	85
聚氯乙烯（PVC）	80
碳纤维（HM 35 in Längsrichtung）	-0.5

我们可以拿铝合金来举例，比如要测量某铝合金零件的长度，在不同的温度下对其进行测量，第一次是在环境温度为20℃的标准实验室里进行测量，所测长度为 $L=100\text{mm}$，第二次是在测量员长时间用手握住零件后所进行的测量（正常情况下，人体手心平均温度约为33℃），所测长度为 L'，那么：

$$L' = L(1 + \alpha\delta T) = 100 \times [1 + (23.8 \times 10^{-6}/℃) \times (33℃ - 20℃)] = 100.03094$$

该铝合金零件因温度的差异而发生的形变为：

$$\Delta L = 0.03094\text{mm} = 30.94\mu\text{m}$$

在一些精密加工领域，30.94μm 是一个不容忽视的形变，因此，为了避免此类热变形的情况发生，测量者务必要确认清楚被测物的温度条件。

为此，对于一些高精度测量仪器，如接触式干涉仪、平晶等厚干涉仪等，都要有防止和减少热辐射的隔离装置。

（3）最短链原则

为减小测量误差，测量链的环节应该最少，即测量链最短，可使总的测量误差控制在最小的程度，这就是最短测量链原则。

测量链包括隐性测量链和显性测量链两种情况。

1）隐性测量链是将测量链环节直接设计到量具内部的机械结构中，外表看起来似乎是一步到位的测量，实际上内部包含多个测量传动环节。

如图18.6.4所示的厚度规，其测量链是被设计到量具内部机械结构中，它的测量链为：测量杆的直线位移→齿轮A转动→齿轮B传动→齿轮C带动指针。

诸如此类量具在设计中包含的齿轮环节越多，因齿轮间隙带来的累积误差也就可能越大。

典型的如机械表比石英表的准确度就差很多，由于机械表内部齿轮非常多，齿轮间的间隙累积起来也就非常大，即便是世界上知名的手表制造商，也很难把机械表的准确度做到接近石英表。

根据我国在1991年制定的钟表行业标准规定（摘录部分内容）：

① 自动机械手表Ⅰ型（男表）走时瞬间误差范围为：优等品每24h误差 –20～+30s；一等品每24h误差 –30～+60s；合格品每24h误差 –50～+90s。延续走时均大于等于36h。

② 自动机械手表Ⅱ型（中型表）走时瞬间误差范围为：优等品每24h误差 –25～+50s；一等品每24h误差 –40～+80s；合格品每24h误差 –60～+120s。延续走时均大于等于30h。

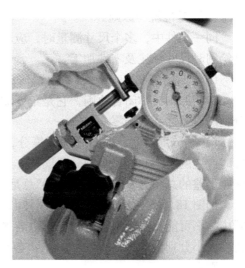

图18.6.4　厚度规

③ 自动机械手表Ⅲ型（坤表）走时瞬间误差范围为：优等品每24h误差 –30～+70s；一等品每24h误差 –50～+100s；合格品每24h误差 –70～+150s。延续走时均大于等于28h。

④ 石英表不分型号，走时瞬间误差范围为：优等品每24h误差 –0.5～+0.5s；一等品每24h误差 –1.0～+1.0s；合格品每24h误差 –1.5～+1.5s。

从上述标准中，可以看出，石英表由于是电路结构，本身就不存在齿轮间隙误差。一般的测量实践告诉我们，同等分辨力的条件下，电子产品的量具一般比机械产品的量具准确级别要高，比如数显卡尺的准确度就要比游标卡尺和带表盘的卡尺准确度高，数显千分尺也比带微分筒的千分尺准确度要高，数显万用表也是比指针式万用表的准确度要高。

通过这样的经验，我们在平时选择量具时，可以优先考虑电子产品。当然了，特殊情况除外，比如在一些机械加工车间，由于车间的油污、金属粉屑等比较多，游标卡尺反而更适合那种环境，数显卡尺则容易经常出现故障。

2）显性测量链则是外在的、可以被我们测量者所控制的一种测量方案组合。

比如要测人体的身高，最短的测量链就是利用标称范围足够的尺子进行一次性测量，而要避免采用短尺（比如300mm的直尺）进行多次测量，因为多次测量的误差是会累加的，这就是显性测量链的典型例子。

图18.6.5所示是一组砝码，其总质量为4050g，但这样的组合有7个砝码，每个砝码的偏差是可以被累加的，因此，4050g这个结果的总体偏差就相对较大。

在常规的砝码组合中，如果我们把上述组合方案改成最少砝码组合，即3个砝码组合：2kg、2kg和50g，这样则可以减少4次累积偏差，也就使得4050g这个结果比先前7个砝码组合的4050g的结果更加准确。

图18.6.5　砝码

(4) 基准统一原则

同一零件中，多个尺寸测量时，应尽量参考同一基准进行测量。此原则也适用于机械图纸绘制时尺寸标注及零件加工。

(5) 封闭原则

封闭原则又称闭合原则，它是角度测量的基本原则。其基本原理是：整个圆周上所有圆分度的误差之和等于零。

1) 圆分度误差。把圆周进行等分，从而得到所需的角度，称为圆分度。将圆周进行分度时产生的不均匀性就是圆分度误差。虽然客观上存在圆分度误差，但圆周分度首尾相接的间距误差的总和为零（即 0° 和 360° 总是重合的）。

如图 18.6.6 所示，我们将圆周做 12 等分，理论上，每个圆分度的角度大小为 30°，但实际中是不可能真正做到均分的，所以各圆分度的角度大小不可能都是 30°。假定各圆分度的角度大小分别为：α_1，α_2，…，α_{12}；各个圆分度的偏差设为：$\Delta\alpha_1$，$\Delta\alpha_2$，…，$\Delta\alpha_{12}$。

则有：

$$\alpha_1 + \Delta\alpha_1 = 30°$$
$$\alpha_2 + \Delta\alpha_2 = 30°$$
$$\cdots$$
$$\alpha_{12} + \Delta\alpha_{12} = 30°$$

两边求和可得：

$$(\alpha_1 + \Delta\alpha_1) + (\alpha_2 + \Delta\alpha_2) + \cdots + (\alpha_{12} + \Delta\alpha_{12}) = 360°$$

即：

$$(\alpha_1 + \alpha_2 + \cdots + \alpha_{12}) + (\Delta\alpha_1 + \Delta\alpha_2 + \cdots + \Delta\alpha_{12}) = 360°$$

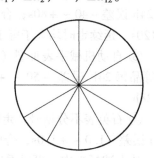

图 18.6.6　将圆周做 12 等分

由于 0° 刻线和 360° 刻线总是重合的，即圆周分度是封闭的，故有：

$$\alpha_1 + \alpha_2 + \cdots + \alpha_{12} = 360°$$

由此可得：

$$\Delta\alpha_1 + \Delta\alpha_2 + \cdots + \Delta\alpha_{12} = 0$$

即：

$$\sum_{i=1}^{12} \Delta\alpha_i = 0$$

2) 封闭原则的应用范围。凡能形成圆周封闭条件的场合均可应用，如在圆周分度器件：圆刻度盘、圆柱齿轮的测量；方形类器件：方箱、方形角尺的测量都可以利用封闭原则进行"自检"。

例如，采用"自检法"测量工件四个面的垂直度误差，如图 18.6.7 所示。

将工件放置在 0 级平板上，以 α_1 角对应的面（AB）作为定位面，由瞄准器 N 和测微器 M 的触头与 AB 面接触，并使二者均调为零，此时可得角 α_1 对应的垂直度读数 $e_1 = 0$；然后以 α_1 为定角（以 Φ 表示）

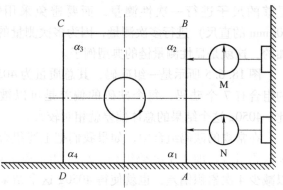

图 18.6.7　封闭式测量工件的垂直度

和其他角进行比较，测得相应的 e_2、e_3、e_4（一般写法为 e_i），各被角的实际值为：

$$\alpha_i = \Phi + e_i$$

分别将 α_i 与 Φ 中所包含的 $90°$ 减去，则有：

$$\Delta\alpha_1 = \Delta\Phi + e_1$$
$$\Delta\alpha_2 = \Delta\Phi + e_2$$
$$\Delta\alpha_3 = \Delta\Phi + e_3$$
$$\Delta\alpha_4 = \Delta\Phi + e_4$$

对上面四个等式两边求和可得：

$$\sum_{i=1}^{4}\Delta\alpha_i = 4\Delta\Phi + \sum_{i=1}^{4}e_i$$

由封闭原则可知：

$$\sum_{i=1}^{4}\Delta\alpha_i = 0$$

故有：

$$\Delta\Phi = -\frac{1}{4}\sum_{i=1}^{4}e_i$$

因此，每个角对应的实际垂直度误差为：

$$\Delta\alpha_i = \Delta\Phi + e_i = -\frac{1}{4}\sum_{i=1}^{4}e_i + e_i$$

例如，当使用测微仪 M、N 分别测得数据如下：

$$e_1 = 0、e_2 = +8\mu m、e_3 = -10\mu m、e_4 = +14\mu m$$

则有：

$$\Delta\Phi = -\frac{1}{4}\sum_{i=1}^{4}e_i = -\frac{1}{4}\times(0+8-10+14) = -3$$

则各角所对应的面垂直度误差为：

$$\Delta\alpha_1 = -3\mu m + 0 = -3\mu m$$
$$\Delta\alpha_2 = -3\mu m + 8\mu m = 5\mu m$$
$$\Delta\alpha_3 = -3\mu m - 10\mu m = -13\mu m$$
$$\Delta\alpha_4 = -3\mu m + 14\mu m = 11\mu m$$

且可用封闭原则对结果进行"自检"验证：

$$\sum_{i=1}^{4}\Delta\alpha_i = -3 + 5 - 13 + 11 = 0$$

结果满足封闭原则，证明测量过程未产生额外的测量误差，否则需要重新检查测量过程是否存在某种异常和不合理之处。

18.7 测量系统改进案例

本节内容将举一些常见的案例以说明测量系统改进的基本思路。这些案例是根据在实践工作中所遇到的一些真实案例改编而成的，虽然无法涵盖所有的情况和可能性，但其基本的思路和方法大体上都是一致的。

1. 案例 1

MSA 工程师赵工刚入职一家制造型公司，接到的首个任务是对现有的测量系统有计划地进行分析和改进工作。当他对 IQC 的钢直尺铝板宽度测量系统进行分析后，发现结果非常差。以下是该测量系统分析的相关信息、数据与结果。

（1）GRR 分析

1）测量系统基本信息（GRR）见表 18.7.1。

表 18.7.1　测量系统基本信息（GRR）

量具名称	钢直尺	量具编号	XXXX0001	工段	IQC
USL	69.5	LSL	69.3	公差范围	0.2
部件名称	铝板	参数	宽度	单位	mm
测量员1	李	测量员2	钱	测量员3	孙
分析人	赵	分析日期	2018-7-21	有效期	2019-7-20
审核人	周	审核日期	2018-7-22	分析周期	12月

2）GRR 数据（对盲测后的数据进行整理）见表 18.7.2。

表 18.7.2　GRR 数据

测量员	顺序	零件									
		1	2	3	4	5	6	7	8	9	10
李	1	69.5	69.5	69.5	69.0	70.0	69.5	69.5	68.5	69.5	69.0
	2	69.5	69.5	69.5	69.5	69.5	69.0	69.5	68.5	69.5	69.5
	3	69.5	69.5	69.0	69.0	69.5	69.0	69.5	68.5	69.5	69.5
钱	1	69.0	69.5	69.0	69.5	70.0	69.0	69.5	68.5	69.0	69.0
	2	69.0	69.5	69.0	69.5	70.0	69.0	69.5	68.5	69.0	69.0
	3	69.0	69.5	69.0	69.5	69.5	69.0	69.5	68.5	69.5	69.0
孙	1	69.0	69.0	69.0	69.5	69.5	69.5	69.5	68.5	69.5	69.5
	2	69.0	69.0	69.0	69.5	69.5	69.5	69.0	69.0	69.0	69.5
	3	69.0	69.0	69.0	69.5	69.5	69.0	69.0	69.0	69.5	69.0

3）GRR 数据结果见表 18.7.3、表 18.7.4。

表 18.7.3　方差分量

来源	方差分量	方差分量贡献率
合计量具 R&R	0.062963	50.04
重复性	0.038889	30.91
再现性	0.024074	19.13
测量员	0.002469	1.96
测量员 * 零件	0.021605	17.17
部件间	0.062860	49.96
合计变异	0.125823	100.00
过程公差 = 0.2		

表 18.7.4　量具评估

来源	标准差（SD）	研究变异（6×SD）	%研究变异（%SV）	%公差（SV/Toler）
合计量具 R&R	0.250924	1.50555	70.74	752.77
重复性	0.197203	1.18322	55.59	591.61
再现性	0.155158	0.93095	43.74	465.47
测量员	0.049690	0.29814	14.01	149.07
测量员 * 零件	0.146986	0.88192	41.44	440.96
部件间	0.250719	1.50431	70.68	752.16
合计变异	0.354715	2.12829	100.00	1064.15
可区分的类别数 = 1				

4）GRR 图形结果如图 18.7.1 所示。

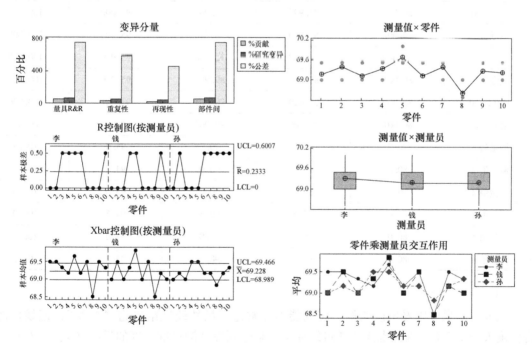

图 18.7.1　GRR 图形结果

（2）偏倚和线性分析

1）测量系统基本信息（偏倚/线性）见表 18.7.5。

2）偏倚/线性数据（对盲测后的数据进行整理）见表 18.7.6。

3）偏倚/线性分析结果（过程变异来自于历史数据 6×SD = 0.187903）如图 18.7.2 所示。

表 18.7.5　测量系统基本信息（偏倚/线性）

量具名称	钢直尺	量具编号	XXXX0001	工段	IQC
基准量具	量块+接触式干涉仪	基准量具编号	X01 + X123	测量员	李
USL	96.5	LSL	96.3	公差范围	0.2
部件名称	铝板（供方定制）	参数	宽度	量值单位	mm
分析人	赵	分析日期	2018-7-21	有效期	2019-7-20
审核人	周	审核日期	2018-7-22	分析周期	12月

表 18.7.6　偏倚/线性数据

部件	1	2	3	4	5
基准值 1	80.001	84.999	90.000	95.001	100.000
基准值 2	80.002	85.000	90.000	95.000	100.000
基准值 3	80.001	84.999	90.001	95.001	100.000
基准值 4	80.001	85.000	90.000	94.999	100.000
基准值 5	80.000	84.999	89.999	95.000	100.000
基准值 6	80.002	84.999	89.999	95.000	100.000
基准值 7	80.002	85.000	90.000	95.000	100.000
基准值 8	80.000	85.000	90.000	95.000	100.000
基准值 9	80.001	85.001	89.999	95.000	100.000
基准值 10	80.000	85.000	90.001	95.001	100.000
基准值（均值）	80.001	85.000	90.000	95.000	100.000
测量值 1	80.0	85.5	90.0	95.0	100.5
测量值 2	80.0	85.5	90.0	94.5	100.0
测量值 3	79.5	85.0	90.0	95.0	100.0
测量值 4	80.0	85.0	90.5	94.5	100.0
测量值 5	80.0	85.5	90.0	95.0	100.5
测量值 6	80.0	85.0	90.5	95.0	100.5

（3）案例解析

从分析结果可以看出该测量系统的能力非常差，虽然线性结果为"接受"，但线性的拟合优度 $R^2 = 1.5\%$，因此也无法通过线性修正来达到提高测量准确度的目的（表18.7.7）。

表 18.7.7　分析结果

GRR 结果	偏倚/线性结果
GRR% = 70.74% > 30%，不接受	单点偏倚：bias% = 44.9%、133.0%、88.7%、88.7%、133.0% > 30%，不接受
P/T% = 752.77% > 30%，不接受	平均偏倚：$\overline{\text{bias}\%}$ = 44.2% > 30%，不接受
NDC = 1 < 5，不接受	线性：linearity% = 0.5%，接受

测量值的量具线性和偏倚报告

量具名称：钢直尺(300mm)　　　　　　　报表人：赵
研究日期：2018-7-21　　　　　　　　　公差：±0.10mm
　　　　　　　　　　　　　　　　　　　其他：案例1

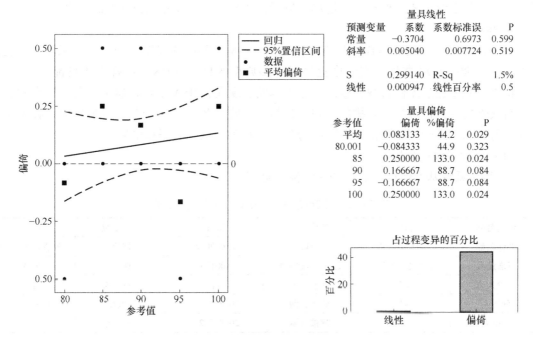

图 18.7.2　偏倚/线性分析结果

作为 MSA 工程师的赵工，面对如此的 MSA 结果，首先想到的是 MSA 的分析过程有没有问题，包括抽样、盲测、数据的录入等；如没有问题，第二步则要做测量系统的变异分析。

做变异分析最直接的方式还是先看分析报告，不难发现，GRR 的图形结果中的"R 控制图"的数据出现严重的分层，"Xbar 控制"的上下控制限（UCL-LCL）的距离太宽，且包含了大部分测量点。据此两图，我们不难作出初步的判断——钢直尺的分辨力严重不足，这一点从 NDC = 1 也可以得到证实。

根据分辨力 1:10 原则，钢直尺的分辨力应能将过程变差或公差范围分为至少 10 等份。

因为过程变差 $6 \times SD = 0.187903$ mm，故分辨力 $d \leqslant 0.0187903$ mm，或者按公差范围 TR = 0.2mm 来计算，分辨力 $d \leqslant 0.02$ mm，而钢直尺的分辨力为 0.5mm，所以，我们可以很容易推断出，在该测量系统开发之初，开发团队根本没有关注到分辨力 1:10 原则这个基本的要求。这种现象在很多制造型公司中都有大量鲜活的例子，当值得我们重视。

在没有解决量具分辨力不足的情况下，讨论重复性、再现性、偏倚/线性和稳定性都没有意义，因此，这类可以直接从 MSA 报告中就能识别出变异源的测量系统改进问题，就完全可以利用 RCA（根本原因改正措施）的工具进行改进了。改进过程中，也可以结合"C * E 图"、"5-why"、"5W2h"等方法对测量系统进行改进。

此例很明显，就是要更换分辨力更高的量具来代替钢直尺，如卡尺、深弓架千分尺、高度规、影像测量仪（CCD）、三坐标测量仪（CMM）等。至于选择哪一种，并不是分辨力、准确度越高越好，还要考虑成本、测量效率等因素。

另外，关于此例，光纠正单一的测量系统问题还不够，因为此问题的产生根源还得归结于管理流程的漏洞。一旦解决了测量系统的问题，紧接着应着手完善测量系统的开发流程。在测量系统的开发流程中，应提前将测量系统相关的专业要求加入技术规格的查检清单中，最终验收测量系统也要严格按查检清单来进行，如此，便可预防此类问题的产生。

2. 案例 2

某公司 FQA（最终品质检查）有一道针对 Y-18 型零件的焊缝外观的检查工序，工艺部门发行了标准的 SOP 文件，文件中提供了许多典型的良品（OK）图样和不良品（NG）图样，检查员只要比照图样目视检查即可做出判断。现在，MSA 工程师赵工准备对该套测量系统进行属性的一致性分析，安排的检查员包括白、晚班各一人（李某、钱某）以及技术组长一人（孙某）。以下详细介绍本次 MSA 分析工作相关信息、数据和结果。

（1）属性一致性分析

1）测量系统基本信息（属性的一致性）见表 18.7.8。

表 18.7.8 测量系统基本信息（属性的一致性）

量具名称	目检	量具编号	N/A	所属工段	FQA
部件名称	Y-18 型零件	参数	焊缝外观	规格	外观标准 SOP
基准量具	显微镜（×30）	基准量具编号	X00123	单位	N/A
评价人 A	李	评价人 B	钱	评价人 C	孙
分析人	赵	分析日期	2018-7-22	有效期	2019-1-21
审核人	周	审核日期	2018-7-23	分析周期	6 月

2）属性的一致性分析数据（对盲测后的数据进行整理）见表 18.7.9。

表 18.7.9 属性的一致性分析

零件	评定值									基准	基准值
	评价人 A			评价人 B			评价人 C				
	A-1	A-2	A-3	B-1	B-2	B-3	C-1	C-2	C-3		
1	OK	NG	NG	NG	NG	NG	NG	NG	NG	NG	参见 SOP 图样
2	OK	OK	OK	OK	OK	OK	OK	OK	OK	OK	参见 SOP 图样
3	NG	NG	NG	NG	NG	NG	NG	NG	NG	NG	参见 SOP 图样
4	OK	OK	OK	OK	OK	OK	OK	OK	OK	OK	参见 SOP 图样
5	OK	OK	OK	OK	OK	OK	OK	OK	OK	OK	参见 SOP 图样
6	OK	OK	OK	OK	OK	OK	OK	OK	OK	OK	参见 SOP 图样
7	NG	NG	NG	NG	NG	NG	NG	NG	NG	NG	参见 SOP 图样
8	OK	OK	OK	OK	OK	OK	OK	OK	OK	OK	参见 SOP 图样
9	OK	OK	OK	OK	OK	OK	OK	OK	OK	OK	参见 SOP 图样
10	OK	OK	OK	OK	OK	OK	OK	OK	OK	OK	参见 SOP 图样
11	OK	OK	OK	OK	OK	OK	OK	OK	OK	OK	参见 SOP 图样
12	OK	OK	OK	OK	OK	OK	OK	OK	OK	OK	参见 SOP 图样
13	OK	OK	OK	OK	OK	OK	OK	OK	OK	OK	参见 SOP 图样
14	NG	NG	NG	NG	NG	NG	NG	NG	NG	NG	参见 SOP 图样
15	OK	OK	OK	NG	OK	OK	OK	OK	OK	OK	参见 SOP 图样

（续）

零件	评定值									基准	基 准 值
	评价人 A			评价人 B			评价人 C				
	A-1	A-2	A-3	B-1	B-2	B-3	C-1	C-2	C-3		
16	NG	NG	NG	NG	NG	NG	NG	NG	NG	NG	参见 SOP 图样
17	OK	OK	OK	OK	OK	OK	OK	OK	OK	OK	参见 SOP 图样
18	NG	NG	NG	NG	NG	NG	NG	NG	NG	NG	参见 SOP 图样
19	NG	NG	NG	NG	NG	NG	NG	NG	NG	NG	参见 SOP 图样
20	NG	NG	NG	NG	NG	NG	NG	NG	NG	NG	参见 SOP 图样
21	NG	OK	OK	OK	OK	OK	OK	OK	OK	OK	参见 SOP 图样
22	OK	OK	OK	OK	OK	OK	OK	OK	OK	OK	参见 SOP 图样
23	OK	NG	OK	OK	OK	OK	OK	OK	OK	OK	参见 SOP 图样
24	NG	OK	OK	OK	OK	OK	NG	OK	OK	OK	参见 SOP 图样
25	NG	OK	OK	OK	OK	OK	OK	OK	OK	OK	参见 SOP 图样
26	OK	OK	OK	NG	NG	NG	OK	OK	OK	OK	参见 SOP 图样
27	OK	OK	OK	OK	OK	OK	OK	OK	OK	OK	参见 SOP 图样
28	NG	OK	OK	OK	OK	OK	NG	OK	OK	OK	参见 SOP 图样
29	NG	NG	NG	NG	NG	NG	NG	NG	NG	NG	参见 SOP 图样
30	OK	OK	OK	OK	OK	OK	OK	OK	OK	OK	参见 SOP 图样

3）属性的一致性分析数据结果见表 18.7.10 ~ 表 18.7.19。

表 18.7.10　评定值的属性一致性分析量具信息

研究日期：2018-7-22

报表人：赵

产品名称：Y-18 型零件

其他：案例 2

表 18.7.11　检验员自身评估一致性

检验员	#检验数	#相符数	百分比	95%置信区间
李	30	23	76.67	(57.72, 90.07)
钱	30	26	86.67	(69.28, 96.24)
孙	30	28	93.33	(77.93, 99.18)

#相符数：检验员在多个试验之间，他/她自身标准一致。

表 18.7.12　Fleiss 的 Kappa 统计量

检验员	响应	Kappa	Kappa 标准误	Z	P（与 >0）
李	NG	0.655549	0.105409	6.21909	0.0000
	OK	0.655549	0.105409	6.21909	0.0000
钱	NG	0.803171	0.105409	7.61955	0.0000
	OK	0.803171	0.105409	7.61955	0.0000
孙	NG	0.904306	0.105409	8.57900	0.0000
	OK	0.904306	0.105409	8.57900	0.0000

表 18.7.13　每个检验员与标准评估一致性

检验员	#检验数	#相符数	百分比	95%置信区间
李	30	22	73.33	(54.11, 87.72)
钱	30	24	80.00	(61.43, 92.29)
孙	30	25	83.33	(65.28, 94.36)

#相符数：检验员在多次试验中的评估与已知标准一致。

表 18.7.14　评估不一致

检验员	#OK/NG	百分比	#NG/OK	百分比	#混合	百分比
李	0	0.00	1	4.35	7	23.33
钱	0	0.00	2	8.70	4	13.33
孙	0	0.00	3	13.04	2	6.67

OK/NG：多个试验中误将标准 = NG 者一致评估为 = OK 的次数。
NG/OK：多个试验中误将标准 = OK 者一致评估为 = NG 的次数。
#混合：多个试验中所有的评估与标准不相同者。

表 18.7.15　Fleiss 的 Kappa 统计量

检验员	响应	Kappa	Kappa 标准误	Z	P（与 >0）
李	NG	0.677111	0.105409	6.42364	0.0000
	OK	0.677111	0.105409	6.42364	0.0000
钱	NG	0.731542	0.105409	6.94001	0.0000
	OK	0.731542	0.105409	6.94001	0.0000
孙	NG	0.682540	0.105409	6.47514	0.0000
	OK	0.682540	0.105409	6.47514	0.0000

表 18.7.16　检验员之间评估一致性

#检验数	#相符数	百分比	95%置信区间
30	17	56.67	(37.43, 74.54)

#相符数：所有检验员的评估一致。

表 18.7.17　Fleiss 的 Kappa 统计量

响应	Kappa	Kappa 标准误	Z	P（与 >0）
NG	0.650827	0.0304290	21.3884	0.0000
OK	0.650827	0.0304290	21.3884	0.0000

表 18.7.18　所有检验员与标准评估一致性

#检验数	#相符数	百分比	95%置信区间
30	17	56.67	(37.43, 74.54)

#相符数：所有检验员的评估与已知的标准一致。

表 18.7.19　Fleiss 的 Kappa 统计量

响应	Kappa	Kappa 标准误	Z	P（与 >0）
NG	0.697064	0.0608581	11.4539	0.0000
OK	0.697064	0.0608581	11.4539	0.0000

4）属性的一致性分析图形结果如图 18.7.3 所示。

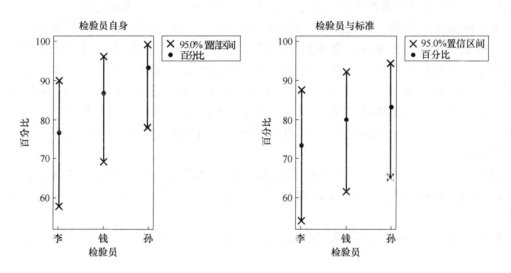

图 18.7.3　属性一致性分析

（2）案例解析

先看最终结果：属性测量系统整体的有效性比率 Eff% = 56.67% < 80%，不接受（30 个零件，只有 17 个与标准相符）；属性测量系统的一致性程度 Fleiss Kappa = 0.697064 < 0.75，条件接受。

从最终结果可以看出，该属性测量系统的能力水平很差。针对这样的分析结果，我们同样要先从分析报告的结果入手，看看能否从分析报告的结果中快速定位问题的大致范围。

1）检查员自身的一致性总体来说还不错，当然，检查员李某的自身一致性差一些，76.67% < 80%，但从检查员的角度来看问题，李某的目检水平值得进一步探讨。

2）每个检查员与标准的一致性就不是很理想，水平都在 80% 上下（73.33%、80.00%、83.33%），即整体的目检准确性有待进一步提高。根据三名检查员的目检准确性水平都不是很理想这样的结果，我们可以预先考虑到是否外观检查标准 SOP 很难被执行和实现？或者是培训机制整体出现问题？还是环境的光照不足？具体是什么原因导致的，需要做一番调查之后才能证实。

3）从错误率（坏品完全被判成好品，OK/NG）和误报警率（好品完全被判成坏品，

NG/OK）的结果可以看出，技术组长孙某有 3 例误报警率，混合的只有 2 例；而检查员李某和钱某虽然误报警率只有 1 例和 2 例，但混合的却有 7 例和 4 例之多。这种情况给了我们一个信息，那就是作为技术组长的孙某对于焊缝外观的判断可能在内心有着强烈的判别标准，不会像李某和钱某那样出现更多的犹豫不定。基于这样的推测，届时做调查工作时，应验证三人对焊缝外观标准 SOP 的理解。

4）检查员之间的一致性很差，只有 56.67%，这一结果说明三人之间的意见很不一致。进一步也说明三人对标准 SOP 的理解很不一样，与上面一条的推测结果暗合，这应成为下一步调查工作的一个重点。

5）图形结果很直观地展示了三名检查员的一致性比率水平，其中，李某应成为本次调查工作的一个重要的被调查对象，因为李某的一致性比率水平均在 80% 以下。

从分析报告的结果中，大致可以看出这些问题，但这远远不够，在很多属性测量系统中，通常会出现一种现象，那就是工艺部门自己也没搞清楚标准是什么，或者说即使搞清楚了标准是什么，也没有搞清楚如何才能有效地实现目检。因此，由工艺设计的问题而导致的测量系统能力水平的不足，应该从源头抓起，从检查标准 SOP 文件改善做起。为了证实这一点，MSA 工程师可以安排工艺部门的技术人员参与到本次的属性一致性分析中来，对比一下 FQA 小组的测量水平和工艺部门技术小组的测量水平，也许能发现一些问题。

当然了，对于三位检查员对 SOP 的理解，我们建议让工艺部门参与进来，让工艺部门亲眼目睹三位检查员是如何理解焊缝外观标准 SOP 文件的，这样有助于找到问题的根源。

此类测量系统的异常问题，我们依旧可以采用 RCA 工具并结合其他有效的工具来开展改进工作。

3. 案例 3

某公司产品的不良率从之前的 0.78% 陡增至 6.32%，此情况给公司带来了严重的经济损失，经产品部门技术专家对不良品的解剖鉴定，此不良主要是由于产品的含水量过高而导致的。

项目部责成工艺部、品质部、设备部、生产部等部门进行调查，工艺部、设备部、生产部确认了产品的烘干（Baking）设备和操作过程并无异常，因此，工艺部怀疑是生产车间的卡尔-费休微量水分测定仪（下面简称"K-F 水分仪"）的可靠性出了问题。品质部的 MSA 工程师赵工，接到了项目组的紧急任务，快速确认 K-F 水分仪是否真的出现了问题，如果是，则迅速制定短期纠正措施和长期的预防方案。

工艺部门给出了他们的怀疑依据是，抽取两个区域（M2 区和 M4 区）各一台 K-F 水分仪对比发现，此两台 K-F 水分仪的测量结果差异约为 $(20 \sim 180) \times 10^{-6}$，如图 18.7.4 所示。

通过烘干前一次抽样测试和烘干后两次抽样测试的对比结果发现，两套 K-F 水分测量系统之间的确存在很大的差异。目前工艺部给出的规格为 $\leq 500 \times 10^{-6}$，那么，$(20 \sim 180) \times 10^{-6}$ 的差异就影响很大了。于是，赵工安排 MSA 技术人员对公司内部所有生产区域的 K-F 水分仪进行排查和确认，排查所用标准件为 1000×10^{-6} 标准水样（表 18.7.20）。按计量要求，K-F 水分仪在 1000×10^{-6} 时的允许误差为 $\pm 50 \times 10^{-6}$，由于 K-F 水分仪的测定需要有电子秤

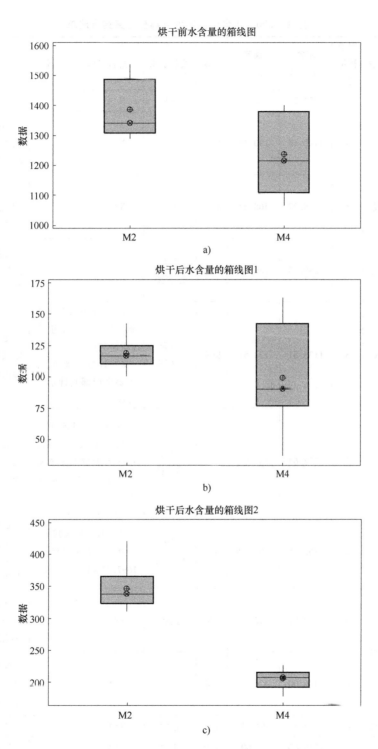

图 18.7.4　K-F 水分仪测量结果

配合称取样品的重量，K-F 水分仪所配套的电子秤也在本次排查之列，加上阴阳极试剂、辅助设备和工具等，我们将其笼统地称之为 K-F 微量水分测量系统。

表 18.7.20　水含量测试仪可靠性排查结果清单

区域	产线	电子秤位数	示值 (10^{-6})	误差 (10^{-6})	判定	试剂状态	排查工作异常记录	紧急对策
M2区3楼	1线	4	1034.29	34.29	正常	正常	N/A	NA
M2区3楼	1线	4	1190.46	190.46	异常	正常	N/A	2018-5-12 供应商计划下厂，设备部/MSA 小组现场确认
M2区3楼	4~6线	3	1368.27	368.27	异常	正常	N/A	更换4位电子秤；制定试剂更换规则；5/11 与供应商确认
M2区2楼	9~10线	2	1289.03	289.03	异常	当天已更换	N/A	更换4位电子秤；制定试剂更换规则；5/11 与供应商确认
M2区3楼	7~8线	3	1133.51	133.51	异常	当天已更换	1）K-F 仪无法 drift 到零位，显示不正常（粗体字）2）计量标签脱落，需要生产部到计量组补标签	更换4位电子秤；制定试剂更换规则；5/11 与供应商确认
M4区2楼	南区线	2	1232.64	232.64	异常	当天已更换	零位一直 drift 不下来后，更换试剂后，再注入少量无水酒精才使得仪器 drift 到零位	更换4位电子秤；制定试剂更换规则；5/11 与供应商确认
M4区2楼	北区线	2	2763.15	1763.15	异常	当天已更换	阴阳极电极头接触：掰开后，重新校准值：1697.97×10^{-6}，NG	更换4位电子秤；制定试剂更换规则；确认电极是否要更换；5/11 与供应商确认
M4区4楼	南区5线	4	1512.07	512.07	异常	正常	N/A	2018-5-12 供应商计划下厂，设备部/MSA 小组现场确认
M4区4楼	南区5线	4	1476.00	476.00	异常	正常	N/A	2018-5-12 供应商计划下厂，设备部/MSA 小组现场确认
M4区4楼	南区3线	4	1017.39	17.39	正常	正常	N/A	NA
M4区4楼	北区7线	4	1039.60	39.60	正常	正常	N/A	NA
M4区4楼	北区7线	4	无法用水样校准	N/A	待定	阳极液需要更换	阳极液需要更换成通用，设备部正在购买通用阳极液	2018-5-12 供应商计划下厂，设备部/MSA 小组现场确认

（续）

区　域	产　线	电子秤位数	示值 (10^{-6})	误差 (10^{-6})	判定	试剂状态	排查工作异常记录	紧　急　对　策
M3区2楼	北区线	3	2295.12	1295.12	异常	试剂较黄，建议更换	水样超过0.3g显示字体变粗，零位drift失效（一般0.1~0.4g）	更换4位电子秤；制定试剂更换规则；5/11与供应商确认
M3区3楼	北区线	2	无法校准	N/A	异常	正常	KFC模式字体变粗，零位drift失效，无法校准	更换4位电子秤；制定试剂更换规则；5/11与供应商确认
M3区2楼	南区线	3	1971.74	971.74	异常	试剂较黄，建议更换	水样超过0.3g显示字体变粗，零位drift失效（一般0.1~0.4g）	更换4位电子秤；制定试剂更换规则；5/11与供应商确认
M3区3楼	南区线	2	无法校准	N/A	异常	正常	KFC模式字体变粗，零位drift失效，无法校准	更换4位电子秤；制定试剂更换规则；5/11与供应商确认

初步排查结果显示，公司内部生产线的K-F水分测量系统存在诸多异常状况，应对K-F水分测量系统进行全面的改善。

针对如此复杂的、涉及面很大的测量系统改善问题，赵工拟采用项目管理的办法全面系统地推进改善进程。当然，赵工最终采用的是简化了的项目管理工具，其主要目的是促进各利益相关方（产品部、项目部、工艺部、品质部、设备部、生产部等）协同一致，参与到改善项目中来。

当然，实际情况远不止这么简单。改善小组还必须面对一个现实的问题，那就是产品的交期，未满足交期则会面临巨额赔款。因此，赵工拟定了一个紧急对策，包含两个方向，并行开展工作：一个是提高短期工艺能力；另一个保障测量系统的可靠性（关键因素）。

（1）短期对策

1）提高短期的工艺能力交由工艺部执行，工艺部给出的方案是增加烘干时间，方案变更情况如下：

① 加严产品规格：$500 \times 10^{-6} \rightarrow 450 \times 10^{-6} \rightarrow 350 \times 10^{-6}$，降低不良品流出的风险，但品质成本增加（如图18.7.5所示，产品水含量测试通过率大幅下降）。不过对于顾客退货、赔款和品牌价值等损失，这些成本尚可接受。

② 烘干时间模式变更：模式一为烘干1h后静止，再烘干15h；模式二为烘干2h后静止，再烘干12h；模式三为烘干2h后静止，再烘干20h。

同样的道理，烘干工艺的变更导致产能降低的成本损失依旧可以被接受。

2）控制关键因素保证短期内测量系统的可靠性任务交由MSA小组执行（需设备部协

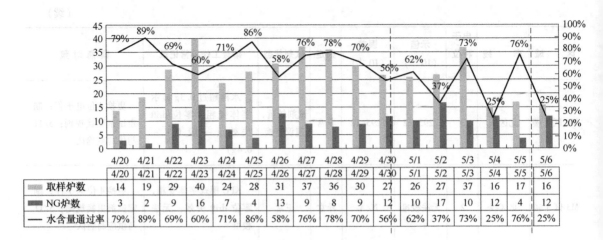

图 18.7.5 烘干水含量通过率趋势

助），MSA 工程师赵工给出的方案为：

① 计量方法优化：请厂家下厂指导，完善校准方法，包括产线的测量设备点检 SOP。此措施在于保证产品交货前测量系统的准确性和稳定性。

② 拉线测量：请厂家下厂现场指导，指出各关键控制点，保证配件、稳定性、参数、操作等正确无误。此措施在于保证操作员正确操作 K-F 水分测量系统。具体包括如下几个方面：

a. 分辨力——查技术规格书已确认 OK（0.1μg）。

b. 校准——按优化后的校准方法重新确认，已找出 6 台 K-F 水分仪仍旧超标，初步需要排查电极原因，已和设备部门进行过沟通。

c. 偏倚/线性——绝对水含量测量范围为 0~600μg，在其选取 5 点进行偏倚和线性分析。

d. 重复性与再现性——假设检验考察系统间的再现性 + 标准样考察重复性。

e. 稳定性——月度点检数据用于做稳定性分析，生产部执行，品质部巡拉监督，MSA 小组负责培训 + 核查。

③ 设备维护：与设备部沟通，立即对 K-F 水分仪关键部件、试剂、辅具进行纠正和维护保养，包括以下几个关键点：

a. 滤尘网有问题的立即更换（经查，仓库有库存）。

b. 电极清洗，请专业维护人员协助用 68% 左右浓硝酸浸泡电极 12~24h。

c. 试剂更换，目前只要有颜色异常的均更换一次后重新校准。

d. 电子秤更换，2 位、3 位秤均换成 4 位秤，待资产组评估后申购。

e. 参数统一，按供应商给的参数，统一所有的仪器参数设定。

(2) 长期预案

以上措施仅仅是为了满足交期的需要，要从根本上解决问题，还需要从系统的管理工作上着手，纠正操作错误，规范管理流程，提高监督力度。以赵工为首的改善小组经过反复商议和讨论，最终拟定了长期的预防方案，具体如下：

1) 计量小组及 MSA 小组：

① 校准：

  a. 优化校准方法（更新文件）。
  b. 校准周期从12个月减至6个月。
  c. 提供不确定度分析结果。
  d. 提供点检SOP稿给工艺部发行。
  ② MSA：
  a. 优化MSA评估方法，纳入MSA计划中。
  b. 培训生产部的操作员进行点检。
  c. 定期进行月度核查。
  2）设备部：
  ① 配件：
  a. 滤尘网每3个月更换一次，将滤尘网的更换计划纳入到设备维护管理系统中。
  b. 电极每6个月清洗一次，将电极清洗计划纳入到设备维护管理系统中。
  c. 配备通用阳极液（货号：34836）。
  d. 点检用标准水样配置，后续由物料控制部门按消耗品备库存，生产部领取。
  e. 配置点检用5mL长针头注射器及堵针头用橡皮。
  配件库存计划见表18.7.21。

表18.7.21　配件库存计划

配　　件	库 存 计 划
标准水样	20EA/月
滤尘网	24EA/半年
注射器	35EA/月

  f. 电子秤换成4位电子秤，并配置大理石平台放置电子秤。
  ② 维护。试剂更换时机为：出现浑浊的悬浮析出物即更换试剂；设备提示check Gen electrode时更换试剂。
  3）品质部：
  ① 巡查几个关键配件的更新及维护落实情况（更新及及维护记录、仓库关于新配件的发放记录、旧配件的处理记录等）。
  ② 巡查月度点检执行情况。
  4）生产部：
  ① 按最新SOP操作（工艺部发行）。
  ② 执行月度点检并记录数据。
  ③ 规划现场，保证每次点检时，电子秤放置在水含量仪器最靠近的位置（产品测量时不需要，主要是点检时，电子秤一定要靠近K-F水分仪）。
  ④ 后续点检标准水样到仓库按消耗品申领。
  ⑤ 仪器参数的设置只授权给当前产线主管，主管参照SOP，负责把关参数的正确性和防止意外的修改。
  ⑥ 西林瓶最大样品量不要超过瓶子的2/3，单次样品量>1.1g，见表18.7.22、图18.7.6。

表 18.7.22　西林瓶取样

取样量/g	水含量五次平均值（10^{-6}）	取样量/g	水含量五次平均值（10^{-6}）
0.5	356	1.3	619
0.6	390	1.4	620
0.7	440	1.5	620
0.8	570	1.6	618
0.9	590	1.7	622
1	610	1.8	621
1.1	615	1.9	617
1.2	620	2	619

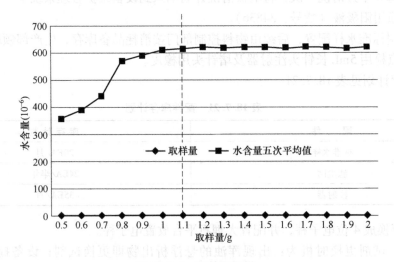

图 18.7.6　西林瓶取样

5）工艺部：

① 更新操作 SOP 并发行。

② 发行新版点检 SOP（MSA 小组协助编制）。

③ 与项目部一起，协调资源，促成各改善环节落实执行。

④ 根据不确定度结果，协调产品部门、工艺部门等一起确认水含量规格变更。

6）项目部、资产组、财务部和采购部：协助并协调资源，促成各改善环节落实执行。

根据对正常的 K-F 微量水分测量系统进行测量结果的不确定度分析可得出其相对扩展不确定度为：$U_{\text{rel}} = 12.5\%$ （$k = 2$），分析过程略。

根据测量结果的不确定度分析结论可以估计各测量标准的合理范围，如一个测量结果为 500×10^{-6}，那么，这样的结果其实是以 95% 的概率落在 $(500 \pm 500 \times 12.5\%) \times 10^{-6}$ 范围内，即 $[437.50 \times 10^{-6}, 562.5 \times 10^{-6}]$ 范围内。因此，工艺部门在最初的紧急对策中加严规格至 350×10^{-6} 是有一定的道理的，也是一个很安全的限值。表 18.7.23 是按 50×10^{-6} 间隔进行计算得出的水含量规格的置信区间。

表 18.7.23　水含量规格的置信区间　　　　　　　　　　（单位：10^{-6}）

测　试　点	置信区间下限	置信区间上限	置信区间宽度
100	87.50	112.50	25.00
150	131.25	168.75	37.50
200	175.00	225.00	50.00
250	218.75	281.25	62.50
300	262.50	337.50	75.00
350	306.25	393.75	87.50
400	350.00	450.00	100.00
450	393.75	506.25	112.50
500	437.50	562.50	125.00
550	481.25	618.75	137.50
600	525.00	675.00	150.00
650	568.75	731.25	162.50
700	612.50	787.50	175.00
750	656.25	843.75	187.50
800	700.00	900.00	200.00
850	743.75	956.25	212.50
900	787.50	1012.50	225.00
950	831.25	1068.75	237.50
1000	875.00	1125.00	250.00
5000	4375.00	5625.00	1250.00
10000	8750.00	11250.00	2500.00

（3）改进后结果

经过近一周的紧急纠正措施的实行，再次对 M2 与 M4 区 K-F 水分测量系统进行抽样测试，数据见表 18.7.24。

表 18.7.24　抽样测试数据　　　　　　　　　　（单位：10^{-6}）

阶段	烘干前（1000×10^{-6}水平）		烘干后（500×10^{-6}水平）		烘干后（100×10^{-6}水平）	
测试时间	2018/5/12 00:00-1:20		2018/5/14 15:20-20:00		2018/5/12 13:20-22:00	
区域	M2	M4	M2	M4	M2	M4
1	1484.8	1260.7	461.7	463.2	118.8	140.6
2	1452.0	1171.4	445.4	438.5	117.3	89.5
3	1494.7	1214.6	477.1	461.0	110.6	93.9
4	1351.5	1390.3	481.8	426.3	120.0	81.0
5	1537.1	1396.9	457.4	470.4	115.9	37.0
6	1331.7	1147.3	495.5	461.1	100.8	163.3
7	1288.8	1166.3	403.4	421.1	142.6	64.4
8	1300.9	1353.8	411.8	458.3	109.4	82.5
9	1310.6	1401.2	477.5	435.6	112.6	91.5
10	1320.8	1375.7	425.0	418.2	139.8	148.3
Mean	1387.3	1287.8	453.7	445.37	118.8	99.2
Sigma	94.0	106.2	31.5	19.5	13.1	39.6
Gap	12.2		11.9		26.5	

1) 以下是初步对比（箱线图）结果：

① 1000×10^{-6} 水平差异：GAP $= 12.2 \times 10^{-6}$，比之前的 $(20 \sim 180) \times 10^{-6}$ 好很多（图 18.7.7）。

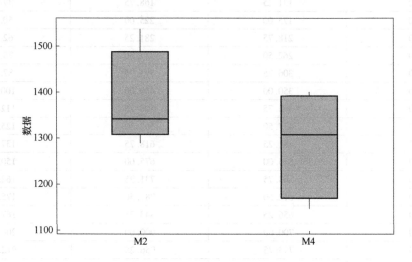

图 18.7.7　1000×10^{-6} 水平差异

② 500×10^{-6} 水平差异：GAP $= 11.9 \times 10^{-6}$，比之前的 $(20 \sim 180) \times 10^{-6}$ 好很多（图 18.7.8）。

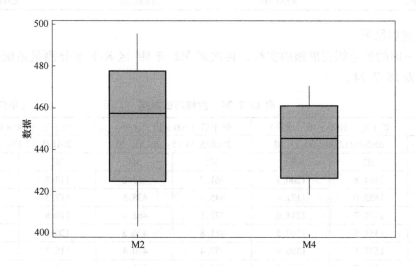

图 18.7.8　500×10^{-6} 水平差异

③ 100×10^{-6} 水平差异：GAP $= 26.5 \times 10^{-6}$，总体上也还是比之前的 $(20 \sim 180) \times 10^{-6}$ 好很多（图 18.7.9）。

2) 本次试验的样本是配对样本，即样品选取好之后一分为二装入西林瓶中进行密封，因此，如果需要进一步进行统计上的确认，则可采用配对本 t 检验的方法对两组的差异进行检验。

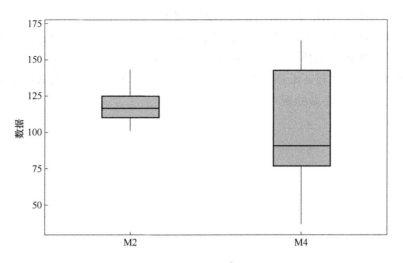

图 18.7.9 100×10^{-6} 水平差异

① 1000×10^{-6} 水平差异见表 18.7.25。
② 500×10^{-6} 水平差异见表 18.7.26。
③ 100×10^{-6} 水平差异见表 18.7.27。

表 18.7.25 1000×10^{-6} 水平差异

原假设 $H_0: \mu\_差 = 0$
备择假设 $H_1: \mu\_差 \neq 0$
T 值　P 值
2.15　0.060

表 18.7.26 500×10^{-6} 水平差异

原假设 $H_0: \mu\_差 = 0$
备择假设 $H_1: \mu\_差 \neq 0$
T 值　P 值
0.95　0.363

表 18.7.27 100×10^{-6} 水平差异

原假设 $H_0: \mu\_差 = 0$
备择假设 $H_1: \mu\_差 \neq 0$
T 值　P 值
1.44　0.184

配对 t 检验 P 值均大于 0.05，故 M2 与 M4 区的 K-F 水分测量系统的测量结果的均值间无显著差异。

虽如此，要保持这样的结果，必须落实好长期的预防方案，只有在管理层面上优化和规范管理流程，才能杜绝不能第一时间知晓异常问题产生。例如试剂变黄了居然没有人发现或者说根本没有人知道这是异常问题，还有电子秤为 2 位数这种分辨力严重不足的情况居然也没有人发现或者知晓，诸如此类问题的产生绝不是偶然的，究其根本原因则是管理上的漏洞造成的。MSA 工程师应该知道治标兼治本的道理，一定要从源头抓起，才能对测量系统做到真正的改善，否则，隔一段时间之后，问题依旧还会复发。

3）最后，当所有的预防方案和措施被落实之后，可再次对 K-F 微量水分测量系统进行一次 MSA 分析，由于篇幅原因，此处省略 MSA 的分析过程。

基于质量体系持续改进的精神，我们可以对 K-F 微量水分测量系统进行以下持续改进措施：

① K-F 仪器本身的准确度能力未得到发挥，从仪器原理切入，深入研究各影响因素。
② 操作过程中环境的影响需要深入研究。
③ 取样过程的影响需要深入研究。

④ 其他因素的排除，如完善对操作员的培训机制。

案例分析就到此为止，无论遇到什么样的异常问题，均可形成一套独特的改进思路和方法，不可拘泥于一些既定的条文。由于每个公司、每家企业自身的情况千差万别，作为 MSA 工程师，应因地制宜，通过不断研究和沉淀，逐步形成一套适合自身的改进思路，这才是作为一名 MSA 工程师应该要做的根本事情。

附 录

附录 A 测量系统分析作业流程图

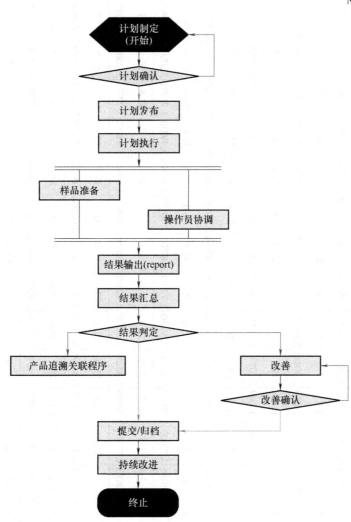

附录 B 与均值极差分布相关的数值表（d_2^*值表）

子组数量 Number of Subgroups (g)	子组容量 (Subgroup Size) (m)																			
	2	3	4	5	6	7	8	9	10	11	12	13	14	15	16	17	18	19	20
1	1.0 / 1.41421	2.0 / 1.91155	2.9 / 2.23887	3.8 / 2.48124	4.7 / 2.67253	5.5 / 2.82981	6.3 / 2.96288	7.0 / 3.07794	7.7 / 3.17905	8.3 / 3.26909	9.0 / 3.35016	9.6 / 3.42378	10.2 / 3.49116	10.8 / 3.55333	11.3 / 3.61071	11.9 / 3.66422	12.4 / 3.71424	12.9 / 3.76118	13.4 / 3.80537
2	1.9 / 1.27931	3.8 / 1.80538	5.7 / 2.15069	7.5 / 2.40484	9.2 / 2.60438	10.8 / 2.76779	12.3 / 2.90562	13.8 / 3.02446	15.1 / 3.12869	16.5 / 3.22134	17.8 / 3.30463	19.0 / 3.38017	20.2 / 3.44922	21.3 / 3.51287	22.4 / 3.57156	23.5 / 3.62625	24.5 / 3.67734	25.5 / 3.72524	26.5 / 3.77032
3	2.8 / 1.23105	5.7 / 1.76858	8.4 / 2.12049	11.1 / 2.37883	13.6 / 2.58127	16.0 / 2.74681	18.3 / 2.88628	20.5 / 3.00643	22.6 / 3.11173	24.6 / 3.20526	26.5 / 3.28931	28.4 / 3.36550	30.1 / 3.43512	31.9 / 3.49927	33.5 / 3.55842	35.1 / 3.61351	36.7 / 3.66495	38.2 / 3.71319	39.7 / 3.75857
4	3.7 / 1.20621	7.5 / 1.74989	11.2 / 2.10522	14.7 / 2.36571	18.1 / 2.56964	21.3 / 2.73626	24.4 / 2.87656	27.3 / 2.99737	30.1 / 3.10321	32.7 / 3.19720	35.3 / 3.28163	37.7 / 3.35815	40.1 / 3.42805	42.4 / 3.49246	44.6 / 3.55183	46.7 / 3.60712	48.8 / 3.65875	50.8 / 3.70715	52.8 / 3.75268
5	4.6 / 1.19105	9.3 / 1.73857	13.9 / 2.09601	18.4 / 2.35781	22.6 / 2.56263	26.6 / 2.72991	30.4 / 2.87071	34.0 / 2.99192	37.5 / 3.09808	40.8 / 3.19235	44.0 / 3.27701	47.1 / 3.35372	50.1 / 3.42381	52.9 / 3.48836	55.7 / 3.54787	58.4 / 3.60328	61.0 / 3.65502	63.5 / 3.70352	65.9 / 3.74914
6	5.5 / 1.18083	11.1 / 1.73099	16.7 / 2.08985	22.0 / 2.35253	27.0 / 2.55795	31.8 / 2.72567	36.4 / 2.86680	40.8 / 2.98829	45.0 / 3.09467	49.0 / 3.18911	52.8 / 3.27392	56.5 / 3.35077	60.1 / 3.42097	63.5 / 3.48563	66.8 / 3.54522	70.0 / 3.60072	73.1 / 3.65253	76.1 / 3.70109	79.1 / 3.74678
7	6.4 / 1.17348	12.9 / 1.72555	19.4 / 2.08543	25.6 / 2.34875	31.5 / 2.55460	37.1 / 2.72263	42.5 / 2.86401	47.6 / 2.98568	52.4 / 3.09222	57.1 / 3.18679	61.6 / 3.27172	65.9 / 3.34866	70.0 / 3.41894	74.0 / 3.48368	77.9 / 3.54333	81.6 / 3.59888	85.3 / 3.65075	88.8 / 3.69936	92.2 / 3.74509
8	7.2 / 1.16794	14.8 / 1.72147	22.1 / 2.08212	29.2 / 2.34591	36.0 / 2.55208	42.4 / 2.72036	48.5 / 2.86192	54.3 / 2.98373	59.9 / 3.09039	65.2 / 3.18506	70.3 / 3.27006	75.2 / 3.34708	80.0 / 3.41742	84.6 / 3.48221	89.0 / 3.54192	93.3 / 3.59751	97.4 / 3.64941	101.4 / 3.69806	105.3 / 3.74382
9	8.1 / 1.16361	16.6 / 1.71828	24.9 / 2.07953	32.9 / 2.34370	40.4 / 2.55013	47.7 / 2.71858	54.5 / 2.86028	61.1 / 2.98221	67.3 / 3.08896	73.3 / 3.18370	79.1 / 3.26878	84.6 / 3.34858	90.0 / 3.41624	95.1 / 3.48107	100.1 / 3.54081	104.9 / 3.59644	109.5 / 3.64838	114.1 / 3.69705	118.5 / 3.74284
10	9.0 / 1.16014	18.4 / 1.71573	27.6 / 2.07746	36.5 / 2.34192	44.9 / 2.54856	52.9 / 2.71717	60.6 / 2.85898	67.8 / 2.98100	74.8 / 3.08781	81.5 / 3.18262	87.9 / 3.26775	94.0 / 3.34486	99.9 / 3.41529	105.6 / 3.48016	111.2 / 3.53993	116.5 / 3.59559	121.7 / 3.64755	126.7 / 3.69625	131.6 / 3.74205

ν																			
11	9.9	20.2	30.4	40.1	49.4	58.2	66.6	74.6	82.2	89.6	96.6	103.4	109.9	116.2	122.3	128.1	133.8	139.4	144.7
	1.15729	1.71363	2.07577	2.34048	2.54728	2.71600	2.85791	2.98000	3.08688	3.18174	3.26690	3.34406	3.41452	3.47941	3.53921	3.59489	3.64687	3.69558	3.74141
12	10.7	22.0	33.1	43.7	53.8	63.5	72.6	81.3	89.7	97.7	105.4	112.7	119.9	126.7	133.3	139.8	146.0	152.0	157.9
	1.15490	1.71189	2.07436	2.33927	2.54621	2.71504	2.85702	2.97917	3.08610	3.18100	3.26620	3.34339	3.41387	3.47879	3.53861	3.59430	3.64630	3.69503	3.74087
13	11.6	23.8	35.8	47.3	58.3	68.7	78.6	88.1	97.1	105.8	114.1	122.1	129.8	137.3	144.4	151.4	158.1	164.7	171.0
	1.15289	1.71041	2.07316	2.33824	2.54530	2.71422	2.85627	2.97847	3.08544	3.18037	3.26561	3.34282	3.41333	3.47826	3.53810	3.59381	3.64582	3.69457	3.74041
14	12.5	25.7	38.6	51.0	62.8	74.0	84.7	94.9	104.6	113.9	122.9	131.5	139.8	147.8	155.5	163.0	170.3	177.3	184.2
	1.15115	1.70914	2.07213	2.33737	2.54452	2.71351	2.85562	2.97787	3.08487	3.17984	3.26510	3.34233	3.41286	3.47781	3.53766	3.59339	3.64541	3.69417	3.74002
15	13.4	27.5	41.3	54.6	67.2	79.3	90.7	101.6	112.1	122.1	131.7	140.9	149.8	158.3	166.6	174.6	182.4	190.0	197.3
	1.14965	1.70804	2.07125	2.33661	2.54385	2.71290	2.85506	2.97735	3.08438	3.17933	3.26465	3.34191	3.41245	3.47742	3.53728	3.59302	3.64505	3.69382	3.73969
16	14.3	29.3	44.1	58.2	71.7	84.5	96.7	108.4	119.5	130.2	140.4	150.2	159.7	168.9	177.7	186.3	194.6	202.6	210.4
	1.14833	1.70708	2.07047	2.33594	2.54326	2.71237	2.85457	2.97689	3.08395	3.17893	3.26427	3.34154	3.41210	3.47707	3.53695	3.59270	3.64474	3.69351	3.73939
17	15.1	31.1	46.8	61.8	76.2	89.8	102.8	115.1	127.0	138.3	149.2	159.6	169.7	179.4	188.8	197.9	206.7	215.2	223.6
	1.14717	1.70623	2.06978	2.33535	2.54274	2.71190	2.85413	2.97649	3.08358	3.17861	3.26393	3.34121	3.41178	3.47677	3.53666	3.59242	3.64447	3.69325	3.73913
18	16.0	32.9	49.5	65.5	80.6	95.1	108.8	121.9	134.4	146.4	157.9	169.0	179.7	190.0	199.9	209.5	218.8	227.9	236.7
	1.14613	1.70547	2.06917	2.33483	2.54228	2.71148	2.85375	2.97613	3.08324	3.17829	3.26362	3.34092	3.41150	3.47650	3.53640	3.59216	3.64422	3.69301	3.73890
19	16.9	34.7	52.3	69.1	85.1	100.3	114.8	128.7	141.9	154.5	166.7	178.4	189.6	200.5	211.0	221.1	231.0	240.5	249.8
	1.14520	1.70480	2.06862	2.33436	2.54187	2.71111	2.85341	2.97581	3.08294	3.17801	3.26335	3.34066	3.41125	3.47626	3.53617	3.59194	3.64400	3.69280	3.73869
20	17.8	36.5	55.0	72.7	89.6	105.6	120.9	135.4	149.3	162.7	175.5	187.8	199.6	211.0	222.1	232.8	243.1	253.2	263.0
	1.14437	1.70419	2.06813	2.33394	2.54149	2.71077	2.85310	2.97552	3.08267	3.17775	3.26311	3.34042	3.41103	3.47605	3.53596	3.59174	3.64380	3.69260	3.73850
	1.12838	1.69257	2.05875	2.32593	2.53441	2.70436	2.8472	2.97003	3.07751	3.17287	3.25846	3.33598	3.40676	3.47193	3.53198	3.58788	3.64006	3.68896	3.735
	0.876	1.815	2.7378	3.623	4.4658	5.2673	6.0305	6.7582	7.4539	8.1207	8.7602	9.3751	9.9679	10.5396	11.0913	11.6259	12.144	12.6468	13.1362

注：

1. 数据表使用：每一栏的第一行是自由度（ν），每一栏的第二行是 d_2^* 值；d_2 是 d_2^* 的样本无穷大值；额外的 ν 值可以从不同 cd 常数来建立。

2. 在这表中所使用的数据是采用 Acheson Duncan 所著的 Quality Control and Industrial Statistics, 5th edition McGraw-Hill, 1986.（质量控制与工业统计，第五版）；$\nu(\bar{R}/d_2^*)^2/\sigma'^2$ 是当一个 χ^2 分布于自由度 ν 的近似的分布，$\bar{R}$ 是子组大小 m，子组数量 g 的平均极差。

附录C $\bar{X}$-R 图控制限系数表

子组容量	均值 $\bar{X}$ 图	极差 R	
	计算控制限用的系数	计算控制限用的系数	
n	A_2	D_3	D_4
2	1.880	0	3.267
3	1.023	0	2.574
4	0.729	0	2.282
5	0.577	0	2.114
6	0.483	0	2.004
7	0.419	0	1.924
8	0.373	0.136	1.864
9	0.337	0.184	1.816
10	0.308	0.223	1.777
11	0.285	0.256	1.744
12	0.266	0.283	1.717
13	0.249	0.307	1.693
14	0.235	0.328	1.672
15	0.223	0.347	1.653

注：1. 数据表的使用：子组容量 n 为每个评价者对单个零件的重复测量次数，本节所引用的 AIAG MSA 手册表格为 n = 3 次。

2. 此表摘自：ASTM，Philadelphia，PA，USA. 或者可以从马林、何桢所著《六西格玛管理》（第二版）附表6中查到（子组容量达到25）。

附录 D F 检验临界值表（显著性水平 α=0.05）

DF (Error) \ DF (Factor)	1	2	3	4	5	6	7	8	9	10	12	14	16	18	20	24	30
1	161.5	199.5	215.7	224.6	230.2	234	236.8	238.9	240.5	241.9	243.9	245.4	246.5	247.3	248	249.1	250.1
2	18.51	19	19.16	19.25	19.3	19.33	19.35	19.37	19.38	19.4	19.41	19.42	19.43	19.44	19.45	19.45	19.46
3	10.13	9.55	9.28	9.12	9.01	8.94	8.89	8.85	8.81	8.79	8.74	8.71	8.69	8.67	8.66	8.64	8.62
4	7.71	6.94	6.59	6.39	6.26	6.16	6.09	6.04	6	5.96	5.91	5.87	5.84	5.82	5.8	5.77	5.75
5	6.61	5.79	5.41	5.19	5.05	4.95	4.88	4.82	4.77	4.74	4.68	4.64	4.6	4.58	4.56	4.53	4.5
6	5.99	5.14	4.76	4.53	4.39	4.28	4.21	4.15	4.1	4.06	4	3.96	3.92	3.9	3.87	3.84	3.81
7	5.59	4.74	4.35	4.12	3.97	3.87	3.79	3.73	3.68	3.64	3.57	3.53	3.49	3.47	3.44	3.41	3.38
8	5.32	4.46	4.07	3.84	3.69	3.58	3.5	3.44	3.39	3.35	3.28	3.24	3.2	3.17	3.15	3.12	3.08
9	5.12	4.26	3.86	3.63	3.48	3.37	3.29	3.23	3.13	3.14	3.07	3.03	2.99	2.96	2.94	2.9	2.86
10	4.96	4.1	3.71	3.48	3.33	3.22	3.14	3.07	3.02	2.98	2.91	2.86	2.83	2.8	2.77	2.74	2.7
11	4.84	3.98	3.59	3.36	3.2	3.09	3.01	2.95	2.9	2.85	2.79	2.74	2.7	2.67	2.65	2.61	2.57
12	4.75	3.89	3.49	3.26	3.11	3	2.91	2.85	2.8	2.75	2.69	2.64	2.6	2.57	2.54	2.51	2.47
13	4.67	3.81	3.41	3.18	3.03	2.92	2.83	2.77	2.71	2.67	2.6	2.55	2.51	2.48	2.46	2.42	2.38
14	4.6	3.74	3.34	3.11	2.96	2.85	2.76	2.7	2.65	2.6	2.53	2.48	2.44	2.41	2.39	2.35	2.31
15	4.54	3.68	3.29	3.06	2.9	2.79	2.71	2.64	2.59	2.54	2.48	2.42	2.38	2.35	2.33	2.29	2.25
16	4.49	3.63	3.24	3.01	2.85	2.74	2.66	2.59	2.54	2.49	2.42	2.37	2.33	2.3	2.28	2.24	2.19
17	4.45	3.59	3.2	2.96	2.81	2.7	2.61	2.55	2.49	2.45	2.38	2.33	2.29	2.26	2.23	2.19	2.15
18	4.41	3.55	3.16	2.93	2.77	2.66	2.58	2.51	2.46	2.41	2.34	2.29	2.25	2.22	2.19	2.15	2.11
19	4.38	3.52	3.13	2.9	2.74	2.63	2.54	2.48	2.42	2.38	2.31	2.26	2.21	2.18	2.16	2.11	2.07
20	4.35	3.49	3.1	2.87	2.71	2.6	2.51	2.45	2.39	2.35	2.28	2.22	2.18	2.15	2.12	2.08	2.04
30	4.17	3.32	2.92	2.69	2.53	2.42	2.33	2.27	2.21	2.16	2.09	2.04	1.99	1.96	1.93	1.89	1.84
40	4.08	3.23	2.84	2.61	2.45	2.34	2.25	2.18	2.12	2.08	2	1.95	1.9	1.87	1.84	1.79	1.74
50	4.03	3.18	2.79	2.56	2.4	2.29	2.2	2.13	2.07	2.03	1.95	1.89	1.85	1.81	1.78	1.74	1.69
60	4	3.15	2.76	2.53	2.37	2.25	2.17	2.1	2.04	1.99	1.92	1.86	1.82	1.78	1.75	1.7	1.65
70	3.98	3.13	2.74	2.5	2.35	2.23	2.14	2.07	2.02	1.97	1.89	1.84	1.79	1.75	1.72	1.67	1.62
80	3.96	3.11	2.72	2.49	2.33	2.21	2.13	2.06	2	1.95	1.88	1.82	1.77	1.73	1.7	1.65	1.6

附录 E t 分布 α 分位数表

DF	$t_{0.55}$	$t_{0.6}$	$t_{0.65}$	$t_{0.7}$	$t_{0.75}$	$t_{0.8}$	$t_{0.85}$	$t_{0.9}$	$t_{0.95}$	$t_{0.975}$	$t_{0.99}$	$t_{0.995}$
1	0.158	0.325	0.510	0.727	1.000	1.376	1.963	3.078	6.314	12.706	31.821	63.657
2	0.142	0.289	0.445	0.617	0.816	1.061	1.386	1.886	2.920	4.303	6.965	9.925
3	0.137	0.277	0.424	0.584	0.765	0.978	1.250	1.638	2.353	3.182	4.541	5.841
4	0.134	0.271	0.414	0.569	0.741	0.941	1.190	1.533	2.132	2.776	3.747	4.604
5	0.132	0.267	0.408	0.559	0.727	0.920	1.156	1.476	2.015	2.571	3.365	4.032
6	0.131	0.265	0.404	0.553	0.718	0.906	1.134	1.440	1.943	2.447	3.143	3.707
7	0.130	0.263	0.402	0.549	0.711	0.896	1.119	1.415	1.895	2.365	2.998	3.499
8	0.130	0.262	0.399	0.546	0.706	0.889	1.108	1.397	1.860	2.306	2.896	3.355
9	0.129	0.261	0.398	0.543	0.703	0.883	1.100	1.383	1.833	2.262	2.821	3.250
10	0.129	0.260	0.397	0.542	0.700	0.879	1.093	1.372	1.812	2.228	2.764	3.169
11	0.129	0.260	0.396	0.540	0.697	0.876	1.088	1.363	1.796	2.201	2.718	3.106
12	0.128	0.259	0.395	0.539	0.695	0.873	1.083	1.356	1.782	2.179	2.681	3.055
13	0.128	0.259	0.394	0.538	0.694	0.870	1.079	1.350	1.771	2.160	2.650	3.012
14	0.128	0.258	0.393	0.537	0.692	0.868	1.076	1.345	1.761	2.145	2.624	2.977
15	0.128	0.258	0.393	0.536	0.691	0.866	1.074	1.341	1.753	2.131	2.602	2.947
16	0.128	0.258	0.392	0.535	0.690	0.865	1.071	1.337	1.746	2.120	2.583	2.921
17	0.128	0.257	0.392	0.534	0.689	0.863	1.069	1.333	1.740	2.110	2.567	2.898
18	0.127	0.257	0.392	0.534	0.688	0.862	1.067	1.330	1.734	2.101	2.552	2.878
19	0.127	0.257	0.391	0.533	0.688	0.861	1.066	1.328	1.729	2.093	2.539	2.861
20	0.127	0.257	0.391	0.533	0.687	0.860	1.064	1.325	1.725	2.086	2.528	2.845
21	0.127	0.257	0.391	0.532	0.686	0.859	1.063	1.323	1.721	2.080	2.518	2.831
22	0.127	0.256	0.390	0.532	0.686	0.858	1.061	1.321	1.717	2.074	2.508	2.819
23	0.127	0.256	0.390	0.532	0.685	0.858	1.060	1.319	1.714	2.069	2.500	2.807
24	0.127	0.256	0.390	0.531	0.685	0.857	1.059	1.318	1.711	2.064	2.492	2.797
25	0.127	0.256	0.390	0.531	0.684	0.856	1.058	1.316	1.708	2.060	2.485	2.787
26	0.127	0.256	0.390	0.531	0.684	0.856	1.058	1.315	1.706	2.056	2.479	2.779
27	0.127	0.256	0.389	0.531	0.684	0.855	1.057	1.314	1.703	2.052	2.473	2.771
28	0.127	0.256	0.389	0.530	0.683	0.855	1.056	1.313	1.701	2.048	2.467	2.763
29	0.127	0.256	0.389	0.530	0.683	0.854	1.055	1.311	1.699	2.045	2.462	2.756
30	0.127	0.256	0.389	0.530	0.683	0.854	1.055	1.310	1.697	2.042	2.457	2.750
31	0.127	0.256	0.389	0.530	0.682	0.853	1.054	1.309	1.696	2.040	2.453	2.744
32	0.127	0.255	0.389	0.530	0.682	0.853	1.054	1.309	1.694	2.037	2.449	2.738
33	0.127	0.255	0.389	0.530	0.682	0.853	1.053	1.308	1.692	2.035	2.445	2.733
34	0.127	0.255	0.389	0.529	0.682	0.852	1.052	1.307	1.691	2.032	2.441	2.728

（续）

DF	$t_{0.55}$	$t_{0.6}$	$t_{0.65}$	$t_{0.7}$	$t_{0.75}$	$t_{0.8}$	$t_{0.85}$	$t_{0.9}$	$t_{0.95}$	$t_{0.975}$	$t_{0.99}$	$t_{0.995}$
35	0.127	0.255	0.388	0.529	0.682	0.852	1.052	1.306	1.690	2.030	2.438	2.724
36	0.127	0.255	0.388	0.529	0.681	0.852	1.052	1.306	1.688	2.028	2.434	2.719
37	0.127	0.255	0.388	0.529	0.681	0.851	1.051	1.305	1.687	2.026	2.431	2.715
38	0.127	0.255	0.388	0.529	0.681	0.851	1.051	1.304	1.686	2.024	2.429	2.712
39	0.126	0.255	0.388	0.529	0.681	0.851	1.050	1.304	1.685	2.023	2.426	2.708
40	0.126	0.255	0.388	0.529	0.681	0.851	1.050	1.303	1.684	2.021	2.423	2.704
50	0.126	0.255	0.388	0.528	0.679	0.849	1.047	1.299	1.676	2.009	2.403	2.678
60	0.126	0.254	0.387	0.527	0.679	0.848	1.045	1.296	1.671	2.000	2.390	2.660
70	0.126	0.254	0.387	0.527	0.678	0.847	1.044	1.294	1.667	1.994	2.381	2.648
80	0.126	0.254	0.387	0.526	0.678	0.846	1.043	1.292	1.664	1.990	2.374	2.639
90	0.126	0.254	0.387	0.526	0.677	0.846	1.042	1.291	1.662	1.987	2.368	2.632
100	0.126	0.254	0.386	0.526	0.677	0.845	1.042	1.290	1.660	1.984	2.364	2.626
200	0.126	0.254	0.386	0.525	0.676	0.843	1.039	1.286	1.653	1.972	2.345	2.601
500	0.126	0.253	0.386	0.525	0.675	0.842	1.038	1.283	1.648	1.965	2.334	2.586
1000	0.126	0.253	0.385	0.525	0.675	0.842	1.037	1.282	1.646	1.962	2.330	2.581
∞	0.126	0.253	0.385	0.524	0.674	0.842	1.036	1.282	1.645	1.960	2.326	2.576

附录F 格拉布斯准则临界值 $T(r, \alpha)$ 表

r	α 0.05	0.01	r	α 0.05	0.01
3	1.153	1.155	17	2.475	2.785
4	1.463	1.492	18	2.504	2.821
5	1.672	1.749	19	2.532	2.854
6	1.822	1.944	20	2.557	2.884
7	1.938	2.097	21	2.580	2.912
8	2.032	2.221	22	2.603	2.939
9	2.110	2.323	23	2.624	2.963
10	2.176	2.410	24	2.644	2.987
11	2.234	2.485	25	2.663	3.009
12	2.285	2.550	30	2.745	3.103
13	2.331	2.607	35	2.811	3.178
14	2.371	2.659	40	2.866	3.240
15	2.409	2.705	45	2.914	3.292
16	2.443	2.747	50	2.956	3.336

附录 G 狄克逊准则临界值 $D(r, \alpha)$ 表

r	统计量 γ_{ij} 或 γ'_{ij}	$\alpha = 0.05$	$\alpha = 0.01$
3		0.970	0.994
4		0.829	0.926
5	γ_{10} 或 γ'_{10} 中较大者	0.710	0.821
6		0.628	0.740
7		0.569	0.680
8		0.608	0.717
9	γ_{11} 或 γ'_{11} 中较大者	0.564	0.672
10		0.530	0.35
11		0.619	0.709
12	γ_{21} 或 γ'_{21} 中较大者	0.583	0.660
13		0.557	0.638
14		0.586	0.670
15		0.565	0.647
16		0.546	0.627
17		0.529	0.610
18		0.514	0.594
19		0.501	0.580
20		0.489	0.567
21		0.478	0.555
22	γ_{22} 或 γ'_{22} 中较大者	0.468	0.544
23		0.459	0.535
24		0.451	0.526
25		0.443	0.517
26		0.436	0.510
27		0.429	0.502
28		0.423	0.495
29		0.417	0.489
30		0.412	0.483

附录 H 相关系数临界值表

$$P(\,|r|\,>r_\alpha)=\alpha$$

$n-2$	α				
	0.100	0.050	0.020	0.010	0.001
1	0.9877	0.9969	0.9995	0.9999	1.0000
2	0.9000	2.9500	0.9800	0.9900	0.9990
3	0.8054	0.8783	0.9343	0.9587	0.9912
4	0.7293	0.8114	0.8822	0.9172	0.9741
5	0.6694	0.7545	0.8329	0.8745	0.9507
6	0.6215	0.7067	0.7887	0.8343	0.9249
7	0.5822	0.6664	0.7498	0.7977	0.8982
8	0.5494	0.6319	0.7155	0.7646	0.8721
9	0.5214	0.6021	0.6851	0.7348	0.8471
10	0.4973	0.5760	0.6581	0.7079	0.8233
11	0.4762	0.5529	0.6339	0.6835	0.8010
12	0.4575	0.5324	0.6120	0.6614	0.7800
13	0.4409	0.5139	0.5923	0.6411	0.7603
14	0.4259	0.4973	0.5742	0.6226	0.7420
15	0.4124	0.4821	0.5577	0.6055	0.7246
16	0.4000	0.4683	0.5425	0.5897	0.7084
17	0.3887	0.4555	0.5285	0.5751	0.6932
18	0.3783	0.4438	0.5155	0.5614	0.6787
19	0.3687	0.4329	0.5034	0.5487	0.6652
20	0.3598	0.4227	0.4921	0.5368	0.6524
25	0.3233	0.3809	0.4451	0.4869	0.5874
30	0.2960	0.3494	0.4093	0.4487	0.5541
35	0.2746	0.3246	0.3810	0.4182	0.5189
40	0.2573	0.3044	0.3578	0.3932	0.4896
45	0.2428	0.2875	0.3384	0.3721	0.4648
50	0.2306	0.2732	0.3218	0.3541	0.4433
60	0.2108	0.2500	0.2948	0.3248	0.4078
70	0.1954	0.2319	0.2737	0.3017	0.3799
80	0.1829	0.2172	0.2565	0.2830	0.3568
90	0.1726	0.2050	0.2422	0.2673	0.3375
100	0.1638	0.1946	0.2301	0.2540	0.3211

注：1. 表格的使用：如无特别要求，显著性水平 α 默认取 0.05。

2. 样本容量为 $n=50$，那么，只有当 $|r|>0.273$，就认为相关系数在显著性水平 0.05 上是显著的。

附录 I MSA 计划表（模板）

序号	车间	工序名称	测量系统	量具	量具编号	产品特性	是否为特殊特性	产品规格	单位	MSA 特性					抽样计划					计划开始日期	计划完成日期	周期（月）	MSA 工程师	备注
										GRR	偏倚/线性	属性一致性	稳定性	替代的方法	样本容量	评价者数	重复次数	工序负责人					
A	B	C	D	E	F	G	H	I	J	K	L	M	N	O	P	Q	R	S	T	U	V	W	X

A——如：1, 2, 3, …
B——如：第 3 车间
C——如：电池开路电压测量
D——如：电池电压测量系统
E——如：万用表
F——填写被抽到的量具编号
G——如：电压
H——如：是
I——如：4.205～4.230
J——如：V
K——如果需要做就打勾"√"
L——如果需要做就打勾"√"
M——如果需要做就打勾"√"
N——如果需要做就打勾"√"
O——写上具体的提到方法，如：双样本 t
P——写上具体的样品数，如：15
Q——写上具体的评价者数，如：3
R——写上具体的重复测量次数，如：4
S——填上工序的负责人，最好是现场负责人，如组长名字
T——如：2018/09/25
U——如：2018/09/25，表示当天安排当天完成，很多时候为了方便，我们都会把周期统一定为半年或一年，不过这样显得比较粗糙，有些特性要要分析得很人，比如稳定性需要 1 个月，那么，就以最长时间为准，有条件的话，填入表中，如：2018/10/25
V——由于各特性的周期不尽相同，建议分开列出周期，最好有电子化的 MSA 管理系统或平台，系统或平台会自动根据不同的时间的周期在不同的时间里提前预警，这样就不会发生漏做的情况
W——写上 MSA 工程师名字
X——备注重要信息

参 考 文 献

[1] Chrysler Group LLC, Ford Motor Company, General Motors Corporation. Measurement Systems Analysis (MSA) [Z]. 2010.
[2] Chrysler Group LLC, Ford Motor Company, General Motors Corporation. Statistical Process Control (SPC) [Z]. 2005.
[3] Chrysler Corporation, Ford Motor Company, General Motors Corporation. Advanced Product Quality Planning and Control Plan (APQP) [Z]. 2008.
[4] Chrysler Corporation, Ford Motor Company, General Motors Corporation. Production Part Approval Process (PPAP) [Z]. 2006.
[5] Chrysler Corporation, Ford Motor Company, General Motors Corporation. Potential Failure Mode and Effects Analysis (FMEA) [Z]. 2008.
[6] IATF16949, Quality management system requirements for automotive production and relevant service parts organizations [Z]. 2016.
[7] 马林, 何桢. 六西格玛管理 [M]. 2版. 北京: 中国人民大学出版社, 2007.
[8] 马逢时, 周暐, 刘传冰. 六西格玛管理统计指南——MINITAB使用指导 [M]. 北京: 中国人民大学出版社, 2007.
[9] 盛骤, 谢式千, 潘承毅. 概率论与数理统计 [M]. 4版. 北京: 高等教育出版社, 2008.
[10] 程守洙, 江之永. 普通物理学 [M]. 6版. 北京: 高等教育出版社, 2006.
[11] 李椿, 章立源, 钱尚武. 热学 [M]. 2版. 北京: 高等教育出版社, 2008.
[12] 同济大学数学系. 高等数学 [M]. 6版. 北京: 高等教育出版社, 2007.
[13] 中国计量测试学会. 一级注册计量师基础知识及专业实务 [M]. 3版. 北京: 中国质检出版社, 2012.
[14] 叶德培. 测量不确定度理解评定与应用 [M]. 北京: 中国质检出版社, 2013.
[15] 宣安东. 实用测量不确定度评定及案例 [M]. 北京: 中国计量出版社, 2009.
[16] 安改娣, 格日勒. 机械测量入门 [M]. 北京: 化学工业出版社, 2007.
[17] Versatile 公司. 捷为-实现商业价值的项目管理 [Z]. 2014.
[18] 王斌. 可靠性工程发展史报告 [D]. 西安: 西北工业大学, 2017.
[19] 国家标准化管理委员会. 数据的统计处理和解释 正态样本离群值的判断和处理: GB/T 4883—2008 [S]. 北京: 中国标准出版社, 2008.
[20] 国家标准化管理委员会. 数值修约规则与极限数值的表示和判定: GB/T 8170—2008 [S]. 北京: 中国标准出版社, 2008.
[21] 国家技术监督局. 有关量、单位和符号的一般原则: GB 3101—1993 [S]. 北京: 中国标准出版社, 1993.
[22] International vocabulary of metrology. Basic and general concepts and associated terms [Z]. 2008.
[23] ISO/IEC GUIDE 98-3: 2008. Uncertainty of measurement- Part 3: Guide to the expression of uncertainty in measurement (GUM) [Z]. 2008.
[24] 国家质量监督检验检疫总局通用计量术语及定义技术规范: JJF 1001—2011 [S]. 北京: 中国质检出版社, 2012.
[25] 国家质量监督检验检疫总局测量不确定度评定与表示: JJF1059.1—2012 [S]. 北京: 中国标准出版

社，2013.
[26] 国家质量监督检验检疫总局. 测量仪器特性评定：JJF 1094—2002 [S]. 北京：中国计量出版社, 2004.
[27] 何桢, 生静, 施亮星. 测量系统的 R&R 分析在企业质量改进中的应用 [J]. 工业工程, 2003, 6 (1): 62-66.
[28] 施亮星. 计量型测量系统能力及其评价方法研究 [D]. 天津：天津大学, 2008.
[29] 赵燕. 属性值测量系统分析的方法研究与应用 [D]. 天津：天津大学, 2010.
[30] 董祺. 测量系统分析方法的研究及应用 [D]. 西安：西安电子科技大学, 2011.
[31] 叶卫民, 赵德勇, 刘沃野, 等. 测量系统分析方法评述及应用 [J]. 统计与决策, 2013 (2): 83-85.
[32] 谢少锋. 测量系统分析与动态不确定度及其应用研究 [D]. 合肥：合肥工业大学, 2003.
[33] 李耀江. 测量系统分析在客车制造业中的应用与研究 [D]. 上海：上海交通大学, 2010.
[34] 胡朋超. 测量系统分析在某汽车配件企业中的应用 [D]. 北京：北京交通大学, 2013.
[35] 李晓东. 测量系统分析在完善测量管理体系中的应用研究 [D]. 南京：南京理工大学, 2007.
[36] 徐兰. 测量系统误差分析研究 [D]. 南京：南京理工大学, 2007.
[37] 刘伟. 属性值测量系统的相关性研究 [D]. 南京：南京理工大学, 2010.
[38] 刘雅婷. 基于 MSA 的质检部门小样本检测系统分析方法研究 [D]. 广州：广东工业大学, 2009.
[39] 马江峰, 柏航, 赖平, 等. GPS 测量系统误差分析 [J]. 计量与测试技术, 2017 (44): 59-60, 65.
[40] 代大山. 测量系统的线性分析 [J]. 电子质量, 2004 (6): 20-21, 28.
[41] 谢少锋. 测量系统及其分析方法综述与分析 [J]. 电子质量, 2001 (12): 18-19, 29.
[42] 窦智. 测量系统分析在制造业中的实际应用 [J]. 电源技术, 2009, 11 (33): 1022-1025.
[43] 黄曙东, 戴立操, 张力. 核电站事故前人因可靠性分析方法 [J]. 中国安全科学学报, 2003, 13 (2): 50-53.
[44] 陈兵芽, 张小海. 基于 ISO/TS16949 标准的测量系统分析：先进制造技术高层论坛暨第六届制造业自动化与信息化技术研讨会论文集 [C]. 北京：中国自动化学会制造技术专业委员会, 2007 [2019-1-1].
[45] 张爽, 高金刚, 王华, 等. 基于 Minitab 软件对三坐标测量机重复性与再现性研究 [J]. 长春工程学院学报, 2014, 15 (2): 57-61.
[46] 张健, 武建伟, 马志勇. 基于动态测量过程的零件质量在线评价策略 [J]. 农业机械学报, 2011, 42 (4): 211-215.
[47] 薛跃, 盛党红, 朱立峰, 等. 田口式测量质量工程学与传统 MSA 的比较分析 [J]. 系统工程理论与实践, 2006, 8 (8): 76-80.
[48] 茆诗松. 属性数据的测量系统分析（上）[J]. 上海质量, 2006 (2): 68-70.
[49] 江羽明. 浅谈封闭原则在长度计量中的应用 [J]. 轻工科技, 2015 (4): 119-128.
[50] 王瑞金. 测量不确定度和测量系统分析在质量管理体系中的应用 [J]. 轻型汽车技术, 2004 (1/2): 33-36.
[51] 翁颖. 计数性量具的系统分析法——对测量系统分析（MSA）第三版的计数型测量系统的理解和使用 [J]. 轻型汽车技术, 2006 (7): 29-32.
[52] 唐中一, 俞磊, 倪伟. 测量系统分析（MSA）及其软件设计 [J]. 测控技术, 2007, 30 (23): 126-127, 130.
[53] 白旭. 测量系统分析（MSA）在计量工作中的应用 [J]. 计量与测试技术, 2007, 34 (9): 58-59.
[54] 吴小卫. 破坏性实验的测量系统分析 [J]. 现代物业, 2009, 8 (2): 139-140.
[55] 刘琪, 范燕玲. 浅谈测量系统分析 [J]. 科技与企业, 2013 (18): 321-322.
[56] 董双才. 测量系统分析：理论方法和应用 [M]. 北京：中国计量出版社, 2006.
[57] 吴遵高. 测量系统分析 [M]. 北京：中国标准出版社, 2003.
[58] 王静龙, 梁小筠. 定性数据分析 [M]. 上海：华东师范大学出版社, 2005.

[59] OTTOBELLIL L, FOGAGNOLO P, FREZZOTTI P, et al. Repeatability and reproducibility of applanation resonance tonometry: a cross-sectional study [J]. BMC Ophthalmology, 2015, 15 (1): 36.

[60] HU XM, LIU Y, WANG YT, et al. Errors Analysis and Compensation of Low Cost Attitude Measurement System [J]. American Journal of Mens Health, 2004 (4): 3688-3691.

[61] YEH TM, SUN JJ. Using the Monte Carlo Simulation Methods in Gauge Repeatability and Reproducibility of Measurement System Analysis [J]. Journal of Applied Research and Technology, 2013, 11 (5): 780-796.

[62] GARCIA A C, DELRIO A G. Number of distinct data categories and gage repeatability and reproducibility. A double (but single) requirement [J]. Measurement, 2013 (10): 2514-2518.

[63] 陈晋美. 国内外企业常用抽样检验与测量技术 [M]. 北京: 中国计量出版社, 2006.

[64] 邹经文. 熵增加原理的发展及其应用 [J]. 自然杂志, 1986 (4): 255-257, 307.

[65] 张赛. 熵的泛化及应用 [J]. 中国科技博览, 2011 (6): 304-305.